Kommunikation im Krankenhaus

Gaby Baller · Bernhard Schaller

Kommunikation im Krankenhaus

Erfolgreich kommunizieren mit Patienten,
Arztkollegen und Klinikpersonal

Gaby Baller
Heidelberg, Deutschland

Bernhard Schaller
Therwil, Schweiz

ISBN 978-3-642-55325-7   ISBN 978-3-642-55326-4 (eBook)
DOI 10.1007/978-3-642-55326-4

Die Deutsche Nationalbibliothek verzeichnet diese Publikation in der Deutschen Nationalbibliografie; detaillierte bibliografische Daten sind im Internet über http://dnb.d-nb.de abrufbar.

Springer Gabler

Gedruckt auf säurefreiem und chlorfrei gebleichtem Papier.

Springer Berlin Heidelberg ist Teil der Fachverlagsgruppe Springer Science+Business Media (www.springer.de)

Vorwort

Kommunikation ist während der letzten Jahre im Management des deutschsprachigen Raums immer wichtiger geworden. Diese Entwicklung hat selbstverständlich auch vor dem Krankenhaus nicht haltgemacht. Die Qualität und die berufliche Kompetenz der Behandelnden und Pflegenden werden dabei stärker denn je als selbstverständlich vorausgesetzt. Der Patient, dessen Angehörige und die Öffentlichkeit im Allgemeinen erwarten höchste Standards, und dies sowohl fachlich als auch im zwischenmenschlichen Bereich. Was und vor allem wie ein Sachverhalt miteinander besprochen wird und welche Informationen ausgetauscht werden, ist daher fortwährend von entscheidender Bedeutung für den nachhaltigen Erfolg im Krankenhaus. Ein falsches Wort an der falschen Stelle, und der Ruf eines Krankenhauses ist ruiniert, Patienten kommen nicht wieder und die Abwärtsspirale ist in Gang gesetzt. Effektive Kommunikation ist daher die Basis jeder Patienten- oder Geschäftsbeziehung, Mitarbeiterinteraktion und auch des Performance Managements im Krankenhaus.

In einem Krankenhaus kommunizieren aber nicht nur Ärzte mit Patienten, Kollegen untereinander oder mit ihren Vorgesetzten, der Pflege oder der Verwaltung. Ein Krankenhaus kommuniziert auch als Organisation mit ihren Infomaterialien, durch Image-Broschüren wie dem Leitbild oder Internet-Seiten – eben mit allem, was nach außen geht. Über die Auswahl der Ärzte präsentieren sich der Öffentlichkeit auch die Werte eines Krankenhauses, genauso wie über den Qualitätsbericht. Vorträge, die gehalten werden, ein Tag der offenen Tür, all das sagt uns etwas. Sagt etwas aus über die Sorgfalt, die Qualität sowie die Art der Zuwendung. Wie kommuniziert ein Krankenhaus in Krisensituationen, wenn z. B. Säuglinge wegen vermeintlich mangelnder Hygiene verstorben sind und die Öffentlichkeit auf ein Statement wartet?

Wir haben dieses Buch geschrieben, um den verschiedenen Berufsgruppen im Krankenhaus eine Unterstützung an die Hand zu geben, damit deren fachlich hochwertige Arbeit nicht durch eine unglücklich verlaufende oder missverständliche Kommunikation abgewertet wird.

Dieses Buch beschäftigt sich mit konkreten Gesprächssituationen zwischen den unterschiedlichsten Personen und Personengruppen im Krankenhaus und stellt dabei ebenso die zugrunde liegenden unterschiedlichen theoretischen Kommunikationsmodelle vor.

Aber auch das beste Modell bildet nur einen Teil der Realität ab. Wichtig ist, diese Modelle nicht nur zu kennen, sondern im Krankenhausalltag auch anzuwenden, denn für uns ist Management und Führung, zusammen mit der Kommunikation als eines ihrer zentralen Teile, erlernbar. Jedermann, sowohl Anfänger als auch Experten können Anregungen für den Alltag im Krankenhaus und darüber hinaus finden. Für diejenigen Leser, die weiterführende Informationen suchen, haben wir Exkurse und eine Liste ausgewählter Literatur angefügt.

Im ersten Teil lernen Sie die einzelnen Kommunikationstheorien und Modelle kennen. Im zweiten Teil erläutern wir anhand von Fallbeispielen, welche Verbesserungspotenziale in diesen konkreten Gesprächssituationen möglich sind. Da Kommunikation innerhalb eines Krankenhauses nicht losgelöst von Management und Leadership ist, versuchen wir auch immer wieder die Verbindung dazu herzustellen, so dass ein möglichst ganzheitliches Bild der Kommunikation im Krankenhaus entsteht. Wo immer möglich, haben wir die Erkenntnisse der Neuroökonomie mit einfließen lassen. Die Erkenntnisse, wo und wie sich bestimmte Verhaltensweisen äußern, erscheinen uns wichtig, um die vorgestellten Modelle und ihre Limitationen nicht nur zu verstehen, sondern auch im Alltag umzusetzen.

Je mehr Sie sich mit dem Thema Kommunikation beschäftigen, desto mehr müssen Sie sich auch als Führungskraft reflektieren. Reflexion ist ein wichtiges Instrument der persönlichen Weiterentwicklung und problemlos ins Berufsleben integrierbar. Nehmen Sie sich nach einem Arbeitstag auf dem Weg nach Hause fünf Minuten Zeit, um über Ihre Interaktion mit Kollegen, Mitarbeitern, Patienten und Angehörigen nachzudenken. Überlegen Sie, wie die Kommunikation gelaufen ist. Was war gut, was könnten Sie beim nächsten Mal besser machen? Reflexion über Kommunikation und Kommunikation über Kommunikation kann Probleme lösen.

Aus diesem Grund stellen wir einige der wichtigsten Konzepte der Psychologie vor, die für eine Führungskraft im Krankenhaus im Rahmen der Kommunikation am hilfreichsten sind.

Alle erlebten und hier beschriebenen Fallbeispiele widerspiegeln nicht die Normalität in den entsprechenden Krankenhäusern. Das zumindest haben uns die darauf angesprochenen Personen versichert, deren Namen wir selbstverständlich geändert haben. Aus didaktischen Gründen wurde zudem einiges bewusst überzeichnet.

Unser Dank gilt unseren diversen Gesprächspartnern der verschiedenen Krankenhäuser in Deutschland und der Schweiz, den Krankenversicherungen sowie dem Medizinischen Dienst der Krankenversicherungen, aber auch all den Lehrern, die uns in der Vergangenheit in unserer Ausbildung zu Kommunikationspsychologen begleitet haben und von denen wir lernen durften. Vieles davon ist in der einen oder anderen Form eingeflossen.

Frühjahr 2016   Gaby Baller und Bernhard Schaller

Inhaltsverzeichnis

Teil VII   Fallbeispiele und Erläuterungen mit Verweis auf die Theorien

Einleitung

Wir leben in einer Zeit mit unendlich vielen und vor allem oft sekundenschnellen Kommunikationsmöglichkeiten. Ich kann jetzt eine E-Mail schreiben und nur Sekunden später kommt diese bei meiner Tochter in Neuseeland, bei einem Geschäftspartner in Hongkong, bei der Tante in Kanada oder dem Freund nebenan an. Daten zu verschicken ist nahezu uneingeschränkt und ereignisnah möglich: Die ganze Welt passt in meinen Computer und zeigt sich auf meinem Bildschirm.

Bis Ende des letzten Jahrtausends haben wir noch ganz klassisch und konservativ kommuniziert. Wir haben ein Festnetztelefon benutzt, haben uns Briefe geschrieben oder uns im Büro oder zu Hause getroffen, um persönlich miteinander zu sprechen. Vor einigen Jahren kamen E-Mails hinzu, die den Schriftverkehr wesentlich beschleunigt haben. Sodann traten Handys in unser Leben und ermöglichten uns, auch unterwegs allzeit erreichbar zu sein. Nun leben wir mit Smartphones und Tablets im digitalen Zeitalter und alles passiert online, sogar unsere Bankgeschäfte, unsere Shoppingtouren und eben auch unsere Kommunikation. Web 2.0 und Social Media haben sich mit Facebook, Twitter und anderen Internetplattformen in unser Leben geschlichen und unsere Kommunikation nachhaltig verändert. Jeder teilt alles mit jedem. Wir teilen mittlerweile auch unseren Alltag mit der Welt. Zwar betrifft dies vor allem die Generation der „Digital Natives", aber auch der Rest der Welt kann sich dieser neuen Art der Kommunikation nicht mehr völlig verschließen. Es wird zunehmend wichtiger, auf dem Laufenden zu bleiben und sich auszutauschen, zeitnah und über Ländergrenzen hinweg gemeinsam an Projekten zu arbeiten und eben auch darüber zu kommunizieren. Dies klappt mal mehr, mal weniger gut. Und es scheint, je mehr wir miteinander kommunizieren, desto schwieriger wird die Kommunikation und desto häufiger missverstehen wir uns. So hat sich das Miteinander der Menschen in den letzten Jahren drastisch verändert. Wir sind sensibler geworden, was die Störungen in der Kommunikation angeht, denken mehr über Kommunikation nach und erwarten von anderen viel mehr als noch vor 20 Jahren, dass sie immer und jederzeit der Situation entsprechend reagieren. Im Restaurant wird jeder Wunsch „sehr gerne" erfüllt, Beschwerden werden selbstverständlich mit einer Entschuldigung entschärft.

© Springer-Verlag Berlin Heidelberg 2017
G. Baller und B. Schaller, *Kommunikation im Krankenhaus*,
DOI 10.1007/978-3-642-55326-4_1

Was bedeutet dies aber für die Kommunikation in einem Krankenhaus?

Mit dieser Frage beschäftigt sich das vorliegende Buch. Lesen Sie es von der ersten bis zur letzten Seite, um die theoretischen Modelle der Kommunikation zu erlernen. Lesen Sie in den einzelnen Kapiteln nach, was Sie persönlich gerade betrifft oder interessiert. Lernen Sie und werden Sie jeden Tag ein wenig besser und sicherer in Ihrer Kommunikation, egal ob schriftlich oder mündlich. Lernen Sie aber auch ein wenig über sich selbst, indem Sie reflektieren, wie eine Gesprächssituation gelaufen ist und was Sie, daraus abgeleitet, verbessern können oder wollen. Viel Erfolg!

Teil I

Kommunikationsmodelle und Kommunikationstheorien

Kommunikationsmodelle

Im Folgenden stellen wir Ihnen die gängigsten Modelle der Kommunikation vor. Es ist dabei zu beachten, dass Modelle immer die komplexe Realität vereinfachen, nie für alle potenziellen Fälle zutreffen und wahrscheinlich nur in ihrer Gesamtheit die kommunikativen Beziehungen abbilden.

Warum ist eine gute Kommunikation im Krankenhaus so wichtig?

Dem Krankenhaus kommt als Wirtschaftsakteur auf der einen und als Gesundheitseinrichtung auf der anderen Seite eine besondere Aufgabe, aber auch Stellung innerhalb unseres Gesellschaftssystems zu. Kommunikation ist ein zentraler Bestandteil, aber auch probates Instrument in jedem Krankenhaus. Der Austausch zwischen Arzt und Patient, zwischen Vorgesetzten und Mitarbeitern widerspiegelt nur einige Facetten dessen, was man täglich im Krankenhaus an Kommunikation erlebt.

Was aber ist Kommunikation? Kommunikation wird hier als ein sozialer Prozess verstanden, in dem Informationen bewusst oder unbewusst ausgetauscht werden. Kommunikation ist daher der intentionale und wechselseitige Austausch von Informationen innerhalb dessen ein sogenannter Kommunikator (Sender) eine Botschaft, welche in sprachliche oder nicht-sprachliche Zeichen verschlüsselt wird, über spezifische Kommunikationskanäle an einen Kommunikanten (Empfänger) sendet, der diese Botschaft dann entschlüsselt. Dies kann sowohl schriftlich, mündlich oder aber eben auch non-verbal erfolgen. Denn *„man kann nicht nicht-kommunizieren"* (Paul Watzlawick et al. 1996).

Neben dem klassischen reinen Informationsaustausch umfasst die Kommunikation auch eine Interaktion in der wechselseitigen Steuerung und Kontrolle von Verhalten. Diese non-verbale Kommunikation beschreibt auch jedes nicht-sprachliche Verhalten, das dem Empfänger Rückschlüsse auf den inneren Zustand des Senders gibt, wie beispielsweise erröten, lachen oder auch weinen. Sogar ein kurzer Blick kann viel aussagen, und wir tendieren unbewusst dazu, diesen zu interpretieren und höher zu bewerten als sprachliche Aussagen oder Verhalten. Im Mittelalter wurde der sogenannte böse Blick, im Rahmen eines „Schadenszaubers" meist Frauen zugeschrieben, die dadurch als Hexe gebrandmarkt und der Verfolgung ausgesetzt waren. Auch heute ist die Angst vor dem bösen Blick noch in vielen Kulturen weit verbreitet.

Auch Kleidung und Accessoires, die Frisur, das Auto, elektronische Geräte, sogar die Einrichtung der Wohnung oder des Hauses lassen Schlüsse auf ein bestimmtes Lebensgefühl, eine Einstellung oder Arbeitsweise zu: Der Eigentümer kommuniziert über sein Äußeres ebenso wie über seine Besitztümer.

© Springer-Verlag Berlin Heidelberg 2017
G. Baller und B. Schaller, *Kommunikation im Krankenhaus*,
DOI 10.1007/978-3-642-55326-4_2

Die Kommunikation ist also allgegenwärtig und man kann sich ihr nicht entziehen, insbesondere in einem Krankenhaus, das von Interaktion im engeren und weiteren Sinne lebt.

2.1 Vertikale und horizontale Kommunikation

Die Kommunikation im Krankenhaus kann vereinfachend in eine vertikale und eine horizontale Komponente unterteilt werden.

Unter der **vertikalen Kommunikation** versteht man die Verständigung der Vorgesetzten mit ihren Mitarbeitern. Meist wird hier von Top-down-Kommunikation gesprochen.

Die **horizontale Kommunikation** findet auf einer Organisationsebene oder Hierarchieebene statt, in sogenannten Peergroups, insbesondere zwischen Kollegen.

Das Zusammenspiel von vertikaler und horizontaler Kommunikation und die Abstimmung zwischen vertikalem und horizontalem Informationsfluss werden in Abb. 2.1 veranschaulicht.

Solche „klassischen" Kommunikationsmuster in Matrixorganisationen wie einem Krankenhaus werden immer mehr verlassen. Auch deshalb ist eine gelingende Kommunikation im Krankenhaus von zentraler Bedeutung.

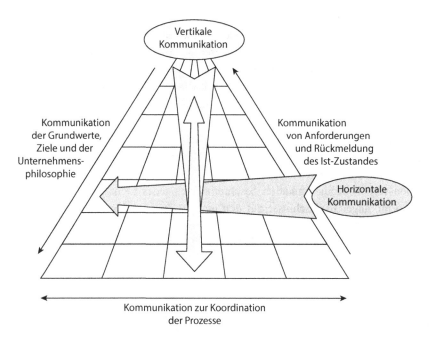

Abb. 2.1 Vertikaler und horizontaler Informationsfluss. (Radtke et al. 2002)

Gleichwohl besteht oft eine beträchtliche Diskrepanz zwischen den Alltagserfahrungen, dem Wissen über Kommunikation und der eigenen Wahrnehmung der Kommunikation. Unser Bild von Kommunikation ist stets ein subjektives Abbild einer Realität, aber nicht zwingend die Realität selbst oder die unseres Gesprächspartners.

Grundsätzlich wird in jeder sozialen Interaktion auch kommuniziert, denn jedes Verhalten kann Bedeutung vermitteln und besitzt zumindest minimales kommunikatives Potenzial. Doch Kommunikation geht über bloßes Verhalten hinaus. Weil wir als Homo sapiens handlungsfähig sind, sind wir imstande, etwas zielgerichtet zu kommunizieren, Kommunikation bewusst herzustellen und genauso auch wieder abzubrechen.

Wenn man über vertikale und horizontale Kommunikation in Organisationen wie einem Krankenhaus spricht, so muss man sich auch darüber im Klaren sein, dass rund 90 % der Kommunikation über informelle Kanäle fließt. Aber auch eine Organisation, ein Unternehmen oder eine Einrichtung selbst kommuniziert nach speziellen und spezifischen Mustern. Die Kirche hat andere Kommunikationsmechanismen, als im Militär zu finden sind. In staatlichen Organisationen sind Kommunikationsregeln mitunter sehr streng definiert, vor allem was Interna angeht. Wirtschaftsunternehmen haben hingegen klar geregelte Reporting Lines. Gemeinsam ist all diesen spezifischen Situationen nur, dass Kommunikation eine soziale Handlung darstellt, die nach gewissen allgemeingültigen Mustern abläuft, welche wiederum mitunter von den entsprechenden Organisationen vorgegeben sind oder deren Kultur widerspiegeln.

Unabhängig von der oben dargestellten vertikalen und horizontalen Kommunikation wollen wir uns zuallererst einmal mit der Kommunikation zwischen Individuen beschäftigen. Damit die zwischenmenschliche Kommunikation überhaupt klappt, müssen grundsätzlich einige Voraussetzungen gegeben sein:

- Gemeinsamer Zeichenvorrat,
- Gemeinsamer Bedeutungsvorrat,
- Gemeinsames interaktives Kommunikationsinteresse.

2.2 Kommunikationsmodelle und Kommunikationstheorien

Bevor wir uns genauer in die Kommunikationsmodelle vertiefen, sollten Sie sich über die Wertstellung der Kommunikation in Ihrem Alltag klar werden. Denken Sie daher einmal über die folgenden Fragen nach:

- Was bezeichnen Sie als eine gelungene Unterhaltung?
- Was bezeichnen Sie als eine misslungene Unterhaltung?
- Was ist für Sie Konversation?
- Was halten Sie von Small Talk? Ist er für Sie essenzieller Faktor der zwischenmenschlichen Kommunikation oder überflüssig? Und weshalb?

Sie sehen: Es gibt keine richtige oder falsche Antwort. Seien Sie sich dessen immer bewusst, wenn Sie über die nachfolgenden Kommunikationsmodelle, die definitionsgemäß ein beschränktes Abbild der Wirklichkeit darstellen, reflektieren.

2.3   Kommunikationsmodell nach Shannon und Weaver

Als eines der ersten Kommunikationsmodelle ersannen Claude Shannon und Warren Weaver 1948 ein rein technisch orientiertes binäres mathematisches Modell. Das ursprüngliche Ziel bestand darin, ein Modell für die optimale Kommunikation an die amerikanische Armee zu liefern.

Nach Shannon und Weaver muss eine Kommunikation **sechs basale Elemente** enthalten:

- Informationsquelle $\longleftrightarrow$ Verschlüsselung,
- Nachricht $\longleftrightarrow$ Kanal,
- Entschlüsselung $\longleftrightarrow$ Empfänger.

Die Kommunikation ist nach diesem Modell als ein linearer Prozess zu verstehen, in dessen Mittelpunkt das Signal steht. Das grundsätzliche Prinzip des Shannon-Weaver-Modells ist, dass jede menschliche Kommunikation eine Quelle (information source) hat. Diese Quelle ist der Sender, der seine Nachricht (message) in Form eines Codes über einen Kanal (transmitter) weitergibt.

Dabei gilt es insbesondere **drei unterschiedliche Empfangsvorgänge** auseinanderzuhalten:

- Wahrnehmen: etwas sehen oder hören, riechen, schmecken.
- Interpretieren: das Wahrgenommene mit einer Bedeutung versehen, die richtigen Schlüsse ziehen.
- Fühlen: das Wahrgenommene und Interpretierte mit einem persönlichen Gefühl versehen.

Es ist wichtig, diese inneren Vorgänge beim Empfangen einer Nachricht zu differenzieren, damit sich der Empfänger auch im Klaren ist, dass das Empfangen einer Nachricht immer seine eigene Reaktion ist, auch und vor allem mit starken eigenen Anteilen.

Literatur

Radtke, P., Stocker, S., & Bellabarba, A. (2002). *Kommunikationstechniken. Sieben Techniken für eine effektive Kommunikation*. München: Hanser.

Watzlawick, P., Beavin, J. H., & Jackson, D. D. (1996). *Menschliche Kommunikation. Mental Research Institute Paolo Alto, Kalifornien* (9. Aufl.). Bern: Huber.

Weiterführende Literatur

Baller, G., & Schaller, B. (2009). Über die Kraft der Spiegelneuronen. Warum es so wichtig ist, eine gute Führungskraft zu sein. *Deutsches Ärzteblatt, 49*, A2483.

Baller, G., & Schaller, B. (2013). *Praxishandbuch für Ärzte im Krankenhaus*. Stuttgart: Thieme.

Baller, G., & Schaller, B. (2013). Führung wird anspruchsvoller. *Nahdran, 2*, 34–36.

Baller, G., Huber, T., & Schaller, B. (2010). Was vielen gefallen soll, muss von vielen gestaltet werden. Changemanagement-Projekte scheitern aus vielen Gründen. Gelingen tun sie aus den gleichen. *das krankenhaus, 8*, 743–747.

Fiske, J. (1987). *Introduction to Communication Studies*. London: Methuen.

Köck, P., & Ott, H. (1994). *Wörterbuch für Erziehung und Unterricht*. Donauwörth: Verlag Ludwig Auer.

Lück, H. E. (1985). *Psychologie sozialer Prozesse*. Opladen: Leske+Budrich.

Satir, V. (1975). *Selbstwert und Kommunikation*. München: Pfeiffer.

Schaller, B., & Baller, G. (2007). In varietate concordia oder Abrechnungsmentalität unter Kollegen. *Schweizerische Ärztezeitung, 88*, 1641–1643.

Schaller, B., & Baller, G. (2007). Moderne ärztlich-kollegiale Kommunikation im Gesundheitswesen. *Schweizerische Ärztezeitung, 88*, 1715–1716.

Schaller, B., & Baller, G. (2007). Organisationsentwicklung im Gesundheitswesen. Der Stellenwert der Kommunikation. *Schweizerische Ärztezeitung, 88*, 2091–2092.

Schaller, B., & Baller, G. (2008). Der Zusammenhang zwischen guter Kommunikation und Qualität. *das krankenhaus, 2*, 140–142.

Schaller, B., & Baller, G. (2009). Führen heißt auch informieren. *Kommunikation im modernen Change Management Nahdran, 3*, 30–33.

Schulz von Thun, F. (1981). *Miteinander reden. 1*. Reinbek bei Hamburg: Rowohlt.

Schulz von Thun, F., & Pörksen, B. (2014). *Kommunikation als Lebenskunst: Philosophie und Praxis des Miteinander-Redens*. Reinbek bei Hamburg: Rowohlt.

Schulz von Thun, F., Ruppel, J., & Stratmann, R. (2003). *Miteinander reden: Kommunikation für Führungskräfte*. Reinbek: Rowohlt.

Schwarz, G. (1994). *Sozialmanagement. Fachhochschul-Schriften*. Minden: Minden Verlag.

Thomas, A. (1991). *Grundriß der Sozialpsychologie* Bd. 1. Göttingen: Hogrefe.

Grundlagen der Kommunikation

Kommunikative Kompetenz bestimmt zu einem wesentlichen Teil die Qualität unserer beruflichen und privaten Beziehungen. In vielen Arbeitsfeldern im Krankenhaus ist das Gespräch der Schlüssel für einen erfolgreichen Kontakt zu unseren Kunden/Patienten, aber auch zu Mitarbeitern und Vorgesetzten. Desgleichen ist in der Zusammenarbeit im (interprofessionellen) Team, mit anderen Bereichen oder in Projekt- und Arbeitsgruppen eine klare, konstruktive und ergebnisorientierte Kommunikation gefragt, ja oft geradezu gefordert. Nicht zuletzt in Verhandlungen im Großen und Kleinen ist Kommunikation in all ihren Facetten der Schlüssel zum Erfolg. Kommunikation ist daher speziell in einem Krankenhaus ubiquitär und damit zentral.

Es gibt unzählige Modelle der Kommunikation, die wissenschaftlich zu erklären versuchen, was Kommunikation ist und wie diese in besonderen Situationen funktioniert. Wir wollen Ihnen die wichtigsten und für den Klinikalltag nützlichsten im Folgenden näher vorstellen.

3.1 Was ist Kommunikation?

Beschreibungen und Erklärungen der Kommunikation gehen, wie in Abschn. 2.3 beschrieben, auf Claude E. Shannon und Warren Weavers „Mathematische Theorie der Kommunikation" zurück, die wiederum durch Karl Bühler (1934) für die Linguistik angepasst wurden. Grundsätzlich beschreibt der Begriff Kommunikation den **Austausch von Informationen**. Zellen kommunizieren, indem sie ihre Umwelt wahrnehmen, um Nahrung zu finden und Gefahren auszuweichen. Weiter müssen sie, um überhaupt zu überleben, ebenfalls mit anderen Zellen kommunizieren. Sie bedienen sich dazu bestimmter Proteine, sogenannter Rezeptoren, die sich an der Zellwand befinden. Die Aufgabe dieser Proteine ist es, Informationen von außen nach innen bzw. von innen nach außen zu melden, indem sie sich selbst verändern. Diese Veränderung also, die Mitteilung einer Information, ist noch weitgehend unbekannt.

© Springer-Verlag Berlin Heidelberg 2017
G. Baller und B. Schaller, *Kommunikation im Krankenhaus*,
DOI 10.1007/978-3-642-55326-4_3

Bei der Kommunikation zwischen zwei oder mehreren Gesprächspartnern verhält es sich annähernd so, dass ein Sender seine Botschaft mittels eines Mediums an einen Empfänger sendet. Und dabei sendet er ebenfalls Störungen verschiedenster Art. Denn das Feedback ist vielfach längst unterwegs, bevor die komplette Botschaft übermittelt wurde. Statt einer sequenziellen Kommunikation, bei der sich alles schön hintereinander abspielt, ereignet sich alles simultan und auf einmal. Es kommt also zu einem Feedback zwischen Sender und Empfänger. Gleichzeitig reflektieren aber beide beim Sprechen auf dieses Feedback oder nehmen es sogar vorweg: Sie bewegen sich während des Sprechvorgangs auf der Metaebene. Das passiert nämlich dann, wenn Botschaften von Körpersprache, Gestik oder Mimik, Tonfall oder Sprachmelodie begleitet werden. Eine formale Information kann mit einer hochgezogenen Augenbraue oder einem Lachen eine vollkommen neue Bedeutung bekommen. Und gleichzeitig kann ich dieses „Missverständnis" auch intendieren und die Kommunikation dadurch in Gang halten. Paradoxerweise kann also der Fortgang der Kommunikation demnach gerade nur darin liegen, dass wir uns „missverstehen", beziehungsweise uns in diesem Missverstehen immer schon verstanden haben, wie es oft unter guten Freunden der Fall ist.

Ist schon die analoge Kommunikation von Mensch zu Mensch, wie oben beschrieben, mitunter sehr komplex und sowohl fehleranfällig als auch häufig missverständlich, so ist die digitale Kommunikation zur Herausforderung geworden. In Anbetracht der vielen auch durchaus unterschiedlichen Kommunikationstheorien und -modelle scheint ebenso immer noch nicht genau erklärbar, was Kommunikation ist oder was eigentlich passiert, wenn zwei oder mehrere Personen kommunizieren – genauso wie bei den Zellen.

3.2   Arten der Kommunikation

Da Kommunikation letztendlich nichts anderes als ein Informationsaustausch zwischen mindestens zwei Parteien ist, gibt es natürlich unterschiedliche Arten von Kommunikation in einem Krankenhaus, je nachdem, wo Kommunikation stattfindet. Auf einer Metaebene kann man daher grundsätzlich **drei unterschiedliche Arten der Kommunikation** zusammenfassen:

- Face-to-Face-Kommunikation.
- Schriftliche und medial vermittelte Kommunikation.
- Massenmediale und öffentliche Kommunikation.

Im Krankenhaus spielt die Face-to-Face-Kommunikation eine besonders wichtige Rolle, beispielsweise im Arzt-Patienten-Gespräch, aber auch in Arbeitsgesprächen, Diskussionen oder im Mitarbeitergespräch. Insbesondere diese Face-to-Face-Kommunikation unterliegt speziellen Bedingungen, aber auch Einflussfaktoren:

- **Interpersonale Charakteristika**, z. B. Temperament, Motivation oder Befindlichkeit.
- **Bestimmte Situationsmerkmale**, z. B. die Qualität der zwischenmenschlichen Beziehung, Auslöser des Gesprächs.
- **Variable Kontextbedingungen**, z. B. Anregung und Unterstützung durch das Umfeld oder Werte und Normen der Gesellschaft.

In der Face-to-Face-Kommunikation gibt aber besonders die Nicht-Kommunikation oft Anlass zu Interpretationen oder sogar zur Spekulation. Nehmen wir hierfür ein Beispiel aus dem Buch „Missing Links" von Thomas Wirth (2004):

Wie Fehler entstehen, wenn allgemein gültiges Wissen über menschliche Kommunikation ignoriert wird, kann am Beispiel der Regel vom „Nicht-Kommunizieren" verdeutlicht werden. Das klingt mysteriös, ist aber eigentlich ganz einfach: Nicht-Senden, Stille oder Leere im Ablauf einer Kommunikation ist nicht etwa „nichts", sondern immer „etwas", meist sogar etwas höchst Bedeutungsvolles. Eines der wenigen Beispiele, in welchen eine Leer-Botschaft eine positive Bedeutung hat, ist dieses: Wenn ein Säugling mit dem Brüllen aufhört. Wer es einmal erlebt hat, weiß genau, wovon ich spreche: Obwohl hier buchstäblich „nichts" gesendet wird, ist die Bedeutung klar: „Jetzt bin ich zufrieden, ihr seid entlassen." In der Regel hat Nicht-Kommunizieren aber negative Bedeutungen und ist ein wirksames Mittel, sich unbeliebt zu machen. Ein Tipp: Wenn Sie einmal das Ziel haben sollten, sich unsympathisch, arrogant, unhöflich und feindselig darzustellen, dann antworten Sie einfach nicht, das genügt vollauf und strengt überhaupt nicht an. Dieses uralte, einfache Gesetz gilt nun auch im Web. Es gibt keine magische Grenze zwischen der realen und der Online-Welt, die das Nicht-Kommunizieren hier zu einem Affront, dort zur Belanglosigkeit werden lässt. Das ist allerdings vielerorts nicht klar, und so entstehen dann tödliche (Nicht-)Kommunikationsfehler. Die eigentlich nicht, aber dann eben doch vorhandene Botschaft einer unbeantworteten E-Mail ist ebenso komplex wie rundum negativ. Wenn man sie vollständig ausformuliert, gelangt man ungefähr zu folgender Übersetzung: Jetzt haben Sie Zeit und Mühe investiert, um uns eine Nachricht zukommen zu lassen. Das war dumm, denn wir interessieren uns nicht dafür. Nachrichten, die uns über E-Mail erreichen, sind für uns genauso wertlos wie Sie und Ihr Anliegen. Warum wir nicht antworten, verraten wir Ihnen nicht, vielleicht . . .

- . . . war es zu zeitraubend oder zu mühsam,
- . . . löschen wir E-Mails grundsätzlich,
- . . . gibt es hier niemanden, der für eine Antwort zuständig ist,
- . . . hat jemand die E-Mail gelesen, aber einer Antwort nicht für Wert befunden,
- . . . antworten wir nur den anderen und Ihnen nicht,
- . . . beantworten wir nur E-Mails, von denen wir uns einen Nutzen versprechen.

Es ist uns aber gleichgültig, was Sie darüber denken – machen Sie sich Ihren eigenen Reim darauf. Denn: Sie sind uns gleichgültig! Dem kann man eigentlich nichts hinzuzufügen – außer vielleicht, dass jeder Mitarbeiter eines Unternehmens, der so mit Kunden umgehen würde, achtkantig und völlig zu Recht gefeuert würde. (zitiert nach Wirth 2004).

Also: Wenn Sie auf Ihrer Klinik-Homepage eine E-Mail-Adresse für Ihre Abteilung angegeben haben, dann müssen Sie die E-Mails auch lesen und innerhalb von 48 Stunden beantworten. Das gilt allgemein noch als akzeptabler Zeitrahmen. Und wenn Sie für ausländische Patienten eine englische oder anderssprachige Seite mit Ihrem Angebot eingerichtet haben, dann muss es auch jemanden geben, der E-Mails oder Anrufe in dieser

Sprache beantworten kann. Sonst stellt man Ihre Kompetenz und Glaubwürdigkeit sehr rasch infrage!

Wie sich diesem Beispiel deutlich entnehmen lässt, entwickelt sich die Kommunikation zur Interaktion, sobald das Gehörte, Gesehene oder Geschriebene in irgendeiner Art interpretiert wird. Daher ist Kommunikation nie eine einseitige Informationsübertragung, sondern vielmehr aktives Handeln zwischen mindestens zwei Menschen – ob nun verbal oder non-verbal.

3.3 Was ist Sprache?

Unter Sprache versteht man ganz allgemein die Menge, die als Elemente alle komplexen Systeme der Kommunikation beinhaltet. Ausgehend von den klassischen Arbeiten Giambattista Vico (1668–1744) und Johann Gottfried von Herder (1744–1803) lassen sich **zwei unterschiedliche Verständnisweisen von Sprache** unterscheiden:

1. **Sprache als Werkzeug**, das von den Akteuren eingesetzt wird, um sich kommunikativ mit anderen auseinanderzusetzen. Sprache wird als eine spezifische menschliche Fähigkeit, ein zu untersuchendes System begriffen, das losgelöst von einer vorhandenen Realität existiert, gegebenenfalls also die Möglichkeit bietet, als Instrument des Zugangs und der Beschreibung dieser Realität gebraucht zu werden. Sprache ist also kein aktives, gestaltendes Element, sondern lediglich eine Fähigkeit zum Beschreiben und Erfassen, zum Austauschen über eine (objektive) Realität. Es handelt sich bei dieser Auffassung um ein positivistisches Verständnis von Sprache als individuellem Mittel der Kommunikation.
2. **Sprache als Konstruktion**, als ein Versuch, das In-der-Welt-Sein von Individuen zu beschreiben, wobei Kategorien wie „Welt", „Gesellschaft", „Realität", „Sprache" usw. als Konstruktionen mittels Sprache verstanden werden, die nur durch spezifische Diskurse und zum Zweck der Analyse von ihr getrennt werden können. Sprache wird in dieser Tradition nicht als passives Werkzeug, sondern als aktive Praxis von Subjekten zur Gestaltung von Welt wahrgenommen. Ein Zeichen ist nach diesem Verständnis niemals äquivalent zum Bezeichneten, sondern bezieht seine Bedeutung aus sozialen Konventionen. Nach dieser Auffassung besitzt Sprache ein soziales Element, das es dem Subjekt erlaubt, in einer Gemeinschaft mit anderen gemeinsam handeln zu können. Sprachentwicklung ist daher die Internalisierung sozialer Zeichen, das Erlernen einer bestimmten Kultur. Als Beispiel dient die Gleichung $1 + 1 = 2$. Man kann $1 + 1 = 2$ nicht beweisen, das ist eine Definition. Man hätte die Zahl 2 auch Affe nennen können, dann sähe das Ergebnis entsprechend so aus: $1 + 1 = $ Affe ... und auch das wäre richtig.

Sprachen übermitteln übrigens auch unterschiedlich viele Informationen in einer definierten Zeiteinheit, wie Linguisten gezeigt haben. Wobei Telugu (Indien) mit fast zehn Silben pro Einheit die meisten Silben pro Sekunde oder pro Intonationseinheit enthält, gefolgt von Thai, Spanisch und Japanisch. Zu den langsamen, „nachdenklichen" Sprachen gehören hingegen Mandarin und Deutsch, bei denen die Informationsmenge, die im Bewusstsein zur gleichen Zeit aktiv sein kann, am geringsten ist.

Verständlichkeit der Information

Die Bedeutung einer für alle Beteiligten verständlichen und barrierefreien Kommunikation beziehungsweise Sprache ist gerade im Krankenhausbereich wichtig, da die Kommunikation auf Adressaten mit jeweils unterschiedlichem Bildungsstand, aber auch immer mehr unterschiedlichen Kulturen der Mitarbeiter, Patienten und Angehörigen usw. zugeschnitten sein muss. Oft hört man das Argument: „Der Grund für Schwerverständlichkeit liegt in der Sache – schwerige Dinge lassen sich eben nicht einfach erklären." Das stimmt so aber nicht. Wenn ein Text schwer zu verstehen ist, so liegt das selten an seinem Inhalt. Er wird erst kompliziert gemacht – durch schwerverständliche Ausdrucksweise.

Eine Forschungsgruppe um Schulz von Thun hat das *„Hamburger Verständlichkeitskonzept"* entwickelt (Langer et al. 2002). Es handelt sich dabei um einen induktiv-empirischen Ansatz unter faktorenanalytischer Aufbereitung von Expertenurteilen („Eindrucksurteile") zur Bestimmung von Textmerkmalen. Dabei sind **vier unterschiedliche, aber universelle Komponenten** entstanden, die einen Text verständlich machen:

- **Einfachheit** (Gegenteil: Kompliziertheit),
- **Gliederung – Ordnung** (Gegenteil: Unübersichtlichkeit, Zusammenhangslosigkeit),
- **Kürze – Prägnanz** (Gegenteil: Weitschweifigkeit),
- **Zusätzliche Stimulanz** (Gegenteil: Keine zusätzliche Stimulanz).

Einfachheit ist der wichtigste „Verständlichmacher" und ermöglicht allen an der spezifischen Kommunikation beteiligten Menschen, sich über wesentliche Sachverhalte zu informieren. Um eine breite Masse von Personen anzusprechen, muss man daher vor allem auf die Einfachheit seiner Erklärungen achten.

Die **Gliederung** ermöglicht, dass sich der Empfänger der Kommunikation zurechtfindet und die Übersicht behält. Der „rote Faden" soll für die Zuhörer immer sichtbar, der Bauplan der Nachricht deutlich sein. Dies wird durch eine „äußere Übersichtlichkeit (Gliederung)" und eine „innere Folgerichtigkeit (Ordnung)" erreicht.

Hinsichtlich der **Kürze** der Nachricht sollte ein optimaler Mittelweg gewählt werden. Es gilt aber bei Weitem nicht immer „je kürzer, desto besser". Ein sogenannter Telegrammstil kann Zuhörer überfordern und wichtige Informationen können dabei verloren gehen.

Die **zusätzliche Stimulanz** dient dazu, den Empfänger nicht nur intellektuell, sondern insbesondere auf einer gefühlsmäßigen Ebene anzusprechen. Dies dient dem besseren Verständnis und erhöht die Behaltensleistung des Zuhörers.

Es hat sich im Weiteren gezeigt, dass insbesondere die Einfachheit und die Gliederung entscheidend für die Verständlichkeit eines Textes sind. Aber diese vier Merkmale stehen nicht in einem eindeutigen Zusammenhang zueinander. Einerseits kann ein Text gut gegliedert und sehr weitschweifig oder kurz und ungegliedert sein. Das eine Merkmal sagt nichts über die anderen aus.

In kritischer Abgrenzung zu diesem induktiv-empirischen Ansatz hat Norbert Groeben (1972) einen theoretisch-deduktiven Weg eingeschlagen und auf Basis verschiedener sprachpsychologischer, lerntheoretischer und motivationspsychologischer Ansätze **vier unterschiedliche Verständlichkeitsdimensionen** entwickelt. Seine Kritik am Modell von Schulz von Thun, die Theorielosigkeit des Ansatzes, betraf vor allem den alleinigen Rückgriff auf Eindrucksurteile von Experten zur Bestimmung der relevanten Textmerkmale. Außerdem lassen sich die Verständlichkeitsmerkmale kaum in konkrete Anweisungen für die Produktion verständlicher Texte umsetzen.

Groebens Dimensionen stellen zunächst einmal generelle Richtlinien zur Erreichung optimaler Verständlichkeit bei der Textproduktion dar, woraus sich dann bestimmte verständlichkeitsfördernde Elemente der Textgestaltung ableiten lassen:

- **Stilistische Einfachheit:** Kurze Satzteile, aktive Verben, aktiv-positive Formulierungen, keine Nominalisierungen, persönliche Wörter, keine Satzverschachtelungen.
- **Semantische Redundanz:** Keine wörtlichen Wiederholungen, stattdessen sinngemäße Wiederholungen wichtiger Textinformationen, keine Weitschweifigkeit.
- **Kognitive Strukturierung:** Verwendung von Vorstrukturierungen, Hervorhebungen, Zusammenfassungen, Beispielen, Unterschieden und Ähnlichkeiten.
- **Kognitiver Konflikt:** Neuheit und Überraschung, Inkongruenzen, alternative Problemlösungen, Fragen.

Nach Christmann und Groeben (1999) erwies sich in empirischen Untersuchungen die Dimension der inhaltlichen bzw. kognitiven Strukturierung als die wichtigste und rangiert deutlich vor der stilistischen Einfachheit; semantische Redundanz wirkt nur in Kombination mit stilistischer Einfachheit verständnisfördernd und inhaltliche, kognitive Strukturierung verbessert nur in Kombination mit der Dimension des kognitiven Konflikts das Behalten von Textinformationen. Daher ist eine mittlere Verständlichkeit für das Verstehen von Texten aus motivations- und kognitionspsychologischen Gründen am günstigsten.

Warum erwähnen wir dies hier? In der Kommunikation im Krankenhaus, wo die Arbeit zwischen verschiedenen Professionen zentral ist, ist die Empfänger-basierte Kommunikation eminent wichtig. Man kann als Chefarzt beispielsweise einer Stationsleiterin einen Sachverhalt nicht genau gleich erklären wie einem Chefarztkollegen oder dem Krankenhausdirektor. Wenn man dies dennoch macht, wird die Kommunikation und insbesondere der dadurch zu transportierende Inhalt möglicherweise nicht vollumfänglich wahrgenommen, da nicht für beide Seiten gleichermaßen verständlich.

3.4   Soziale Systeme und Kommunikation

Wenn man sich mit Kommunikation beschäftigt, beschäftigt man sich immer auch mit sozialen Systemen (siehe Abb. 3.1). Innerhalb der soziologischen Systemtheorie besteht eine Kontroverse darüber, aus welchen strukturellen Elementen soziale Systeme bestehen. Nach Talcott Parsons (1937) sind es Handlungen, bei Niklas Luhmann (1987) sind es Prozesse der Kommunikation, die soziale Systeme konstituieren.

Nach unserem Verständnis konstituieren sich soziale Systeme – und damit sind keine konkreten Menschen gemeint (vgl. Willke 1996, S. 42) – durch Sinn und Kommunikation in Abgrenzung zu ihrer Umwelt.

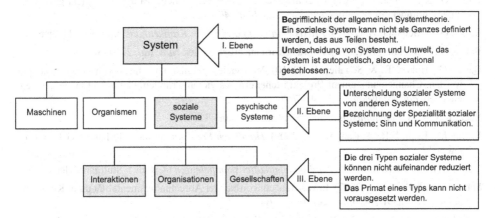

Abb. 3.1   Soziale Systeme. (Institut für Beratung und Supervision – Aachen)

… Fassen wir zusammen

Die Grundlagen der Kommunikation mögen auf den ersten Blick banal sein. Gehen Sie aber bei Kommunikationsproblemen, egal auf welcher Stufe, wieder zurück zu diesen Grundlagen oder zu dem Wissen darüber, wie soziale Systeme funktionieren bzw. eben nicht funktionieren. Darunter fallen auch solch an sich einfache Herausforderungen wie die Verständlichkeit von Texten.

Literatur

Bühler, K. (1934). *Sprachtheorie. Die Darstellungsfunktion der Sprache*. Jena: Verlag von Gustav Fischer.

Christmann, U., & Groeben, N. (1999). Psychologie des Lesens. In B. Franzmann, K. Hasemann, D. Löffler, & E. Schön (Hrsg.), *Handbuch Lesen* (S. 145–223). München: Saur.

Groeben, N. (1972). *Literaturpsychologie*. Stuttgart: Kohlhammer.

Langer, I., Schulz von Thun, F., & Tausch, R. (2002). *Sich verständlich ausdrücken*. München: E. Reinhardt.

Luhmann, N. (1987). *Soziale Systeme. Grundriss einer allgemeinen Theorie*. Frankfurt/M: Suhrkamp.

Parsons, T. (1937). *The Structure of Social Action*. New York: McGraw-Hill.

Willke, H. (1996). *Systemtheorie I. Grundlagen – eine Einführung in die Grundprobleme der Theorie sozialer Systeme* (5. Aufl.). Stuttgart: Lucius & Lucius-Verlag/UTB-Taschenbuch.

Wirth, T. (2004). *Missing Links* (2. Aufl.). München Wien: Carl Hanser Verlag.

Weiterführende Literatur

Baller, G., & Schaller, B. (2009). Über die Kraft der Spiegelneuronen. Warum es so wichtig ist, eine gute Führungskraft zu sein. *Deutsches Ärzteblatt, 49*, A2483.

Baller, G., & Schaller, B. (2013). *Praxishandbuch für Ärzte im Krankenhaus*. Stuttgart: Thieme.

Baller, G., & Schaller, B. (2013). Führung wird anspruchsvoller. *Nahdran, 2*, 34–36.

Baller, G., Huber, T., & Schaller, B. (2010). Was vielen gefallen soll, muss von vielen gestaltet werden. Changemanagement-Projekte scheitern aus vielen Gründen. Gelingen tun sie aus den gleichen. *das krankenhaus, 8*, 743–747.

Beck, K. (2007). *Kommunikationswissenschaft*. Konstanz: UVK.

Bruhn, M., Esch, F. R., & Langner, T. (2009). *Handbuch Kommunikation*. Wiesbaden: Gabler Verlag.

Nünning, A., & Zierold, M. (2011). *Kommunikationskompetenzen* (4. Aufl.). Stuttgart: Klett.

Schaller, B., & Baller, G. (2007). In varietate concordia oder Abrechnungsmentalität unter Kollegen. *Schweizerische Ärztezeitung, 88*, 1641–1643.

Schaller, B., & Baller, G. (2007). Moderne ärztlich-kollegiale Kommunikation im Gesundheitswesen. *Schweizerische Ärztezeitung, 88*, 1715–1716.

Schaller, B., & Baller, G. (2007). Organisationsentwicklung im Gesundheitswesen. Der Stellenwert der Kommunikation. *Schweizerische Ärztezeitung, 88*, 2091–2092.

Schaller, B., & Baller, G. (2008). Der Zusammenhang zwischen guter Kommunikation und Qualität. *das krankenhaus, 02*, 140–142.

Schaller, B., & Baller, G. (2009). Führen heißt auch informieren – Kommunikation im modernen Change Management. *Nahdran, 3*, 30–33.

Six, U., Gleich, U., & Gimmler, R. (2007). *Kommunikationspsychologie*. Weinheim: Beltz Psychologie Verlags Union.

Die wichtigsten Kommunikationsmodelle 4

Modelle, und damit auch Kommunikationsmodelle, sind eine Aggregation und Abstraktion der Wirklichkeit, die zu einem bestimmten Anteil diese Wirklichkeit darstellen. Sie dienen dazu, die Komplexität der Wirklichkeit zu reduzieren. In diesem Sinne ist kein Modell perfekt und der klare Denker benutzt nicht selten mehrere Modelle nebeneinander und gleichzeitig, um einen bestimmten Aspekt der Wirklichkeit zu erklären.

Wer sich solche Modelle zunutze macht, ist letztendlich im Vorteil und, gerade in der Wirtschaft, der klarere Entscheider, da er einerseits die Komplexität, andererseits aber auch die Unsicherheit deutlich reduzieren kann. Darin machen die im Folgenden dargestellten Kommunikationsmodelle keinen Unterschied.

Modelle werden in den Zeiten von „Big Data" immer wichtiger. Hierbei geht es auch darum, die enormen Datenmengen zu benutzbarem Material zu verarbeiten. Dazu gibt es verschiedene Techniken. Diese wiederum erhöhen die Anforderungen an Entscheidungsträger, die solche Wege verstehen müssen, um die kondensierten Daten richtig beurteilen zu können.

4.1 Der Sender und der Empfänger von Shannon und Weaver

Das Kommunikationsmodell haben wir oben bereits etwas näher dargelegt (siehe unter *Kommunikationsmodell nach Shannon und Weaver*, Abschn. 2.3). Hier möchten wir nochmals auf einige weitere Details eingehen, da diese Vertiefung für das Verständnis der weiteren Modelle wichtig ist.

Das Modell von Shannon und Weaver stellt die Kommunikation als **Übertragung einer Nachricht von einem Sender zu einem Empfänger** dar. Eine Person (der Sender) hat eine bestimmte Absicht, deshalb kommuniziert sie und erwartet eine bestimmte Reaktion. Dazu wird eine Nachricht (schriftlich, telefonisch, mündlich, u. Ä.) an den Empfänger gesendet, welcher eine Rückmeldung gibt. Damit schließt sich der Kreis und kann von Neuem beginnen. Dieses Modell ist vor allem nützlich, um mögliche Störungen der Kom-

© Springer-Verlag Berlin Heidelberg 2017
G. Baller und B. Schaller, *Kommunikation im Krankenhaus*,
DOI 10.1007/978-3-642-55326-4_4

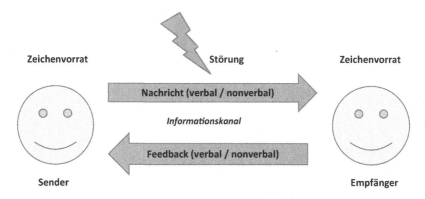

Abb. 4.1 Die sechs basalen Elemente der Kommunikation nach Shannon und Weaver. (Eigene Darstellung)

munikation zu identifizieren und zu beseitigen. Die jeweilige Antwort, auch Feedback genannt, gibt Aufschluss darüber, *wie* die Nachricht beim Empfänger angekommen ist (siehe Abb. 4.1).

Der Sachinhalt der Nachricht kommt nämlich nur dann an, wenn zwischen dem Sender und dem Empfänger eine positive emotionale Beziehung besteht. Falls keine solche positive Beziehung besteht oder diese gestört sein sollte, wird die Kommunikation schwierig, denn *„jede Kommunikation hat einen Inhalts- und einen Beziehungsaspekt, wobei letzterer den ersteren bestimmt"* (Paul Watzlawick et al. 2000).

Betrachtet man die Vielzahl der möglichen Störungen, so scheint eine geglückte Kommunikation schon in der Theorie eher die Ausnahme als die Regel zu sein.

Schwierig wird es auch, wenn der Empfänger möglicherweise keine Gelegenheit hat oder sich nicht traut, bei Unklarheiten nachzufragen. Das ist eines der Hauptprobleme bei sogenannter Top-down-Kommunikation, vor allem wenn – wie in Krankenhäusern – (noch) eine strenge Hierarchie herrscht. Dies ist einer der Gründe, weshalb in angelsächsischen Ländern das Shared-Leadership-Modell sich immer mehr durchsetzt. Denn nur wenn ich Feedback bekomme, kann ich kontrollieren, ob meine Botschaft auch richtig angekommen ist. Und kann ich im Falle eines Missverständnisses den Regelkreis von Senden und Empfangen von vorn beginnen.

Denn schon Konrad Lorenz (1903–1989) stellte mittels der ihm zugeschriebenen Formulierung fest, dass das Kommunizieren um das Anwenden des Kommunizierten zu erweitern sei:

Gesagt ist nicht gehört,
gehört ist nicht verstanden,
verstanden ist nicht einverstanden,
einverstanden ist nicht angewendet,
angewendet ist nicht beibehalten.

Der österreichisch-amerikanische Kommunikationswissenschaftler Paul Watzlawick (1921–2007) hat dann das sehr grundlegende Sender-Modell erweitert und verfeinert und Friedemann Schulz von Thun entwickelte wiederum daraus das Vier-Seiten-Modell, auch Nachrichtenquadrat genannt (siehe unter *Das Nachrichtenquadrat und die vier Ohren von Schulz von Thun*, Abschn. 4.3).

4.2 Das Organon-Modell von Bühler

Karl Bühler (1969, 1982, 1992) war Mediziner, Psychologe und Philosoph, daher kein „klassischer" Sprach- oder Kommunikationswissenschaftler. Er beschäftigte sich aber unter anderem mit dem Ursprung der Sprachentwicklung bei Kleinkindern und darüber hinaus mit der Sprachtheorie, wobei ihn insbesondere Platon beeinflusste. Platon fasste Sprache als Werkzeug (griech. organon) auf, damit einer einem anderen etwas über „Dinge" mitteilen kann. Bühler entwickelte diese Idee weiter und schuf ein einfaches Grundmodell der Kommunikation.

Im Mittelpunkt steht das Organum, das sinnlich Wahrnehmbare (in der Regel akustisch), die Sprache. Es steht in Relation zu den drei anderen Komponenten: „der Eine" (Sender), „der Andere" (Empfänger) und „die Dinge" (Gegenstände und Sachverhalte). Der Sender erzeugt ein akustisches Phänomen, das auf den Empfänger einwirkt. Die „Dinge" sind Ereignisse, um die es bei der Kommunikation von Sender und Empfänger geht. Es besteht ein Kausalzusammenhang zwischen dem Ereignis und dem Sprechen. Nichts geht ohne das sprachliche Zeichen.

Bühler erweiterte später sein Modell, in dessen Mitte nunmehr das Zeichen (Sprachzeichen) steht, das von den drei sogenannten „Elementen" Sender, Empfänger sowie Gegenständen bzw. Sachverhalten umgeben ist (siehe Abb. 4.2).

Der Kreis in der Mitte symbolisiert das konkrete Schallphänomen. Die Seiten des Dreiecks sind den variablen Elementen zugewandt. Die Linien, die vom Mittelpunkt weggehen, stellen die semantische Funktion des Sprachzeichens dar. Es gibt insgesamt drei Dimensionen des sprachlichen Zeichens. Zum einen ist es Symbol kraft seiner Zuordnung zu Gegenstand und Sachverhalt. Es steht stellvertretend und hat damit eine Darstellungsfunktion. Zum anderen ist das sprachliche Zeichen auch Symptom (Anzeichen) kraft seiner Abhängigkeit vom Sender, dessen Innerlichkeit es ausdrückt. Die Sprache hat also gemäß Bühler auch unterschiedliche Ausdrucksfunktion. Der Sender drückt sich über etwas aus und kann auch dabei etwas über sich selbst aussagen. Es kommt darauf an, wie er es sagt. Beispielsweise kann „der Eine" sagen: „Da ist ein Hund!", aber er kann auch sagen: „Da ist ein Köter!" Im zweiten Fall sagt der Sender etwas über sich selbst aus. Unter anderem hat er sich damit bloßgestellt. Das Zeichen ist aber auch Signal kraft seines Appells an den Hörer, dessen äußeres und inneres Verhalten es zu steuern versucht. Hier liegt die Appellfunktion des Zeichens vor. Wenn der Sender dem Empfänger z. B. mitteilt, da sei ein Köter, versucht er ihn zu beeinflussen, indem er ihn warnen oder auch nur seine Abneigung zeigen will.

Im Alltag sind in Kommunikationssituationen immer alle drei (Ausdrucks-)Funktionen vorhanden. Allerdings ist im konkreten Fall immer eine der drei Funktionen gegenüber den anderen dominant.

4.3 Das Nachrichtenquadrat und die vier Ohren von Schulz von Thun

Als ob die Dinge des Alltages nicht bereits komplex genug wären, so sehen wir uns im Kommunikationsmodell des Hamburger Kommunikationswissenschaftlers Friedemann Schulz von Thun (1944) gleich mit vier bzw. sogar acht unterschiedlichen Aspekten konfrontiert (siehe Abb. 4.3). Mit vier „Sendemodalitäten" des Senders und den vier „Empfangsmodalitäten" des Empfängers. Allein durch diese Vielfalt wird leicht nachvollziehbar, warum wir uns „gelegentlich" missverstehen bzw. die Botschaft nicht immer so ankommt bzw. gehört wird, wie wir sie gesendet haben bzw. verstanden haben wollten. Schulz von Thun unterscheidet dabei **vier Seiten des Quadrats**:

Die Sachebene: Sie beschreibt den Sachinhalt, um den es geht.

Die Beziehungsseite: Sie drückt aus, wie der Sender zum Empfänger steht. Dies zeigt sich meist in der gewählten Formulierung, dem Tonfall und anderen nicht-sprachlichen Begleitzuständen.

Die Appellseite: Fast alle Nachrichten haben die Funktion, den Empfänger zu beeinflussen, also ihn zu veranlassen, etwas zu tun oder zu unterlassen.

Die Selbstkundgabe: Jede Nachricht gibt auch Informationen über den Sender selbst wie z. B. seine Einstellung, seine innere Befindlichkeit usw.

Abb. 4.2 Das Organon-Modell von Bühler (Z: Zeichen). (Bühler 1982)

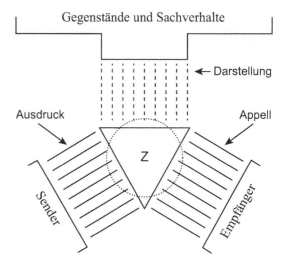

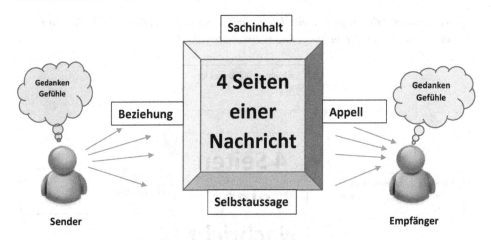

Abb. 4.3 Das Nachrichtenquadrat von Schulz von Thun. (Nach Schulz von Thun et al. 2012)

Die eigene Intention einer Botschaft entspricht nicht immer der Interpretation der Botschaft durch den Anderen, den Empfänger. „Radikalere" Vertreter unter den Kommunikationspsychologen sehen uns sogar verantwortlich dafür, was wie beim Anderen ankommt, also wie eine Botschaft interpretiert wird. Es lohnt sich daher, sich mit diesen Hintergründen im Folgenden eingehender zu beschäftigen.

Nehmen wir einmal folgendes Beispiel:

Praxisbeispiel

Ein Ehepaar sitzt in einem Auto. Sie fährt. Der der Mann ist Beifahrer. Plötzlich sagt dieser: „Schatz, die Ampel da vorne ist grün."

Angenommen, Sie sind die Fahrerin. Was sagt uns der Beifahrer mit dieser Aussage? Was hören Sie aus ihr heraus? Hören Sie auf der sogenannten Sachebene und bedanken sich – als Fahrerin – für diese Information? Oder hören Sie den sogenannten Appellaspekt der Aussage, in unserem Beispiel würden Sie dann einfach Gas geben – oder sagen „Okay, Schatz, dann fahre ich schneller, um noch bei Grün über die Ampel zu kommen"? Oder hören Sie die Selbstaussage heraus, nämlich dass es der Beifahrer eilig hat, weil ein für ihn wichtiges Ereignis ansteht? Dann würden Sie antworten: „Du hast es aber eilig." Alles ist noch im Lot zwischen beiden, es ist nichts passiert, kein Streit ist entstanden. Aber es gibt für unser Beispiel eine Ebene, in der Zündstoff liegt und das ist der sogenannte Beziehungsaspekt oder die Beziehungsseite. Diese Seite einer Nachricht drückt aus, in welcher Beziehung sich Sender und Empfänger zueinander sehen. Und: was sie voneinander halten. Was bedeutet das nun für unser Beispiel? Sie versteht, dass er mit seiner Aussage „Schatz, die Ampel da vorne ist grün" meint, dass sie nicht in Lage sei, ohne seine Hilfe Auto zu fahren. Und er sie belehren muss. Das gibt Ärger … Was antwortet sie? „Ich bin doch nicht blind!" Oder „Dann fahr du doch!" Oder ganz non-verbal: rechts ranfahren, die Handbremse reinhauen, aus-

steigen und auf die Beifahrerseite laufen und so lange mit verschränkten Armen böse
gucken, bis er entnervt aussteigt und selbst weiterfährt.

Und möglicherweise wird er überhaupt nicht verstehen, was da gerade passiert ist.

Hier ein Beispiel aus der Klinik:

Praxisbeispiel

Stellen Sie sich doch einmal folgende Situation im OP vor: Eine Operation ist beendet,
der Assistenzarzt vernäht die Wunde. Der Chefarzt schaut zu und fragt: „Was ist das
für eine Naht?" Hört der Assistenzarzt rein auf der Sachebene, antwortet er: „Das ist
eine Donati-Rückstichnaht."

Hört der Assistent auf der Appellseite, kann er vielleicht fragen: „Sollte ich die
Wunde durch eine andere Naht verschließen?" Hört der Assistent die Selbstkundgabe,
dann könnte er vielleicht mit einer Gegenfrage antworten: „Kennen Sie Donati nicht?"
Das wäre natürlich sehr provokant – unter Freunden aber eine durchaus normale, nicht
provokant gemeinte Reaktion. Natürlich nicht gegenüber jedem Chef ...

Nun schauen wir uns die Beziehungsseite an, da könnte die Antwort auf die Frage:
„Was ist das für eine Naht?" des Assistenten so aussehen: „Ist die nicht richtig?" Weil
die Beziehungsebene eben die Beziehung widerspiegelt und hier eindeutig diejenige
zwischen Lehrer und Schüler. Je nachdem, was der Chefarzt mit dieser Frage tatsäch-
lich meinte, so ist nur diese eine Antwort auch die „richtige". Aber da wir nur davon
ausgehen, dass er eine bestimmte (Kommunikations-)Ebene „meinte", möglicherweise
sogar aus der Erfahrung heraus, dass er immer Testfragen an seine Assistenten stellt.

Wenn er diese Test-Frage aber gerade nicht meinte, so wird er nicht nachvollziehen können, was da gerade passiert ist. So entstehen dann die vielzitierten Missverständnisse.

Kommunikationsprobleme entstehen insbesondere, wenn eines der oben genannten Ohren zu stark ausgeprägt ist und der Gesprächspartner Nachrichten überwiegend mit einem bestimmten Ohr hört:

- **ausgeprägtes Sachohr**
  - nimmt zwischenmenschliche Konflikte nicht wahr
  - nimmt die Gefühle anderer nicht ernst
  - versachlicht alles
- **ausgeprägtes Apellohr**
  - versteht jede Aussage als Handlungsaufforderung
  - will es allen recht machen
  - verliert das Gefühl für die eigenen Bedürfnisse
  - verbreitet Hektik und Unruhe
- **ausgeprägtes Selbstkundgabeohr**
  - analysiert, diagnostiziert und interpretiert jede Aussage des Gesprächspartners
  - bezieht nichts auf sich
  - verhindert die eigene Betroffenheit
- **ausgeprägtes Beziehungsohr**
  - reagiert überempfindlich
  - nimmt alles zu persönlich
  - fühlt sich angegriffen und reagiert beleidigt oder aggressiv

Missverständnisse sind das Natürlichste der Welt – sie ergeben sich schon fast zwangsläufig aus der Quadratur der Nachricht. Sender und Empfänger sollten daher beim Aufdecken und Besprechen von Missverständnissen nicht davon ausgehen, dass der eine oder der andere Schuld hat. Hier haben beide recht: Der eine hat dies gesagt und der andere jenes verstanden. Also wählen Sie auch immer dasjenige Kommunikationsmittel, das für den zu erledigenden Fall in Ihrer Klinik am wenigsten das Potenzial für Missverständnisse in sich birgt (siehe unter *Media-Richness-Theorie*, Abschn. 15.9).

Mit Lautstärke, Tonfall, Körpersprache und Haltung werden Nachrichten zusätzlich „eingefärbt" und können bei gleichem Wortlaut ganz unterschiedliche Inhalte transportieren. Das macht das Entschlüsseln von Nachrichten einerseits einfacher, kann aber zum Beispiel bei inkongruenter Körpersprache Widersprüche erzeugen und das Verstehen der Nachrichten somit komplizierter machen.

4.4 Die fünf Axiome von Watzlawick

Der Kommunikationswissenschaftler Paul Watzlawick (1921–2007) ist zu dem Schluss gekommen, dass in jeder Kommunikation (mindestens) ein Sachaspekt und ein Beziehungsaspekt enthalten sind und hat damit zur Entwicklung des oben aufgeführten Vier-Seiten-Modells beigetragen. Diese Aussage ist als 2. Axiom zentraler Bestandteil seiner **fünf Axiome zur Kommunikation** (siehe Abb. 4.4).

1. Axiom: „Man kann nicht nicht kommunizieren!"
Sobald zwei Menschen sich wahrnehmen, kommunizieren sie in irgendeiner Form miteinander. Watzlawick versteht jegliches Verhalten als eine Form von Kommunikation, also auch non-verbale und sogar unbewusste Kommunikation, etwa durch Körpersprache. Dieses Axiom wird daher auch als metakommunikatives Axiom verstanden.

2. Axiom: „Jede Kommunikation hat einen Inhalts- und einen Beziehungsaspekt"
Kommunikation gelingt nur, wenn in der Inhalts- und Beziehungsseite Einigkeit herrscht.

3. Axiom: „Kommunikation ist immer Ursache und Wirkung"
Sender und Empfänger gliedern den Kommunikationsablauf unterschiedlich und interpretieren so ihr eigenes Verhalten oft nur als Reaktion auf das des anderen. Das heißt, die

Abb. 4.4 Die fünf Axiome nach Watzlawick. (Eigene Darstellung nach Watzlawick 2000)

Ursache für die eigene Reaktion wird dem anderen zugeschoben. Menschliche Kommunikation ist aber nicht in Kausalketten auflösbar, sie verläuft vielmehr kreisförmig. Oft kann bei einem Streit nicht genau angegeben werden, wer beispielsweise bei einem Streit wirklich „angefangen" hat. Ursache und Wirkung können nicht mehr auseinandergehalten werden. Anfänge werden daher nur subjektiv als sogenannte „Interpunktionen" gesetzt. Vielmehr sind sie aber bereits eine Interpretation dessen, was der andere gesagt hat.

Praxisbeispiel

Sie haben ein kleines Change-Projekt in Ihrem Team implementiert. Nun rufen Sie das Team zusammen und möchten von den Teammitgliedern gerne deren Feedback erhalten. Keiner meldet sich, einer schaut zum Fenster hinaus, die andere starrt auf ihre Hände, ein Weiterer scharrt mit dem Absatz auf dem Boden. Auch als Sie Ihren Zögling, Marcel Schuberts, fragen, was er denn dazu meine, zuckt er nur mit den Schultern und sagt: „Weiß auch nicht."

„Silence", das große Schweigen, ist gerade in Change-Projekten gefährlich, da diese Kommunikationsform relativ schwierig zu interpretieren ist. Viele Change-Projekte scheitern an der Silence der „großen Masse" und nicht unbedingt am offenen Widerstand. Dies kann von simpler Gleichgültigkeit (ich bin ja eh in einem halben Jahr pensioniert) bis zu massiver Ablehnung alles bedeuten. Hier gibt es aber keine verbale Kommunikation zu „interpretieren", sondern die non-verbale. Denn auch wenn ich nichts sage, kommuniziere ich. Als erfahrene Führungskraft müssen Sie hier subtil interpretieren, was kommuniziert wird, und dies dann ansprechen.

Wichtig ist, dass Ihre Interpretation stimmt. Denn wenn Sie jemanden, dem das Projekt gleichgültig ist, darauf ansprechen, wieso er denn gegen das Projekt sei, werden Sie ihn mit Sicherheit nie mehr ins Boot holen. Wenn Sie aber den Gleichgültigen motivieren, nochmals vor seiner Pensionierung sein Wissen für das Team zur Verfügung zu stellen, schon eher. Die Interpretation der Kommunikation Ihrer Mitarbeiter entscheidet sehr oft über Erfolg oder Misserfolg Ihrer Projekte. Demnach ist Kommunikation eben zentral für das Management.

---

4. Axiom: „Menschliche Kommunikation bedient sich analoger und digitaler Modalitäten"

Nicht nur das gesprochene Wort, sondern auch die non-verbalen Äußerungen (z. B. Lächeln, Wegblicken etc.) teilen etwas mit. Darüber hinaus verfügt die digitale Kommunikation über eine komplexe und logische Syntax, entbehrt aber auf dem Gebiet der Beziehungen einer Semantik. Die analoge Kommunikation verfügt zwar über ein solches semantisches Potenzial auf dem Gebiet der Beziehungen, entbehrt aber einer Syntax, die eine eindeutige Definition der Natur von Beziehungen leisten kann. Mit analogen Elementen wird häufig die Beziehungsebene vermittelt, mit digitalen die Inhaltsebene.

Nur wenn die analoge und die digitale Aussage übereinstimmen, ist die Botschaft kongruent. Besondere Probleme entstehen dadurch, dass beide Ebenen mehrdeutig sein können und vom Kommunikationspartner interpretiert werden müssen.

5. Axiom: „Kommunikation ist symmetrisch oder komplementär"

Beziehungen zwischen Partnern jeglicher Art basieren entweder auf Gleichheit oder auf Unterschiedlichkeit. In komplementären Beziehungen ergänzen sich unterschiedliche Verhaltensweisen und bestimmen den Interaktionsprozess. Die Beziehungsgrundlage besteht hierbei in der Unterschiedlichkeit der Partner. Häufig drückt sich diese auch in einer Unterordnung aus, d. h., der eine hat die Oberhand über den anderen. Eine symmetrische Beziehungsform zeichnet sich dadurch aus, dass die Partner sich bemühen, Ungleichheiten zu minimieren (Streben nach Gleichheit). Gerade im Krankenhaus ist das 5. Axiom besonders wichtig, da sowohl Arzt-Patienten-Kommunikation als auch Vorgesetzten-Untergebenen-Kommunikation nicht immer symmetrisch ist.

4.5 Das Innere Team von Schulz von Thun

Der Hamburger Schulz von Thun hat das 5. Axiom von Watzlawick noch etwas ausgebaut und das Modell des „Inneren Teams" entwickelt, vor allem um die „Innenseite" der Kommunikation genauer zu betrachten (siehe Abb. 4.5).

Schulz von Thun geht anhand dieser Metapher davon aus, dass wir in zwiespältigen Situationen in unserem Inneren zu einer bestimmten Kommunikationssituation nicht lediglich ein einzelnes Ohr vorfinden, sondern meist auf verschiedene Ohranteile stoßen, die sich selten einig sind. *„Ein Miteinander und Gegeneinander finden wir demnach nicht nur zwischen den Menschen, sondern auch innerhalb des Menschen"* (zitiert nach Schulz von Thun et al. 2012) und stellt somit einen normalen psycho-physiologischen Zustand dar. Nur wenn eine Führungskraft das „Innere Team" gemäß Schulz von Thun koordinieren

Abb. 4.5 Das Innere Team
von Schulz von Thun. (Schulz
von Thun et al. 2012)

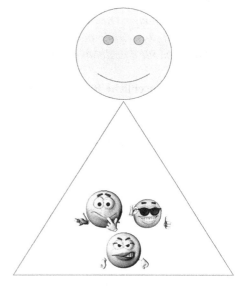

kann, kann diese Führungskraft auch nach außen klar, authentisch und situationsgemäß kommunizieren.

Arabische Scheiche sind neben ihrem unermesslichen Reichtum auch für ihre Liebe zu Falken, Hengsten oder zu Kamelen bekannt. Europäer kennen diese Tierliebe meist in Bezug auf Hunde oder Katzen. Und diese wie jene nehmen ihren Vierbeiner gerne schon mal auf Reisen mit. Und so kommt es, dass ein Münchner Luxushotel plötzlich vor einem unerwarteten tierischen Problem steht.

In der Lobby erscheint zum Erstaunen des Empfangschefs wie der Gäste ein ausgewachsenes Kamel. Dieses war nicht etwa aus dem Zirkus entwischt, sondern mit einer umgebauten Transportmaschine eingeflogen worden. Sein Besitzer, der Scheich, verreist nämlich nur äußerst ungern ohne sein Lieblingskamel und verlangt nun für sich und seinen tierischen Begleiter Zutritt zur gebuchten Präsidentensuite. Die Situation droht zu eskalieren, weil das natürlich nicht möglich ist. Der Hoteldirektor muss sich der Sache nun annehmen.

Angenommen, Sie wären der Hoteldirektor, wie würden Sie diese Situation auflösen?
1. Dem Scheich ganz ruhig erklären, dass das nicht möglich sei? Er möge sich doch bitte – Entschuldigung – nach einer anderen Unterkunft umschauen. Und gleich dazusagen, dass er in ganz München keine Unterkunft finden werde, die ihm ein Kamel in der Präsidentensuite erlaube?
2. Den Scheich anbrüllen und fragen, ob er noch ganz klar im Kopf sei? Schließlich befinde er sich hier in Deutschland, einem hochzivilisierten Land, da gehe es gesittet zu.
3. Ihn des Hauses verweisen, wenn er sich nicht an Ihre Anweisungen hält, das Hotel samt Kamel umgehend und ohne Umwege zu verlassen?

Wie würden Sie reagieren? Wählen Sie Möglichkeit eins, zwei oder drei? Oder gäbe es noch eine weitere? Klar ist, Sie müssen das Kamel unbedingt loswerden, wollen aber den Scheich als Gast nicht verprellen.
In Wirklichkeit rettete ein spontaner Einfall des Concierge die Lage. Er rief den Zoo an und bat um Logis für das Tier. Dem Scheich wiederum erklärte er, man habe ein Luxusquartier mit Unterhaltung durch weibliche Artgenossen besorgt, es handele sich sozusagen um einen Wellnessaufenthalt. Das half. Nach ausführlicher Verabschiedung checkten die Reisenden schließlich in unterschiedlichen, aber angemessenen Unterkünften ein.
Wenn Menschen kommunizieren, dann tauschen sie nicht nur Gedanken, sondern auch Gefühle aus. Wir werden bewusst oder unbewusst von Stimmungen und Gefühlen anderer beeinflusst. Wissenschaftlich bestätigt wurde das mit der Entdeckung der Spiegelneurone durch den Italiener Giacomo Rizzolatti im Jahr 1992 (siehe unter Gefühle ansprechen und spiegeln, Abschn. 8.9). Wir nehmen aktiv an den Gefühlen anderer teil,

indem wir versuchen, deren Sicht auf die gefühlsauslösende Situation zu verstehen und bei deren Bewältigung zu helfen.

Welche Gefühle hätten Sie in den oben beschriebenen Situationen gehabt? Als Hoteldirektor in Situation eins wären Sie sehr wahrscheinlich ruhig, aber bestimmt gewesen. In Situation zwei und drei wären Sie vermutlich aufgebracht gewesen. Sie hätten sich vielleicht darüber aufgeregt, dass der Scheich nicht wusste, dass in unseren Gefilden Kamele in Hotels nicht erlaubt sind.

Aber wie hätte entsprechend der Scheich die Situationen empfunden? Welche Gefühle hätte er gehabt? Sehr wahrscheinlich hätte der Scheich Ihre Gefühle gespiegelt.

In der ersten Situation wäre es möglicherweise dazu gekommen, dass der Scheich Ihrem Hotel etwas mehr Geld dafür angeboten hätte, dass das Kamel bei ihm bleiben darf. Bei einer Ablehnung dieses Vorschlags wäre eine Diskussion entstanden, woraufhin sich die Situation hochgeschaukelt hätte und dann eskaliert wäre. Das Resultat aber wäre immer das gleiche. Scheich ja, Kamel nein. Scheich deswegen wütend. Hoteldirektor auch.

Im Persönlichkeitsmodell des Hamburger Psychologen Friedmann Schulz von Thun (Schulz von Thun et al. 2012) wird genau diese Pluralität des menschlichen Innenlebens durch die Metapher des „Inneren Teams" dargestellt. Das soll die Selbstklärung in zwiespältigen Situationen, wie der oben geschilderten, unterstützen und damit die Voraussetzung für eine klare und authentische Kommunikation nach außen bieten.

In den Situationen zwei und drei wäre der Scheich sofort sehr wütend auf Sie gewesen. Und Sie beide wären mit diesem Gefühl auseinandergegangen. Und immer wenn Sie beide sich an die Situation zurückerinnert hätten, wäre dieses wütende Gefühl wieder da gewesen.

Einzig die tatsächliche Lösung durch die angemessene, lösungsorientierte Kommunikation, wonach das Kamel nun in einer würdigen und angemessenen Luxusunterkunft seinen Aufenthalt verbringen würde, klärt die Situation, sodass beide Gesprächspartner mit einem angenehmen Gefühl miteinander sprechen und auch auseinandergehen. Hätte der Hoteldirektor inhaltlich das Gleiche gesagt „Wir bringen ihr Kamel jetzt in den Zoo und Sie gehen auf Ihre Suite", dann wäre die Situation unter Umständen nicht in gleicher Weise entschärft worden. Einzig die mit positiven Emotionen beschriebene Wellnessatmosphäre mit weiblicher Unterhaltung konnte die Situation retten.

Das ist eine kreative und konstruktive Lösung, die, ganz den ökonomischen Grundprinzipien folgend, den Kundennutzen in den Vordergrund stellt. Nicht jeder hätte diese so auch angenommen. Das hätte auch schiefgehen können:

Möglicherweise hätte ein anderer Zeitgenosse anders reagiert und barsch gefragt „Wollen Sie mich verarschen? Ich durchschaue Sie! Mein Kamel kommt nicht in Ihren verlausten Zoo!" Aber in dieser speziellen Situation unter den gegebenen Umständen war die Lösung ausgezeichnet. Eine Idee, eine Lösung, muss man dagegen immer auch „verkaufen" und „richtig verpacken". Manipulation sagen Sie? Da haben Sie möglicherweise recht. Ich würde es Rhetorik oder Perspektivwechsel nennen. Sich auf die Gefühls- und Denkwelt des Gesprächspartners einzulassen ist meistens eine gu-

te Ausgangsposition für gelingende Kommunikation. Im angelsächsischen Raum wird dies zutreffend als „Consumer Neuroscience" beschrieben, dabei wird insbesondere betont, dass die meisten Entscheidungen stark durch Emotionen bestimmt werden und weit weniger rational sind, als wir gemeinhin glauben.

4.6   Unterschiedliche Formen von Botschaften

Grundsätzlich wird eine Nachricht als ein Paket von verbalen und nicht-verbalen Anteilen definiert. Eine Nachricht enthält daher verschiedene Botschaften. Eine Botschaft wiederum ist Gegenstand der Kommunikationsanalyse.

Eine Botschaft wird dann als *explizit* bezeichnet, wenn sie den ausdrücklich und klar formulierten Nachrichtenteil enthält.

Implizit meint, dass etwas nicht ausdrücklich gesagt wird, es jedoch trotzdem in einer Nachricht enthalten ist bzw. in das Gesendete hineininterpretiert werden kann.

Praxisbeispiel

Nehmen wir einmal an, dass sich ein Patient noch nach 12 Uhr in Ihrer Sprechstunde befindet. Er ist schon über eine Stunde da und erzählt und erzählt. Sie möchten aber zu dem mit Ihren Kollegen vereinbarten Mittagessen in der Kantine gehen. Sie könnten nun sagen: „Ich will Mittag essen gehen. Gehen Sie bitte nach Hause." Dann wäre dies eine explizite Botschaft.

Wenn Sie sagen: „Ach herrjeh! Wie die Zeit vergeht – es ist schon nach 12 Uhr", dann wäre dies eine implizite Botschaft.

Gerade im modernen Krankenhaus, wo die Patientenbedürfnisse im Zentrum jeglichen Handels stehen, werden implizite Botschaften immer entscheidender (siehe unter Gewaltfreie Kommunikation nach Rosenberg, Kap. 6). Dagegen ist an sich auch nichts einzuwenden. Wichtig ist dabei aber, dass die non-verbalen expliziten Botschaften mit dieser impliziten Botschaft einhergehen. Wenn Sie sagen „Ach herrjeh! Wie die Zeit vergeht – es ist schon nach 12 Uhr" und gleichzeitig völlig nervös, mit dem Fuß tippend in der Tür stehen, kommt dies natürlich ungleich ungünstiger beim Patienten an, als wenn sie dabei entspannt dem Patienten gegenüber im Stuhl sitzen. Erfahrungsgemäß führen solche Diskrepanzen in non-verbalen und verbalen Äußerungen zu den meisten Missstimmungen.

Explizite und implizite Botschaften können auf allen vier Ebenen einer Nachricht gesendet werden (siehe unter *Nachrichtenquadrat, Abschn. 4.3*). Beispielsweise kann jemand explizit sagen: „Ich bin aus Hamburg" bzw. implizit durch seinen Dialekt die Herkunft verraten. Ein weiteres Beispiel für implizite Botschaften: Durch die Art und Weise, wie ich mit jemandem spreche (von oben herab, aufschauend usw.), gebe ich meinem Gegenüber zu verstehen, was ich von ihm halte.

4.7   Non-verbale Nachrichtenanteile

Um implizite Nachrichten zu senden, wird oft der non-verbale, also nicht-sprachliche Kanal verwendet. Durch Gestik, Mimik und Betonung bekommen Botschaften beispielsweise oft qualifizierende Bedeutungen. Je nachdem wie z. B. der Satz „Das sollst Du mir büßen!" betont wird und mit welchem mimischen und gestischen Qualitäten er begleitet wird, lässt sein Inhalt unterschiedliche Interpretationen zu (drohend, spaßhaft usw.)

Exkurs: Wege der non-verbalen Kommunikation

Zwei Menschen im Gespräch übermitteln Botschaften so schnell, dass der Sozialwissenschaftler Ray Birdwhistell (2010) hundert Stunden brauchte, um nur wenige Sekunden einer Unterhaltung zu analysieren, die in Zeitlupe gefilmt wurde. Auf die Formen, mit denen Menschen diese vielen Botschaften übermitteln, soll im folgenden Exkurs näher eingegangen werden:

Töne: Unser Stimmapparat ist so differenziert, dass wir in der Lage sind, tausend verschiedene Töne zu produzieren. Abhängig von der Lautstärke – die durch den Luftstrom, den wir durch unsere Stimmbänder pressen, variiert wird –, von der Veränderung unserer Mundstellung, von Bewegungen der Zunge und des Gaumens, von Bewegungen der Lippen und Muskelkontrolle der Stimmbänder entstehen ganz unterschiedliche Töne.

- **Lautstärke:** Die meisten Untersuchungen zur Lautstärke zeigen, dass sie ein charakteristisches Merkmal selbstbewusster Menschen ist. Im Allgemeinen drücken Menschen damit Gefühle wie Zorn, Angst und Überraschung aus. Hingegen sprechen zurückhaltende, scheue und freundliche Menschen eher mit leiser Stimme. Klangfarbe und Tonlage entscheiden jedoch darüber, welcher Eindruck beim Empfänger entsteht. Durch Lautstärke können auch Akzente gesetzt werden.

- **Klang:** Der Klang einer Stimme hängt ab von der Resonanz der Töne, die in den Stimmbändern erzeugt und in den Höhlungen von Mund und Nase geformt werden. Klangvolle Töne empfinden wir dabei als angenehm. Resonanz und Lautstärke hingegen erwecken beim Empfänger den Eindruck von Dominanz. Leise, aber resonante Stimmen erwecken das Gefühl von Traurigkeit oder Zuneigung. Eine rauchige Stimme klingt erwachsen und erfahren, eine flache hingegen depressiv und energielos; eine hohe Stimme wirkt schwach, eine gepresste ängstlich.

- **Stimmlage:** Eine tiefe Stimme klingt maskulin, eine hohe feminin. Untersuchungen zeigen, dass tiefe Stimmen für dominanter und hohe für unterwürfiger gehalten werden. Ein Wechsel der Stimmlage gilt ebenfalls als eher weiblicher Zug. Die Stimmlage ist wichtig, um einer Ansprache oder einem Vortrag Inhalt, Farbe und Nachdruck zu verleihen. Eintönigkeit wirkt meist depressiv oder löst beim Zuhörer Langeweile aus. Besonders überzeugend wirkt schnelles und lautes Sprechen.

Das Gesicht: Ein komplexes Muskelsystem verleiht unserem Gesicht so große Beweglichkeit, dass es viele verschiedene Empfindungen übermitteln kann. Diese Gefühle kommen hauptsächlich durch die Bewegung und Stellung der Augenbrauen sowie durch Öffnen und Verengen der Augen zum Ausdruck. Natürlich gibt auch die Stellung und Bewegung unseres Mundes wesentliche Signale an unser Gegenüber.

- **Augen:** Sie sind der intensivste Signalgeber in unserem Gesicht. So können Blicke Aggression, Angst oder Liebe (z. B. „Liebe auf den ersten Blick") auslösen. Während eines Gesprächs blicken die meisten Menschen ihrem Gegenüber zu einem Drittel oder mehr der Zeit in die Augen, was die gegenseitige Aufmerksamkeit verstärkt. Der Zuhörer beobachtet den Sprecher fast die ganze

Zeit; einerseits, um maximale Information zu gewinnen, andererseits gilt es auch als Grundregel höflichen Verhaltens, sein sprechendes Gegenüber anzublicken. Freundliche Menschen und Frauen suchen meist häufiger Blickkontakt als Männer; sie blicken auch meist freundlicher und wohlwollender. Ein Mensch, der zu einem anderen eine enge Beziehung sucht, wird ihn oft anblicken, läuft dabei aber Gefahr, aufdringlich zu wirken. Die Regeln für den zulässigen Blickkontakt unterliegen kulturellen Unterschieden. Untersuchungen zeigen, dass Südeuropäer sich sehr viel häufiger anblicken als Nordeuropäer und Nordamerikaner. Blickkontakt ist auch ein Zeichen von Dominanz oder Zuneigung: Leute, die wir mögen, schauen wir häufiger und lange an. Arabische Männer suchen mehr Blickkontakt als Europäer, Frauen hingegen werden nur kurz angeschaut. Japaner schauen eher auf den Hals als in die Augen, Türken halten den Blick als Zeichen des Respekts nieder. Oftmals wird der direkte Blick in die Augen als Missachtung und Versuch der Dominanz erlebt. Fehlender Blickkontakt kann umgekehrt fehlgedeutet werden als Zeichen von Verschlagenheit oder Unsicherheit, ist jedoch in vielen asiatischen Kulturen ein Zeichen des Respekts. So sind Probleme beim Zusammentreffen von Menschen unterschiedlicher Kulturen auch oft auf die unterschiedlichen Regeln über die Länge und Tiefe des tolerablen Blickkontakts zurückzuführen.

- **Dominante Augen:** Intensiver Blickkontakt ist auch ein Mittel, um andere zu beherrschen oder zu bedrohen. Dominante oder aggressive Menschen zwingen ihr Gegenüber durch einen besonders kalten oder harten Blick, die Augen niederzuschlagen. Dieses Verhalten kann eher bei Vorgesetzen beobachtet werden.

- **Augen und Persönlichkeit:** Jeder Mensch beurteilt sein Gegenüber – bewusst oder unbewusst danach, wie dieser seine Augen einsetzt. So gelten Menschen, die häufig Augenkontakt herstellen, als extrovertiert, freundlich, selbstbewusst, natürlich, reif und aufrichtig. Wird Augenkontakt vermieden, erweckt man den Eindruck, kalt, pessimistisch, defensiv, ausweichend oder unterwürfig zu sein.

Der Körper: Zur Körpersprache werden Haltungen und Bewegungen von Kopf und Rumpf, den Händen und die Stellung von Armen und Beinen gezählt (siehe auch unten). Dabei konnten Studien des amerikanischen Psychologen William James (1897) folgende Bedeutung von Körpersprache für die Kommunikation aufzeigen:

- **Annäherung:** Aufmerksamkeit, vermittelt durch vorgeneigten Oberkörper.

- **Rückzug:** Ablehnung, vermittelt durch Zurücklehnen oder Abwenden.

- **Anmaßung:** Stolz, Arroganz oder Überheblichkeit, signalisiert durch vorgewölbte Brust, geraden oder zurückgelehnten Oberkörper, erhobenen Kopf und hochgezogene Schultern.

- **Hemmung:** Depression, Niedergeschlagenheit, Mutlosigkeit, vermittelt durch schlaffen Oberkörper, gebeugten Kopf, herabhängende Schultern und eingefallenen Brustkorb.

Ein weiterer interessanter Aspekt der menschlichen Körpersprache ist das Verhalten im Raum. Jeder Mensch schafft sich in der Interaktion mit einem anderen eine Art **persönlichen Raum**, in den dieser abhängig von Status und Beziehung mehr oder weniger eindringen darf.

- **Intimer Raum:** Innerhalb von 45 cm werden nur Ehepartner, Geliebte, kleine Kinder und enge Familienangehörige geduldet. In dieser Nähe können wir uns praktisch überall berühren, Ausdünstungen riechen, Wärme und Atem wahrnehmen und die kleinsten Poren und Makel der Haut erkennen.

- **Persönlicher Raum:** In einer Entfernung von 120 bis 45 cm dürfen sich Freunde nähern.

- **Sozialer Raum:** Im Umkreis von 270 bis 120 cm spielen sich die meisten sozialen Interaktionen ab. Auf diese Entfernung können wir uns weder berühren noch riechen und sind nicht in der Lage, aufschlussreiche Details zu erkennen.

- **Öffentlicher Raum:** Dies sind Abstände, die größer als 270 cm sind.

In bestimmten Situationen können diese Regeln der körperlichen Distanz nicht eingehalten werden. Zum Beispiel in überfüllten Fahrstühlen oder Straßenbahnen. In solchen Situationen achten die Menschen sehr darauf, den Austausch sozialer Signale zu vermeiden (sie schauen in die Luft oder auf den Boden, drehen sich weg usw.).

Die Kleidung: Wir tragen Kleidung nicht nur, um uns warm zu halten oder zu bedecken, sondern auch als Mittel der Kommunikation. Durch die Machart, die Farbe und das Material, aber auch durch Schmuck, Frisuren, Kosmetika und Parfums sagen wir etwas über uns aus. Vor allem Jugendliche haben oft das Bedürfnis, sich durch ihre Kleidung mit einer bestimmten Gruppe Gleichaltriger zu identifizieren. So gab es in den letzten Jahrzehnten in Europa die verschiedensten Trends der Uniformierung unter Jugendlichen (z. B. Hippies, Rocker, Skinheads, Punks, Popper usw.). Unsere Kleidung soll unter anderem auch unsere Persönlichkeit, Stimmung und Lebenseinstellung projizieren. Funktionsbekleidung soll den Träger vor der feindlichen Außenwelt schützen.

Auch die Dekodierung non-verbaler Signale erfolgt auf vielfältige Weise: bewusst und unbewusst, aufgrund von Wissen, mithilfe der Spiegelneuronen (siehe unter *Gefühle ansprechen und spiegeln*, Abschn. 8.9) oder durch empathisches Mitfühlen. Ihr Erfolg als Führungskraft wird auch substanziell darin zu finden sein, wie gut Sie dies hinbekommen.

4.8   Körpersprache als Teil der bewussten non-verbalen Kommunikation

Nach dem klassischen wie viel zitierten Experiment des amerikanischen Professors Albert Mehrabian und Kollegen (1981) wird der **Gesamteindruck einer Persönlichkeit**

... zu 55 % von der **Körpersprache**

... zu 38 % von der **Stimme**

... nur zu 7 % vom **Inhalt des Gesprochenen**

bestimmt.

Wir alle senden und empfangen ununterbrochen körperliche Signale, ohne uns im Einzelnen bewusst Rechenschaft darüber abzulegen (siehe Abb. 4.6). Dennoch bemerken wir genau, wenn jemand bedrückt wirkt – auch wenn wir nicht bewusst erkennen, dass sich dieses Gefühl aus dem Anblick gebeugter Schultern, zusammengekauerten Dasitzens und hängender Mundwinkel bildet.

Da non-verbales Verhalten zu einem großen Teil angeboren ist, müssen wir die richtige Interpretation der Signale nicht lernen. Wir verstehen sie intuitiv. Aber weil das meiste auf einer unbewussten Ebene abläuft, können wir mit dem Körper auch schwerer lügen

Abb. 4.6 Körpersprache.
(Quelle: Harm Bengen)

als mit Worten. Wie leicht fällt es dem Kind zu sagen: „Ich war das wirklich nicht!" Aber wie schwierig ist es für das Kind, dem anderen dabei so in die Augen zu schauen, dass dieser Aussage auch geglaubt wird. Das ist der Grund, warum praktisch jeder Mensch in solchen Fällen lieber den Körpersignalen glaubt als den Worten.

Die Körpersprache gewinnt für Führungskräfte eine immer wichtigere Bedeutung. Vorstände großer börsennotierter Unternehmen trainieren daher mittlerweile mehrere Tage für die Jahresbilanz-Pressekonferenz. Denn dort sind weniger die eigentlichen Zahlen wichtig, sondern wie die „Message" rübergebracht wird; eben insbesondere auch non-verbal. Wenn der Vorstand ein positives Bild vermitteln konnte und dies anderntags positiv auf den ersten Seiten der relevanten Presse zu finden ist, dann werden die Aktienkurse des Unternehmens steigen, andernfalls werden sie fallen. Da kann also eine Rede mit einer positiven und überzeugenden Körpersprache von 15–30 Minuten des Vorstandsvorsitzenden über Tausende von Arbeitsplätzen entscheiden. Studien zeigen, dass fast nur entscheidet, wie etwas gesagt wird, was jemand sagt, ist demgegenüber (fast) nebensächlich.

Praxisbeispiel

Stellen Sie sich vor, eine Mitarbeiterin kommt zu fortgeschrittener Stunde, um Ihnen über die momentan problematische Situation zu Hause zu berichten. Sie wollten eigentlich schon lange nach Hause, weil Sie müde sind. Aber als netter, verständnisvoller Mensch sagen Sie ihr: „Komm, setz dich hin und erzähl mal ... " Im gleichen Moment spielen Sie nervös mit Ihren Fingern, an Ihren Haaren oder schauen verstohlen auf die Uhr.

Hier sind Sie nun sowohl kommunikativ als auch führungsmäßig gefordert. Wir empfehlen, sich kurz einen Überblick über die Situation zu verschaffen: Ist sofortiger Handlungsbedarf angesagt? Oder kann man dies genauso gut morgen besprechen? Und braucht die Mitarbeiterin selbst Unterstützung für diese Nacht? Wenn es sich nicht um ein absolut dringliches Problem handelt, so darf man die Detailbesprechung durchaus auf morgen verschieben. Ist aber beispielsweise der Partner der Mitarbeiterin schwer erkrankt und diese völlig verzweifelt, muss man direkt Hilfe anbieten. Es gibt dabei kein Patentrezept: Wichtig ist aber, dass man das, was man anbietet, auch zeitnah erbringt, sonst vertraut Ihnen die Mitarbeiterin nicht mehr.

Im obigen Beispiel haben Sie der Mitarbeiterin verbal mitgeteilt, dass Sie sich jetzt mit ihr und ihrem Anliegen auseinandersetzen werden. Gleichzeitig geben Sie ihr durch Ihre Körpersprache (nervös mit den Fingern spielen, auf die Uhr schauen ...) eine gegenteilige Information. Was glauben Sie: Vertraut sie Ihren Worten oder Ihren Gesten, die andeuten, dass Sie eigentlich etwas anderes zu tun haben, als ihr zuzuhören? Die wenigsten sind sich bewusst, dass sie mit einer einzigen unbedachten Geste die Wirkung einer ganzen wohldurchdachten Rede zerstören können. Körpersprache ist verräterisch. Sie enthüllt unsere wahren Absichten. In ihr drückt sich die Welt der Gefühle und Stimmungen aus. In ihr spricht der stille, der nicht-rationale Teil unserer Seele. Genau genommen ist sie nicht unsere Körper-, sondern Gefühlssprache.

Im Alltag reden und hören wir in Wahrheit zwei Sprachen zugleich: die der Worte und die des Körpers. Für ihr Verhältnis zueinander gibt es **drei Möglichkeiten**.

- **Beide Sprachen können einander bestätigen**. Das ist der Fall, wenn ich sage: „Ich bin wütend" und zugleich mit der Faust auf den Tisch haue. Oder wenn ich jemanden mit den Worten begrüße: „Toll, dass du da bist" und zugleich hinlaufe, um ihn zu umarmen. In diesen Fällen bilden beide Sprachen eine Einheit und verstärken einander. Jeder, der sich so verhält, wirkt ehrlich und erweckt Vertrauen.
- Der zweite Fall ist der, dass **die Körpersprache die Wortsprache ersetzt**. Etwa, wenn wir nicken statt „Ja" zu sagen oder mit einem Kopfschütteln unser „Nein" zum Ausdruck bringen.
- In der dritten und interessantesten Variante **widersprechen die beiden Sprachen einander** – ein Hinweis auf einen Konflikt. Das obige Beispiel des späten Besuchs einer verzweifelten Mitarbeiterin stellt solch einen Fall dar. Man sagt das eine, aber denkt etwas anderes. Dieses andere wird aber sehr wohl bemerkt. Mimik und Gestik haben es verraten.

Und natürlich gibt es auch Menschen, die Körpersprache nicht oder nicht richtig interpretieren können und sozusagen völlig schmerzfrei wichtige Signale missachten. Daher gibt es einige einfache Regeln, die man für die **Körpersprache im Krankenhaus** verwenden sollte:

- Die Körpersprache sollte **holistisch** angeschaut und nicht auf einzelne Aktionen heruntergebrochen werden (z. B. Arme kreuzen). Es sollte daher der Fokus insbesondere auf Änderungen von Mustern oder Clustern in der Körpersprache gelegt werden.
- Halten Sie **als Empfänger mit dem Sender Augenkontakt** und zeigen Sie mit der Körpersprache Engagement in der Sache, indem Sie sich beispielsweise zur sprechenden Person hinwenden. Wegschauen oder sogar den Kopf schütteln sowie unangebrachte Lacher sind hingegen als problematische Körpersignale in der Kommunikation zu deuten und führen beim Sender zu Unbehagen.

4.9 Der Wahrnehmungsfilter

Weniger bekannt sind Theorien der Kommunikation, die sich nicht direkt auf die Interaktion, sondern auf das Klima beziehen, das zwischen den Kommunikationspartnern besteht. Dies kann nur schwierig beschrieben, aber wohl am zutreffendsten als „Wahrnehmung" begriffen werden.

Wie nehmen wir eigentlich unsere Umgebung wahr? Oder das, was andere sagen? Je nach Stimmung macht Liebe blind, oder wer schlechte Laune hat, nimmt die schönen Dinge des Lebens nicht wahr, sondern sucht sogar das Schlechte, um sich bestätigt zu sehen. Wir sehen also nicht, was tatsächlich ist, sondern wir sehen durch eine sogenannte „subjektive Brille", die die Wahrnehmung verzerrt und uns unbewusst interpretieren lässt.

Die **häufigsten Wahrnehmungsfilter** sind:

- **Das Selbstkonzept**, das Bild, das ich von mir habe: Ich bin ein sehr ausgeglichener Mensch, ich würde so etwas nie tun etc.
- **Die Projektion**: Hier werden eigene oder bekannte Eigenschaften oder Wünsche auf andere übertragen.
- **Der Halo-Effekt**, wenn eine Eigenschaft alle anderen Eigenschaften überstrahlt: Die blonde, sehr hübsche Sekretärin, die der Chef eingestellt hat, obwohl sie eigentlich nicht viel kann.
- **Das Andorra-Phänomen**, die selbsterfüllende Prophezeiung: Wenn jemand z. B. sagt: „Ich kann das nicht", gewiss wird das dann nur schwer klappen.
- **Vorurteile**: Einstellung gegenüber Gruppen mit negativen affektiven (Feindseligkeit), kognitiven (Stereotypen) Verhaltenskomponenten (Diskriminierung).
- **Die eigene Erfahrung**: Wenn wir mit einer bestimmten Marke mehrfach Pech hatten, dann werden wir nur schwer einem weiteren Produkt aus dem gleichen Haus eine Chance geben.
- **Die selektive Wahrnehmung**: Wenn man nur das sieht, was man auch sehen will.

Jedes Ereignis durchläuft eine Reihe von Filtern (siehe Abb. 4.7). Wir empfangen genau das Spektrum, das unsere Filter durchdringen kann. Alles andere bleibt sozusagen vor

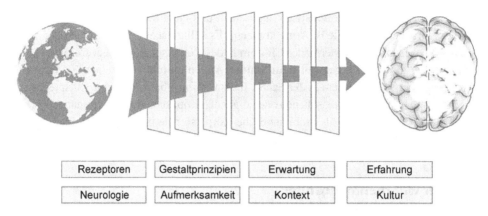

| Rezeptoren | Gestaltprinzipien | Erwartung | Erfahrung |
| Neurologie | Aufmerksamkeit | Kontext | Kultur |

Abb. 4.7 Wahrnehmungsfilter. (Stroopr.de)

der Haustür und erreicht unser Bewusstsein nicht. Wir leben in einer subjektiv wahrgenommenen Welt. Die herausgefilterten Ereignisse sind aber trotzdem objektiv vorhanden. Es gibt blinde Punkte, die wir einfach nicht sehen können, weil wir sie nicht sehen wollen. Das ist ein Schutzmechanismus, denn wir müssen uns vor Reizüberflutung schützen.

Wer sich erst einmal dieser Filter, des limbischen Systems, bewusst ist, kann sich und andere objektiver beurteilen und sich nicht von anderen Wahrnehmungen blenden lassen. Es bereichert auch, regelmäßig den „Reset-Knopf" in unserem Kopf zu drücken und das, was gewesen ist, sein zu lassen oder unsere – vielleicht vorschnelle – Meinung noch einmal zu überprüfen.

Die meisten Mitarbeiter eines Krankenhauses, gerade die akademisch ausgebildeten, sind davon überzeugt, dass sie wichtige Entscheidungen „bewusst" treffen. Bevor eine Information aber das Bewusstsein erreicht, muss sie durch den Filter des limbischen Systems – all jener Hirnareale, die an der Bewertung von Informationen und der Verarbeitung von Emotionen entscheidenden Anteil haben. Alle Information, die an uns herangetragen werden, werden zunächst im Thalamus, einem Teil dieses oben genannten Systems, gefiltert, und nur die als wirklich relevant bewerteten Wahrnehmungen erreichen letztlich das Bewusstsein. 99,9 % aller Informationen werden daher unbewusst verarbeitet. Dieser Prozess läuft mit ungeheurer Geschwindigkeit ab und entzieht sich daher der bewussten Wahrnehmung.

Exkurs: Hirnanteile
Stammhirn: Das Stammhirn ist der älteste Teil des Gehirns. Hier liegen alle dem normalen Bewusstsein entzogenen Programme wie beispielsweise Atmung, Körpertemperatur oder Blutzirkulation. Es beherbergt auch die Funktionen der „Arterhaltung" zum Beispiel Sexualtrieb, Beschützerinstinkt gegenüber Kindern, Wunsch nach Nahrung, Territorialverhalten. Das Stammhirn ist kaum lernfähig und hat Schwierigkeiten, mit rasch wechselnden Situationen umzugehen.

Limbisches System oder Zwischenhirn: Das limbische System befindet sich oberhalb des Stammhirns. Diesen Hirnteil besitzt jedes Säugetier. Hier sind die Emotionen wie Angst, Aggression, Liebe usw. angesiedelt. Das limbische System ist lernfähig, das heißt, es kann durch erfolg-

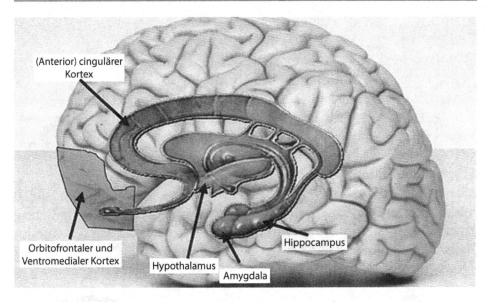

Abb. 4.8 Das limbische System. (Quelle: Häusel 2008, S. 225)

reiches Verhalten lernen. Dieses Verhaltenslernen basiert auf unbewusst erlernten Programmen aus unserer frühesten Kindheit. Alles, was wir wahrnehmen, durchläuft blitzartig das limbische System. Entstehen dabei gute oder zumindest neutrale Gefühle, kann das Großhirn funktionieren. Werden ungute Gefühle produziert, übernimmt das Stammhirn (siehe Abb. 4.8).

Großhirn oder Neocortex: Das Großhirn ist der jüngste Hirnteil und besteht aus zwei Hirnhälften. Das Großhirn ist zuständig für die Sprache sowie das Benutzen unserer Gliedmaßen.

Vom limbischen System aus betrachtet ist das menschliche Verhalten überwiegend von **drei Wesensprägungen** abhängig:

- **Stimulanz:** braucht immer neue Reize und Abwechslung, hasst Langeweile, geht gerne Risiken ein, ist neugierig.
- **Dominanz:** Strebt nach Macht und Territorium, will sich durchsetzen, demonstriert gerne Status, ist aktiv.
- **Balance:** braucht Sicherheit und Konstanz, mag keine Störungen und Überraschungen, optimiert den Energieeinsatz, ist scheu.

Dieses individuelle Profil wird in den ersten, für das Gehirn besonders prägenden Lebensjahren durch Erziehung und Sozialisation modifiziert, gefestigt und beeinflusst später im Erwachsenenalter unbewusst unsere Entscheidungen, wie wir oben dargelegt haben. Denn dadurch überwiegt im limbischen „Filter" die eine oder andere Prägung. Dieses individuelle Profil macht uns besonders empfänglich für bestimmte Botschaften, während uns andere völlig kalt lassen. Je nach Gewicht einzelner Prägungen ändert sich das Ver-

Abb. 4.9 Limbische Persönlichkeitstypen. (Institut für limbische Kommunikation)

halten – wie beispielsweise eben der Kaufkonsum (siehe unter *Nudge*, Abschn. 4.13 und vgl. Abb. 4.9).

Diese auf Kommunikation oder auch Ökonomie basierte Forschung der Neurobiologie des menschlichen Verhaltens befindet sich noch in ihren Anfängen und die Wesensprägungen werden in Zukunft sicherlich weiter aufgeteilt und verfeinert werden. Sie erklären daher einen Teil der vorangegangenen Theorien:

Limbischer Typ	Kommunikationsschlüssel
Balance	Empathie
Dominanz	Klartext
Stimulanz	Optionen

Praxisbeispiel „Mystery Patient"

Ich gehe an die Rezeption der Station X in Krankenhaus Y. Hinter der Rezeption befindet sich ein Schwesternzimmer. Die Tür zu diesem Zimmer ist geöffnet. Als ich am Tresen stehe, beobachte ich zwei Mitarbeiter des Pflegepersonals, die in diesem Zimmer miteinander sprechen. Als sie mich bemerken und vorsichtig um die Ecke schauen, langt eine der beiden mit dem Arm zur Tür, ohne mich anzusehen, und schließt diese. Nun stehe ich vor der Rezeption und überlege, was sie mir mit diesem Verhalten sagt:

1. „Hilfe! Ein Angehöriger! Bloß schnell die Tür schließen."
2. „Ein Patient? Dafür haben wir doch unsere Visite!"
3. „Steht da jemand? Ich mach mal lieber die Tür zu."
4. „Was, jemand will was von uns? Wir haben jetzt Pause."
5. „Um Himmels willen! Wir müssen doch auch mal ungestört über die Patienten reden können."
6. „Mist. Muss ich mich um die kümmern? Wollte doch gerade eine rauchen gehen."
7. „Oh Gott, wenn ich die schon sehe. Die macht mir meine Pause kaputt!"

Bei einer Erstberatung nehme ich immer zuallererst eine anonyme Begehung des Krankenhauses vor, eine Analyse des Klimas und der Motivation, bevor mich jemand erkennt. Ich gehe dabei folgendermaßen vor:

Ich gehe auf die einzelnen Stationen und schaue mich suchend um.

Ich gehe an den Tresen/die Rezeption/zum Schwesternzimmer und warte, was passiert. Werde ich gegrüßt, wahrgenommen, wird mir Hilfe angeboten? Falls ja, frage ich nach einer anderen Station oder einem bestimmten Funktionsbereich.

Danach notiere ich den Zeitraum, bis zu dem ich wahrgenommen wurde, welche Antworten ich erhalte, welchen Freundlichkeitsgrad die antwortende Person hat. Danach werte ich die Stimmung und Atmosphäre und das Klima in diesem Krankenhaus in einem Chart aus.

Tatsächlich wurden Situationen wie die in Krankenhaus Y zum Anlass genommen, um hinter dem Tresen eine undurchsichtige Glaswand zu errichten. Nach mehrfachen Beschwerden der Pflegenden, dass sie sich durch Patienten und Angehörige gestört fühlen.

Im Leitbild dieses Krankenhauses lese ich dann noch: „Bei uns steht der Patient im Mittelpunkt." Aha.

„Überlastet", werden Sie sagen, und „überarbeitet". Das gilt aber für alle Krankenhäuser und alle Stationen und Funktionsbereiche in ganz Deutschland und Europa

und wahrscheinlich in jedem anderen Land dieser Erde gleichermaßen. Jedes Mal aus anderen Gründen.

Dennoch liegt es hier in der Hand der Pflegedienstleitung oder des Geschäftsführers, die Verantwortung zu übernehmen, Verfahrensanweisungen zu erarbeiten und klare Leitlinien zu beschreiben, an die sich die Mitarbeitenden im Krankenhaus auch halten müssen.

In dieser Reihenfolge sollte priorisiert werden:

Zuallererst der Patient/Angehörige der vor einem steht,

dann das klingelnde Telefon,

dann erst eigene Interessen und zu erledigende Aufgaben.

Das wäre eine wünschenswerte Priorisierung, In einem gut geführten Krankenhaus findet das auch genauso statt.

4.10 Werte- und Entwicklungsquadrat

Die ursprüngliche Wertequadrat-Struktur nach Paul Helwig (1965) ist der von Aristoteles (ca. 350 v. Chr.) in seiner „Nikomachischen Ethik" entwickelten Vorstellung verwandt, nach der jede Tugend als die rechte Mitte zwischen zwei fehlerhaften Extremen zu bestimmen ist (vgl. Schulz von Thun et al. 2012, S. 39 f.). Die anzustrebende Tugend ist hier aber als Fixpunkt gedacht, der sich zumindest in Richtung optimal „verschieben" lässt. Beim Wertequadrat ist die Vorstellung eines Fixpunktes aufgegeben und durch die Vorstellung einer dynamischen Balance ersetzt, was wohl auch in der Tradition der Feld-, Ganzheits- und Gestaltpsychologie betrachtet werden kann.

Als Beispiel sei die Sparsamkeit genannt, die ohne ihren positiven Gegenwert Großzügigkeit zum Geiz verkommt, umgekehrt gerät aber auch Großzügigkeit ohne Sparsamkeit zur Verschwendung. Besonders relevant für Kommunikationsprozesse ist das in Abb. 4.10 an einem anderen Beispiel veranschaulichte Spannungsverhältnis zwischen den Polen Vertrauen und Misstrauen, wie es wohl in allen sozialen Beziehungen kritisch werden kann.

Eine solche bildliche Darstellung (siehe Abb. 4.10) schärft in Diskussionen den Blick dafür, dass sich in einem beklagten Fehler nicht etwas „Schlechtes" („Böses", „Krankhaftes") manifestieren muss, das es „auszumerzen" gilt. Vielmehr lässt sich darin immer

Abb. 4.10 Wertequadrat nach Helwig. (Eigene Darstellung nach Helwig 1965)

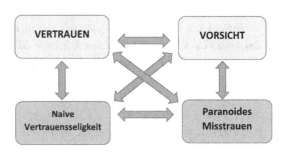

auch ein positiver Kern entdecken, dessen Vorhandensein zu schätzen ist und allein dessen Überdosis (des Guten zu viel) uns problematisch erscheint. Zum anderen ist damit die Überzeugung verbunden, dass jeder Mensch mit einer bestimmten erkennbaren Eigenschaft immer auch über einen „schlummernden" Gegenpol verfügt, den er in sich wecken und zur Entwicklung bringen kann. Wobei das angepeilte (kreative) Ideal keine statische, sondern eine dynamische Balance ist.

Praxisbeispiel

Sie fangen als neuer Chefarzt in einem renommierten Krankenhaus neu an. Am ersten Tag um 8 Uhr ist nicht mal Ihre Sekretärin da, die macht gerade heute ihren ersten freien Tag seit 9 Monaten. Der Morgenrapport findet auch ohne Sie statt, da Ihnen niemand gezeigt hat, wo dieser stattfindet. Auf den ersten Lohn müssen Sie drei Monate warten. „Ach wissen Sie, bei uns gehen diese administrativen Arbeiten einfach etwas länger . . . " usw.

Solch einer Krankenhausverwaltung werden Sie wohl zumindest jahrelang eher kritisch gegenüberstehen, auch wenn diese danach alles richtig macht. Auch gegenüber Ihrem Team werden Sie eher mal misstrauisch sein, und in solch einer Konstellation neigen gerade neue Chefärzte eher dazu, das Team von Grund auf zu erneuern. Sie können nun sagen, dies sind alles Kleinigkeiten. Aber gerade aus solchen Kleinigkeiten erwächst das Vertrauen. Wenn Ihnen nun nach einem halben Jahr in der neuen Chefarzt-Position ein Traumjob als Chefarzt in Boston angeboten wird, dann werden Sie diesen bei mangelndem Vertrauen in Ihren Arbeitgeber eher annehmen als wenn Sie „Feuer und Flamme" für „Ihr" Krankenhaus sind.

Daher unterscheiden sich gute von sehr guten Krankenhäusern in der Planung der ersten 6 Monate von Mitarbeitern. Denn etwas überspitz gesagt: Wenn Sie in den ersten sechs Monaten alles richtig machen und in den folgenden sechs Monaten einiges schiefläuft, wird der Mitarbeiter dennoch bleiben; aber wenn Sie in den ersten sechs Monaten alles falsch gemacht haben und danach bis Ende des ersten Jahre alles richtig läuft, werden Sie den Mitarbeiter wahrscheinlich dennoch verlieren.

Wir gehen im Krankenhausmanagement häufig noch einen Schritt weiter. Das Vertrauen wird im Laufe der Zeit durch unsere Erfahrungen mit einem Mitarbeiter gefestigt, wenn wir mehrheitlich positive Erfahrungen machen, oder es überwiegt die Vorsicht, wenn das ein oder andere Projekt dieses Mitarbeiters schon (beinahe) schiefgegangen ist. Wenn man das Ganze aber aus der Mitarbeiterperspektive betrachtet, wird dies gerade für ein Krankenhaus interessant: Erfahrungswerte zeigen, dass man einen Mitarbeiter innerhalb der ersten drei bis sechs Monate seiner Arbeit „gewinnt" und sich damit einen loyalen sowie motivierten Mitarbeiter verschafft oder aber eben „verliert". Dies wird vielfach unterschätzt; dieses zu Beginn „verlorene" oder eben besser gar nie gewonnene Vertrauen lässt sich danach fast nicht mehr aufbauen.

Das von Paul Helwig (1965) stammende Wertequadrat (siehe Abb. 4.10 und 4.11) hat Friedemann Schulz von Thun et al. (2012) für die Belange der zwischenmenschlichen

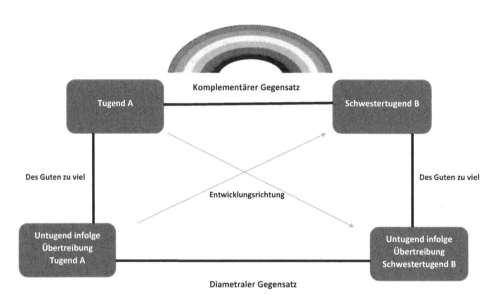

Abb. 4.11 Werte- und Entwicklungsquadrat. (Nach Schulz von Thun 1998)

Kommunikation genutzt und mit dem Entwicklungsgedanken verbunden. Es gelingt damit, das menschliche Verhalten zu objektivieren und die „persönlichen" Filter praktisch auszuschalten bzw. zu umgehen.

Praxisbeispiel

Sie sind völlig erschöpft und gehen abends gegen 23 Uhr durch die Gänge Ihrer Klinik. Da sehen Sie einen schlecht gekleideten, aber gepflegten Mann durch die Gänge huschen. Sie gehen nochmals zurück in Ihr Büro, rufen den Sicherheitsdienst an und schildern dort den Vorfall. Am anderen Morgen erkundigen Sie sich nach den Ergebnissen. Es wird Ihnen berichtet, dass der Unbekannte der neue Oberarzt der Nachbarklinik sei, der heute seinen ersten Arbeitstag habe und gestern Nacht noch sein Büro eingerichtet habe.

Gerade als Ärzte oder Pflegende sind wir auf Halo-Effekte angewiesen, um unseren Beruf ausüben zu können. Die klinische Diagnostik beruht zu einem Teil auf Halo-Effekten. Aber auch der Umgang mit Patienten und ihren Angehörigen bedient sich zum Teil solcher Filter. Daher sollte man speziell im Krankenhaus darauf achten, dass man solche Filter nicht auch außerhalb der rein klinischen Tätigkeit braucht. Mitarbeiter, und erst recht der Ehepartner oder Kinder, wollen nicht in Typenmodelle eingeteilt werden. Hier muss man sich bewusst weg von den professionellen Filtern bewegen. Dieses Umschalten ist nicht immer ganz einfach, sollte aber von jungen Jahren an geübt werden.

Mithilfe des Werte- und Entwicklungsquadrats kann es gelingen, für jede menschliche Qualität (z. B. Ehrlichkeit) die notwendige Gegenqualität („Schwestertugend") zu finden (hier z. B. Takt und Sensibilität); erst beides zusammen lasse „den Regenbogen aufgehen" (siehe Abb. 4.11). Ehrlichkeit ohne Takt könne zur brutalen Offenheit verkommen, Takt ohne Ehrlichkeit zur höflichen Fassade. Habe man die Balance zweier Gegenwerte vor Augen, könne man auch die anstehende Entwicklungsrichtung entdecken: Der eine neige zur Verabsolutierung der Ehrlichkeit und müsse entsprechend Takt und Sensibilität erobern; der andere übertreibe genau diese Qualität und solle lernen, ehrlichen Klartext zu sprechen. Mithilfe des von Schulz von Thun entwickelten Werte- und Entwicklungsquadrats können die Wertvorstellungen und persönlichen Maßstäbe in dynamischer Balance gehalten werden und daher insbesondere für Zielvereinbarungsgespräche genutzt werden. Ebenso wird dieses Modell als Grundlage für 360-Grad-Feedback genutzt. So wird das Aufzeigen von Verhaltensweisen **weniger an Defiziten als an Stärken** ausgerichtet.

4.11 Übertragung

Übertragungsphänomene in zwischenmenschlichen Beziehungen sind normal, weil Menschen nicht immer in der Lage sind, zwischen früher Erlebtem und dem Jetzt zu trennen. Langmaack und Braune-Krickau (2000) bezeichnen daher den Vorgang, dass

> wir plötzlich im anderen auch die entsprechende frühere Person sehen und uns ihr gegenüber so (verhalten), wie wir uns jener Person gegenüber verhalten haben. Subjektive Erfahrungen werden in das aktuelle, objektive Geschehen hineingesehen, ohne dass es bewusst wäre. Diesen Vorgang nennt man Übertragung. Dabei werden nicht nur negative Erinnerungen, Gefühle und Handlungsmuster aus der Vergangenheit in die momentane Situation hineingenommen, sondern auch positive. Beides ist gleich störend. Eine Übertragung ist immer ein „Irrtum" in Zeit, Ort und Person! (zitiert nach Langmaack und Braune-Krickau 2000, Seite 118).

Das Thema ist gerade für Führungskräfte im Krankenhaus mit einer Führungsspanne über die unterschiedlichsten Berufsgruppen und Kulturen hinweg wichtig (siehe unter *Transaktionsanalyse*, Kap. 5) und wird vielfach deutlich unterschätzt. Gerade in der interprofessionellen Kommunikation, wo zwar immer weniger, aber immer noch (zu) häufig auch eine Gender-Problematik mithineinspielt, ist dies ein wichtiger Faktor von Kommunikationsproblemen.

4.12 Riemann-Thomann-Modell

Um solch oben wiederholt dargelegten menschlichen Unterschiede und ihre Auswirkungen auf Kommunikation und Beziehungen besser zu verstehen, müssen wir die von Fritz Riemann (1961) und Thomann und Schulz von Thun (1998) beschriebenen vier gegensätzlichen Grundausrichtungen des Menschen näher anschauen: das Bedürfnis nach Nähe

Abb. 4.12 Riemann-Tho-
mann-Modell. (Schulz von
Thun 1998)

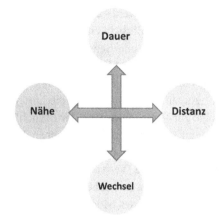

(z. B. zwischenmenschlicher Kontakt, Harmonie, Geborgenheit), nach Distanz (z. B. Un-abhängigkeit, Ruhe, Individualität), nach Dauer (z. B. Ordnung, Regelmäßigkeiten, Kon-trolle) und nach Wechsel (z. B. Abwechslung, Spontaneität, Kreativität).

Beziehungen können mithilfe des Riemann-Thomann-Modells analysiert und auf die-ser Grundlage Lösungsmöglichkeiten für Konflikte erarbeitet werden (siehe Abb. 4.12). Es gibt vier Grundausrichtungen Nähe – Distanz und Dauer – Wechsel.

Thomann und Schulz von Thun (1998) beschreiben die **vier Pole** wie folgt:

1. **Nähe:** „Hier steht der Wunsch nach vertrautem Nahkontakt; die Sehnsucht, lieben zu können und geliebt zu werden. Eine Bindung wird zumeist angestrebt, das Bedürfnis nach Zwischenmenschlichem, sozialen Interessen, Geborgenheit, Zärtlichkeit, ebenso nach Bestätigung und Harmonie, Mitgefühl und Mitleid, Selbstaufgabe." (Thomann und Schulz von Thun 1998 Teil VI, Abschnitt 2).

2. **Distanz:** „Hier äußert sich der Wunsch nach Abgrenzung von anderen Menschen, um ein eigenständiges und unverwechselbares Individuum zu sein. Die Betonung liegt auf der Einmaligkeit, der Freiheit und Unabhängigkeit. Das Streben nach klarer Erkenntnis des Intellekts wird deutlich. Diese Tendenz beschreibt demnach jene Bedürfnisse im Menschen, die eher mit Distanz zu anderen zu tun haben." (Thomann und Schulz von Thun 1998 Teil VI, Abschnitt 2).

3. **Dauer:** „Die Sehnsucht nach Dauer und der Wunsch nach Verlässlichkeit und Ord-nung aktivieren im Menschen Grundtendenzen, die mit folgenden Begriffen umris-sen werden können: Planung Vorsicht, Voraussicht, Ziel, Gesetz, Theorie, System, Macht, Wille und Kontrolle. [...] Verantwortung, Pflicht, Pünktlichkeit und Sparsam-keit, Achtung und Treue." (Thomann und Schulz von Thun 1998 Teil VI, Abschnitt 2).

4. **Wechsel:** „Diese Tendenz beschreibt den Wunsch nach dem Zauber des Neuen, dem Reiz des Unbekannten, von Wagnissen und des Abenteuers; den Rahmen sprengen, den Augenblick erleben. Das Bedürfnis nach Spontaneität und Leidenschaft, Höhe-punkten und Ekstase, Charme und Suggestion, nach Temperament, Genuss, Phantasie,

Verspieltheit, Begehren und begehrt werden wird deutlich." (zitiert nach Thomann und Schulz von Thun 1998 Teil VI, Abschnitt 2).

Alle vier Grundausrichtungen kommen bei jedem Menschen in unterschiedlicher Ausprägung vor. Aber meistens sind zwei oder manchmal nur eine dieser Ausrichtungen maßgebend für das aktuelle Empfinden und Verhalten. Diese Grundausrichtungen haben einen direkten Einfluss auf das Kommunikations- und Beziehungsverhalten.

Entsprechend seinen Grundtendenzen hat jeder Mensch auch seinen dazu passenden Kommunikationsstil (siehe unter *Nachrichtenquadrat* nach Friedemann Schulz von Thun, Abschn. 4.3).

Praxisbeispiel

Der Chefarzt, der vor über 20 Jahren zusammen mit der Stationsschwester angefangen hat, sagt eines Morgens auf der Visite zu ihr: „Heute bist du aber besonders hübsch zurecht gemacht. Hast du einen neuen Lover?" – „Du siehst aber auch alles ...!"

Gleichzeitig sagt der junge Assistenzart zur jungen Krankenschwester auf der Station: „Ich habe Sie heute gesehen, wie Sie von einem gut aussehenden Mann zur Arbeit gebracht wurden. Ist das Ihr Freund?" – „Geht's noch? Ist dir langweilig?" ist ihre Antwort.

Zwei ähnliche Beispiele unter vollkommen anderen Voraussetzungen, die eindrücklich zeigen, dass die etwas zotenhafte Bemerkung des Chefarztes bei einer langjährigen Weggefährtin, die gemeinsam wohl schon manche Schlachten geschlagen haben, ganz anders ankommt als die wahrscheinlich einfach nett gemeinte Bemerkung des jungen Assistenzarztes, der noch nicht lange im Team ist. Andererseits wird die Bemerkung des Chefarztes, auch wenn noch so deplatziert, sicherlich beim Morgenkaffee der Schwestern diskutiert werden: „Der bemerkt ja schon alles ... " und sorgt für willkommene Abwechslung bei etwas eintönigen Visiten, die wohl seit 20 Jahren immer etwa gleich ablaufen werden.

In der Arbeitswelt des Krankenhauses sind die offiziellen Werte in Unternehmen meist im Dauer-Distanz-Bereich angesiedelt: Gefordert sind Zuverlässigkeit, Pünktlichkeit, persönliche Distanz, Sicherheit und Ordnung, Genauigkeit und Seriosität, also alles sehr sachbezogene Werte. Diese Werte sind häufig Beurteilungskriterien der Fähigkeiten und Leistungen einzelner Fach- und Führungskräfte sowie Mitarbeiter im Mitarbeiterjahresgespräch und im 360-Grad-Feedback.

4.13 „Nudge" oder das Anstoßen

Der Begriff „Nudge" wurde von den US-Professoren Richard Thaler (Wirtschaftswissen-schaftler) und Cass Sunstein (Rechtswissenschaftler) in ihrem 2008 erschienenen Bestsel-ler „Nudge. Improving Decisions About Health, Wealth, and Happiness" (deutscher Titel: „Nudge: Wie man kluge Entscheidungen anstößt") geprägt und stellt eine Methode dar, um ohne Verbote oder Befehle das Verhalten von Menschen zu beeinflussen (Thaler und Sunstein 2008; siehe Abb. 4.13).

Die „Nudge"-Theorie folgt den Prinzipien des libertären Paternalismus. Die Menschen sollen demnach zwar frei in ihren Entscheidungen sein – das ist der libertäre Aspekt –, aber trotzdem ist es legitim, ihr Verhalten von außen zu beeinflussen – das ist der Paterna-lismus darin. Freiheit und Bevormundung stellen somit keinen Gegensatz dar. Das Obst in der Krankenhaus-Cafeteria auf Augenhöhe zu platzieren, damit sich die Gäste gesünder ernähren, ist ein „Nudge". Das ungesunde Essen ganz aus dem Angebot zu nehmen, wäre eine Anordnung, die Anhänger dieses Ansatzes ablehnen. Sie trennen Hinweise von Ein-griffen, Fingerzeige von Befehlen. Klingt alles einleuchtend. Aber lässt sich das immer so genau auseinanderhalten?

Für Kritiker überschreitet „Nudge" oft die Grenze zur Manipulation. Die „Stoßenden" gäben zwar vor, im Sinne des Allgemeinwohls zu handeln und immer Positives bewirken zu wollen – aber wissen sie überhaupt, was der Einzelne will? Oder wollen sie nur, dass der andere glaubt, etwas Bestimmtes zu wollen?

Trotz aller Kritik – die Idee des libertären Paternalismus ist en vogue. Richard Thaler, der an der Universität Chicago lehrt, berät die Wirtschaftsexperten von Barack Obama. Und Cass Sunstein, der zurzeit meistzitierte Jurist der USA, leitete zeitweise im Weißen Haus eine Abteilung zum Bürokratieabbau, bevor er in Harvard einen Lehrstuhl annahm.

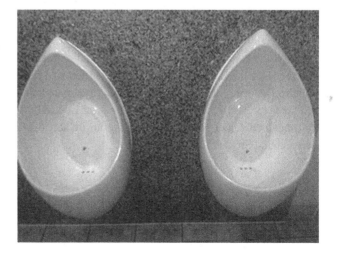

Abb. 4.13 Nudge – Fliegen als Ziele auf einem Pissoir. (Foto: Unbekannter Verfasser)

Die Demokraten springen auf das Modell der beiden an, bietet es doch das theoretische Fundament für Staatseingriffe. Für gut gemeinte, versteht sich.

Praxisbeispiel

In der Krankenhauskommunikation spielt „Nudge" mittlerweile eine entscheidende Rolle. Beispielsweise werden Patientenborschüren in Wartezimmern ausgelegt, wo sich die Patienten über heikle Themen wie Impotenz oder Übergewicht barrierefrei informieren können.

Im modernen Krankenhaus verkehrt der mündige Patient, der im Mittelpunkt unseres Handels steht. Der Arzt soll zusammen mit dem Patienten nach individuellen Lösungen (personalized medicine) suchen. Andererseits kann man den Patienten aber auch auf Probleme stoßen, die man vielleicht aus Sicht des Krankenhauses gerne forciert hätte (neuer Operationsroboter), oder ebenso wie in der Arztpraxis dem Patienten barrierefrei Informationen über Tabuthemen anbieten. Marketing im Krankenhaus ist sicherlich nicht per se schlecht, ganz und gar nicht; aber ein Krankenhaus ist andererseits nicht einfach ein Unternehmen wie jedes andere. Ein Mix zwischen modernen Angeboten, aber doch sachgerechter Information, wo zusätzlich die entsprechenden Dienstleitungen des Krankenhauses vorgestellt werden, macht sicherlich Sinn.

Wenn die Direktion allerdings einen großen Aufwand bezüglich eines neuen Angebots in der Eingangshalle macht, aber Sie als Chefarzt den anrufenden Patienten erst mehrere Monate später einen Termin anbieten können, dann wirkt das nicht mehr glaubwürdig, fast schon lächerlich. Wenn man etwas anbietet, muss man auch liefern können, sonst macht man sich unglaubwürdig.

Etwas komplexer ist „Nudge" im Krankenhaus in Bezug auf Werbung. Wenn Sie als Krankenhaus für die Juniorenabteilung der lokalen, aber national sehr erfolgreichen Fußball-Clubs Werbung machen, dann finden einige Leute: Die sind doch „cool", da gehe ich doch das nächste Mal hin, wenn ich einen Arzt brauche.

Beide Beispiele zeigen, dass „Nudge" ein Hochseiltanz ist. Erfolg und Misserfolg liegen sehr nahe zusammen. Wenn in der gesponserten Fußball-Nachwuchsabteilung ein Skandal auftritt, dann kann Ihre Werbung sofort ins Negative gedreht und gegen Sie verwendet werden. Und umgekehrt.

... Fassen wir zusammen

Es gibt keine perfekten Modelle, die für sich allein betrachtet ausreichen. Dies ist auch bei den Kommunikationsmodellen nicht anders. Solche Modelle helfen uns aber, die Realität in einem bestimmten Ausschnitt besser zu verstehen, damit klarer zu denken und letztendlich bessere Entscheidungen zu treffen. Wer sich mit Kommunikation beschäftigt, sollte sich auch mit Modellen, ihrer Entstehung und ihren Limitationen auskennen.

Die Auswahl der hier vorgestellten Modelle sollte die Mehrheit der Kommunikationsprobleme im Krankenhaus erklären können. Zudem scheinen immer mehr auch Erkenntnisse aus den Neurowissenschaften inklusive der Neuropsychologie einzufließen, womit sich die Kommunikationspsychologie entwickelt und Teile der Ökonomie, wie das Marketing, entscheidend beeinflussen.

Literatur

Birdwhistell, R. L. (2010). *Kinesics and context*. Philadelphia: University of Pennsylvania Press.

Bühler, K. (1969). *Die Axiomatik der Sprachwissenschaften*. Frankfurt: Klostermann.

Bühler, K. (1982). *Sprachtheorie: Die Darstellungsform der Sprache*. Jena: G. Fischer.

Bühler, K. (1992). *Sprachtheorie. Die Darstellungsfunktion der Sprache*. Stuttgart/New York: Fischer.

Häusel, H. G. (Hrsg.). (2008). *Neuromarketing*. Freiburg: Haufe.

Helwig, P. (1965). *Charakterologie*. Stuttgart: Klett. James, W. (1879) Are we automata? Mind 4: 1–22.

James, W. (1897). *The Will to believe, and other essays in popular philosophy*. New York: Dover Publications.

Langmaack, B., & Braune-Krickau, M. (2000). *Wie die Gruppe laufen lernt*. Weinheim: BeltzPVU.

Mehrabian, A. (1981). *Silent Messages: Implicit Communication of Emotions and Attitudes*. Belmont: Wadsworth Publishing Co Inc.

Riemann, F. (1961). *Grundformen der Angst*. München: Verlag Ernst Reinhard.

Schulz von Thun, F. (1998). *Miteinander reden 3 – Das „innere Team" und situationsgerechte Kommunikation*. Reinbek: Rowohlt.

Schulz von Thun, F., Zach, K., & Zoller, K. (2012). *Miteinander reden von A bis Z – Lexikon der Kommunikationspsychologie. Das Nachschlagewerk zu „Miteinander reden 1–3"*. Reinbek: Rowohlt (rororo).

Thaler, R., & Sunstein, C. (2008). *Nudge. Improving Decisions About Health, Wealth, and Happiness*. Yale University Press.

Thomann, C., & Schulz von Thun, F. (1998). *Klärungshilfe 1*. Reinbek bei Hamburg: Rowohlt Taschenbuchverlag.

Watzlawick, P., Beavin, J., & Jackson, D. (2000). *Menschliche Kommunikation. Formen, Störungen, Paradoxien*. Bern: Huber.

Weiterführende Literatur

Baller, G., & Schaller, B. (2009). Über die Kraft der Spiegelneuronen. Warum es so wichtig ist, eine gute Führungskraft zu sein. *Deutsches Ärzteblatt*, *49*, A2483.

Baller, G., & Schaller, B. (2011). Mitarbeitermotivation im Krankenhaus. *das krankenhaus*, *10*, 1–2.

Baller, G., & Schaller, B. (2013). *Praxishandbuch für Ärzte im Krankenhaus*. Stuttgart: Thieme.

Baller, G., Huber, T., & Schaller, B. (2010). Was vielen gefallen soll, muss von vielen gestaltet werden. Changemanagement-Projekte scheitern aus vielen Gründen. Gelingen tun sie aus den gleichen. *das krankenhaus*, *8*, 743–747.

Changeux, J.-P. (1984). *Der neuronale Mensch. Wie die Seele funktioniert – die Entdeckungen der neuen Gehirnforschung*. Reinbek bei Hamburg: Rowohlt.

eCornell (2014). *The seven essential strategies of highly effective communicators*. New York, USA: University of Cornell Press.

Schaller, B., & Baller, G. (2007). In varietate concordia oder Abrechnungsmentalität unter Kollegen. *Schweizerische Ärztezeitung, 88*, 1641–1643.

Schaller, B., & Baller, G. (2007). Moderne ärztlich-kollegiale Kommunikation im Gesundheitswesen. *Schweizerische Ärztezeitung, 88*, 1715–1716.

Schaller, B., & Baller, G. (2007). Organisationsentwicklung im Gesundheitswesen. Der Stellenwert der Kommunikation. *Schweizerische Ärztezeitung, 88*, 2091–2092.

Schaller, B., & Baller, G. (2008). Der Zusammenhang zwischen guter Kommunikation und Qualität. *das krankenhaus, 02*, 140–142.

Schaller, B., & Baller, G. (2009). Führen heißt auch informieren. *Kommunikation im modernen Change Management Nahdran, 3*, 30–33.

Schulz von Thun, F., & Pörksen, B. (2014). *Kommunikation als Lebenskunst: Philosophie und Praxis des Miteinander-Redens*. Carl Auer Verlag: Heidelberg.

Wiener, M., & Mehrabian, A. (1968). *Language within language*. New York: Appleton-Century-Crofts.

Teil II

Angewandte Kommunikationsmodelle und Kommunikationstheorien

Von den eher allgemeinen Modellen in Teil 1 kommen wir hier zu deren Anwendungen, d. h., die praktische Umsetzung dieser Modelle wird noch einmal deutlich stärker betont. Insofern lässt sich damit die Wirklichkeit noch besser abbilden. Es ist aber wichtig, sich jeweils vor Augen zu halten, dass Modelle stets nur einen gewissen Anteil der Wirklichkeit zu erklären vermögen: Keines der hier vorgestellten Modelle kann also als einzige Methode zur Erklärung von Kommunikation verwendet werden. Mit der Anwendung der Transaktionsanalyse lässt sich also keinesfalls jede Kommunikation ohne Ausnahme verstehen. Dies erscheint uns insbesondere für Anfänger eine wichtige Botschaft zu sein, aber auch Fortgeschrittene sollten sich darüber im Klaren sein, dass sie immer mehrere Modelle miteinander kombinieren müssen, um sich der Kommunikationsrealität wirklich nähern zu können.

Transaktionsanalyse (TA)

Die Transaktionsanalyse (TA) wurde um 1959 vom amerikanischen Psychiater Eric Berne entwickelt und wird seither immer weiterentwickelt, wie zum Beispiel von Mary und Robert Goulding (McClure Goulding und Goulding 1999), Fanita English (English und Pischetsrieder 1996) und Bernd Schmid (1994).

Die Transaktionsanalyse ist eine Theorie der Persönlichkeit, die menschliches Verhalten leicht verständlich erklärt. Mithilfe der TA können Kommunikationsmuster bewusst gemacht und ggf. auch verändert werden. Mittels TA kann jeder lernen, eigene Einstellungen und Gefühle und die sich daraus ergebenden Verhaltensmuster bewusst wahrzunehmen, unproduktive Verhaltensmuster zu erkennen und Alternativen zu entwickeln.

Menschliche Kommunikation ist nach Auffassung der TA grob drei Hauptkategorien – den **Ich-Zuständen** – zuzuordnen. Ich-Zustände sind Bewusstseinszustände und damit verbundene Verhaltensmuster, die durch Wertvorstellungen und Normen, durch umgewertete Erfahrungen und Informationen oder durch Gefühle ausgelöst werden.

Die **drei Ich-Zustände** sind Eltern-Ich (El), Erwachsenen-Ich (Er) und Kindheits-Ich (K) (vgl. Abb. 5.1).

Kommunikation wird in der TA in Form von sogenannten Transaktionen dargestellt (siehe Abb. 5.2). Eine Transaktion beinhaltet jeweils sowohl den Sender als auch den Empfänger. Transaktionen können verschiedene Qualitäten annehmen, je nachdem, ob sie den jeweiligen Ich-Zustand des Gegenübers erkennen und sich bei der Wahl der Kommunikationsmittel darauf einstellen (kalibrieren) – was auch von vielen anderen Theorien der Gesprächsführung vertreten wird.

Ein zentraler Begriff der Transaktionsanalyse ist das Konzept des Lebensskripts.

Das Lebensskript ist ein unbewusster Lebensplan. Dem Begriff liegt die Vorstellung zugrunde, dass schon das Kleinkind durch Schlüsselerlebnisse sich bis ungefähr zur Zeit des Schuleintritts ein bestimmtes Bild macht:

- Von sich selbst,
- Von den anderen,

© Springer-Verlag Berlin Heidelberg 2017
G. Baller und B. Schaller, *Kommunikation im Krankenhaus*,
DOI 10.1007/978-3-642-55326-4_5

Abb. 5.1 Die drei Ich-Zustände. (Eigene Darstellung nach Berne 2005)

Eltern-Ich-Zustand: Ist das Verhalten, Denken und Fühlen, das von Eltern und anderen Respektspersonen übernommen worden ist

Erwachsen-Ich-Zustand: Ist das Verhalten, Denken und Fühlen, das direkt auf das Hier und Jetzt reagiert.

Kind-Ich-Zustand: Ist das Verhalten und Fühlen, das aus der Kindheit herrührt und Jetzt, hier und heute, wieder abläuft

- Von der Welt und dem Leben als Ganzem,
- Darüber, wie sein Leben verlaufen wird.

Wessen Selbst- und Weltbild durch ganz bestimmte Überzeugungen geprägt ist, wird sein Verhalten entsprechend gestalten. Nehmen wir an, jemand habe die Überzeugung „Ich bin nichts wert", so wird er sein Leben lang mit einem sehr geringen Selbstbewusstsein auftreten. Umgekehrt kann jemand, dessen Lebensskript „Ich bin schön" ist, sein Leben auf Äußerlichkeiten ausrichten. Es handelt sich beim Lebensskript um ein Denkmodell, um menschliche Erlebens- und Verhaltensweisen und deren Zusammenhänge besser zu verstehen.

Die Grundannahme der TA ist die Autonomie jedes Menschen. Das heißt, jeder Mensch kann für sich selbst entscheiden, wie er leben möchte. Jeder neugeborene Mensch ist in Ordnung, so wie er ist. In der TA wird dies als Lebensanschauung, als der O.k.-Zustand beschrieben. Im Lauf seines Lebens kommt ein Mensch zu der Überzeugung, ob er selbst und andere o.k. oder nicht o.k. sind. Damit ist Verantwortung gegenüber sich selbst und der Gesellschaft verbunden. Daraus ergeben sich die folgenden 4 Grundeinstellungen (Berne 2005, 2006) (siehe Abb. 5.2):

Ich bin nicht OK	Ich bin nicht OK
Du bist nicht OK	**Du bist OK**
Kommunikation ist sinnlos	Kommunikation aus dem Kind-Ich
Konfliktverhalten: **Vermeiden**	Konfliktverhalten: **Nachgeben**
Ich bin OK	**Ich bin OK**
Du bist nicht OK	**Du bist OK**
Kommunikation an Kind-Ich gerichtet	Parallele Transaktion von
(meist aus Eltern-Ich)	Erwachsenen-Ich zu Erwachsenen-Ich
Konfliktverhalten: **Durchsetzen**	Konfliktverhalten: **Kompromiss**

Abb. 5.2 Das OK-Gitter. (Eigene Darstellung nach Berne 2005)

Ich bin o.k. – Du bist o.k.: Der vom kanadisch-US-amerikanischen Psychiater Eric Berne verfolgte Ansatz, mit dem wir unseren eigenen Wert und auch den Wert anderer Menschen erkennen und würdigen.

Ich bin nicht o.k. – Du bist o.k.: Eine sehr weit verbreitete depressive Grundeinstellung, mit der wir unseren eigenen Wert herabsetzen und andere Menschen für wertvoller als uns selbst halten.

Ich bin o.k. – Du bist nicht o.k.: Hier misst man sich selbst einen höheren Wert als anderen Menschen bei. Auch als wahnhafte Grundeinstellung bezeichnet.

Ich bin nicht o.k. – Du bist nicht o.k.: Eine sehr zerstörerische Grundeinstellung, bei der davon ausgegangen wird, dass niemand so, wie er ist, „gut" ist – man selbst nicht und die anderen auch nicht. Auch Grundeinstellung der Sinnlosigkeit oder Verzweiflung genannt.

Diese 4 Grundeinstellungen wurden später von Fanita English und Mitarbeiter in einen entwicklungspsychologischen Kontext gestellt und um eine fünfte Variante (Wir sind o.k.) erweitert (English und Pischetsrieder 1996).

In diesem Buch wird TA in zweifacher Hinsicht verwendet:

- **Das Ich-Zustands-Modell** ermöglicht eine Annäherung an die Beschreibung der Persönlichkeit und der damit verbundenen bevorzugten Kommunikationsstile und
- **Die Beschreibung von Transaktionen** hilft, mögliche Gesprächsverläufe zu verstehen und gegebenenfalls in die gewünschte Richtung zu verändern.

Unsere Denkmuster beeinflussen das gesamte Denken und Verhalten und somit auch die Kommunikation. Der Ich-Zustand ist eine Gesamtheit von zusammenhängenden Verhaltensweisen, Denkmustern und Gefühlen. In jedem Menschen stecken drei verschiedene Ich-Zustände: Je nachdem, in welchem Bereich jemand sich zurzeit befindet, verhält er

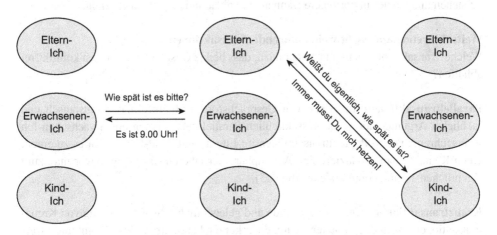

Abb. 5.3 Transaktionen in der Transaktionsanalyse. (Nach Berne 2005)

sich unterschiedlich. Einmal erinnert er sich daran, wie er als Kind war, und kehrt zurück zu diesen kindlichen Gefühlen und Verhaltensweisen (Kind-Ich), ein andermal legt
er Gedanken, Empfindungen und Verhaltensweisen seiner Eltern an den Tag (gibt z. B.
väterliche/mütterliche Ratschläge: Eltern-Ich), ein weiteres Mal ist er im Erwachsenen-
Ich und stellt Fragen (Erwachsenen-Ich) (siehe Abb. 5.3).

5.1 Analyse von Transaktionen

Aber warum ist die Analyse von Transaktionen nicht nur interessant, sondern auch hilfreich? Kommunikation findet zwischen Menschen statt. Ich muss also die entstehenden
Transaktionen analysieren können, wenn die Kommunikation einmal nicht reibungslos
funktioniert und es zu Meinungsverschiedenheiten oder gar Konflikten kommt. Sinn der
Analyse ist, dass schließlich festgestellt werden kann, welcher Teil des beteiligten Ichs,
also Eltern-Ich, Erwachsenen-Ich oder Kind(heits)-Ich, den jeweiligen Reiz und die jeweilige Antwort auslöst. Die Antwort oder die Reaktionen meines Gesprächspartners sind
nicht nur eine Reaktion auf das, was ich sage, sondern auch auf das, was mein Gesprächspartner von mir hält und umgekehrt: **Die TA unterscheidet:**

- **Parallele Transaktionen:** Sie entsprechen sozialen Konventionen und lösen in der Regel bei den agierenden Personen Befriedigung aus.
- **Gekreuzte Transaktionen:** Sie sind oft mit starken Emotionen verbunden und lösen
  bei den Betroffenen Konflikte aus.
- **Verdeckte Transaktionen:** Bewegen sich scheinbar auf der Ebene der Konventionen,
  sind aber doppeldeutig gemeint.

Diese Analyse kann helfen, schwierige oder verkehrt gelaufene Kommunikation zu
verstehen und wieder in normalere Bahnen zu lenken und an sich zu arbeiten.

Weiterführende und nicht weiterführende Transaktionen
Welche Transaktionen führen nun aber dazu, dass heikle Gespräche möglichst konfliktfrei
ablaufen?

Paralleltransaktionen Im Sinne von Gesprächsfortschritt, Informationsaustausch und
sachlicher Argumentation sind ausschließlich Paralleltransaktionen im Erwachsenen-Ich
weiterführend. Durch Paralleltransaktionen im Eltern- und Kind-Ich kommt es zu einem
guten Kontakt, man produziert eine Atmosphäre der Übereinstimmung, bevor man zum
eigentlichen Thema kommt (siehe Abb. 5.3).

Kreuztransaktionen Um überraschende und gelegentlich schroffe Wirkung von Kreuztransaktionen abzufedern, können sie mit einer kurzen Paralleltransaktion kombiniert werden (siehe Abb. 5.4).

Abb. 5.4 Konflikt als Folge
überkreuzter oder verdeckter
Transaktionen. (Berne 2005)

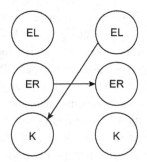

Konflikt!

Überkreuzte Transaktionen

Lösung: Ich-Zustand wechseln

Verdeckte Transaktionen

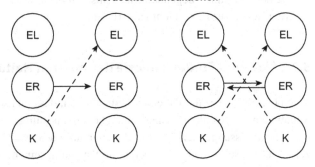

Lösung: Verdeckte Transaktion ansprechen

Auf den Angriff nicht sofort mit einer sachlichen Fragen reagieren, was den Gesprächspartner noch mehr aufbringen könnte, sondern zuerst bedauern, dass sich der andere über einen geärgert hat.

Ungebetene Ratschläge nicht sofort mit einer sachlichen Frage auf ihre Anwendbarkeit überprüfen, sondern sich beim Partner zuerst bedanken, dass er einem helfen will.

Die Bitte um Hilfe zuerst mit der Zusage beantworten, dass man dem andern gern helfen werde, bevor man ihn sachlich fragt, wo und warum er nicht weiterkommt.

Verdeckte Transaktionen Verdeckte Transaktionen führen selten weiter; Unsicherheit und Missverständnisse können die Folge sein. Einem Empfänger einer verdeckten Transaktion kann man nur raten, nachzuhaken und zu fragen, wie der andere das „gemeint" hat (siehe Abb. 5.4).

Viele Verhaltensweisen – vor allem aus dem kritischen, aber auch aus dem fürsorglich-stützenden Eltern-Ich können geradezu als Kommunikationssperren wirken, indem nämlich der Gegenspieler keine Alternativen mehr hat und in eine bestimmte Rolle gezwungen wird. Die meisten Leute schätzen es mehr, wenn sie eine Wahl haben, so zu reagieren, wie sie dies möchten.

In jüngerer Zeit hat im Rahmen der emotionalen Intelligenz der Begriff von Emotionsregulation eine wichtige Rolle gespielt. Darunter wird die Fähigkeit einer Führungskraft verstanden, ihre Emotionen aktiv und zielorientiert zu beeinflussen und sie nicht als unabänderliche Folge von Aktionen anderer Personen oder des Umfeldes zu interpretieren. In der psychoanalytischen Theorie erfolgt die Regulation von Emotionen vorwiegend unbewusst mithilfe von Abwehrmechanismen wie zum Beispiel Verdrängung, Verleugnung oder Projektion, die von Sigmund Freud beschrieben und später von seiner Tochter Anna Freud differenziert wurden. Diese Mechanismen richten sich gegen unangenehme Gefühlszustände, die durch mentale Konflikte zwischen unterschiedlichen inneren Motiven ausgelöst werden (wie z. B. Wünsche bzw. „Triebregungen" einerseits und Bewertungen der Vernunft oder des Gewissens andererseits). Für die Führungskraft ist es daher wichtig, sich der zugrunde liegenden Mechanismen bewusst zu sein, gerade auch um den viel zitierten Bezug zur Basis nicht zu verlieren.

5.2   Sigmund Freuds Theorie der inneren Haltung

Freud beobachtete seine Patienten und nahm an, dass menschliches Handeln in täglichen Situationen nur zu einem kleinen Anteil bewusst bestimmt wird. Dies widersprach der bisherigen Auffassung, nach der Verhalten nur auf bewusstes Denken und rationales Handeln zurückführen sei. Freud teilte hierzu die Psyche in seinem Strukturmodell in drei Instanzen auf und vertrat die Auffassung, dass die bewussten Anteile des Ichs (Realitätsprinzip) lediglich darüber entscheiden, welche Anteile des Es (des Lustprinzips) und des Über-Ichs (des Moralitätsprinzips) in der als wirklich erlebten Wahrnehmungswelt realisierbar seien. Somit weist er auf die überstarke Bedeutung des Unbewussten für das menschliche Handeln hin und ergänzt diese um die Bereiche der verborgenen Subjektivität (Persönlichkeit, Gefühle, Konflikte).

Freud, der die im Unbewussten liegenden Ängste, verdrängten Konflikte, traumatischen Erlebnisse, Triebe und Instinkte unterschiedlich stark verdrängt sah, war zudem der Auffassung, dass diese Prägungen von früheren Entwicklungsphasen abhängig seien und die nächsten Entwicklungsphasen beeinträchtigen. Er nahm an, diese Vorgänge stünden unter dem Einfluss von Es und Über-Ich und seien nur kurzfristig bewusst, ehe sie wieder in das Unbewusste hinabsinken.

Um diese Wahrnehmungen wieder bewusst zu machen, müssten die Zensur durch das Ich überwunden werden und sogenannte Abwehrmechanismen vom Individuum verstanden werden, damit ein Einblick in die unbewussten Konflikte stattfinden kann. Dieser Vorgang sei entscheidend von der Dynamik der vielschichtigen Instanzen in der Psyche abhängig. Im Allgemeinen gelänge es dem gesunden Ich jedoch, im prinzipiellen Kampf zwischen Es und Über-Ich eine Schiedsrichterrolle zu übernehmen und bei einem auf-

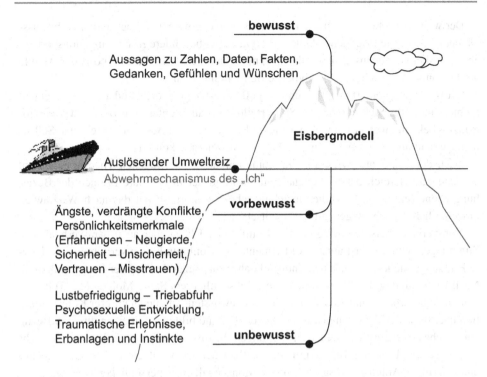

bewusst

Aussagen zu Zahlen, Daten, Fakten,
Gedanken, Gefühlen und Wünschen

Eisbergmodell

Auslösender Umweltreiz
Abwehrmechanismus des „Ich"

vorbewusst

Ängste, verdrängte Konflikte,
Persönlichkeitsmerkmale
(Erfahrungen – Neugierde,
Sicherheit – Unsicherheit,
Vertrauen – Misstrauen)

Lustbefriedigung – Triebabfuhr
Psychosexuelle Entwicklung,
Traumatische Erlebnisse,
Erbanlagen und Instinkte

unbewusst

Abb. 5.5 Bewusst – Vorbewusst – Unbewusst. (Bodo Wiska)

tretenden Konflikt einen Kompromiss zu bilden, der nicht selten zur Ausprägung eines Symptoms führt. Zugleich hänge es jedoch von den Erfahrungen des Einzelnen ab, welche Dynamik sich im Rahmen dieser Beeinflussung entfalte. Schon in einem früheren Modell der Psyche, in dem Freud bewusste, vorbewusste und unbewusste Inhalte unterschied, spiegelt sich dieses Denken wider. Hier unterscheidet Freud die Persönlichkeitsbereiche nicht nach ihrer Funktion, sondern nach ihrer Möglichkeit, dem Individuum bewusst zu werden. Der größte Teil der Inhalte der Psyche ist dabei im Vorbewussten und im Unbewussten verankert. Nur ein geringer Teil der Inhalte ist dem Menschen gleichzeitig bewusst. Das Eisbergmodell dient als veranschaulichende Analogie für diese Verhältnisse.

Das Eisbergmodell nach Ruch und Zimbardo (1974) (siehe Abb. 5.5) verdeutlicht in Anlehnung an die drei Qualitäten des Psychischen nach Freud, welche Dynamik zwischen den drei psychischen Teilen der Persönlichkeit besteht.

Deutlich erkennbar sind im oberen Bereich des Modells die bewussten Anteile der Persönlichkeit, welche dem rationalen Verhalten zugewiesen werden. In der zwischenmenschlichen Kommunikation wird diesen Anteilen ebenso wie in der intrapersonellen Kommunikation (dem sogenannten inneren Dialog) entsprechend ein Bedeutungsanteil von etwa 20 % beigemessen.

Der weitaus größere Anteil der Handlungsmotive, etwa 80 %, liegt in den vorbewussten und unbewussten Bereiche. Äußere Ereignisse, insbesondere Kommunikationspartner, aber vor allem der Mensch sich selbst gegenüber nehmen hierbei die verborgenen Anteile der Persönlichkeit nicht ohne analytische Betrachtung wahr.

Oft wird auch von 10 bis 20 % und von 80 bis 90 % gesprochen oder auch von einem Siebtel und sechs Siebteln. Die 20:80-Verteilung ist auch unter dem Begriff des Pareto-Prinzips bekannt, welches in vielen weiteren Bereichen, zum Beispiel im Zeit- und Selbstmanagement und in der Arbeitsmethodik, zur Anwendung kommt.

Nach der von Watzlawick auf die Kommunikation übertragenen Theorie entspricht der sichtbare Bereich der Sachebene (rational) und der unsichtbare Bereich der Beziehungsebene (emotional); ist die Beziehungsebene gestört, so hat das nach Watzlawick unweigerlich Auswirkungen auf die Inhaltsebene.

Non-verbale (beispielsweise Gestik, Mimik oder Blick) aber auch para-verbale (wie Stimmlage, Tempo oder Lautstärke) Elemente der Kommunikation vermitteln eine innere Haltung zu anderen Menschen und sind daher substanzieller Teil der Kommunikation. Nach Überzeugung des Pantomimen und Hochschullehrers Samy Molcho (1983) bewirken die non-verbalen und zum größten Teil unbewussten Anteile an unserer Kommunikation über 80 % der Reaktionen unseres Gegenüber und bilden somit einen direkten Bezug zur Psyche des Menschen, seinen Einstellungen, Instinkten und Werten. Der verbale, sehr bewusste Anteil unserer Kommunikation enthält demnach mit etwa 20 % Gewicht nur einen geringen Anteil am gesamten Informationsgehalt einer persönlichen Aussage.

Viele dieser non-verbalen Äußerungen sind Sprechbegleitungen und nicht selbständige kommunikative Elemente. Solche non-verbalen Zeichen unterliegen aber ganz besonders der subjektiven Interpretation.

... Fassen wir zusammen

Kommunikation ist letztlich Psychologie und umgekehrt. Die Transaktionsanalyse gibt Ihnen psychologische Konzepte in die Hand, um die zwischenmenschlichen Wahrnehmungen zu verstehen. Man muss sich dabei im Klaren sein, dass diese als Modell eine Abstraktion und Vereinfachung der Realität darstellt. Sie hilft Ihnen persönlich, die Umwelt besser zu begreifen und darauf zu reagieren.

Literatur

Berne, E. (2005). *Transaktionsanalyse der Intuition. Ein Beitrag zur Ich-Psychologie.* Paderborn: Junfermann.

Berne, E. (2006). *Die Transaktions-Analyse in der Psychotherapie: Eine systematische Individual- und Sozialpsychiatrie. Aus dem Englischen von Ulrike Müller.* Paderborn: Junfermann.

English, F., & Pischetsrieder, G. (1996). *Ich – Beruf, Leben, Beziehungen.* Hamburg: Pischetsrieder Consulting.

McClure Goulding, M., & Robert Goulding, R. (1999). *Neuentscheidung. Ein Modell der Psychotherapie.* Stuttgart: Klett-Cotta.

Molcho, S. (1983). *Körpersprache.* München: Mosaik Verlag.

Ruch, F., & Zimbardo, P. G. (1974). *Lehrbuch der Psychologie. Eine Einführung für Studenten der Psychologie, Medizin und Pädagogik.* Berlin: Springer.

Schmid, B. (1994). *Wo ist der Wind wenn er nicht weht? Professionalität und Transaktionsanalyse aus systemischer Sicht.* Paderborn: Junfermann Verlag.

Weiterführende Literatur

Argyle, M. (2005). *Körpersprache und Kommunikation.* Paderborn: Junfermann.

Baller, G., & Schaller, B. (2009). Über die Kraft der Spiegelneuronen. Warum es so wichtig ist, eine gute Führungskraft zu sein. *Deutsches Ärzteblatt, 49,* A2483.

Baller, G., & Schaller, B. (2013). *Praxishandbuch für Ärzte im Krankenhaus.* Stuttgart: Georg Thieme Verlag.

Baller, G., & Schaller, B. (2013). Führung wird anspruchsvoller. *Nahdran, 2,* 34–36.

Baller, G., Huber, T., & Schaller, B. (2010). Was vielen gefallen soll, muss von vielen gestaltet werden. Changemanagement-Projekte scheitern aus vielen Gründen. Gelingen tun sie aus den gleichen. *das krankenhaus, 8,* 743–747.

Berne, E. (1967). *Spiele der Erwachsenen.* Reinbek: Rowohlt.

Ekman, P. (2004). *Gefühle lesen – Wie Sie Emotionen erkennen und richtig interpretieren.* München: Spektrum Akademischer Verlag.

Gührs, M., & Nowak, C. (2006). *Das konstruktive Gespräch. Ein Leitfaden für Beratung, Unterricht und Mitarbeiterführung mit Konzepten der Transaktionsanalyse.* Meezen: Limmer.

Harris, T. A. (1975). *Ich bin o.k. Du bist o.k.* Reinbek: Rowohlt.

Heringe, H. J. (2010). *Interkulturelle Kommunikation. Grundlagen und Konzepte.* Tübingen und Basel: Francke.

Maletzke, G. (1996). *Interkulturelle Kommunikation: Zur Interaktion zwischen Menschen verschiedener Kulturen.* Opladen: Westdeutscher Verlag.

Penfield, W. (1975). *The Mystery of the Mind: A Critical Study of Consciousness and the Human Brain.* Princeton: Princeton University Press.

Schaller, B., & Baller, G. (2007). In varietate concordia oder Abrechnungsmentalität unter Kollegen. *Schweizerische Ärztezeitung, 88,* 1641–1643.

Schaller, B., & Baller, G. (2007). Moderne ärztlich-kollegiale Kommunikation im Gesundheitswesen. *Schweizerische Ärztezeitung, 88,* 1715–1716.

Schaller, B., & Baller, G. (2007). Organisationsentwicklung im Gesundheitswesen. Der Stellenwert der Kommunikation. *Schweizerische Ärztezeitung, 88,* 2091–2092.

Schaller, B., & Baller, G. (2008). Der Zusammenhang zwischen guter Kommunikation und Qualität. *das krankenhaus, 02,* 140–142.

Schaller, B., & Baller, G. (2009). Führen heißt auch informieren. *Kommunikation im modernen Change Management Nahdran, 3,* 30–33.

Gewaltfreie Kommunikation nach Marshall B. Rosenberg

Wenn uns jemand mit Worten angreift, neigen wir dazu, uns zu verteidigen und zurückzuschlagen. Doch das so entstehende Wortgefecht bringt meist keine Seite ihrem Ziel näher, sondern belastet oder zerstört eher die Beziehung der Gesprächspartner, die plötzlich zu Gesprächsgegnern geworden sind. Bei der Gewaltfreien Kommunikation verzichtet man auf Angriffe und konzentriert sich auf die Gefühle und Bedürfnisse, die den oft unbedachten Äußerungen des anderen zugrunde liegen.

Häufig richten Menschen in ihrer Kommunikation die Aufmerksamkeit darauf, was andere falsch machen bzw. was „verkehrt" an ihnen ist. Der Ausgangspunkt all dieser Verhaltensweisen ist vielfach eine negative Bewertung der anderen Person oder ihres Verhaltens. Menschen sehen den Grund für ihre aufkommenden Gefühle eher in den Handlungen der anderen als in sich selbst, woraus im negativen Fall Ärger, Frustration, Ohnmacht oder Hilflosigkeit entstehen, die dann reflexartig mit Vorwürfen, Kritik, Drohungen u. Ä. abgewehrt werden. Die üblichen Reaktionen der Gesprächspartner sind wiederum Rechtfertigung, Gegenangriff, Beleidigtsein und Rückzug. Eine Spirale, die egal ob in Beziehungen, im Beruf oder in der Politik, mit Streit und Krieg endet.

Marshall B. Rosenberg, Vertreter der Gewaltfreien Kommunikation, bezeichnet eine aggressive Sprache – oftmals der „normale" soziale Umgangston – als Wolfssprache, die dazu führt, dass sich der andere schlecht fühlt, sich wehrt oder ausweicht. Laut Rosenberg verursacht diese Kommunikation gegenseitige Aggression und ist gekennzeichnet durch:

- **Analyse:** „Wenn du das beachtet hättest ..."
- **Kritik:** „So ist das falsch, das macht man so ..."
- **Interpretationen:** „Du machst das, weil ..."
- **Wertungen:** „Du bist klug, faul, du liegst richtig, falsch ..."
- **Strafandrohungen:** „Wenn du nicht sofort, dann ..."
- **Sich-im-Recht-Fühlen:** „Immer muss ich ..."

© Springer-Verlag Berlin Heidelberg 2017
G. Baller und B. Schaller, *Kommunikation im Krankenhaus*,
DOI 10.1007/978-3-642-55326-4_6

In der Gewaltfreien Kommunikation richtet man die Aufmerksamkeit hingegen darauf, was einem wichtig ist, und vermeidet in der Kommunikation alles, was beim Gegenüber als Bewertung, Beschuldigung, Kritik oder Angriff ankommen könnte – daher die Bezeichnung „Gewaltfreie Kommunikation".

Aufbauend auf den Erkenntnissen der humanistischen Psychologie von Carl Rogers entwickelte Marshall B. Rosenberg in den 1970er Jahren das mittlerweile weltbekannte Modell der „Non-violent Communication" (Rosenberg 2007). Rosenberg steht in guter gruppendynamischer Tradition und legt in seinem Buch (Rosenberg 2007) viel Wert darauf, genau zwischen Wahrnehmung und Interpretation zu unterscheiden: Was können wir in einem Gespräch, in einem Konfliktverlauf oder einfach in einer Begegnung zwischen Menschen genau beobachten – und welche Schlüsse, welche Bewertungen folgen daraus? Meistens vermischen wir Beobachtung und Bewertung sehr flott – und leisten damit einer Gewalt-Sprache unbewusst Vorschub.

Die Gewaltfreie Kommunikation ist eine von Marshall B. Rosenberg entwickelte Kommunikations- und Konfliktlösungsmethode, welche die Anliegen aller am Konflikt Beteiligten aufspüren und zu berücksichtigen versucht, um somit eine positive Bearbeitung von Konflikten zu ermöglichen. Rosenberg bezeichnet die Gewaltfreie Kommunikation auch als „language of the heart" oder „Giraffensprache", denn die Giraffe als Symboltier ist das Landtier mit dem größten Herzen. Wer gelernt hat, eher „giraffisch" zu kommunizieren, erlebt im Konfliktverlauf viele positive Veränderungen, z. B. ein verbessertes Verständnis auf beiden Seiten, Transparenz von Absichten und Motiven, so dass eine Abwehrreaktion oder gar Aggression unnötig wird. In der Gewaltfreien Kommunikation wird ausgedrückt, was einen bewegt und was man möchte (Selbstbehauptung), und empathisches Zuhören geübt, wie es der anderen Person geht und was sie möchte (Einfühlung). Diese beiden Prozesse bilden das wesentliche Merkmal der Gewaltfreien Kommunikation. Dabei geht es weder darum, die eigenen Bedürfnisse hintanzustellen noch die Bedürfnisse anderer Menschen zu unterdrücken: Marshall B. Rosenberg: „Das Ziel dieses Prozesses ist der Ort, an dem alle Bedürfnisse erfüllt sind."

In jedem Gespräch sollten vier Komponenten (Beobachtungen, Gefühle, Bedürfnisse, Bitten) klar ausgesprochen und verstanden werden, wobei es wichtig ist, Beobachtungen nicht mit Bewertungen zu vermischen, in Kontakt zu den Gefühlen zu kommen, Bedürfnisse zu erkennen und Bitten mit treffenden Worten zu äußern.

6.1 Die vier Schritte der Gewaltfreien Kommunikation

Anklagen, Kritik, Vorwürfe, Schuldzuweisungen und der Großteil der aggressiven Sprache sind nach den Grundideen der Gewaltfreien Kommunikation so etwas wie „verkappte Wünsche". Weil wir nicht gelernt haben, richtig zu bitten, unsere Wünsche konstruktiv – und vor allem in einer annehmbaren Form zu äußern, greifen wir zur aggressiven Sprache. Jede Aggression ist Ausdruck der eigenen Schwäche – weil wir unbewusst meinen, nur durch Macht, Stärke und Drohung zur Erfüllung unserer Bedürfnisse zu kommen.

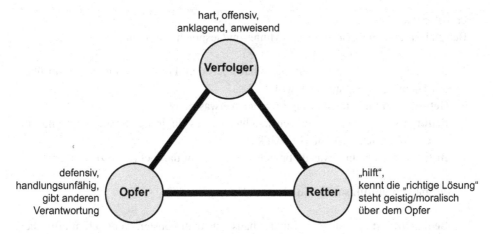

Abb. 6.1 Die Gewaltfreie Kommunikation. (Carsten Weerth)

Doch genau das ist der Trugschluss: Die Wahrscheinlichkeit, dass ein Wunsch erfüllt wird, steigt, wenn er ohne Anklage, Schuldzuweisung, Kritik (oder andere Stachelwörter) präsentiert wird. Bei Anklagen, Kritik etc. muss sich der Empfänger automatisch in Verteidigungshaltung begeben (um seinen Selbstwert und positives Selbstbild zu schützen) – oder selbst aggressiv werden. Aggression erzeugt immer Gegenaggression und selten Unterwerfung. Dabei ist nichts Schlechtes und nichts Lebensfremdes dabei, Bedürfnisse zu haben, die durch Handlungen oder Worte der Mitmenschen erfüllt werden können. Wir alle leben in wechselseitiger Abhängigkeit – und es ist nur natürlich, um das zu bitten, „was das Leben bereichert" – wie es Rosenberg formuliert. Im Mittelpunkt steht dabei die Frage „Wer hat welche Bedürfnisse und wie sind sie im Einklang miteinander zu erfüllen?" Die Gewaltfreie Kommunikation soll es ermöglichen, einen kreativen Dialog zu beginnen, um eigene zufriedenstellende Lösungen zu finden. In der Gewaltfreien Kommunikation richtet sich die Aufmerksamkeit auf folgende Bestandteile bzw. Schritte:

- **Beobachten** statt Bewerten oder Interpretieren.
- **Gefühle** wahrnehmen und benennen.
- **Bedürfnisse** wahr- und ernstnehmen.
- Auf der Grundlage der Bedürfnisse **klare und erfüllbare Bitten** äußern.

Die vier Schritte können als Selbstmitteilung kommuniziert werden oder als Einfühlung (siehe Abb. 6.1). In der Selbstmitteilung zeigen wir uns mit unseren Gefühlen und Bedürfnissen und drücken eine damit verbundene Bitte aus. In der Einfühlung versuchen wir, das Bedürfnis des Gesprächspartners zu erkunden und uns mit ihm zu verbinden. Alles zusammen bildet den Prozess der Gewaltfreien Kommunikation. In Konflikten entfaltet Gewaltfreie Kommunikation ihre verbindende und transformierende Kraft im Wechselspiel von Selbstmitteilung und Einfühlung.

Praxisbeispiel

Beispiel für eine **Selbstmitteilung** (Mutter im Gespräch mit Sohn)

1. **Beobachtung**: „Du stehst auf und schaust aus dem Fenster, wenn ich mit dir über das Thema ‚Schule' sprechen will."
2. **Gefühl**: „Ich fühle mich besorgt und auch etwas ratlos …"
3. **Bedürfnis**: „… weil ich wissen möchte, wie es dir in der Schule geht und auf welche Weise ich dich unterstützen kann."
4. **Bitte**: „Bitte sage mir, was du brauchst, um mit mir darüber reden zu können."

Beispiel für **einfühlsames Zuhören**

1. **Beobachtung:** „Du stehst auf und schaust aus dem Fenster, wenn ich mit dir über das Thema ‚Schule' sprechen will."
2. **Gefühl:** „Kann es sein, dass du ziemlich genervt bist?"
3. **Bedürfnis:** „… und du im Moment einfach nur Ruhe und Entspannung brauchst?"
4. **Bitte:** „Möchtest du, dass wir zu einem anderen Zeitpunkt darüber reden?"

Das Thema Gewaltfreie Kommunikation ist in einem multikulturellen Krankenhaus zentral. Bereits in einigen Krankenhäusern wurde das Thema aufgegriffen und die Mitarbeiter entsprechend geschult. Man beginnt zunehmend zu begreifen, dass Gewalt heute weniger körperlich, sondern immer öfter via Kommunikation stattfindet. Dies gilt es als Führungskraft selbstverständlich zu unterbinden. Gewaltfreie Kommunikation heißt aber nicht, und dies wird auch durch unser Beispiel deutlich gezeigt, dass man Probleme nicht mehr ansprechen darf. Sondern es geht um das Wie. Wie sage ich jemandem etwas (Unangenehmes), ohne ihn zu verletzen.

Bei aller weltweit positiven Resonanz dieses Modells – es gibt auch Schwierigkeiten, denn Rosenberg wendet sein Modell nicht nur auf die eigene Situation, sondern auch auf die Situation des anderen an: Was sind dessen Gefühle, Bedürfnisse und – verborgene – Bitten? Er sieht in Kritik, Schuldzuweisungen und „Gewaltsprache" immer ein Eingeständnis der Schwäche des anderen. Sie sind Ausdruck seiner nicht gestillten Bedürfnisse – nach Zuwendung, nach Beachtung, nach Ressourcen aller Art. Und diesem möchte er mit „Empathie" begegnen, mit respektvollem, vorurteilsfreiem Bemühen um ein Verständnis des anderen. Dazu gehört aber eine sehr hohe Portion Selbstannahme und keinerlei Zweifel am eigenen Selbstwert. Das ist auch der Haken an seiner Methode. Wie gehe ich mit meinen eigenen Gefühlen der Betroffenheit, der Wut, des Ungerechtbehandelt-Seins um? Kann ich mich innerlich so weit zurückziehen, meine eigenen Gefühle so weit heraushalten, dass ich nicht in den Automatismus von Verteidigung oder Gegenaggression verfalle? Er empfiehlt: präsent sein, Atmen, innere Distanz einnehmen. Netter Tipp, aber wie soll man den in einer harten Realsituation umsetzen? In für einen selbst emotional sehr belasteten Situation ist das schwerer, als wenn man als Mediator arbeitet. Aber gerade in Krankenhäusern wird die Gewaltfreie Kommunikation immer wichtiger. Es zeigt sich immer mehr, wie sich einfühlsame Gespräche auf den Heilungsprozess von Patienten und die Arbeitszufriedenheit des Krankenhauspersonals auswirken, weil Gespräche immer auf Augenhöhe stattfinden. Durch die Gewaltfreie Kommunikation erfahren die Teilnehmer mehr Klarheit in Gesprächssituationen. Eine solche Gesprächskultur im Krankenhaus hat weitreichende Auswirkungen, insbesondere auf die Kritik-, Fehler- und Lernkultur sowie die grundsätzliche Einstellung zu allen Mitarbeitern und Patienten im Krankenhaus und darüber hinaus.

6.2 Destruktive Sprache – Eine besonders perfide Form von Gewalt in der Kommunikation

Mit der destruktiven Sprache haben wir ein besonders weit verbreitetes Beispiel von Gewalt in der Kommunikation herausgepickt. Destruktive Sprache ist eine Form der Sprache, geprägt von Zynismus, Vorwürfen und Bewertungen So ist zum Beispiel die Formulierung „Du hättest mich ja mal kurz anrufen und fragen können" destruktiv und für beide Gesprächspartner nicht weiter hilfreich und verstärkt nur ein schlechtes Gewissen. Ein Gespräch kann nur gut sein, wenn alle Parteien mit gutem Gefühl herausgehen.

Etwas ständig zu bewerten beklagte schon Carl Rogers, der sagte, „unsere natürliche Tendenz, die Aussagen anderer ständig zu beurteilen, zu bewerten, gutzuheißen oder zu missbilligen, ist das größte Hindernis für eine gelingende Kommunikation." (zitiert nach Rogers 1991).

Es gibt **vier Arten des Beurteilens**:

- **Kritisieren:** z. B. „So geht das nicht!"
- **Beschimpfung:** z. B. „Du Idiot!"
- **Analysieren:** z. B. „Du sagst das nur, um mich zu ärgern!"
- **Loben:** z. B. „Du bist so talentiert!"

Kritisieren, beschimpfen und analysieren ist eindeutig in einer Kommunikation **nicht gewünscht**. Loben aber kann auch verletzen, nämlich dann, wenn es eine Ausnahme betrifft, auch wenn dies auf den ersten Blick paradox erscheinen mag: „Das haben Sie heute aber gut gemacht!" Bedeutet im Umkehrschluss, dass es die anderen Male nicht so gut gemacht war. Oder wenn es übertrieben erscheint, wie es im amerikanischen Raum oft angetroffen werden kann.

Gespräche können je nach Situation, Umgebung und beteiligten Personen großen Einfluss auf das psychische und emotionale Befinden des Einzelnen haben. So kann eine klärende Diskussion zweier streitender Parteien im positiven Fall zu einer Entlastung und einem Abbau des Stresslevels bei den Beteiligten führen. Im Krankenhaus muss man wieder lernen, sich Zeit für Gespräche zu nehmen.

... Fassen wir zusammen

Die Gewaltfreie Kommunikation wird gerne etwas in die links-alternative Ecke gedrängt: Make love not war! Zu Unrecht, wie wir finden. Die Gewaltfreie Kommunikation ist vielmehr *das* Instrument der Wahl, um im multikulturellen und multiprofessionellen Krankenhaus von heute eine Wertschätzung/Empathie sowohl für Mitarbeiter als auch für Patienten hinzubekommen und damit die Grundlage für die Zusammenarbeit in der heute so wichtigen „Learning Organisation" zu schaffen. Reflektieren Sie sich aber immer auch wieder selber, um destruktive Sprache nicht zuzulassen.

Literatur

Rogers, C. R. (1991). *Partnerschule. Zusammenleben will gelernt sein – das offene Gespräch mit Paaren und Ehepaaren.* Frankfurt: Fischer-Verlag.

Rosenberg, B. M. (2007). *Gewaltfreie Kommunikation. Eine Sprache des Lebens.* Paderborn: Junfermann Verlag.

Weiterführende Literatur

Baller, G., & Schaller, B. (2009). Über die Kraft der Spiegelneuronen. Warum es so wichtig ist, eine gute Führungskraft zu sein. *Deutsches Ärzteblatt, 49,* A2483.

Baller, G., & Schaller, B. (2013). *Praxishandbuch für Ärzte im Krankenhaus.* Stuttgart: Georg Thieme Verlag.

Baller, G., & Schaller, B. (2013). Führung wird anspruchsvoller. *Nahdran, 2,* 34–36.

Baller, G., Huber, T., & Schaller, B. (2010). Was vielen gefallen soll, muss von vielen gestaltet werden. Changemanagement-Projekte scheitern aus vielen Gründen. Gelingen tun sie aus den gleichen. *das krankenhaus, 8,* 743–747.

Rosenberg, B. M. (2012). *Konflikte lösen durch Gewaltfreie Kommunikation.* Freiburg im Breisgau: Herder Verlag.

Schaller, B., & Baller, G. (2007). In varietate concordia oder Abrechnungsmentalität unter Kollegen. *Schweizerische Ärztezeitung, 88,* 1641–1643.

Schaller, B., & Baller, G. (2007). Moderne ärztlich-kollegiale Kommunikation im Gesundheitswesen. *Schweizerische Ärztezeitung, 88,* 1715–1716.

Schaller, B., & Baller, G. (2007). Organisationsentwicklung im Gesundheitswesen. Der Stellenwert der Kommunikation. *Schweizerische Ärztezeitung, 88,* 2091–2092.

Schaller, B., & Baller, G. (2008). Der Zusammenhang zwischen guter Kommunikation und Qualität. *das krankenhaus, 02,* 140–142.

Schaller, B., & Baller, G. (2009). Führen heißt auch informieren – Kommunikation im modernen Change Management. *Nahdran, 3,* 30–33.

Lösungsorientierte Kommunikation 7

Konflikte entstehen, wenn Menschen zusammentreffen und unterschiedliche Sichtweisen, Wahrnehmungen und Werte haben. Sie sind also die Regel und weniger die Ausnahme. Eben auch im Krankenhaus, wo verschiedene Berufsgruppen eng zusammenarbeiten müssen. Sie sind Teil der Gruppendynamik und führen nach einer erfolgreichen Bewältigung meist zu einer produktiven Arbeit. Konflikte entstehen dann, wenn die betroffenen Parteien voneinander abhängig sind und eine oder beide Parteien zum gleichen Zeitpunkt Handlungen beabsichtigen oder durchführen will, die zur Folge haben (könnten), dass sich die andere Partei behindert, blockiert, bedroht oder verletzt fühlt. Die Bedingungen, die zum Konflikt führen, können z. B. Werte, Visionen, Ziele, Einstellungen, Motive, Wahrnehmungen oder Verhaltensweisen sein. Alles Voraussetzungen, die im Krankenhaus alltäglich gegeben sind. Solange ein solcher Konflikt existiert, hält er die Gruppe davon ab, Ziele geschlossen anzustreben, Aufgaben koordiniert abzuwickeln und Beziehungen vertrauensvoll zu gestalten. Eine konstruktive Konfliktlösung ist deshalb anzustreben und in einem Krankenhaus ein zentraler Bestandteil jeglicher Führung. Zur Bewältigung eines Konflikts kommen zwei Strategien infrage:

- **Pokerstrategie:** In jedem Konflikt gibt es Sieger und Verlierer. Es muss sich auf Kosten der anderen Partei durchgesetzt werden.
- **Problemlösestrategie:** Jeder Konflikt stellt ein Problem dar, das grundsätzlich lösbar ist und dessen gemeinsame Lösung beiden Seiten Vorteile bringt.

Da Sie ja weiter mit den Konfliktparteien in der Matrixorganisation eines Krankenhauses zusammenarbeiten, ist lediglich die 2. Strategie lösungsorientiert. Es gibt jedoch dabei einige Hilfestellungen zur Konfliktbewältigung:

- **Erregung kontrollieren:** Der andere kann kritisiert werden, es ist ihm aber als Person Respekt und Achtung zuzusichern. Bleiben Sie konsequent auf der Sachebene.
- **Vertrauen herstellen:** Offenbaren Sie sich selbst, zeigen Sie Ihre Gefühle und schonen somit den anderen.

© Springer-Verlag Berlin Heidelberg 2017
G. Baller und B. Schaller, *Kommunikation im Krankenhaus*,
DOI 10.1007/978-3-642-55326-4_7

- **Offen kommunizieren** und dabei beachten:
  - **Situation:** Ist der Ort günstig? Steht genügend Zeit zur Verfügung? Will ich mir die Zeit nehmen? Soll eine dritte Partei hinzugezogen werden? (Dies ist dann zu empfehlen, wenn sich eine Seite hoffnungslos unterlegen fühlt, nicht weiß, wie sie den Konflikt anpacken soll, von sehr starken Gefühlen beherrscht wird wie Angst oder Wut.)
  - **Wahrnehmung:** Keine diffusen Vermutungen äußern, sondern beobachtbare Ereignisse und nachprüfbare Fakten in die Argumentation einbauen.
  - **Gefühle:** Eigene Gefühle ansprechen.
  - **Einstellungen:** Vorteile eines kooperativen, Nachteile eines konkurrierenden Konfliktaustrags besprechen, an die Selbstachtung der anderen Partei appellieren.
  - **Problem lösen:** Ist das Problem verständlich und klar definiert oder gibt es mehrere Problemdefinitionen? Werden sowohl die sachlichen als auch die persönlichen Aspekte des Problems berücksichtigt? Haben sich die Parteien die Zeit genommen, alle notwendigen Informationen zu sammeln und auszutauschen? Sind die Zielvorstellungen der Parteien allen klar und verständlich? Sind die Parteien bereit, verschiedene Lösungsvorschläge zu bearbeiten? Sind die Parteien bereit, nach einer gemeinsamen Lösung zu suchen? Herrscht Übereinstimmung über die Präferenzen bei der Bewertung einer Lösung? Wird bei der Entscheidung über eine Lösung berücksichtigt, ob sie neuartig ist, Kompensation enthält oder Kompromisse zulässt? Sind alle Beteiligten bereit, die Entscheidung zu akzeptieren und zu tragen?
  - **Persönlich verarbeiten:** Der Konflikt ist erst dann bereinigt, wenn alle betroffenen Personen sagen können, dass sie mit der getroffenen Vereinbarung leben und arbeiten und keinen Konflikt mehr empfinden.

Das „Harvard-Konzept" erschien erstmals in der amerikanischen Originalfassung 1981 unter dem Titel „Getting to Yes" (Fisher et al. 2013). Bereits 1983 erschien es in zehn Sprachen. Es ist als eine Art „Leitfaden" zu verstehen, der es Menschen erleichtern soll, in Verhandlungen jeder Art erfolgreich zu sein. Die ursprüngliche Fragestellung war, herauszufinden, wie Menschen am besten mit Differenzen umgehen können. Die Autoren nennen jene Aspekte einer Verhandlung, durch die man gemeinsam zu einer Übereinkunft gelangen kann. Sie empfehlen, persönliche Angelegenheiten und Sachfragen voneinander zu trennen, um die Gefahr zu verringern, dass aus Verhandlungen Streit entsteht. Beim Verhandeln geht es um die Vereinbarung von Interessen und nicht um Positionen (Ideologien, Wertfragen). Die Verhandlungspartner sollten stets beiderseitigen Nutzen im Auge haben, also auf eine „Win-win"-Situation bedacht sein. Es sollen stets objektive bzw. möglichst neutrale Kriterien zur Beurteilung der Sachlage entwickelt werden.

Menschen und Probleme getrennt voneinander behandeln
Leicht mischen sich persönliche Beziehungen der Verhandelnden mit den anstehenden Problemen. Daher gilt es, sich in die Lage des anderen zu versetzen, die Absichten des anderen niemals aus den eigenen Befürchtungen abzuleiten, die Schuld an den eigenen

Problemen nicht dem anderen zuzuschieben, über die Vorstellungen beider Seiten zu sprechen, die Gegenseite am Ergebnis zu beteiligen, die Vorschläge auch auf das Wertesystem des anderen abzustimmen, die eigenen und fremden Emotionen zu erkennen, zu verstehen und auszusprechen, der Gegenseite zu gestatten, Dampf abzulassen, auf emotionale Ausbrüche nicht zu reagieren und symbolische Gesten zu nutzen. Für den Kommunikationsprozess gilt: aufmerksam zuhören, Rückmeldungen geben über das, was gesagt wurde, so sprechen, dass man verstanden wird, über sich selbst reden und nicht über die Gegenseite, mit einer bestimmten Absicht sprechen.

Auf Interessen konzentrieren und nicht auf Positionen
Um vernünftige Ergebnisse zu erzielen, muss man die Interessen und nicht die Positionen in Einklang bringen. Denn jedes Problem wird durch Interessen bestimmt. Und auch hinter gegensätzlichen Positionen liegen gemeinsame, sowohl ausgleichbare als auch sich widersprechende Interessen. Diese findet man heraus mit „Warum"- und „Warum nicht"-Fragen. Es ist sinnvoll, über die Interessen eine Liste zu erstellen. Jedoch müssen die einzelnen Interessen in den Verhandlungen verdeutlicht werden. In solchen Verhandlungen sollte man bestimmt, aber flexibel auftreten, nach vorne und nicht nach rückwärts schauen, in der Sache „hart", aber zu den beteiligen Menschen „sanft" sein.

Entscheidungsmöglichkeiten entwickeln zum beiderseitigen Vorteil
Hierzu gibt es einige Rezepte: Bei der Entwicklung von Vorstellungen über Entscheidungsmöglichkeiten – etwa in einem Brainstorming – auf Beurteilungen verzichten, aber die Gegenseite mit einbeziehen. Die Sache sollte vom Standpunkt verschiedener Experten aus betrachtet werden. Für beide Seiten ist nach Vorteilen zu suchen, indem die gemeinsamen Interessen herausgefunden und unterschiedliche Interessen verschmolzen werden. Wichtig ist, dass die Hauptanliegen klar sind. Drohungen helfen nicht, aber eine Erleichterung der Entscheidung für die Gegenseite fördert das Verständnis.

Anwendung objektiver Kriterien
Bloße Willensentscheidungen kommen in der Regel teuer. Sachbezogenes Verhandeln bringt auf gütliche und wirkungsvolle Weise vernünftige Übereinkünfte zustande. Jeder Streitfall sollte zur gemeinsamen Sache umfunktioniert werden, indem objektive Kriterien angewandt werden. Über diese einigt man sich zuerst auf einer prinzipiellen Ebene. Dann sollte vernünftig argumentiert werden und nicht auf irgendwelchen Druck nachgegeben werden. Faire Kriterien sind: früher gelöste Fälle, wissenschaftliche Gutachten, Auswirkungen, moralische Kriterien, Tradition und Gegenseitigkeit.

Und wenn die anderen nicht mitspielen?
Dann verwendet man das sogenannte **Verhandlungs-Judo**: Die Gegenseite wird zur Kritik und zu Ratschlägen gegenüber den eigenen Vorstellungen eingeladen. Etwa mit: Korrigieren Sie mich, wenn etwas falsch ist. Wir erkennen durchaus an, was Sie für uns getan haben. Alles, was wir wollen, ist Fairness. Kann ich Ihnen einige Fragen über die mir

zugänglichen Fakten stellen? Aufgrund welcher Kriterien haben Sie das gemacht? Wir wollen einmal sehen, ob ich Sie richtig verstehe. Ich möchte Sie auf Schwierigkeiten hinweisen, die für mich entstehen, wenn ich Ihrem Gedankengang folge. Eine faire Lösung wäre möglicherweise ... Was geschieht, wenn wir uns einigen? Was geschieht, wenn wir uns nicht einigen?

Das Harvard-Konzept setzt auf Kooperation und findet vor allem in Situationen des „**Negotiating**" Anwendung; das „**Bargaining**" stellt hingegen einen Grenzfall des Verhandelns dar, insbesondere dann, wenn kein Beteiligter von der eigenen starren Position abrücken will. In diesem Fall hat das transiente Sprachspiel Verhandeln seinen Zweck verfehlt, und der sachliche Konflikt wird nicht nur nicht im beiderseitigen Interesse gelöst, sondern noch verschärft mit all den denkbaren Konsequenzen vor allem auf der Beziehungsebene, etwa durch persönliche Angriffe, Beleidigungen und wechselseitige Vorwürfe.

Praxisbeispiel

Der Verlobte einer jungen Auszubildenden ist plötzlich und unerwartet verstorben. Sie ist nun seit zwei Monaten krankgeschrieben und sie meldet sich bei Ihnen, da man ihr signalisiert hat, dass sie ein Lehrjahr wiederholen muss, was sie aber unter keinen Umständen möchte. Sie nehmen mit den verschiedenen involvierten Stellen Kontakt auf und stoßen immer wieder auf Widerstand; man verschanzt sich hinter Paragrafen usw. Dann rufen Sie einen runden Tisch mit allen Beteiligten und Moderation der Teamleitung Case Management ein. Innerhalb einer Stunde kommt eine wunderbare Lösung für Ihre Mitarbeiterin zustande und sie kann die Lehre in der regulären Zeit beenden.

Gerade wenn es sich um Themen handelt, bei denen man denkt, da müssten eigentlich alle „auf meiner Seite" sein, und es aber dennoch zu Widerständen kommt, ist ein runder Tisch mit erfahrener Moderation eines der Mittel, das zum Erfolg führen kann. Man darf aber eines nie vergessen, ob es runde Tische oder andere Instrumente sind, es sind Instrumente, *welche die Kommunikation unterstützen, aber es ist Ihr Kommunikationstalent, das darüber entscheidet, ob es am Ende zum Erfolg kommt oder nicht.*

Durch Sozialisation „lernt" der Mensch, Konflikte zu lösen, wobei er bestimmte Stile der Konfliktlösung entwickelt, die mehr oder weniger nützlich für ihn bzw. den Kontext des Konflikts sind.

Ein Modell ist dabei das sogenannte Thomas-Modell (siehe Abb. 7.1), das die Ergebnisse einer Konfliktlösung in einer zweidimensionalen Matrix darstellt. Die Achsen der Matrix bilden dabei die Orientierung der Lösung an den eigenen Interessen als auch an den Interessen des Konfliktpartners.

Zieht man die Nachhaltigkeit einer Konfliktlösung in Betracht, stellt nur der Konsens eine echte Konfliktlösung dar und bietet für das gesamte System den höchsten Nutzen. Meist ist diese Variante der Konfliktlösung auch die aufwändigste.

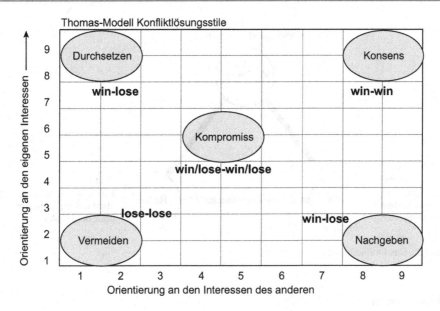

Abb. 7.1 Konfliktlösungsstile, Thomas-Modell nach Blake und Mouton. (Thomas 1976)

Exkurs: Häufige Verhandlungsfehler

Verhandlungen sind im Krankenhaus tägliches Brot; sie finden nicht nur auf Geschäftsleitungsebene statt, sondern auf allen Hierarchieebenen, im ärztlichen und pflegerischen Dienst. Hier sind aus der Erfahrung einige der **häufigsten Verhandlungsfehler** *aufgelistet:*

✓ *Mangelnde Informationsbeschaffung*

✓ *Unklare Zieldefinition*

✓ *Mangelnde Strategie*

✓ *Aussprechen von Drohungen*

✓ *Gesichtsverlust herbeiführen*

Wie kann man ein tragfähiges Übereinkommen aushandeln, das auf Sach- und Beziehungsebene optimal den Zielen entspricht? Wie oft sind wir anschließend unsicher, ob wir nicht mehr hätten erreichen können? Obige Verhandlungsfehler helfen Ihnen dabei, Ihr eigenes Handeln zu reflektieren.

Entsprechend den Ausführungen des Transaktionsanalytikers Stephen Karpman (2014) zum typischen Ablauf von Dramen und Märchen fand ein Aspekt in der herkömmlichen Transaktionsanalyse besondere Beachtung: Das dramatische Moment in Dramen und Märchen sind Rollenwechsel, insbesondere der Hauptperson. Die Transaktionsanalytiker ließen sich durch Karpman zu der kommunikationspsychologischen Einsicht anregen, dass die Einnahme einer dieser Rollen im Alltag den Kommunikationspartner dazu verführt, die dazu komplementäre Rolle einzunehmen. Deshalb spricht man von manipulativen Rollen.

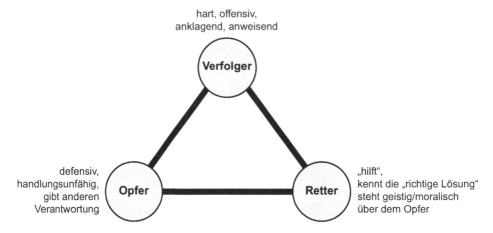

Abb. 7.2 Das Dramadreieck. (Nach Karpman 2014)

Praxisbeispiel

Sie haben in Ihrer Abteilung einen seit vielen Jahren bei Ihnen tätigen Oberpfleger, der regelmäßig junge Krankenschwester verbal angreift. Als sich eines Tages drei Schwestern bei Ihnen darüber beschweren, ordnen Sie eine Untersuchung über die Vorfälle an. Damit scheint alles getan.

Wenn Sie hier im klassischen Dramadreieck (siehe Abb. 7.2) denken, haben Sie sicherlich alles getan und sind der Retter. Eine längerfristige Lösung werden Sie dadurch aber nicht finden: Der Oberpfleger wird wahrscheinlich entlassen oder versetzt werden. Die drei jungen Schwestern werden möglicherweise bei jeder Gelegenheit weiter ihre Opferrolle einnehmen. Ruhe wird in diesem Team daher lange nicht eintreten. Wenn Sie jedoch überlegen, warum dieser Konflikt entstehen konnte, gehen Sie eine Dimension weiter. Haben die Schwestern den Oberpfleger überhaupt schon einmal auf den Konflikt angesprochen? Vielleicht sind die älteren Führungskräfte einfach nicht mehr adäquat geschult für modernes Management? Zu viel Stress im Pflegeteam? Falsche Erwartungshaltungen der Mitarbeiterinnen? Hier gilt es anzusetzen und eine ganzheitliche Lösung zu finden. Nur so können Sie zeitnah wieder zum Alltag übergehen und vielleicht daraus für andere Bereiche des Krankenhauses lernen.

In bildlicher Darstellung werden die drei manipulativen Rollen in einem Dreieck aufeinander bezogen: Das Dramadreieck mit den drei Rollen Opfer, Verfolger und Retter. Obgleich fast jeder von uns bereits in Alltagssituationen, erst recht in kritischen Situationen, die Neigung hat, eine bestimmte der drei Rollen bevorzugt einzunehmen, kann es bei Auseinandersetzungen immer wieder wie im Märchen zu Rollenwechseln kommen.

Das Opfer ist die Person, der etwas vorgeworfen wird, die für etwas verantwortlich gemacht werden soll oder für andere etwas erdulden muss. Das Opfer selbst übernimmt diese Rolle, das heißt sieht sich selbst als Opfer und betrachtet die anderen Personen entweder als Verfolger oder als Retter. Sich als Opfer fühlen heißt: Die anderen sind verantwortlich dafür, dass es mir so schlecht geht. Ich selbst kann an meiner Situation nichts ändern. So gibt das Opfer die Verantwortung für die Folgen seines Handelns oder Nicht-Handelns an andere ab.

Der Verfolger ist derjenige, der dem Opfer aktiv nachstellt, es strafen oder zur Rechenschaft ziehen will. Gleich wie der Retter scheint auch der Verfolger genau zu wissen, was das Opfer braucht. Seine Idee von Lösung wird er mit Härte durchzusetzen versuchen.

Der Retter ist die Person, die helfend aktiv wird und oft gleich die gesamte Verantwortung für die Situation und deren „Lösung" übernimmt. Der Retter erkennt den scheinbaren Lösungsweg und versucht, dem Opfer zu helfen oder ihm beizustehen. Je nach Überzeugungskraft beherrscht der Retter die Situation für eine Weile und (ver-)führt die anderen auf seine Wege.

Die Verfolger- oder die Retterrolle einerseits und die Opferrolle andererseits stehen zueinander im Verhältnis von Gegenrollen, wobei zwei verschiedene Opferrollen denkbar sind: eine, die eine Verfolger- und eine, die eine Retterrolle „verlangt". Die Opferrolle braucht keine passive Rolle zu sein. Wer sich andere in einer Opferrolle vorstellt, dem gelingt es erfahrungsgemäß besonders oft, diese zu veranlassen, eine Verfolger- oder Retterrolle einzunehmen. In manipulatorischer Beziehung ist die Opferrolle in unserer Gesellschaft besonders „mächtig". Meiner Erfahrung nach ist es eine Rolle, die beliebt sein kann, weil sie von Verantwortung entlastet. Im Falle der Konfliktmoderation darf der Moderator nicht in die Rolle des „Retters" geraten und somit zum aktiven Part des Konflikts werden.

Das Dramadreieck erklärt die Rollenverteilung, die hinter jedem dauernden oder immer wiederkehrenden Konflikt steht (siehe Abb. 7.2). Dass solche Konstellationen im Alltag der Menschen eine solche Dramadynamik entwickeln, liegt nicht nur an der Rollenverteilung. Konflikte vertiefen sich, wenn sich der Streit immer weiterdreht. Ein klassisches Beispiel aus der Familientradition: Das Kind schmeißt etwas hinunter, der Vater (Verfolger) schreit mit dem Kind (Opfer), das Kind geht zur Mutter (Retter) und weint, die Mutter geht zum Vater und streitet mit ihm des Kindes wegen. In diesem Moment wird sie zum Verfolger des Vaters, und die Weihnachtsbescherung kann beginnen.

… Fassen wir zusammen

Kommunikation soll immer auch Ziele haben. Eines davon ist sicherlich, bei schwelenden oder bereits etablierten Konflikten mit geschickter Kommunikation eine Win-win-Situation herbeizuführen, eine für alle Seiten annehmbare Lösung. Was in der Theorie logisch und recht einfach klingt, ist in der Praxis häufig nicht ganz einfach. Unsere Erfahrung zeigt, dass – außer bei ganz klaren Delikten – nicht zwischen einer Opfer- und einer Täterrolle unterschieden, sondern vielmehr auf die Lösung fokussiert werden soll. Alles andere verhindert eine Lösung. Im Weiteren denken wir, dass die Gewaltfreie Kommunikation und die lösungsorientierte Kommunikation, auch wenn es keine eigentlichen Antipoden sind, sich in etwa die Waage halten sollten, damit ein Krankenhaus kommunikativ richtig gut funktioniert.

Literatur

Fisher, R., Ury, W., & Patton, B. (2013). *Das Harvard-Konzept. Der Klassiker der Verhandlungstechnik*. Frankfurt am Main: Campus-Verlag.

Karpman, S. (2014). *A Game Free Life*. San Francisco: Self Published.

Thomas, K. (1976). *Conflict and Conflict Management in The Handbook of Industrial and Organizational Psychology*. Chicago: Rand McNally.

Weiterführende Literatur

Abdel-latif, A. (2014). Die 10 teuersten Verhandlungsfehler im Gesundheitswesen. *Schweizerische Ärztezeitung, 95*, 1296–1297.

Baller, G., & Schaller, B. (2009). Über die Kraft der Spiegelneuronen. Warum es so wichtig ist, eine gute Führungskraft zu sein. *Deutsches Ärzteblatt, 49*, A2483.

Baller, G., & Schaller, B. (2013). *Praxishandbuch für Ärzte im Krankenhaus*. Stuttgart: Georg Thieme Verlag.

Baller, G., & Schaller, B. (2013). Führung wird anspruchsvoller. *Nahdran, 2*, 34–36.

Baller, G., Huber, T., & Schaller, B. (2010). Was vielen gefallen soll, muss von vielen gestaltet werden. Changemanagement-Projekte scheitern aus vielen Gründen. Gelingen tun sie aus den gleichen. *das krankenhaus, 8*, 743–747.

Schaller, B., & Baller, G. (2007). In varietate concordia oder Abrechnungsmentalität unter Kollegen. *Schweizerische Ärztezeitung, 88*, 1641–1643.

Schaller, B., & Baller, G. (2007). Moderne ärztlich-kollegiale Kommunikation im Gesundheitswesen. *Schweizerische Ärztezeitung, 88*, 1715–1716.

Schaller, B., & Baller, G. (2007). Organisationsentwicklung im Gesundheitswesen. Der Stellenwert der Kommunikation. *Schweizerische Ärztezeitung, 88*, 2091–2092.

Schaller, B., & Baller, G. (2008). Der Zusammenhang zwischen guter Kommunikation und Qualität. *das krankenhaus, 02*, 140–142.

Schaller, B., & Baller, G. (2009). Führen heißt auch informieren. *Kommunikation im modernen Change Management Nahdran, 3*, 30–33.

Schlegel, L. (1993) *Handwörterbuch der Transaktionsanalyse: Sämtliche Begriffe der TA praxisnah erklärt*. Freiburg. http://www.dsgta.ch/Handwoerterbuch. (Alle Rechte bleiben bei Leonhard Schlegel)

Teil III

Gestaltung der Kommunikation

In diesem Teil gehen wir einen weiteren Schritt in Richtung Praxis. Dabei ist es uns wichtig, keine künstlichen Kommunikationssituationen zu kreieren. Gerade wenn Kommunikation nicht gelingen will, sollte man sich wieder auf diese Techniken besinnen und sich fragen, wo es hapert. In der Kommunikationsanalyse sollte man aber neben der Fehleranalyse auch vermehrt analysieren, warum gute Kommunikation in Ihrem Krankenhaus gelingt. Was sind unsere Stärken? Was macht uns besser oder einzigartig im Verhältnis zur Konkurrenz? Diese Stärken sollen dann vermehrt ausgebaut werden, anstatt bloß Fehler beheben zu wollen. Denn allein mit der Konzentration auf die Stärken entsteht Exzellenz. Beim Versuch, lediglich die Fehler auszumerzen, entsteht Mittelmaß.

Gestaltung der Kommunikation mittels Gesprächstechniken

Gordon Allport (1949) postuliert, dass menschliches Verhalten weniger von objektiven Bedingungen abhängt als vielmehr davon, wie eine bestimmte Situation subjektiv wahrgenommen wird. Solch eine Interpretation basiert auf Gegebenheiten und insbesondere den Vorerfahrungen, Zielen und Absichten, die wir in eine spezifische Situation hineintragen, wie wir dies im vorhergehenden Kapitel näher beleuchtet haben.

Grundlegende Voraussetzung für eine gute Kommunikation stellt daher die **innere Haltung** dar:

- Respekt und Achtung,
- Wertschätzung,
- Empathie,
- Kongruenz und
- Glaubwürdigkeit.

Respekt und Achtung Andere Menschen haben oft andere Meinungen, dies ist insbesondere im multiprofessionellen Krankenhaus tagtäglich zu finden. Die innere Reaktion auf eine andere Meinung ist ein wichtiger Hinweis auf die Grundlage des Gesprächs. Stellt eine andere Meinung die Ausgangslage zu einem konstruktiven Dialog dar, indem auch Sie selbst Ihre eigene Meinung darstellen und hinterfragen müssen? Oder sehen Sie darin primär Widerstand und Mehraufwand auf dem direkten Weg zum Ziel? Andere Menschen verdienen Respekt und Achtung, in jedem Fall. Dies bedeutet aber nicht, dass wir auch inhaltlich einverstanden sind.

Wertschätzung Die Mitarbeitenden sind das wertvollste Gut in einer jeden Organisation. Es ist aber wirkungslos, dies lediglich beim Jahresessen vor der versammelten Belegschaft zu äußern – vielleicht ist es sogar kontraproduktiv, weil es jedes Jahr in dieser Form gesagt wird und sich entsprechend abgenutzt hat. Wer glaubhaft Wertschätzung zeigen will, darf dies nicht nur am Ende eines Jahres tun, sondern sooft es angebracht ist.

© Springer-Verlag Berlin Heidelberg 2017
G. Baller und B. Schaller, *Kommunikation im Krankenhaus*,
DOI 10.1007/978-3-642-55326-4_8

Empathie Ihr Gesprächspartner bringt in jeder Situation eine bestimmte Befindlichkeit mit. Er zeigt sich überzeugt, besorgt, zuversichtlich oder entmutigt. Diese Botschaft über das eigene Befinden ist genauso wichtig wie die sachliche Information. Empathie ist das Sichhineinversetzen in die Gefühls- und Stimmungslage einer anderen Person, sodass sie sich verstanden und angenommen fühlt. Gerade im Umgang mit Patienten ist Empathie, neben dem klassischen Kundennutzen, zentral. Aber auch im Leadership ist Empathie ein wichtiger Bestandteil vieler Modelle.

Kongruenz In der Psychologie wird die Übereinstimmung der über die verschiedenen Kommunikationskanäle gesendeten Signale als Kongruenz bezeichnet. Eine Botschaft ist kongruent, wenn sich Sprache und Körpersprache decken. Die Aussage „Ich freue mich, dich zu sehen" wirkt glaubwürdig, wenn sie mit der entsprechenden Körpersprache wie ausgebreiteten Armen und einem lächelnden oder lachenden Gesicht einhergeht. Sie wirkt inkongruent und damit unglaubwürdig, wenn bei derselben Aussage durch die Körpersprache gleichzeitig negative Signale gesendet werden. Der Redner vergrößert beispielsweise die Distanz oder bricht den Blickkontakt ab. Statt die Arme zu öffnen, wird mit der Schulter gezuckt. Wir tendieren dann dazu, eher der Körpersprache als den Worten zu glauben. Kongruente Signale weisen in der Regel auf emotionale Ausgeglichenheit hin.

Glaubwürdigkeit Sie betrifft die längerfristige Perspektive. Vertrauen und Glaubwürdigkeit bilden sich mit der Zeit. Niklas Luhmann (1984) betont, dass Vertrauen immer riskant sein muss; im Rahmen von totaler Sicherheit bildet sich kein Vertrauen. Wer nur den eigenen Vorteil sucht, dem vertrauen wir nicht. Glaubwürdig sind wir dann, wenn wir auch halten, was wir versprechen. Unsere Gesprächspartner werden gut prüfen, ob sie sich auf uns verlassen können und wollen.

Die geschilderten inneren Haltungen wirken als Ganzes und werden auch als solche vom Gesprächspartner wahrgenommen, und zwar sehr schnell und häufig unbewusst. Dabei bildet sich eine Resonanz. Wie wir die innere Haltung für die Kommunikation im Krankenhaus nutzen können, möchten wir nachfolgend darstellen.

8.1 Stimmige Kommunikation

Schulz von Thun entwickelte das Kommunikationsquadrat, das eine gelingende und erfolgreiche Kommunikation darstellt und somit nicht nur die oben erwähnte Sachebene misst, sondern auch andere Ebenen der Kommunikation mit einbezieht (siehe Abb. 8.1).

Gemäß Schulz von Thun (1981, 1989, 1998) bezeichnet Stimmigkeit die Übereinstimmung von situationsgerechter und authentischer Kommunikation. Das heißt, eine Person verhält sich dann stimmig, wenn ihr Verhalten sowohl dem Charakter der Situation angemessen ist als auch wesensgemäß und echt ist. Diese doppelte Übereinstimmung gilt als zentrales Kriterium für eine angemessene, gute und richtige Kommunikation. Sie folgt der

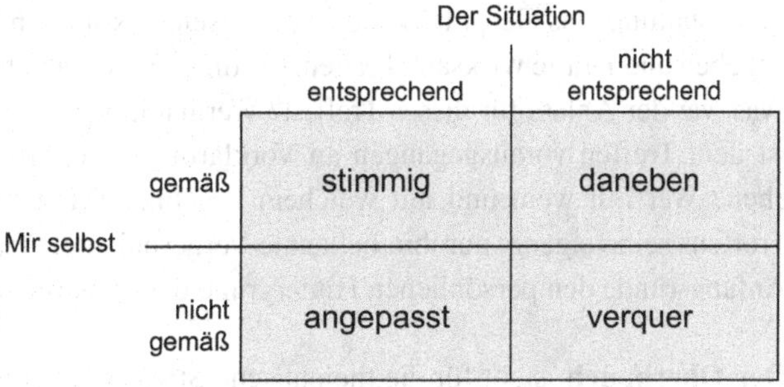

Abb. 8.1 Stimmige Kommunikation. (Schulz von Thun
1981)

Der Situation

		entsprechend	nicht entsprechend
Mir selbst	gemäß	stimmig	daneben
	nicht gemäß	angepasst	verquer

Frage: „Wie kann ich kommunizieren angesichts dessen, wie die Situation konstruiert ist und was sie mir in meiner Rolle abverlangt, sowie angesichts dessen, was sich in mir regt und wofür ich stehe?" Um herauszufinden, was situationsgerecht ist, ist der Blick nach außen gerichtet und sucht den situativen Kontext auf (siehe Abb. 8.2): „Welches sind seine Bestandteile, wie hängen sie miteinander zusammen? Wie ist die Beziehung zum Gegenüber? Worum geht es in dieser Situation, welche Gebote und Forderungen sind enthalten, sodass die Kommunikation dem entsprechen kann?"

Aus diesen obigen Fragen ist ein weiteres Modell, das sog. Situationsmodell von Schulz von Thun (1981, 1989, 1998), entstanden. Es zeigt die vier Komponenten, derer es bedarf, um die Stimmigkeit einer Situation zu erfassen, welche dann wiederum die Kommunikation beeinflusst.

Der Eingangskanal steht für die Vorgeschichte und für die Anlässe, die zu der Situation geführt haben. Menschliche Begegnungen und Gespräche ereignen sich in vielen Fällen nicht spontan und absichtslos, sondern finden besonders im beruflichen Bereich aufgrund einer Verabredung oder Einladung statt. Damit das Treffen (die Sitzung, die Klausur, die

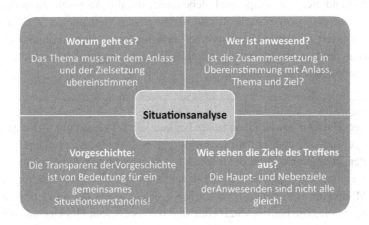

Abb. 8.2 Situationsanalyse. (Nach Schulz von Thun 1981)

Veranstaltung, das Gespräch) überhaupt zustande kommen kann, sind im Vorfeld Anlässe gegeben und Kräfte wirksam. Fragen, die diese Komponente aufhellen, sind zum Beispiel: Was war der Anlass für dieses Treffen? Wer hat in wessen Auftrag dazu eingeladen? Was ist dem Treffen vorausgegangen an Vorklärungen, Telefonaten, vorbereitenden Gesprächen? Wer mit wem und mit welchem Ergebnis? Manchmal hat jeder Teilnehmer des Treffens seine eigene, nur ihm bekannte Vorgeschichte. Dann lohnt es sich meist, in einer Anfangsrunde den persönlichen Hintergrund der Anwesenheit zu klären.

Der Oberbauch steht für die thematische Struktur. Damit ist gemeint: Welche Themen führen uns zusammen? Was steht auf der Tagesordnung? Was gehört zu unserer Aufgabe, was nicht? In welche Unteraspekte strukturiert sich das Rahmenthema? Was ist thematisch vorgegeben, was ist hier unter uns erst noch zu erheben? Mit einem Wort: Worum geht es? Das Thema muss mit dem Anlass und der Zielsetzung in Übereinstimmung sein, sonst stimmt etwas nicht.

Der Unterbauch steht für die zwischenmenschliche Struktur der Beteiligten, nämlich: Wer ist anwesend, wer ist hier zusammengekommen? Warum diese und keine anderen Anwesenden? In welcher Funktion, in welcher Rolle, mit welchem Interesse, in wessen Auftrag? Ist die Zusammensetzung stimmig, das heißt in Übereinstimmung mit Anlass, Thema und Zielsetzung? Wer fehlt? Warum? Bei welchem der Anwesenden ist unklar, warum bzw. wozu er dabei ist? In diesem Zusammenhang sind die Rollen (dargestellt als Hut), die die Personen innehaben, von großer Bedeutung. Denn es ist diese situative Rolle, welche meine Vorstellung davon prägt, was mein Beitrag zu einer Situation sein sollte und wie er vorzubringen ist.

Der Ausgangskanal steht für die Ziele des Treffens, für das, was dabei herauskommen soll, z. B. eine Entscheidung, eine Vereinbarung, ein Konzept, einen gemeinsamen Informationsstand etc. Die Haupt- und Nebenziele, die die Anwesenden in das Treffen hineintragen, werden nicht alle gleich sein, daher ist das Geflecht der Ziele als Fadengewirr symbolisiert. Zur Erleichterung einer situationsgerechten Kommunikation ist es dienlich, wenn der Leiter seine Zielsetzung des Treffens verbindlich herausstellt und mit den Zielen der Anwesenden abgleicht.

Praxisbeispiel

Der Generaldirektor des Krankenhauses beginnt jeden Morgen um 6 Uhr zu arbeiten. Die Gänge sind leer, aber er trifft jeden Morgen auf dem Weg zu seinem Büro dieselben beiden Reinigungskräfte. Beide mit Migrationshintergrund und relativ schlechten Deutschkenntnissen. Der Direktor nimmt sich aber jeden Morgen Zeit, um mit diesen beiden Mitarbeitern einige Worte zu wechseln. Fragt, wie es den Kindern geht, wie die Ferien waren etc. Die beiden Mitarbeiter sind begeistert vom Direktor und schwärmen überall von ihm.

Hier entsteht stimmige Kommunikation, auch wenn die Voraussetzungen nicht symmetrisch sind. Es wäre sicherlich eher nicht richtig, die Reinigungskräfte zu fragen, ob sie heute viel zu tun gehabt hätten oder die Arbeit stressig sei etc. Denn was soll in solch einer Situation ein Mitarbeiter sagen, der in der Hierarchie recht tief unten angesiedelt ist? Sagt er, es sei locker, riskiert er, dass demnächst einige seiner Kollegen entlassen werden ... Eine solche Kommunikation wäre also eher verquer. Gerade als Führungskraft werden Sie solche Kommunikationsherausforderungen nicht selten erleben. Es lohnt sich, Small Talk zu beherrschen, denn das ist immer ein guter Gesprächseinstieg.

Ein weiterer Blick richtet sich auf die Authentizität, also nach innen, auf den inneren Kontext der kommunizierenden Person: Welche Gedanken, Gefühle und Impulse melden sich in ihr und möchten sich zur Geltung bringen? Mit welcher Äußerung wäre sie in Übereinstimmung mit sich selbst? Welche inneren Gebote und Forderungen werden laut und wollen berücksichtigt sein? Hilfestellung bei dieser Selbstklärung bietet das sogenannte Innere Team.

Werden beide Gesichtspunkte der Stimmigkeit im Zusammenhang betrachtet, ergibt sich, wie oben dargestellt, ein Vier-Felder-Schema der Stimmigkeit nach Schulz von Thun (1981, 1989, 1998), welches vier Verhaltensmöglichkeiten vorsieht (siehe Abb. 4.10). Von stimmiger Kommunikation ist also dann die Rede, wenn persönliche Authentizität und situativ angemessenes Handeln zusammenfallen.

Wissen Sie aber immer, wie Sie ein Gespräch erfolgsbringend führen? Mit dem Ziel, dass beide Seiten das Gefühl haben, ein gutes Gespräch zu führen, durch das sie weiterkommen, eine gute Beziehung entwickeln und auch erhalten können?

Als Führungskraft müssen Sie Gespräche jeder Art führen können. Gespräche mit Kollegen oder Mitarbeitern sind zwar nicht grundsätzlich anders, aber doch in einigen wesentlichen Punkten unterschiedlich gegenüber dem Patientengespräch. Von Ihnen wird verlangt:

- offen zu sein,
- Farbe zu bekennen,
- zielführend zu motivieren,
- auf der Metaebene zu kommunizieren.

Der Gesprächsführungsprozess ist bis zu einem gewissen Grad mit einem Problemlösungsprozess vergleichbar, da ja in der Regel im Gespräch die Klärung eines Sachverhalts oder Problems vorangetrieben werden soll und Entscheidungen über das weitere Vorgehen getroffen werden müssen.

Ist unser Kontakt zueinander gut oder finden wir keinen Draht zueinander? Im zweiten Fall wird das Gespräch schwieriger. Der Umgang und also auch das Gespräch mit einem Menschen, mit dem wir nicht gut können, kostet uns doppelt so viel Energie, als wenn wir mit Menschen sprechen, die wir gut leiden können. Und oft gehen wir auch schon vorurteilsgeladen in ein solches Gespräch. „Die regt sich bestimmt wieder unnötig auf." Und dann warten wir im Gespräch nur darauf, dass sie sich aufregt, und fühlen uns bestätigt. Die selbsterfüllende Prophezeiung. Aber das ist schließlich menschlich. So ganz können wir uns davon nicht frei machen.

Der wohl häufigste Fehler ist jedoch, dass wir als Führungskräfte oft nicht genau hinhören, denn: „Wer selbst redet, erfährt nichts". Langewitz (2004) spricht in diesem Zusammenhang von einer „Bühnenmetapher".

Exkurs: Führungsgespräch

Die Führungskraft stellt dem Mitarbeiter nach Langewitz eine freie Bühne zur Verfügung, auf der er seine Anliegen darlegen kann. Damit sich der Mitarbeiter auf einer leeren Bühne sicher fühlt, sollte er (der Mitarbeiter) gewisse Anhaltspunkte mitgeteilt bekommen, z. B. wissen, wie lange die Bühne zur Verfügung steht. Wenn der Mitarbeiter die Bühne zur Darstellung seiner Probleme nutzt, hält sich die Führungskraft zurück, um das Stück nicht mit eigenen Ideen zu verfälschen. Die Führungskraft spielt erst dann mit, wenn sie mit einiger Sicherheit weiß, was auf der Bühne gespielt wird (nach Langewitz 2004).

Im angelsächsischen Raum hat sich daher analog, wenn es im weitesten Sinn um einen Problemlösungsprozess geht, der „**Reflective Cycle**" (Gibbs 1988) insbesondere für Führungsgespräche bewährt und durchgesetzt:

- **Description:** What happened?
- **Feelings:** What were you thinking and feeling?
- **Evaluations:** What was good and what was bad about the experience?
- **Analysis:** What sense can you make of the situation?
- **Conclusion:** What else could you have done?
- **Action plan:** If it arose again, what would you do?

8.2   Gesprächstechniken

Gesprächstechniken sind äußerlich beobachtbare Verhaltensweisen, die einem konstruktiven Gesprächsablauf dienen sollen. Weil jede Technik immer nur auf einen Teilausschnitt des hochkomplexen Gesprächsprozesses abzielt, wäre es ein arges Missverständnis, einzelne Techniken als Garanten erfolgreicher Gesprächsführung einzuschätzen.

Wir haben daher einige für das Gespräch wichtige und nützliche **Gesprächstechniken den** oben dargelegten **vier Seiten des Gesprächsprozesses zugeordnet** und werden dies nachfolgend näher erläutern:

Inhalt
Sachlich bleiben
Verständlich reden
Analytisch zuhören

Selbstoffenbarung   **Appell**
Ich-Botschaften senden   Überzeugend argumentieren
Eigene Meinung sagen   Fragen stellen
Absichten/Ziele klären   Moderation/fair lenken

Beziehung
Aktiv zuhören
Gefühle direkt ansprechen/spiegeln
Feedback geben und nehmen

Absichten/Ziele klären

Gespräche können kürzer und konzentrierter werden, wenn der Vorgesetzte gleich zu Beginn seine Absichten und Zielsetzungen für das Gespräch klar mitteilt. Dabei sollte er:

- seine persönlichen Vorstellungen und Ziele vortragen,
- die Mehrdeutigkeit von Zielen beachten: Ziele können eine menschliche, technische, finanzielle, organisatorische Seite haben,
- Zielkonflikte (zwischen den Aspekten und/oder Gesprächspartnern) unumwunden ansprechen.

Exkurs: Sieben Phasen eines Gesprächsverlaufs

1. **Kontakt- und Situationsklärung:** In dieser Phase geht es primär um die Klärung der organisatorischen, administrativen und geschäftsmäßigen Inhalte der Treffen. Es soll ein mündlicher Kontrakt – ein Arbeitsbündnis – für die zukünftige gemeinsame Arbeit abgeschlossen werden. Der Kontrakt enthält nicht nur die äußeren Bedingungen wie z. B.: Wann, wo, wie lange treffen wir uns, sondern umfasst auch das „Wie", also die Durchführungsart, zur Diskussion. Dabei ist es wichtig, dass sowohl Moderator als auch Gruppe ihre Ansprüche, Befürchtungen und Grenzen einbringen können und eine für alle zufriedenstellende Lösung gefunden werden kann.

2. **Themen finden:** Mit Fragen wie z. B.: Was möchten Sie heute besprechen? oder Was sind Ihre Anliegen in den Arbeitskreistreffen? werden die Gruppenmitglieder animiert, Themen und Interessenschwerpunkte zu sammeln. Nachdem eine Anzahl von Anliegen vorliegt, sollten diese in eine Bearbeitungsrangreihe gebracht werden. Sind alle Gruppenmitglieder mit der Aufteilung der Themen zufrieden, so kann bereits mit der Bearbeitung des ersten Schwerpunkts begonnen werden. Wichtig bei der Durchnahme eines Themas ist es, den roten Faden nicht zu verlieren und nicht vom Hundertsten ins Tausendste zu kommen. In großen Gruppen, in denen viele verschiedene Wortmeldungen und Meinungen auftreten, kann man sehr leicht vom Thema abkommen. Hier hat der Moderator darauf zu achten, die Gruppe immer wieder auf den „richtigen Weg" zurückzuführen.

3. **Die Sichtweise jedes Einzelnen:** Bei der Bearbeitung der Themen soll jedes Gruppenmitglied die Möglichkeit haben, zu Wort zu kommen, seine Sichtweise zu schildern und ausreichend zum Thema Stellung zu beziehen. Dem Moderator kommt in dieser Phase die Rolle des aktiven

Zuhörers zu. Dabei ist besonders auf die Gefühle der Gruppenmitglieder zu achten. Durch Paraphrasieren und Fragen können Inhalte zusammengefasst bzw. geklärt werden. Ziel dieser Phase ist es, die verschiedenen Positionen der Mitglieder abzustecken und diese zu gegenseitigem Zuhören und Verstehen zu motivieren.

4. **Gestaltender Dialog und Auseinandersetzung:** Durch die Eröffnung einer Diskussion können sich die Gruppenmitglieder jetzt einander mitteilen. Solange die Kommunikation kontaktfördernd verläuft, hält sich der Moderator in dieser Phase eher zurück und gibt lediglich als Experte eine Stellungnahme ab. Erarbeitete Punkte sollen von ihm festgehalten werden. Gelingt die Verständigung nicht und es kommt zu Streitgesprächen, so soll der Moderator mit Hilfstechniken zur verbesserten Kommunikation intervenieren.

5. **Sachliche Problemlösung:** Die Diskussionsergebnisse sollen zusammengefasst und dargestellt sowie die konkreten Möglichkeiten zur Verwirklichung der Wünsche besprochen werden. Dabei soll genau geplant werden, anfallende Arbeiten sind unter den Mitgliedern aufzuteilen. Hier kann der Moderator sein Expertenwissen in Form von Vorschlägen und Beispielen einbringen, welche aber lediglich zur Unterstützung der Gruppe dienen. Wünsche und Pläne der Gruppe haben auf jeden Fall Vorrang.

6. **Der gemeinsame Plan:** Ziel dieser Phase ist es, dass die Gruppenteilnehmer ihr eigenes Erleben um den Blick aufs Ganze erweitern und einen gemeinsamen Plan zu ihrem Projekt entwickeln. In der Projektplanungsphase kann jeder eine organisatorische Position einnehmen und sich je nach Zeit und Energie für das gemeinsame Ziel der Gruppe einsetzen.

7. **Die Situation abschließen:** Bevor man auseinandergeht, sollte jeder noch einmal die Möglichkeit erhalten zu sagen, wie er das Gespräch empfunden hat und welche Punkte vielleicht zu kurz gekommen sind. Hier soll auch Platz für Kritik sein. Bei der Planung der Arbeitskreistreffen hat der Moderator immer darauf zu achten, dass zumindest noch etwas Zeit für ein kurzes Feedback bleibt.

8.3 Small Talk

Die Kunst des „kleinen Gesprächs" ist die perfekte Gelegenheit, sich behutsam auf Unbekanntes und insbesondere auch Unbekannte einzustellen. Oft als oberflächlich empfunden, sind gerade die leichten und unverfänglichen Themen geeignet, eine Begegnung oder eine Gesprächssituation positiv zu gestalten und erste feine Fäden einer Beziehung zu knüpfen.

Als erstes Gesprächsangebot signalisiert Small Talk zunächst vor allem Offenheit und die Bereitschaft zu kommunizieren. Ist ein gemeinsamer Gesprächsstoff gefunden, bewegen sich beide Gesprächspartner aufeinander zu. Die unverfängliche und neutrale Ebene erlaubt es, entspannt zu reden und einander aus respektvoller Distanz kennenzulernen. Will sich keine rechte Chemie zwischen den Gesprächspartnern einstellen, können sich diese mühelos zurückziehen, ohne zu viel von sich preisgegeben zu haben. Entsteht Sympathie, können beide diesen positiven Eindruck vertiefen. Denn die unverfängliche Plauderei öffnet erste Türen. Sie erleichtert den Umgang mit anderen, schafft eine gute Ausgangsposition für weitere Gespräche und erzeugt vor allem eines: beiderseitige Sympathie.

Es gibt Situationen, in denen Small Talk fast von selbst funktioniert: Das kann eine Party sein, auf der man außer dem Gastgeber niemanden kennt, oder auch die lange Zugfahrt mit einem Unbekannten allein im Abteil. In beiden Fällen reicht oft ein freundlicher Blick oder eine beiläufige Bemerkung und schon beginnt ein kurzweiliges Gespräch. Small Talk vermittelt beiden Gesprächspartnern ein Gefühl der Sicherheit. Auf einer Party wird der gemeinsame Gastgeber als Bindeglied empfunden, das Vertrauen schafft. Im Zugabteil erleichtert die Gewissheit, das Gegenüber niemals wiederzusehen, ein unbelastetes Gespräch. Generell gilt: Sowohl der private (Party) als auch der öffentliche Rahmen (Reise) erleichtern den Small Talk.

Schwerer fällt es hingegen den meisten Menschen, die Techniken des Small Talks im beruflichen Kontext einzusetzen. Die Beteiligten möchten vermeiden, durch einen lockeren Gesprächsstil als inkompetent oder sogar oberflächlich zu gelten. Dabei ist das Gegenteil der Fall: Das unverfängliche Gespräch bietet die beste Möglichkeit, sich gegenseitig vorsichtig kennenzulernen, Verhaltensfehler zu vermeiden und einen positiven Eindruck zu hinterlassen.

Besonders hilfreich ist der Small Talk:

- beim ersten Zusammentreffen mit Menschen, die Ihnen im beruflichen Kontext wieder begegnen werden,
- vor einer anstehenden schwierigen Verhandlung,
- in Konfliktsituationen als Mittel der Deeskalation,
- im Umgang mit schüchternen Kollegen oder Patienten.

Small Talk erleichtert den Aufbau sozialer oder geschäftlicher Beziehungen. Sie können sich von einer angenehmen Seite präsentieren und somit Vertrauen wecken. Ihr Verhalten signalisiert Entgegenkommen und bietet die Chance, dem Gegenüber positive Charaktereigenschaften zu zeigen. Vielleicht entdecken Sie sogar verbindende Gemeinsamkeiten.

Eine gekonnte Konversation kann auch ein wichtiger Erfolgsschlüssel sein. Beim informellen Treffen z. B. auf einer Konferenz oder bei einem Abendessen mit wichtigen Personen. Mit dem richtigen Thema kann man das sprichwörtliche Eis unter Fremden brechen und beim Plaudern einen positiven Eindruck hinterlassen. Wählt man indes die falschen Worte, kann die Chance auf einen guten ersten Eindruck genauso leicht verspielt werden. **Themen**, die sich gut **für Small Talk** eignen:

- Anreise, Verkehrsmittel, Verkehrssituation,
- Im Restaurant: Speisekarte, Essen und Getränke im Allgemeinen,
- Das Wetter,
- Reisen und fremde Länder,
- Aktuelle Fußballergebnisse, andere besondere Sportergebnisse.

Die Grundvoraussetzung für ein **gelungenes Gespräch** ist aufrichtiges **Interesse** an Ihrem Gegenüber. Nur wenn Sie Ihrem Gesprächspartner mit echter Anteilnahme und Respekt begegnen, wird sich dieser im Gespräch wohlfühlen und ganz darauf einlassen.

Ein solches Gespräch verbindet zwei oder mehrere Menschen miteinander und es stellt sich schnell heraus, ob sie sich auf der gleichen Wellenlänge befinden.

Scheuen Sie sich nicht davor, über vermeintlich Belangloses zu sprechen. Die Hauptsache ist, Sie beginnen ein Gespräch.

8.4 Fragen stellen und Fragetypen

Fragen sind der „Königsweg" der Gesprächsführung. Wer fragt, nötigt den Zuhörer zu einer Antwort und „führt" das Gespräch.

Beim direktiven Gesprächsstil werden fast ausschließlich geschlossene Fragen benutzt, also Fragen, die man nur mit Ja oder Nein oder mit einer von zwei Antwortmöglichkeiten beantworten kann. Der Nachteil ist, dass dies häufig zu einer Einengung statt zur Vertiefung eines Themas führt. Außerdem antworten die Mitarbeiter dann oft vorschnell, da sie sich zu einer schnellen Antwort gedrängt fühlen.

Fragen nehmen in der Kommunikation einen wichtigen Stellenwert ein, was sehr oft unterschätzt wird. Sie ermöglichen es uns in erster Linie, gezielt Information direkt vom Gesprächspartner zu bekommen. Darüber hinaus kann durch Fragen das Gesprächsklima verbessert werden, das Gespräch selbst gelenkt und der Gesprächsinhalt strukturiert werden.

Wichtige Unterscheidungen:

- Geschlossene versus offene Fragen
- Gerichtete versus ungerichtete Fragen
- Deskriptive versus reflektive Fragen

Geschlossene vs. offene Fragen Geschlossene Fragen lassen nur die Antworten „Ja" oder „Nein" zu oder es sind verschiedene Antwortalternativen vorgegeben. Die geschlossene Frage beschleunigt Gespräche und dient häufig der Verständnisüberprüfung. Sie engt den Antwortbereich durch die Fragestellung ein und beginnt mit einem Verb (z. B. „Haben Sie schon vorher einmal in diesem Beruf gearbeitet?").

Eine Wirkung dieser Fragetechnik liegt darin, dass Sie den Gesprächspartner zu einer eindeutigen Stellungnahme anregen können. Will er von dem vorgegebenen Antwortmuster abweichen, wird er es oft nur mit Mühe schaffen. Er könnte z. B. der nahegelegten Antwort „Ja" oder „Nein" ausweichen mit folgender Bemerkung: „So kann man die Frage nicht stellen" oder „In der Form kann ich Ihnen die Frage nicht beantworten". Solche Reaktionen erfordern jedoch bereits hohe Konzentration und eine Portion diplomatischer Erfahrung. Nicht angewandt werden sollten geschlossene Fragen, wenn ein Gespräch in Gang gebracht oder der Gesprächspartner zu freimütigen eigenen Stellungnahmen angeregt werden soll. Oder wenn der Fragende gar nichts, der andere aber sehr viel über ein bestimmtes Thema weiß.

Die offene Frage beginnt mit einem Fragewort (z. B. „Was kann ich für Sie tun?", „Welche Beobachtungen haben Sie gemacht?"). Offene Fragen wecken Auskunftsbereitschaft und zielen auf längere Antworten ab. Mögliche nachteilige Wirkung der offenen Fragen: Sie lenken den Gesprächspartner hinsichtlich Art und Umfang seiner Äußerungen oft unzureichend. Er kann in alle Richtungen ausweichen, um einem kritischen Problem zu entgehen.

Scheinbar offene Fragen sind eine Zwischenform von offenen und geschlossenen Fragen mit interner Antwortvorgabe. Eigentlich ist die interne Vorgabe der Antwortalternativen unvollständig. Dadurch wird die explizit vorgegebene Antwortalternative eher gewählt, die implizit enthaltene Antwortalternative wird vernachlässigt. Es hängt allerdings davon ab, wie ausgeprägt die Meinung des Befragten bzw. wie deutlich die Erinnerung noch ist.

Gerichtete vs. ungerichtete Fragen Gerichtete Fragen werden an eine bestimmte Person gestellt. Solche Fragen strukturieren ein Gespräch sehr stark, können sicherstellen, dass jeder zu Wort kommt, und sind hilfreich bei hohem Konfliktniveau.

Ungerichtete Fragen werden so gestellt, dass jeder der Anwesenden antworten kann. Die Beobachtung, wer welche Frage beantwortet, gibt Hinweise auf die Gruppendynamik.

Deskriptive vs. reflexive Fragen Deskriptive Fragen sind solche, die die Information klarlegen und ein Verständnis für die systematischen Zusammenhänge erzeugen wollen. Stellt man eine rein deskriptive Frage, nimmt man eine neutrale Haltung ein und will verstehen, warum die „Dinge so sein müssen", wie sie in diesem System momentan sind.

Reflexive Fragen haben das Ziel, in dem untersuchten System eine Veränderung auszulösen. Stellt ein Moderator in einem Workshop oder Meeting eine reflexive Frage, will er einen Wandel bewirken, einen Prozess unterbrechen und den Blickwinkel neu ausrichten. Er interveniert also mit einer Frage, respektiert aber dabei die Autonomie mehr als durch eine explizite Meinungsäußerung, eine Anweisung oder eine Verschreibung (z. B. „Angenommen, Sie würden diese Möglichkeit ausprobieren, was glauben Sie, würde passieren?"). Wenn der Moderator eine Intervention in der Form einer Frage einführt, muss er sich nicht festlegen oder rechtfertigen, sollte die Gruppe die Implikationen der Frage ablehnen. Obwohl er in dem Augenblick, in dem er eine reflexive Frage stellt, nicht vollkommen neutral ist, kann er sich unmittelbar danach ohne Statusverlust wieder auf eine neutrale Haltung zurückziehen. Dennoch ist das reflexive Fragen nicht ohne Risiko. Wird davon zu häufig Gebrauch gemacht, kann in dem Gespräch das Klima eines Verhörs oder einer Prüfung entstehen.

8.5   Die non-direktive Gesprächsführung nach Carl Rogers

Bei der non-direktiven Gesprächsführung, auch personen- oder klientenzentrierte Gesprächsführung genannt, werden dem Gesprächspartner Wertschätzung, positive Zuwendung und Akzeptanz entgegengebracht. Der Gesprächspartner wird dazu angeregt, eigene Lösungen zu entwickeln und sein Potenzial zu aktivieren. Lösungsmöglichkeiten werden explizit nicht vorgegeben.

Der non-direktive Gesprächsstil ist dann sinnvoll, wenn eine psychische Komponente, also beispielsweise Emotionen, mit hineinspielen.

Praxisbeispiel

Eine Ihrer Mitarbeiterinnen hat bislang die ihr gestellten Aufgaben, auch nicht sehr attraktive Aufgaben, geduldig ausgeführt. Seit einiger Zeit bemerken Sie jedoch, dass sie eher lustlos und ohne Energie an die Aufgaben herangeht. Sie fragen nun nach. Was genau sie Ihnen erzählt, ist eigentlich nicht von Belang. Möglicherweise hat sie ein persönliches Problem.

Zeigen Sie dann Verständnis und Mitgefühl und bieten nötigenfalls Hilfe an. Ratschläge oder Anweisungen sind initial noch nicht angebracht. Erst wenn Ihre Mitarbeiterin um Ihre Unterstützung bittet. Dann wechseln Sie vom non-direktiven in den direktiven Gesprächsstil.

Gespräche mit Mitarbeitern brauchen grundsätzlich Fingerspitzengefühl. Auch langjährige Mitarbeiter werden vor Ihnen nicht einfach so Ihre Probleme ausbreiten, außer Sie haben dieses familiäre Klima eben schon Jahre zuvor, also in „guten" Zeiten, gepflegt. Auch wenn Sie einen guten Draht zum betreffenden Mitarbeiter haben, lohnt sich ein wiederholtes Nachfragen nicht immer, sonst verrennen Sie sich rasch einmal. In solch schlechteren Zeiten können Sie letztlich nur ernten, was Sie als gute Führungskraft in guten Zeiten aufgebaut haben (siehe unser Buch Baller und Schaller 2013a).

Fast jeder Mensch besitzt genug Kräfte, um seine eigenen Probleme zu lösen, sie müssen nur freigesetzt werden. Das ist die Grundannahme beim non-direktiven Gesprächsstil.

Auftauchende Gefühle dürfen nicht unterdrückt oder verborgen werden. Der Patient oder Mitarbeiter soll Wertschätzung und Verständnis erfahren. Der Arzt resp. die Führungsperson lobt oder tadelt nicht, gibt auch keine Ratschläge oder Anweisungen.

Bei der non-direktiven Gesprächsführung sind offene Fragen richtig. Bewerten Sie die Aussagen des Gegenübers nicht, ohne dass man Sie darum gebeten hat.

8.6 Moderation oder faires Lenken eines Gesprächs

Unter Moderation wird heute praktisch jede Form der Leitung von Gruppen verstanden. Moderation ist aber eine spezielle Methode der gemeinsamen Arbeit in Teams und Gruppen, die durch einen meist speziell ausgebildeten Moderator gestaltet wird. Das Ziel ist hierbei, mit allen Teilnehmenden einen gemeinsamen Lernprozess zu gestalten, Meinungen auszutauschen, eine Diskussion zu führen oder eine Entscheidung herbeizuführen unter Miteinbeziehung aller Anwesenden. Dabei kommen **Moderationsmethoden** zum Einsatz, um ein oder mehrere Ziele zu erreichen:

1. **Starten und Steuern:** Die weitaus häufigste Form der Moderation sind Anweisungen, die mehr oder weniger bestimmt in gewisse Richtungen zielen. Das kann von strikten Befehlen (z. B. „Sie bilden jetzt Kleingruppen . . . "), denen kaum zu widersprechen ist, über klare Wünsche (z. B. „Ich möchte jetzt, dass . . . ") bis zu freien Anregungen und Vorschlägen (z. B. „Sie könnten auch . . . ") gehen.
2. **Unterbrechen und Abbremsen:** Der Moderator soll nicht nur im Fluss des Geschehens stehen, sondern auch einen Überblick darüber haben. Die Unterbrechungen kommen also aus der Metaebene. Diese werden bei unfruchtbaren Gesprächsverläufen sowie zur grundsätzlichen Richtungsänderung des Sitzungsablaufs eingesetzt (z. B. Abschluss der Anfangsphase durch Zusammenfassung). Sehr zu empfehlen ist gerade in diesem Zusammenhang das sogenannte Entschleunigen, d. h., heiß diskutierte Details gebündelt außerhalb der Themenabarbeitung in sogenannten „Breakout Sessions" zu besprechen.

Praxisbeispiel

„Ich möchte Sie mal unterbrechen und Ihnen sagen, was ich bisher aus Ihrer Diskussion herausgehört habe, damit Sie überprüfen können, ob das bei mir richtig angekommen ist."

„Ich möchte mal die Gesprächsfäden zwischen uns für einen Moment abschneiden und schlage vor, dass sich jeder ein bisschen zurücklehnt und sich überlegt, wie er mit dem heutigen Arbeitskreis zufrieden ist. Was hat Ihnen gefallen, was hat Sie gestört und was ist Ihrer Meinung nach zu kurz gekommen?"

Hier kommen wir in den Grenzbereich von Kommunikation und Lernen. Unser Arbeitsgedächtnis ist sehr kapazitätsbeschränkt und kann in der Regel 7 +/− 2 Elemente behalten (Millersche Zahl). Da lohnt es sich – gerade in längeren Gesprächen das bisher Gesagte oder Besprochene nochmals Revue passieren zu lassen. Dabei kann man auch überprüfen, ob das Gesagte von Sender und Empfänger in gleicher Weise interpretiert wird. Entschleunigung in der Moderation wird von erfahrenen Moderatoren im Bedarfsfall eingesetzt.

8.7   Überzeugend argumentieren (Pyramidales Prinzip)

Die Überzeugungskraft einer Argumentation erhöht sich, wenn sie an die Vorstellungen, das Bezugssystem, die Motive des Zuhörers anknüpft. Die schrittweise Hinführung zu den erforderlichen Konsequenzen erwächst dann daraus.

Das Pyramidale Prinzip ist ein Kommunikationskonzept, das von der ehemaligen McKinsey-Mitarbeiterin Barbara Minto (2005) entwickelt wurde (siehe Abb. 8.3). Kommunikation nach dem Pyramidalen Prinzip beginnt immer mit der Kernaussage. Diese wird dann mit Details untermauert. Damit steht das Ergebnis im Vordergrund.

Der klassische wissenschaftliche Trichter dagegen stellt die Kernaussage an das Ende des Textes, der Präsentation, des Gesprächs usw., Das Trichtermodell betont also besonders den Prozess. Das Trichtermodell bietet sich somit an, wenn der Prozess wichtiger ist als das Ergebnis. Dies ist zum Beispiel bei wissenschaftlichen Arbeiten oft der Fall.

Das Pyramidale Prinzip wird genutzt, wenn Ergebnisse beispielsweise einem Verwaltungsrat oder einer Geschäftsleitung präsentiert werden sollen. Insbesondere Beratungsunternehmen nutzen dieses Prinzip, um Kunden ihre Ergebnisse zu präsentieren. Es ist oft fester Bestandteil des Instrumentenkastens der Branche. Das Pyramidale Kommunikationskonzept kennt zwei Argumentationsprinzipien, Argumentationsgruppen und Argumentationsketten.

Argumentationsgruppen und -ketten
Argumentationsgruppen bieten sich dann an, wenn allgemeiner Konsens zu einem Thema herrscht. Die Kernaussage wird durch parallele Aussagen detailliert und gestützt. Alle Aussagen auf einer Ebene müssen dabei das GÜTE-Siegel tragen.

GÜTE steht für:

- **G**leichartig
- **Ü**berschneidungsfrei
- **T**reffend
- **E**rschöpfend

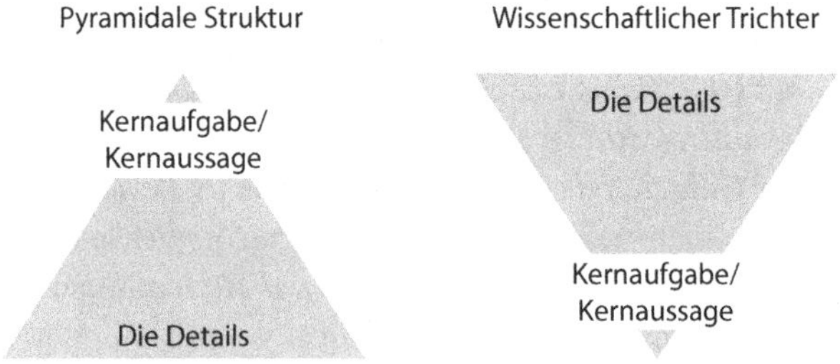

Abb. 8.3 Pyramidales Prinzip der Argumentation. (Nach Minto 2005)

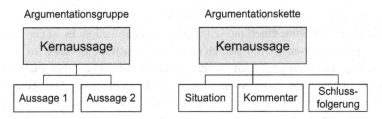

Abb. 8.4 Argumentationsketten. (Nach Minto 2005)

Argumentationsketten hingegen eignen sich dann, wenn über ein Thema Dissens herrscht oder allgemeine Skepsis überwiegt (siehe Abb. 8.4). Argumentationsketten begründen die Kernaussage. Nachdem die Kernaussage genannt wurde, wird die aktuelle Situation angesprochen, diese kommentiert und daraufhin die Lösung des Problems formuliert.

Ebenso ist es möglich, Ketten und Gruppen zu kombinieren. So können beispielsweise einzelne Elemente einer Argumentationsgruppe durch eine Argumentationskette erläutert oder einzelne Elemente einer Argumentationskette durch Argumentationsgruppen detailliert werden.

8.8 Metakommunikation

Kommunikation verläuft zwangsläufig immer auf zwei Ebenen: auf der Ebene der eigentlichen Mitteilung und der darüber liegenden Ebene der Metakommunikation. Das Phänomen der Metakommunikation macht zusätzlich deutlich, wie komplex der Vorgang der Nachrichtenübermittlung in der zwischenmenschlichen Kommunikation ist.

Metakommunikation bedeutet Kommunikation über Kommunikation, also nach Schulz von Thun eine „Auseinandersetzung über die Art, wie wir miteinander umgehen, und über die Art, wie wir die gesendeten Nachrichten gemeint und die empfangenen Nachrichten entschlüsselt und darauf reagiert haben" (zitiert nach Schulz von Thun 1981).

Metakommunikation kann sich explizit oder implizit vollziehen. Metakommunikation im eigentlichen Sinne ist explizite Metakommunikation. Man kann versuchen, den Begriff der Metakommunikation durch ein Bild besser verständlich zu machen. Die Gesprächspartner begeben sich gleichsam auf einen „Feldherrnhügel", um Abstand von dem „Getümmel" zu nehmen, in das sie sich verstrickt haben. Auf diesem Feldherrnhügel der Metakommunikation machen Sender und Empfänger die Art, wie sie miteinander umgehen, zum Gesprächsgegenstand. Explizite Metakommunikation kann – sparsam eingesetzt – eine ausgezeichnete Methode sein, durch das bewusste Analysieren und Ansprechen von Störfaktoren in einem Gespräch das gegenseitige Verstehen der Gesprächspartner wieder zu ermöglichen.

Parallel zur Kommunikation auf der Sachebene verläuft immer auch Kommunikation auf der Metaebene im Sinne einer impliziten Metakommunikation. Es ist der „So-ist-das-gemeint-Anteil" jeder Nachricht. Dadurch qualifizieren sich die Botschaften beider Ebenen gleichzeitig. Die richtige Entschlüsselung einer Nachricht ist daher auch wesentlich an die Fähigkeit gebunden, metakommunikative Inhalte zu erkennen. Das Wesen impliziter Metakommunikation lässt sich gemäß Schulz von Thun auf die kurze Formel bringen: „Wenn ich eine Nachricht sende, sende ich – ob ich will oder nicht – auch eine Botschaft, wie diese Nachricht gemeint ist." (zitiert nach Schulz von Thun 1981).

In jedem Gespräch wird daher gleichzeitig auf verschiedenen Kommunikationskanälen gesendet. Das gesprochene Wort wird eingefärbt durch Mimik, Gestik und Umgangsformen, außerdem durch Sprechgeschwindigkeit, Pausensetzung, Sprechlautstärke und -höhe, die Betonung und den Dialekt. Wegen der unausweichlichen und oft ungewollten Mehrdeutigkeit kann es zu Fehldeutungen und Missverständnissen kommen. Oft zeigt sich (erst) an bestimmten Symptomen, dass die Kommunikation gescheitert ist (Trotz, Aggression, Sturheit, Ausweichen, Verkrampfung, Überanpassung etc.). Solche Warnsignale sollten Anlass zum Nachdenken, vor allem aber zum Reden über das Gespräch sein, eben der Metakommunikation. Bei der Metakommunikation geht es – im Gegensatz zum Feedback, der sofortigen Rückmeldung (siehe unter *Feedback, Abschn. 8.11*) – um übergreifende Aspekte, beispielsweise den Inhalt oder die Beziehung zwischen den Partnern.

Ein Gesprächsende ermöglicht es den Gesprächspartnern, das Gespräch gemeinsam zu reflektieren. Dies wird zwar in der Praxis häufig vernachlässigt, obwohl eine Metaebene erheblich zur Verbesserung der Gesprächs- und Führungskultur beiträgt. Aber es lohnt sich.

Eine erste relativ neutrale Möglichkeit der Metakommunikation ist die Zusammenfassung. Es wird – meist am Ende des Gesprächs oder bei neuen Abschnitten – Bilanz gezogen: Was kam heraus? Was ist das Ergebnis? Was wurde im Einzelnen abgehakt und was ausgeklammert – und warum? Bei solchen Bestandsaufnahmen kann es wie Schuppen von den Augen fallen, dass bislang nur über Nebensachen geredet wurde und dass des Pudels Kern ausgespart blieb. Das gibt dann häufig den Anlass zur vertiefenden Diskussion.

Damit wird zur eigentlichen Metakommunikation übergeleitet: zur Reflexion. Diese widerspiegelnd-analysierende Betrachtung kann man während des Gesprächs einsetzen, wenn einer der Teilnehmer plötzlich Gefühle oder Beobachtungen zur Diskussion stellt. Dies ist aber eher eine Seltenheit, viel häufiger wird auf Nebenthemen ausgewichen. Wenn man über den Sinn von Einzelgesprächen diskutieren und reflektieren kann, so ist Metakommunikation elementarer Bestandteil insbesondere von Teambesprechungen, aber auch jeder wichtigen Besprechung im Krankenhaus. Wichtig ist, dass dieses Feedback nicht kommentiert oder nachgefragt wird, sondern lediglich auf Verständnisfragen eingegangen wird.

Auch durch Paraphrasieren, also die sinngemäße Wiedergabe des Gesagten durch den Zuhörer, kann eine Verständnisfrage geklärt werden.

Exkurs: Arzt-Patienten-Kommunikation

Beim Erstgespräch zwischen Arzt und Patient geht es vor allem darum herauszufinden, wer der Mensch ist und mit welchen Problemen er als Patient zu uns kommt. Daher gilt auch hier die Bühnenmetapher mit Klärung der Agenda und des Zeitrahmens, also eine klare Struktur ins Gespräch zu bringen.

WWSZ-Techniken

Warten: Was im Alltag durchaus üblich ist, darf auch im Arzt-Patienten-Gespräch genutzt werden: nämlich Warten. Dabei spielt natürlich die non-verbale Kommunikation eine ausgesprochen wichtige Rolle, damit das Warten für den Patienten als Einladung verstanden wird weiterzuerzählen.

Wiederholen: Das Wiederholen hat einen noch stärker einladenden Charakter zur Fortsetzung eines Gesprächs als das Warten.

Spiegeln: Damit greift der Arzt etwas auf, was er beim Patienten wahrgenommen oder verstanden hat. Besonders wichtig ist dabei der Spiegel auf Emotionen:

„Sie wirken auf mich im Moment …"

Damit hat der Patient aber immer noch die Möglichkeit zu korrigieren oder zu begründen.

Zusammenfassen: Damit findet nun ein Wechsel im Rederecht statt. Daher sollte das Zusammenfassen angekündigt werden und dann in eigenen Worten kurz der Sachverhalt des Patienten wiedergegeben werden.

Arzt-zentrierte Kommunikation

Im Verlauf des Gesprächs muss der Arzt von der oben beschriebenen Patienten-zentrierten auf eine Arzt-zentrierte Kommunikation wechseln. Die Kunst liegt darin, den richtigen Zeitpunkt zu finden. Die Arzt-zentrierte Kommunikation ist eher geprägt von geschlossenen als offenen Fragen, um weitergehende Informationen vom Patienten zu bekommen.

(nach Langewitz et al. 2004)

Umgehen mit Emotionen

Die oben bereits angesprochenen Emotionen sind auch in der Kommunikation präsent. Kommunikationstechniken, die beim Umgehen mit emotionalen Äußerungen wesentlich sind, können wie folgt nach dem NURSE-Modell zusammengefasst werden:

- Naming: Emotionen benennen,
- Understanding: Verständnis für die Emotionen ausdrücken,
- Respecting: Respekt für den Patienten zeigen,
- Supporting: Dem Patienten Unterstützung anbieten,
- Exploring: Weitere Aspekte zur Emotion herausfinden.

Das Thema Emotionen im Krankenhaus wird insbesondere auch kulturell bedingt immer wichtiger. Sie müssen lernen, damit umzugehen, aber auch Grenzen zu setzen und im Extremfall die Polizei resp. den Sicherheitsdienst einzuschalten.

Ende des Patientengesprächs

Falls der Patient am Ende des Krankenhausaufenthalts weitere Informationen erhalten soll oder eine weitere Behandlung durch einen niedergelassenen Spezialisten erforderlich ist, wird ihm dies während der Visite meist mündlich mitgeteilt. Nicht immer versteht der Patient wirklich, was der

Arzt ihm sagt oder sagen will, denn bedingt durch die emotionale Ausnahmesituation der Krankheit resp. des Krankenhausaufenthalts vergisst er die Informationen vollständig oder teilweise. Es hat sich sehr bewährt, gerade älteren Patienten schriftliches Material zukommen zu lassen, ansonsten zumindest Anweisungen in Form einer Aufzählung zu geben. Gerade diese letzten Minuten mit einem Patienten vor seiner Entlassung sind enorm wichtig. Hier werden die Weichen gestellt, ob er die Anweisungen des Arztes befolgt und damit die Genesung sicherstellt.

8.9 Gefühle ansprechen oder spiegeln

Spiegelneuronen wurden von Rizzolatti 1992 (Rizzolatti und Fabbri-Destro 2010) beschrieben und sind dafür verantwortlich, dass im Gehirn eines Menschen, der einen anderen bei einer Tätigkeit beobachtet, die gleichen Neuronen aktiv sind, wie bei dem, der eigentlich tätig ist. Beim Menschen konnten diese Spiegelneuronen im **Broca-Zentrum** nachgewiesen werden, das auch für die Sprachverarbeitung bedeutsam ist. Wer Tänzer auf einer Bühne beobachtet, aktiviert demnach die gleichen Gehirnbereiche wie der Tänzer selbst. Spiegelneurone spiegeln Geschehenes wider, überführen es aber nicht in die entsprechende Handlung. Es scheinen subbewusste Körperprozesse zu sein, der kognitiven Kontrolle entzogen. Spiegelneuronen reagieren dabei nur, wenn die beobachtete Handlung im eigenen Repertoire bereits vorhanden ist, und greifen auf den Erfahrungsschatz zurück. Außerdem reagieren Spiegelneuronen nicht nur beim Beobachten einer Handlung, sondern auch beim Hören einer Aktion, wie dem Zerreißen von Papier. Ein ähnlicher Mechanismus dürfte sich bei der Verarbeitung von emotionalen Informationen, also der Empathie, in der vorderen Inselrinde abspielen.

Beim sogenannten Spiegeln wird aufgegriffen, was in der Kommunikation auf- oder wahrgenommen wird. In einer **symmetrischen Spiegelung** werden Form und Inhalt identisch gespiegelt: Ein weißer Schwan spiegelt sich weiß im Wasser. In einer **antisymmetrischen Spiegelung** wird die Form identisch gespiegelt, während ihr Inhalt in das Gegenteil verkehrt wird. Ein weißer Schwan erschiene in der Spiegelung schwarz, weshalb man auch von einer Spiegelung von Gegensätzen spricht.

Carl Rogers' Methode basiert auf symmetrischen Spiegelungen sowie dem Spiegeln von Gestik und Mimik im Sinne von Heinz Kohut (1975). Solches Spiegeln erweitert die Möglichkeiten der Kommunikation erheblich. Die Methode des Spiegelns erfordert ein hohes Maß an empathischen Fähigkeiten und sensiblem Umgang. Bei ihrem Begründer Carl Rogers ist diese Empathie ein Pfeiler eines Gesamtkonzepts, zu dem als weitere Säulen die unbedingte Achtung vor dem anderen und die Kongruenz oder Authentizität gehören. Die oben angesprochenen Emotionen können in der Kommunikation besonders gut gespiegelt werden. Man geht dabei von **drei Grundgefühlen** aus:

- **Zuneigung** (Freude, Zutrauen, Sympathie, Zufriedenheit, Hoffnung).
- **Abneigung** (Aggression, Antipathie, Abwehrhaltung, Unzufriedenheit).
- **Furcht** (Angst, Zweifel, Enttäuschung, Leid, Ausweichen).

Der Begriff Spiegeln impliziert aber, dass wirklich nur das zurückgemeldet wird, was in die Kommunikation eingebracht wurde. Hierbei benötigt man viel Fingerspitzengefühl und Übung, beobachtete Gefühlsregungen treffend und angemessen zu formulieren. Diese Kommunikationstechnik hat sich daher zum Ziel gesetzt, den „Raum zu öffnen" und damit weitere Äußerungen zu erleichtern. Sie hat nicht den Charakter einer abschließenden, bewertenden Stellungnahme.

Praxisbeispiel

Sie sind in einem Gespräch mit einem langjährigen und erfahrenen Mitarbeiter, das Sie eigentlich als problemlos eingestuft hatten. Aber Sie können kaum ein Wort sagen, schon werden Sie von dem sonst sehr freundlichen und schweigsamen Mitarbeiter unterbrochen. Sie entschließen sich, dies anzusprechen: „Joe, bitte lass mich ausreden, Du unterbrichst mich heute ständig. Ich fühle mich verunsichert; ich kenne dich so gar nicht. Was ist denn los?" Der Mitarbeiter druckst etwas herum und sagt dann „Du, Daniel, ich habe gehört, dass du eh schon die Entscheidung getroffen hast, mich am Ende des Jahres zu entlassen. Das hat doch alles keinen Sinn mehr hier."

Ohne die Intervention wären die Sorgen von Joe wahrscheinlich nicht so schnell offen gelegt worden. Gerade bei Mitarbeitern, die man schon länger kennt, ist es wichtig, Gefühle anzusprechen und zu spiegeln. Es ist eines der besten Mittel, um Ihre Mitarbeiter zu formen und Ihre Kultur zu implementieren. Andererseits ermöglicht es Ihnen als Führungskraft direktes Feedback von Ihrem Team. Nur so erhalten Sie auch die Möglichkeit, ins Gespräch zu kommen.

8.10   Assoziatives, analytisches und aktives Sprechen und Zuhören als eine besondere Form der Kommunikation

Im Alltag, in unproblematischen Situationen, hören und sprechen wir oft assoziativ, das heißt, wir entwickeln eigene Ideen beim Zuhören und wollen diese dann auch mitteilen. In einer Diskussion aber hören wir oft nicht wirklich zu, was unser Gegenüber uns mitzuteilen hat, sondern legen uns ein Argument zurecht und warten nur auf eine Sprechpause des Gegenübers, damit wir dieses endlich anbringen können. (Für ein Brainstorming ist das natürlich genau die richtige Technik.)

Zuhören ist nicht nur passives Entgegenkommen, sondern ein aktiver Prozess der Filterung und Information (siehe Abb. 8.5): Es muss dabei ein mehrstufiger Prozess durchlaufen werden, bis eine Botschaft entschlüsselt ist. Es müssen zusätzlich die Informationen der Beziehungsebene berücksichtig werden, weil oft genug erst sie bestimmen, was „eigentlich" gemeint ist.

Beim **analytischen Zuhören** hört man daher zu, um den Sinn des Gesagten zu verstehen, beispielsweise im Krankenhaus in der Kommunikation mit Kindern oder bei ausländischen Mitbürgern mit mangelhaften Deutschkenntnissen. Ebenso um den Sinn der

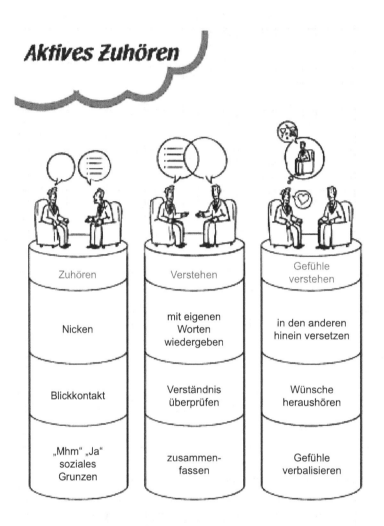

Abb. 8.5 Aktives Zuhören. (Mercavent)

einzelnen Aussagen in Beziehung zu einem Krankheitsbild zu setzen. Analytisch zuhören bedeutet:

- sich durch Reizworte nicht vom Gedankengang abbringen lassen,
- bei Äußerungen des Gesprächspartners ruhig bleiben und nicht abschweifen,
- nüchtern die Stichhaltigkeit der Argumente prüfen, sich nicht gefühlsmäßig mitreißen lassen,

- in den Argumenten nach unausgesprochenen Voraussetzungen und Scheinbegründungen suchen.

Das Zuhören in Gesprächen heißt dann aktiv, wenn es sich nicht auf passives Entgegennehmen von Informationen beschränkt, sondern aktive Vorgänge beinhaltet, wie:

- sich in den anderen hineinversetzen, sich in seine Lage eindenken und einfühlen,
- zu erfassen versuchen, was er wirklich meint und ausdrücken will (sich also nicht vordergründig an bestimmten Reizantworten oder Äußerungen festhaken),
- Gefühlslagen und Stimmungen versuchen zu erkennen,
- eigene Wertungen, Ratschläge und spontane Reaktion zurückhalten oder zeitweise bewusst unterdrücken,
- durch körperliche Signale dem anderen zu erkennen geben, dass man seinen Äußerungen folgt (durch Blickkontakt, „Hmhm", Nicken etc.).

Aktives Zuhören liegt vor, wenn der Empfänger:

- Aussagen des Senders zusammenfasst und wiederzugeben versucht (paraphrasieren),
- dessen Gefühlslage direkt erfasst und anspricht,
- in offenen oder zum Weiterdenken anregenden Fragen am Kern seiner Äußerungen bleibt,
- Pausen aushalten kann,
- non-verbale Signale aussendet.

Beim aktiven Zuhören folgen wir den Worten des Gesprächspartners und lassen Gedankenbilder vom Gesagten in unseren Köpfen entstehen, die wir von Zeit zu Zeit überprüfen: „Wenn ich dich richtig verstanden habe, dann meinst du, dass …" Und man fasst regelmäßig das Gesagte zusammen; dabei werden vor allem affektive, d. h. emotionale Anteile der gehörten Botschaft wiedergegeben. Gerade in Konfliktsituationen macht es Sinn, sich dem Gegenüber vollkommen zuzuwenden, um Missverständnisse auszuschließen und Feedback zu geben, denn der aktive Zuhörer stellt Fragen, wenn Informationen zu ungenau oder nicht ausreichend sind. Hier spielt dann auch die non-verbale Kommunikation entscheidend mit: Nicken, Augenkontakt, Hinwendung des Oberkörpers. Wer nicht aktiv zuhört, erhält keine Informationen.

Da die metakommunikativen Signale aber in der Regel sowohl mehrdeutig als auch leicht übersehbar sind, ist die Beziehungsebene, und damit das Zuhören, großen Störungen und Fehldeutungen unterworfen. Es dauert eben seine Zeit, bis zwei Partner wissen, was sie voneinander zu halten haben – wenn sie das überhaupt jemals mit Sicherheit voneinander wissen!

Aktiv zuhören heißt, dem Gesprächspartner in einigen Worten das zurückzumelden, was wir im Moment von ihm zu verstehen glauben:

- Keine Interpretation
- Keine bohrenden Fragen

- Keine Bewertung
- Keine guten Ratschläge oder Besserwissen
- Keine Lösung von Seiten des aktiv Zuhörenden

Aktiv zuhören heißt, durch intensives Sichhineinfühlen in den anderen diesen auf der Sachebene wie auch in seiner Gefühlslage zu begreifen und damit sicherzugehen, dass kein Missverständnis vorliegt:

Das beste Zeichen, dafür, dass das aktive Zuhören gut war, ist ein erleichtertes „Ja, genau ..." oder ein „Nein, so meine ich das nicht, sondern ..." des Gesprächspartners. Nach Davies (zitiert in Neuenberger 1996) bestehen die folgenden **zehn Voraussetzungen des aktiven Zuhörens**:

- Nicht sprechen
- Den Gesprächspartner entspannen
- Zeigen, dass man zuhören will
- Ablenkung fernhalten
- Sich auf den Partner einstellen
- Geduld, sich Zeit lassen
- Sich mit Bewertungen zurückhalten
- Sich nicht durch Vorwürfe oder Kritik aus der Ruhe bringen lassen
- Fragen stellen

Mögliche **Satzanfänge für aktives Zuhören**:

- „Sie haben den Eindruck, dass ..."
- „Wenn ich Sie richtig verstehe ..."
- „Sie glauben also ..."
- „Sie meinen, dass ..."
- „Das heißt also, dass ..."
- „Das hat Sie ... geärgert, gefreut, verletzt usw. ..."

Zuhören ist insbesondere ein Ausdruck von Wertschätzung, aber auch Bestandteil der allgemeinen ärztlichen Gesprächsführung, die Sie nun auch in die Führung einfließen lassen können.

8.11 Feedback

Nach bestimmten Abschnitten sollten Gesprächspartner rückmelden, wie sie die Situation und den anderen momentan erleben (siehe Abb. 8.6).

Warum ist es für uns so wichtig, von anderen Menschen Feedback zu bekommen? Weil wir uns unserer Wirkung auf andere oft nicht bewusst sind, aber doch im Rahmen einer

Abb. 8.6 Feedback. (Eigene Darstellung)

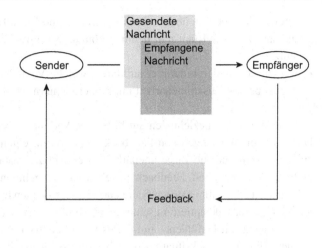

Zusammenarbeit oder einer Beziehung darauf angewiesen sind zu wissen, wie wir wahrgenommen werden. Doch die gegenseitige Rückmeldung von Eindrücken, die Menschen voneinander haben und sich dies auch wechselseitig mitteilen, kann bei der Klärung und der Verbesserung der zwischenmenschlichen Beziehungen helfen.

Feedback kann

- das Verhalten meines Gesprächspartners beeinflussen,
- ermutigen,
- bei der Fehlersuche helfen,
- persönliche Lernprozesse fördern,
- die Motivation steigern,
- bei der Selbsteinschätzung hilfreich sein,
- bei der Einschätzung von verschiedenen Auswahlmöglichkeiten hilfreich sein,
- helfen, die Qualität von Handlungen einzuschätzen.

„Ich weiß nicht, was ich gesagt habe, bevor ich die Antwort meines Gegenübers gehört habe." Dieses sehr treffende Zitat stammt von Paul Watzlawick und erklärt, wie ich andere sehe, bzw. macht verständlich, wie andere mich sehen. Feedback besteht daher aus zwei Komponenten, nämlich dem Feedback-Geben und dem Feedback-Nehmen. Jeweils am Ende einer Arbeitssitzung, einer Gruppenarbeit oder auch einer Präsentation kann dieser Austausch stattfinden, um aus konkreten Erlebnissen zu lernen und seine Argumentationstechnik, sein Auftreten in der Gruppe, seine Präsentationstechnik oder sein Präsentationsverhalten zu verbessern.

Feedback geben verbindet sich mit drei Zielsetzungen:

- Ich will den anderen darauf aufmerksam machen, wie ich sein Verhalten erlebe und was es für mich bedeutet (im positiven wie im negativen Sinn).

- Ich will den anderen über meine Bedürfnisse und Gefühle informieren, damit er weiß, worauf er besser Rücksicht nehmen könnte. So muss er sich nicht auf Vermutungen stützen.
- Ich will den anderen darüber aufklären, welche Veränderungen seines Verhaltens mir gegenüber die Zusammenarbeit mit ihm erleichtern würden.

Gutes Feedback bezieht sich auf hilfreiche Verhaltensweisen, aber auch auf störende. Die positiven Wirkungen von Feedback liegen darin, eigene störende Verhaltensweisen zu korrigieren und die Zusammenarbeit effektiver zu gestalten. Allerdings ist es keine einfache Angelegenheit, Feedback zu geben oder zu nehmen. Es kann manchmal wehtun, peinlich sein, Abwehr auslösen oder neue Schwierigkeiten heraufbeschwören, da niemand leichten Herzens akzeptiert, in seinem Selbstbild korrigiert zu werden. Auch muss der offene Umgang mit Gefühlen – um die es beim Feedback meist geht – häufig erst erlernt werden. Eine Feedbacksituation ist daher oft prekär, so dass es günstig ist, wenn Feedbackgeber und Feedbacknehmer bestimmte Regeln einhalten.

Eine Rückmeldung sollte daher **möglichst zeitnah sowie beschreibend, nicht wertend** sein. Geben Sie Ihrem Gegenüber eine möglichst konkrete Beschreibung seines speziellen Verhaltens und Ihrer (persönlichen) Reaktionen darauf. Vermeiden Sie jede kritische Infragestellung seiner Person und jede Interpretation – es sei denn, er fordert Sie ausdrücklich dazu auf, mit ihm zusammen nach den tieferen Ursachen seines Verhaltens zu suchen.

Feedback ist eine Rückmeldung an eine Person über deren Verhalten und darüber, wie dieses von anderen subjektiv wahrgenommen, verstanden und erlebt wird. Solche Rückmeldungen finden im Kontakt mit Menschen ständig statt. Sie laufen bewusst oder unbewusst, spontan oder erbeten, in Worten oder körpersprachlich ab. Wir wollen uns mit dem konstruktiven Feedback auseinandersetzen, das heißt, hier will jemand Feedback geben oder empfangen.

Grundsätzlich sollte man davon ausgehen, dass Feedback gut gemeint ist, daher sollte man es annehmen, außer es ist offensichtlich feindselig gemeint. Annehmen heißt aber nicht, dass Sie alles gutheißen müssen. Eine differenzierte Auseinandersetzung bringt Sie aber auf jeden Fall weiter.

Wenn Sie um Feedback bitten, nennen Sie konkrete Verhaltensweisen, deren Wirkung auf Ihre Gesprächspartner Sie wissen wollen. Zum Beispiel haben Sie einen schwierigen Patienten zum Gespräch gebeten, bei dem eine Kollegin anwesend war. Das Gespräch ist beendet und Sie wollen konkret wissen, wie die Kollegin den Gesprächsverlauf beurteilt.

Oder bitten Sie um Feedback und Intervention, wenn Ihr Gegenüber im Ärztebüro sich von Ihnen gestört fühlen könnte. Im Sinne von: „Ich fange jetzt an, den Bericht zu diktieren, wenn es zu laut wird, sagen Sie Bescheid!"

Versuchen Sie wirklich zu verstehen, was Ihr Gegenüber Ihnen sagen möchte (kontrollierter Dialog) und teilen Sie Ihre Reaktionen auf das Feedback mit. Wenn Sie weitere Informationen über Ihr Verhältnis bekommen möchten und von Ihrem Gegenüber beim nächsten Mal wieder Feedback brauchen, muss er wissen, wie seine Rückmeldungen wirken und ob sie Ihnen helfen. Sagen Sie ihm also, wie sein Feedback auf Sie wirkt und welchen Einfluss seine Interaktion auf Ihre beiderseitigen Beziehungen gehabt hat.

Prüfen Sie das Feedback an Ihrem Verhalten in ähnlichen und anderen Situationen nach. Können Sie es bestätigen oder nicht? Ist Ihnen Ähnliches schon einmal gesagt worden? Fragen Sie einmal Ihren Partner oder Freunde nach deren Eindrücken – können Sie das Feedback bestätigen, modifizieren, korrigieren? Neigen Sie zu Widersprüchen? Neigen Sie zu Gegenangriffen? Neigen Sie dazu, misszuverstehen oder falsch zu deuten? Bleiben Sie nicht im Regen stehen und fragen Sie nach.

Und hier die **wichtigsten Feedbackregeln**:

Feedback geben:

- Nur Feedback geben, wenn der andere es auch hören möchte
- Ihre Informationen zeitnah geben
- Sich auf konkrete Einzelheiten im Verhalten beziehen
- Wahrnehmungen als Wahrnehmungen kennzeichnen (Interpretation ist kein Feedback)
- Vermutungen als Vermutungen kennzeichnen
- Gefühle als Gefühle mitteilen, eigene Empfindungen benennen
- Informationen so weitergeben, dass sie auch wirklich helfen
- Moralische Bewertungen vermeiden
- Ich-Botschaften statt Verallgemeinerungen
- Verhalten beschreiben und nicht bewerten
- Unter vier Augen kritisieren, loben auch gerne mal im großen Kreis

Feedback annehmen:

- Feedback nur annehmen, wenn Sie das auch möchten
- Aktiv zuhören, Verständnisfragen klären
- Nicht rechtfertigen oder argumentieren
- Für das Feedback bedanken
- In Ruhe darüber nachdenken, inwiefern das Feedback gerechtfertigt war
- Verhalten gegebenenfalls ändern

Auf die konstruktive Kritik als eine spezielle Form des Feedbacks gehen wir später ein. Es gibt aber einige typische Fehler beim Feedback, die wir hier gerne nochmals zusammenfassen möchten.

- Feedbacks werden häufig zur Kritik verwendet. Dadurch wird das motivierende Potenzial der Anerkennung vernachlässigt.
- Es wird zu viel generalisiert: „Man", „wir", „immer" sind Ausdrücke, die eine Spezifikation unterlassen.
- Der Feedbackgeber spricht nicht von sich selbst und der Wirkung auf sich. Er äußert keine Gefühle und Meinungen oder Einstellungen, um nicht angreifbar zu sein. Diese

Feedbacks sind eher gefährlich als hilfreich und können Widerstand und Streit verursachen.

Die Interaktion zwischen Sender („Kommunikator") und Empfänger („Rezipient") wurde auch von Früh und Schönbach (1982) weiter untersucht. Die Interaktion zwischen Sender und Empfänger erfolgt zeitunabhängig. Auf beiden Seiten werden „**Para-Feedback-Prozesse**" angenommen, also Vorstellungen, Erwartungen und Vorurteile über die Absichten, Fähigkeiten und Motivationen des Kommunikationspartners. Das Para-Feedback erfolgt daher nicht wie ein Feedback bei der Face-to-Face-Kommunikation in direkter Reaktion auf das Handeln und die Aussagen des Gegenübers, sondern offenbar unabhängig von der zeitlichen Abfolge des Kommunikationsvorgangs.

Exkurs: Feedback als Vorgesetzter/an Vorgesetzten
Feedback als Vorgesetzter geben: Feedback unter Gleichrangigen ist ja schon nicht einfach, aber für Vorgesetzte – gerade wenn Sie neu in einem Unternehmen sind – ist das Feedback ein Instrument, um den Mitarbeitern zu zeigen, wie Sie die Dinge und das Verhalten der Mitarbeiter gerne haben möchten. Sie können sich nun als Elefant im Porzellanladen betätigen oder aber obige Feedbackregeln beherzigen.

Im angloamerikanischen Raum wird häufig das sogenannte Sandwich-Feedback angewendet: zuerst etwas Positives, dann das, was Sie kritisieren wollen, zuletzt wieder etwas Positives. Dadurch wird Ihr Feedback deutlich besser von Ihren Mitarbeitern angenommen. Es kann hier allerdings auch leicht passieren, dass Ihr Gegenüber die wichtige Botschaft nicht oder nicht richtig erfasst. Also richtig Feedback geben will gelernt sein und braucht vor allem Übung, Übung und nochmals Übung.

Als Führungskraft sollten Sie zudem nicht ständig von Ihren Mitarbeiter aktiv Feedback einholen. Dafür gibt es diverse spezielle Rahmen, wie Mitarbeiterbefragungen etc. In einer guten Krankenhauskultur erhalten Sie dieses auch regelmäßig und Sie werden sehen, dass dies ein wertvolles Gut ist. Nur wenn Sie gar nichts hören, wird es Zeit, einmal nachzufragen.

Denken Sie aber beim Thema positives und negatives Feedback daran: Wer nur kritisiert, wird irgendwann nicht mehr ernst genommen. Wer nur lobt, aber auch nicht. Im deutschsprachigen Raum wirkt das Verhältnis von 2:1 am besten, also immer doppelt so oft loben wie kritisieren.

Feedback an den Vorgesetzten: Feedback an Vorgesetzte zu geben kann schwer fallen. Vor allem kritisches Feedback. Aber wen respektiert ein Chef? Einen Mitarbeiter, der alles macht, was er sagt, oder einen Mitarbeiter, der sich konstruktiv auseinandersetzt und auch vor kritischem Feedback nicht zurückscheut?

Viele gehen Konfrontationen und Unannehmlichkeiten aus dem Weg, meist aus Angst um den eigenen Job. Das ist aber nicht sehr konstruktiv und noch weniger zielführend. Daher zeigt sich genau da die gute Führungskraft, die Vertrauen schafft.

Gerade wenn Sie selber Führungskraft sind, ist es wichtig, einen guten Mittelweg zu finden. Der Mitarbeiter muss sich grundsätzlich dem Stil des Chefs anpassen, sodass nur im Extremfall ein Feedback an den Chef wegen seines Verhaltens zu geben ist. Andererseits kann ein Chef auch nicht alles spüren und wissen und dann können Sie ihm mit Ihrem Wissen und einem vernünftigen Feedback auf die Sprünge helfen.

Überlegen Sie sich aber vorher: Warum wollen Sie Feedback geben? Was soll es bewirken? Die Gefahr ist, dass es die Basis einer guten Zusammenarbeit zerstören kann. Gleichwohl ist ein Vorgesetzter genau wie jeder andere Mensch auch auf Feedback angewiesen. Wenn eine Führungskraft kein kritisches oder negatives Feedback erhält, denkt sie automatisch, dass alles, was sie tut, richtig ist. Und wird sich weiter so (kritisch) verhalten.

Der Vorgesetzte ist laut einer Studie der Ruhr Universität Bochum (2015) in Deutschland Kündigungsgrund Nr. 1. „Jeder fünfte ist sehr unzufrieden mit seinem Chef. Die Vorgesetzten hingegen sind ausgesprochen überzeugt von ihren Führungsqualitäten. Mit anderen Worten: Selbst- und Fremdwahrnehmung klaffen immer weiter auseinander. Das ist eine Zeitbombe: Wenn Führungskräfte nur meinen, sie führten gut, und Mitarbeiter nur vorgeben, ihr Chef sei kompetent in der Mitarbeiterführung, dann werden Mitarbeiter zunehmend unzufrieden, und Führungskräfte verpassen die Chance, sich zu entwickeln." Dies sagt Dr. Rüdiger Hossiep, Diplom-Psychologe und Leiter des Projektteams Testentwicklung.

Kritisches Feedback an den Chef in vier Schritten:

1. Erklären Sie, warum Sie an dieser Stelle Feedback geben möchten. Sagen Sie z. B., dass es Ihnen wichtig ist, offen zueinander zu sein, oder Ähnliches.

2. Werden Sie nicht persönlich. Es ist immer besser, auf der Sachebene zu bleiben.

3. Konzentrieren Sie sich auf die Lösung, nicht auf das Problem. „Hier im Fall X haben wir noch keine guten Ergebnisse erzielen können, evtl. versuchen wir beim nächsten Mal Y."

4. Niemanden anprangern, sondern gemeinsam die Verantwortung für die Lösung übernehmen.

Wenn Mitarbeiter sich nicht trauen, dem Vorgesetzten ehrliches Feedback zu geben, stimmt etwas nicht. Die guten Mitarbeiter gehen zuerst und geben somit „Feedback mit den Füßen", weil sie wissen, was sie wert sind, und auch leicht eine bessere Arbeitsstelle bekommen. Ansonsten gelten auch hier die normalen Feedbackregeln.

Und vergessen Sie nicht: Unverlangter Ratschlag kann Respekt verschaffen, aber auch das Verhältnis zueinander verschlechtern oder sogar zerstören.

Für den Vorgesetzten ist Feedback wichtig, fast schon überlebenswichtig. Die Wichtigkeit geht aus dem sogenannten Johari-Fenster hervor (siehe Abb. 8.7), in dem bewusste und unbewusste Persönlichkeitsmerkmale zwischen einem selbst und anderen dargestellt werden.

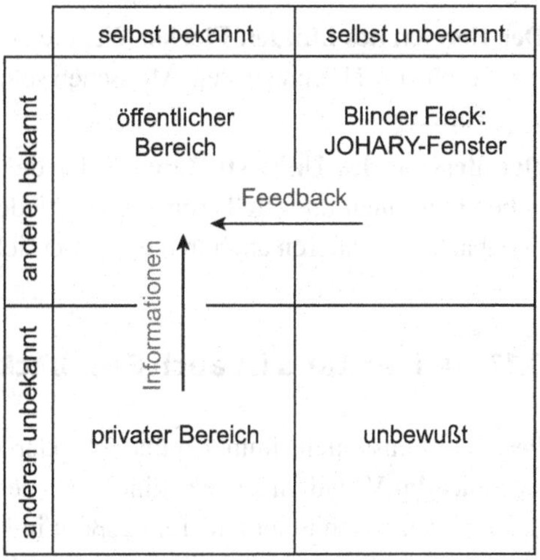

Abb. 8.7 Johari-Fenster und dessen Beeinflussbarkeit. (Nach Luft und Ingham 1993)

	selbst bekannt	selbst unbekannt
anderen bekannt	öffentlicher Bereich	Blinder Fleck: JOHARY-Fenster
anderen unbekannt	privater Bereich	unbewußt

Feedback ←

Informationen ↑

8.12   Johari-Fenster (Joe Luft, Harry Ingham)

Selbstmitteilung und Feedback stehen in jedem Gespräch, in jeder non-verbalen (Gestik, Mimik) und in jeder schriftlichen Mitteilung in einem Wechselverhältnis. Wer etwas von sich mitteilt, kann ein Feedback erhalten. Wer ein Feedback erhält, wird in der Art, wie er darauf reagiert, wiederum etwas über sich mitteilen.

Der Umfang und die Art der Kommunikation, die wir einsetzen, sind entscheidend für eine reibungslose Kommunikation. Was weiß mein Gesprächspartner über ein Thema, was nicht? Nur die Informationen, die mein Gesprächspartner und ich gemeinsam haben, bringen ein Gespräch weiter. Will ich effektiv kommunizieren, muss ich möglichst alle meine Informationen bekannt machen und den öffentlichen Bereich erweitern (siehe Abb. 8.7). Mein bester Freund, meine beste Freundin, mein Partner oder meine Partnerin wissen am meisten über mich und umgekehrt. Wir haben einen großen gemeinsamen Bereich A und können über alles reden.

Im täglichen Umgang mit Kollegen, Mitarbeitern und Vorgesetzten macht es Sinn, den Bereich „öffentliche Person" zu erweitern und Rückmeldung über den Bereich „private Person" zu bekommen, der mir nicht bewusst ist, und dadurch den Bereich „blinder Fleck" zu verkleinern. So kann ein vertrauensvolles, entspanntes und kreatives Arbeitsklima entstehen. Unser Unbewusstes im Bereich „unbewusst" ist meist nur für Therapeuten zugänglich.

Öffentlicher Bereich: Der Bereich des gemeinsamen Wissens. Hier kennt der Mensch sich selbst und ist für die anderen transparent.

Privater Bereich: Der Bereich der Zurückhaltung und des Geheimnisses. Manche Aspekte seines Selbst, die der Mensch recht gut kennt, macht er anderen nicht ohne weiteres zugänglich. Durch Selbstmitteilungen wird dieser Bereich aber sichtbar.

Der Bereich des blinden Flecks: Weitere Aspekte der Person werden von anderen deutlich gesehen, während sie dem Menschen selbst verborgen bleiben. Hier ist Feedback eine gute Hilfe.

Der Bereich des Unbewussten: Weder der betreffende selbst, noch andere Menschen haben hier einen unmittelbaren Zugang. Jedoch lehrt die Erfahrung, dass Reflexion und Feedback von anderen auch in diesem Bereich vieles in Bewegung bringen.

8.13   Widerstand ist auch Feedback

Feedback muss nicht immer mündlich oder schriftlich gegeben werden. Feedback kann sich auch im Verhalten zeigen. Eine Form des Feedbacks ist deshalb der Widerstand. Widerstand kann sich unter anderem äußern in Form von blockieren, verzögern, verhindern, ausweichen oder mangelnder Kooperation. Wo auch immer der Widerstand herkommt, ob aus Angst vor Veränderungen oder aus kollidierenden Eigeninteressen von Kollegen oder

Mitarbeitern oder beidem. Widerstand muss erkannt (was unter Umständen gar nicht so einfach ist) und dann vor allem auch ernst genommen werden. Will man als Führungskraft in konstruktiver Weise mit Mitarbeiterwiderständen umgehen, so ist es zunächst einmal wichtig, sie als normale Begleiterscheinungen von Arbeitsprozessen zu betrachten und nicht als generell böswilliges Verhalten zu interpretieren, das sich auf die eigene Person richtet.

Praxisbeispiel

Sie möchten Ihr neues Projekt, in das Sie viel Zeit investiert haben, Ihren Mitarbeitern vorstellen. Sie berufen daher extra einen Workshop ein und präsentieren Ihre Neuerungen mit einem Powerpoint-Vortrag, der mit Videos gespickt ist. Danach fragen Sie Ihre Mitarbeiter nach ihrer Meinung, nach Verbesserungen, nach Kritik: Es herrscht betretenes Schweigen.

„Silence" ist die fieseste Form von Feedback als Widerstand, da das Gegenüber nämlich nicht weiß, was es falsch gemacht hat. Aber leider stoßen Sie als Führungskraft nicht selten auf diese Art von Feedback; letztlich müssen Sie sich damit auseinandersetzen.

Schließlich können diese Widerstände durchaus auch Positives bewirken. Die Führungskraft hat hier noch einmal die Chance, sich intensiver mit den möglichen Risiken und Problemen auseinanderzusetzen, diese rechtzeitig einzukalkulieren und ihnen vorzubeugen. Das könnte sogar vor schwerwiegenden Fehlentscheidungen bewahren. Gegen den Widerstand der Mitarbeiter ist kein optimales Engagement zu erwarten und das Erreichen der Arbeitsziele ist daher primär infrage gestellt.

Analysieren Sie daher, weshalb der Widerstand entstanden ist oder noch entstehen könnte:

- Werden finanzielle Nachteile erwartet?
- Sind Überstunden zu erwarten?
- Wird ein Verlust des Arbeitsplatzes befürchtet?
- Werden unkalkulierbare Risiken befürchtet?
- Drohen gute persönliche Beziehungen verloren zu gehen?
- Droht eine Überforderung?
- Ist die neue Aufgabe mit Vorurteilen oder schlechtem Ruf behaftet?
- Ist der Verlust von persönlichen Entscheidungsbefugnissen oder Handlungsspielräumen zu befürchten?
- Welche Karriere-Ambitionen oder Lernbedürfnisse liegen vor?

Wenn einmal klar ist, worin die Hauptursachen des Widerstands bestehen, ist der Weg frei für das Aushandeln von Vorgehensweisen, die den Interessen der Betroffenen Rechnung tragen, ohne die Ziele des Projekts oder der Abteilung zu gefährden.

Geht man aber vorschnell von einer lediglich vermuteten und nicht abgesicherten Ursache aus, bleibt es dem Zufall überlassen, ob es gelingt, die Widerstände tatsächlich und dauerhaft abzubauen.

Gerade als im Klinikalltag gestresste Führungskraft sind wir gerne geneigt anzunehmen, dass, wenn wir nichts hören, alles in Ordnung sei. Dass da Pro-forma-Nachfragen auch nicht wirklich helfen, zeigen diverse unserer Praxisbeispiele. Sie sind also als Führungskraft gefragt, Ihre Wahrnehmung zu schulen, um die von Ihnen initiierten Abläufe auch zu kontrollieren:

Vier-Schritt-Modell im Umgang mit Widerstand:

1. Ernst nehmen, ausreden lassen, schweigen und nichts persönlich nehmen
2. Nachdenken und Fragen stellen
3. Mit einfachen Worten das Problem zusammenfassen
4. Gemeinsam nach Lösungen suchen und Vereinbarungen treffen

Widerstand, der nicht ernst genommen wird, sucht sich Ventile:

- Aufgeregte Diskussionen in Fluren und Treppenhäusern
- Prinzipielle Zustimmung bei Unterlassen jeder Konkretisierung
- Unzählige Probleme in der Umsetzung, Abnutzungskrieg im Detail
- Liegenlassen bzw. Verzögern wegen „dringender anderer Prioritäten"
- Unsachliche Kritik gegenüber Dritten, Polemik, Verzerrungen, Übertreibungen
- Fehlinterpretationen, Umdeutungen, Unterstellung „wahrer" Absichten
- Mobilisierung von Verbündeten (Kunden, Betriebsrat, Aufsichtsrat . . .)
- Abtauchen, Passivität, Rückzug
- Keine oder verschleppte Umsetzung, Dienst nach Vorschrift
- Unfähigkeit, Sich-dumm-und-hilflos-Stellen, „Macht der Schwäche"
- Versagen, Misserfolg, Scheitern
- Fallen stellen, ins offene Messer laufen lassen
- Tendenziöse Informationen an die Presse (oder an die Eigentümer) durchsickern lassen, Sensationsberichte mobilisieren
- Hinter dem Rücken anschwärzen, Intrigen
- Einen Keil in das Management treiben, die Führungspersonen (z. B. mit einseitigen oder falschen Informationen) gegeneinander ausspielen
- Unterlaufen der Ziele, „Sabotage"

(vgl. Winfried Berner, Die Umsetzungsberatung (Berner 2015))

Feedback in Form von Widerstand wird sehr häufig nicht oder viel zu spät erkannt. Dies ist einer der Hauptgründe, warum viele Veränderungsprojekte scheitern. Wenn Sie nicht rechtzeitig auf Widerstand reagieren, werden sich Ihre Gegner gegen Sie verbünden.

8.14   Feedbackschlaufen und Organisationslernen

In zunehmend komplexen Organisationen hat sich das Organisationslernen nach Peter Senge (2011) als eines der Instrumente entwickelt, um die Koordinationsaufgaben von Führungskräften zu verringern und zu einer kontinuierlichen Reorganisation aller Geschäftsprozesse beizutragen. Dabei wird die Lernfähigkeit der Mitarbeiter, aber auch der Teams ins Zentrum gerückt. Dem liegen die **vier unterschiedlichen Feedbackschlaufen** zugrunde, die letztlich zu einem Multi-Level-Lernen und damit zum Organisationslernen führen.

✓ 1. Feedbackschlaufe: Wir werden uns eines Problems bewusst und begreifen, nach welchen Handlungsregeln es funktioniert.
✓ 2. Feedbackschlaufe: Wir fragen uns zusätzlich, weshalb das Problem entstanden ist, und überlegen uns Handlungsalternativen.
✓ 3. Feedbackschlaufe: Wir schauen zusätzlich den gesamten zugrunde liegenden Prozess und eventuelle Alternativen an.
✓ 4. Feedbackschlaufe: Wir lehren jemanden anderen, was wir daraus gelernt haben.

Die verschiedenen Schlaufen beinhalten, auf welcher Stufe das Feedback gegeben wird und wo das Lernen stattfindet: Die 1. Schlaufe führt zu einer Planänderung, die 2. Schlaufe führt zu einer neuen Definition der „Vision", die 3. Schlaufe zielt auf gewisse Risiken aus der Umwelt und die 4. Stufe führt zur Entwicklung neuer Paradigmen und schließlich durch Entwicklung einer Emergenz zu einer Kulturänderung (siehe Abb. 8.8). Ohne da-

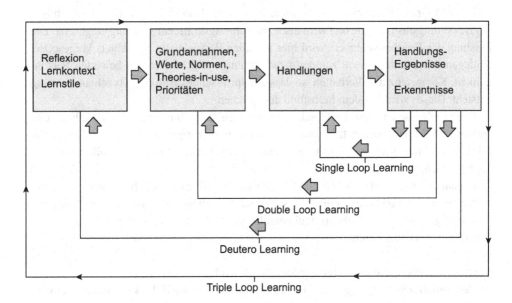

Abb. 8.8 Feedbackschlaufen und Organisationslernen. (Adaptiert nach Argyris und Schön 1999)

bei ins Detail zu gehen, zeigt dieses Modell, dass nur die erste und teilweise die zweite Feedbackschlaufe von einem einzelnen Mitarbeiter selber beeinflusst werden können.

Feedback ist im angelsächsischen Raum Teil der Studentenausbildung bis zur Chefarztbeförderung. Es ist einer der Gründe, weshalb in dieser (Krankenhaus-)Kultur auch das 360-Grad-Feedback funktioniert. Feedback und das sich daraus entwickelnde Coachinggespräch sind wie Organisationslernen substanzielle Bestandteile der Mitarbeiterentwicklung. Zusätzlich führt das externe Feedback von Kunden, Lieferanten etc. zu Organisationslernen. Dieses Organisationslernen aufgrund von Feedback ist einer der Bestandteile, um in einer zunehmend komplexeren Umwelt eine Organisation auf Prozessebene resilient zu machen. Daher sind das Feedback und die Feedbackschlaufen eines der zentralen Instrumente in einer modernen Organisation.

8.15 360-Grad-Feedback als Führungsinstrument

Führungskräften, sowohl in der Krankenhausverwaltung als auch im ärztlichen Bereich kommt mittlerweile eine besonders anspruchsvolle Aufgabe zu: Sie müssen ihren Bereich optimal führen und können sich nicht mehr nur auf die Erbringung einer hohen ärztlichen Qualität konzentrieren. Doch was heißt optimal führen? Woher soll eine Führungskraft im Krankenhaus wissen, wie sie bei den Menschen, mit denen sie ständig im Kontakt steht, ankommt? Dazu sind wertvolle und aussagekräftige Rückmeldungen notwendig. Aber: Konstruktives Feedback zu geben und die Leistungen von leitenden Ärzten und Führungsverantwortlichen zutreffend zu bewerten, gehört zu den schwierigsten und sensibelsten Aufgaben in Krankenhäusern.

Das 360-Grad-Feedback eignet sich hier besonders, denn es gilt als eines der wichtigsten Bewertungsinstrumente und wird auch zur Führungskräfteentwicklung eingesetzt. Die Leistung des Feedbacknehmers wird hier aus allen Perspektiven betrachtet: Vorgesetzte, Kollegen, Mitarbeiter, sowie Kunden bzw. Patienten und Lieferanten bewerten Persönlichkeit, Kompetenz und Verhalten, so dass ein umfassendes Bild der erbrachten Leistung entsteht. Dieses wird mit dem Selbstbild abgeglichen.

Die Ergebnisse aus dem Feedback kann der Feedbacknehmer für seine berufliche und persönliche Entwicklung nutzen, indem er mit seinem Vorgesetzten bzw. der Geschäftsführung konkrete Verhaltensänderungen einschließlich einer Erfolgskontrolle vereinbart (siehe Abb. 8.9).

Organisationen, in denen 360-Grad-Feedback eingeführt wurde, berichten von einem verbesserten Arbeitsklima, da die Wünsche und Anregungen der Mitarbeiter stärker berücksichtigt werden. Als Nebenprodukt etablierte sich häufig eine verbesserte Kommunikations- und Feedbackkultur.

Verhaltensweisen, die bewertet werden können sind:
* **Persönlichkeit:** Umgangston, Einfühlungsvermögen, Kritikfähigkeit, Menschlichkeit, Wertschätzung, Auftreten

Abb. 8.9   360-Grad-Feedback im Überblick. (Waldemar Pelz)

- **Mitarbeiterführung:** Kommunikationsfähigkeit, Mitarbeitermotivation, Konfliktlösung, Anerkennung von Leistungen, Offenheit, Führungsstil, Teamfähigkeit, Fähigkeit zum Delegieren, Karriereförderung, Loyalität, Gerechtigkeit
- **Kompetenz und fachliches Können:** Fachwissen, Wissensvermittlung, analytische Fähigkeiten, Problemlösung, Effektivität und Effizienz, Belastbarkeit, Umgang mit Ressourcen, Kundenorientierung, Innovationsbereitschaft, Veränderungsbereitschaft.
- **Ziel- und Ergebnisorientierung:** Visions- und Strategieentwicklung, Vereinbarung von Zielen, Beharrlichkeit, Durchsetzungsfähigkeit, Ergebnisqualität

Im nächsten Schritt werden Selbstbewertung und Fremdbewertung abgeglichen:

- Welche Aspekte haben Sie überrascht?
- Wo haben Sie mit Ihrer Selbsteinschätzung anders gelegen?
- Können Sie die Beurteilung zumindest im Nachhinein nachvollziehen?
- Welche Punkte sind für Sie individuell besonders wichtig?
- Wie ist die Beurteilung zu diesen Punkten ausgefallen?
- Fallen Ihnen konkrete Maßnahmen zur Optimierung ein?
- Gibt es aufschlussreiche Kommentare?
- Sind Sie mit einzelnen Bewertungen überhaupt nicht einverstanden?

- Können Sie diese mit Personen Ihres Vertrauens besprechen?
- Sollten Sie professionelle Unterstützung (z. B. Coach, Personalberater) hinzuziehen?

Mittlerweile sind Software-Lösungen Standard, bei denen die Bewertungsdaten nicht gespeichert werden. Die Einführung des Instruments muss allerdings mit dem Betriebsrat abgestimmt werden.

Das 360-Grad-Feedback ist im englischsprachigen Raum fest etabliert und auch aus dieser Kultur entstanden. Im deutschsprachigen Raum, wo eine andere Kultur vorherrscht, hat dieses Instrument in Krankenhäusern weniger Fuß gefasst. Das 360-Grad-Feedback ist aber in jedem Fall kein Evaluationsmittel für Beförderungen oder Ähnliches, sondern lediglich ein Mittel zur persönlichen Weiterentwicklung der Führungskraft.

... Fassen wir zusammen

Wir sind der Ansicht, dass gute Kommunikation erlernbar ist. Dazu gibt es Instrumente und Werkzeuge, die wir Ihnen hier in einer Auswahl präsentieren. Setzen Sie diese ein, und zwar immer und immer wieder. Versuchen Sie, Ihr Repertoire Schritt für Schritt zu erweitern. Gute Kommunikation ist letztlich ein kontinuierliches Verbessern einerseits und eine andauernde Selbstreflexion andererseits. Hinterfragen Sie Ihre Reaktionen in der Kommunikation gerade als Führungskraft immer wieder selber und nutzen Sie diese Instrumente auch im Hinblick auf eine Organisationsentwicklung.

Literatur

Allport, G. (1949). *Persönlichkeit. Struktur, Entwicklung und Erfassung der menschlichen Eigenart.* Stuttgart: Klett.

Argyris, C., & Schön, D. (1999). *Die lernende Organisation.* Stuttgart: Klett-Cotta.

Baller, G., & Schaller, B. (2013a). *Praxishandbuch für Ärzte im Krankenhaus.* Stuttgart: Georg Thieme Verlag.

Berner, W. (2015). *Die Umsetzungsberatung.* http://www.umsetzungsberatung.de/. Zugegriffen: 22.08.2015.

Früh, W., & Schönbach, K. (1982). Der dynamisch-transaktionale Ansatz. Ein neues Paradigma der Medienwirkungen. *Publizistik, 27,* 74–88.

Gibbs, G. (1988). *Learning by doing: a guide to teaching and learning methods.* Oxford: Further Education Unit.

Kohut, H. (1975). Formen und Umformungen der Narzissmuss. Die psychoanalytische Behandlung narzisstischer Persönlichkeitsstörungen. In H. Kohut (Hrsg.), *Die Zukunft der Psychoanalyse.* Frankfurt: Suhrkamp.

Langewitz, W., Laederach, K., & Buddeberg, C. (2004). Ärztliche Gesprächsführung. In C. Buddeberg (Hrsg.), *Psychosoziale Medizin* (S. 373–407). Heidelberg: Springer Verlag.

Luft, J., & Ingham, H. (1993). *Einführung in die Gruppendynamik*. Frankfurt am Main: Fischer Taschenbuch Verlag GmbH.

Luhmann, N. (1984). *Soziale Systeme*. Frankfurt: Suhrkamp.

Minto, B. (2005). *Das Prinzip der Pyramide*. München: Pearson Studium.

Neuenberger, O. (1996). *Miteinander arbeiten – miteinander reden! Vom Gespräch in unserer Arbeitswelt*. München: Bayerisches Staatsministerium für Arbeit und Sozialordnung.

Rizzolatti, G., & Fabbri-Destro, M. (2010). Mirror neurons: from discovery to autism. *Experimental brain research*, *200*, 3–4.

Ruhr Universität Bochum (2015) http://www.testentwicklung.de/. Zugegriffen: 22.8.2015.

Schulz von Thun, F. (1981). *Miteinander reden 1. Störungen und Klärungen. Allgemeine Psychologie der Kommunikation*. Reinbek: Rowohlt.

Schulz von Thun, F. (1989). *Miteinander reden 2. Stile, Werte und Persönlichkeitsentwicklung. Differentielle Psychologie der Kommunikation*. Reinbek: Rowohlt.

Schulz von Thun, F. (1998). *Miteinander reden 3. Das „innere Team" und situationsgerechte Kommunikation*. Reinbek: Rowohlt.

Senge, P. (2011). *Die fünfte Disziplin: Kunst und Praxis der lernenden Organisation* (11. Aufl.). Stuttgart: Klett-Cotta Verlag.

Weiterführende Literatur

Baller, G., & Schaller, B. (2009). Über die Kraft der Spiegelneuronen. Warum es so wichtig ist, eine gute Führungskraft zu sein. *Deutsches Ärzteblatt*, *49*, A2483.

Baller, G., & Schaller, B. (2010). Gute Mitarbeiter sind gefragt. *KU Gesundheitsmanagement*, *8*, 35–36.

Baller, G., & Schaller, B. (2011). Mitarbeitermotivation im Krankenhaus. *das krankenhaus*, *10*, 1–2.

Baller, G., & Schaller, B. (2013b). Führung wird anspruchsvoller. *Nahdran*, *2*, 34–36.

Baller, G., Huber, T., & Schaller, B. (2010). Was vielen gefallen soll, muss von vielen gestaltet werden. Changemanagement-Projekte scheitern aus vielen Gründen. Gelingen tun sie aus den gleichen. *das krankenhaus*, *8*, 743–747.

Bierbrauer, G. (2005). *Sozialpsychologie*. Stuttgart: W. Kohlhammer.

Bierhoff, H. W. (2002). *Einführung in die Sozialpsychologie*. Weinheim: Beltz-Verlag.

Bollnow, O. F. (1958). *Wesen und Wandel der Tugenden*. Frankfurt am Main: Königshausen und Neumann.

Bruhn, M., Esch, F.-R., & Langner, T. (2009). *Handbuch Kommunikation*. Wiesbaden: Gabler Verlag.

eCornell (2014). *The seven essential strategies of highly effective communicators*. Ithaca, New York: Cornell University Press.

Festinger, L. (1957). *A theory of cognitive dissonance*. Stanford: Stanford University Press.

Feyerabend, P. (1993). *Wider den Methodenzwang*. Frankfurt: Suhrkamp.

Frindte, W. (2001). *Einführung in die Kommunikationspsychologie*. Weinheim: Beltz-Verlag.

Nünning, A., & Zerold, M. (2011). *Kommunikationskompetenzen*. Stuttgart: Klett-Verlag.

Romhardt, K. (1998). *Die Organisation aus der Wissensperspektive – Möglichkeiten und Grenzen der Intervention*. Wiesbaden: Gabler.

Schaller, B., & Baller, G. (2007). In varietate concordia oder Abrechnungsmentalität unter Kollegen. *Schweizerische Ärztezeitung, 88*, 1641–1643.

Schaller, B., & Baller, G. (2007). Moderne ärztlich-kollegiale Kommunikation im Gesundheitswesen. *Schweizerische Ärztezeitung, 88*, 1715–1716.

Schaller, B., & Baller, G. (2007). Organisationsentwicklung im Gesundheitswesen. Der Stellenwert der Kommunikation. *Schweizerische Ärztezeitung, 88*, 2091–2092.

Schaller, B., & Baller, G. (2008). Der Zusammenhang zwischen guter Kommunikation und Qualität. *das krankenhaus, 02*, 140–142.

Schaller, B., & Baller, G. (2009). Führen heißt auch informieren. *Kommunikation im modernen Change Management Nahdran, 3*, 30–33.

Zimbardo, P. (2005). *Psychology – Core concepts*. Boston.: Allyn & Bacon Publishing.

Vermitteln von Informationen nach innen und außen

Die genuine Aufgabe der Kommunikation im Krankenhaus ist die Vermittlung von Informationen nach innen und nach außen. Was sich so einfach anhört, ist in der Praxis aber nicht ganz so simpel. Ein bedeutendes Krankenhaus im deutschsprachigen Raum hat vor einigen Jahren die Kommunikationsoffensive gestartet: Wir wollen Qualitätsführer sein. In der Folge ist es diesem Krankenhaus aber nicht gelungen, diese groß angekündigte Qualität zu erbringen, und daher wurden viele Patienten verloren; vom Imageverlust ganz zu schweigen. Davon wiederum lassen sich auch gute Bewerber abschrecken.

Unter „Qualität" stellt sich jeder etwas anderes vor und es bedeutet auch für jeden etwas anderes.

Für den Patienten ist Zuwendung und Freundlichkeit des Personals stärker noch als die eigene Genesung ein Qualitätskriterium. Anhand der Beschwerden, die die Patienten beschreiben, kann man das ablesen. Selbst wenn Patienten sich durch die Krankenhausbehandlung als geheilt bezeichnen, regen sie sich über lange Wartezeiten, unfreundliche und verworrene Aufnahmeprozesse auf, über mangelnde Sauberkeit und das schlechte Essen.

Hier wäre es besser gewesen, detaillierter darzustellen, in welchem Bereich genau dieses Krankenhaus die Nummer 1 werden wollte: die wenigsten Beschwerden, die zufriedensten Patienten, die geringste Komplikationsrate etc. Etwas, das auch konkret messbar ist.

Der „Strukturierte Qualitätsbericht" nach § 137 SBG V

Die Transparenz in Bezug auf die Behandlungsqualität der Krankenhäuser gerät immer mehr in den Fokus der Öffentlichkeit. Die Bundesregierung hat darauf reagiert und verpflichtet alle öffentlich geförderten Krankenhäuser, den strukturierten Qualitätsbericht zu veröffentlichen. Der Bericht soll ein Medium sein, das die Behandlungsqualität öffentlich und vergleichbar machen und

- eine Entscheidungshilfe für Patienten und Versicherte sowie
- eine Orientierungshilfe für Vertragsärzte und Krankenkassen

© Springer-Verlag Berlin Heidelberg 2017
G. Baller und B. Schaller, *Kommunikation im Krankenhaus*,
DOI 10.1007/978-3-642-55326-4_9

sein soll. Ist er aber nicht. Nicht für Patienten, denn was bedeutet es, wenn in einer Abteilung für Geburtshilfe eine bestimmte Anzahl oder ein bestimmter Prozentsatz an Kaiserschnitten durchgeführt wird. Ist viel gut oder ist wenig gut? Der Patient kann das nicht beurteilen und Zahlen sagen nichts über die Qualität aus, höchstens über die Quantität.

Kommunikation gegenüber Patienten, Medien, Öffentlichkeit, ist höchst fehleranfällig. Mit einem falschen Wort an der falschen Stelle kann man viel Schaden anrichten. Wer Aussagen öffentlich verbreitet, sei es im Fernsehen oder durch Printmedien, betreibt Massenkommunikation und unterliegt damit bestimmten Gesetzen.

Der US-amerikanische Politik- und Kommunikationswissenschaftler Harold Dwight Lasswell formulierte bereits 1948 die **Lasswell-Formel**, die das grundlegende Modell der Massenkommunikation beschreibt:

Wer sagt was über welchen Kanal zu wem mit welchem Effekt?
(Who says what in which channel to whom with what effect?)

wer sagt → *Sender/Kommunikator*: Der erste Bestandteil der Formel „Wer sagt" bezieht sich auf den Kommunikator (auch Sender oder Quelle genannt), der eine Information sendet. Der Kommunikator kann in der Massenkommunikation auch aus einem ganzen Team von Personen bestehen.

was → *Inhalt*: Der Inhalt wird durch das „Was" in der Formel festgelegt. Er kann sich aus einer persönlichen Mitteilung, einer Werbebotschaft oder der Informationsflut der Massenmedien zusammensetzen. Besonders wichtig ist hierbei neben dem „Was auch noch" die Tatsache, wie der Inhalt vermittelt wird (seriös, feststellend, fordernd, angreifend, ernst, ironisch ...).

in welchem Kanal → *Medium*: Aus welchem Medium die gesendete Information stammt, legt der Formelbestandteil „in welchem Kanal" fest. Dieser Bestandteil ist insofern entscheidend, als er das Verbindungsglied zwischen Kommunikator und Rezipient darstellt. Nur wenn der Rezipient den „Kanal" interessant findet, kommt die Aussage auch an.

zu wem → *Empfänger, Zuhörer*: Der Bestandteil „zu wem" in der Formel spiegelt den Rezipienten wider. Die Information, die vermittelt werden soll, muss zielgruppenorientiert sein, denn die Eigenschaften des Rezipienten werden durch zahlreiche Merkmale bestimmt: demografische (Alter, Geschlecht, Familienstand), geografische (Wohnort), sozio-ökonomische (Haushaltsgröße, Einkommen, Ausbildung, Beruf), psychografische (Interessen, Kaufabsicht, Lebensstil, Einstellung) und Verhaltensmerkmale (Kaufmenge, Kaufhäufigkeit, Mediennutzung).

mit welchem Effekt → *Effekt*: Die Wirkung eines Informationsinhalts auf den Rezipienten wird im letzten Bestandteil der Formel „mit welchem Effekt?" erfragt. Es ist wichtig, bei der Wirkung auch die emotionalen Sichtweisen und Auslöser zu berücksichtigen.

Solche Modelle lassen sich gut auch auf interne und externe Kommunikation im Krankenhaus übertragen.

Praxisbeispiel: Gespräch zwischen Chefarzt und Assistenzarzt

Die junge Assistenzärztin, die vor wenigen Wochen ihr Staatsexamen absolviert hat, spricht auf dem Gang den berühmten Prof. Dr. h. c. mult. Müller an und will ihn wegen einer Patientin etwas fragen. Hier seine Antwort:

„Wer will denn jetzt schon wieder was von mir? Wie oft muss ich denn noch sagen, dass für die Abteilungsarbeit Oberarzt Dr. Müller zuständig ist."

In vielen Krankenhäusern bestehen mittlerweile Konzepte zur internen Kommunikation, welche die Kommunikationsstrukturen in den verschiedenen Bereichen des Krankenhauses ausführlich beschreiben. Solche umfassenden Kommunikationsstrukturen sind von besonderer Bedeutung, um einen wirksamen Informationsfluss in und zwischen den Abteilungen und den Mitarbeitern zu gewährleisten.

Auch unser Beispiel hätte man besser lösen können:

„Hören Sie, Frau Jakobs, ich bin gerade ziemlich im Stress und auf dem Weg zu einer Sitzung. Wenden Sie sich doch an Dr. Müller. Er wird mir heute Abend noch die Probleme der Abteilung rückmelden."

Im Krankenhaus ist Kommunikation über mehrere Hierarchiestufen hinweg der Alltag. Gerade im deutschsprachigen Raum hat man damit oft noch deutlich Probleme. Sinnvolle Wertschätzung hier ist oft der beste Motivator für High-Performance-Teams.

Informationen erzeugen beim Empfänger häufig Fragen. Solche Fragen steuern im Idealfall, wie viele Informationen in welcher Detailgenauigkeit das Gegenüber benötigt. Daher empfiehlt es sich, nach zwei bis drei Informationen Pausen einzustreuen und abzuwarten, ob sich Fragen ergeben oder nicht; gerade auch wegen der **begrenzten Kapazität des Arbeitsgedächtnisses von 7 (+/−2) Informationen**.

Es empfiehlt sich, den Prozess der Informationsvermittlung zu strukturieren und damit die Informationen zu gliedern. Selbst mit einer klaren Gliederung ist die Menge an neuer Information, die ein Mensch überhaupt aufnehmen kann, endlich. Die „Cognitive Load Theory" geht davon aus, dass das Arbeitsgedächtnis mit 7 (+/−2) Informationen umgehen kann. Weiter kann ein Mensch bestenfalls zwei bis vier Elemente gleichzeitig bearbeiten, und Informationen gehen nach etwa 20 Sekunden wieder verloren, wenn sie nicht in irgendeiner Form wieder aufgefrischt werden.

Die Cognitive Load Theory geht weiter davon aus, dass die einzelnen Prozessoren des Arbeitsspeichers jeder für sich überlastet werden können. Dies führt zu der Empfehlung, Informationen nicht nur auf einem Kanal zu vermitteln, sondern mündliche und schriftliche Informationen zu kombinieren. Entsprechende Versuche waren zwar nicht immer erfolgreich, scheinen aber mit dem Einsatz interaktiver multimodaler Informationsmodule das Behalten und Verstehen von Informationen zu verbessern.

Wenn es um die Verarbeitung von Informationen geht, die bereits im Langzeitspeicher abgelegt sind, unterliegt das Arbeitsgedächtnis hingegen sehr wahrscheinlich keiner Mengenbeschränkung.

Das **Feldschema der Massenkommunikation** (auch Feldmodell der Massenkommunikation) von Gerhard Maletzke (1963) erweitert das simple Sender-Empfänger-Modell

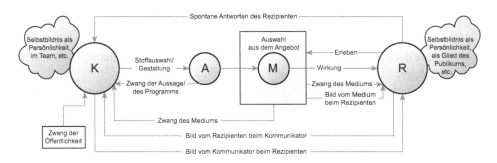

Abb. 9.1 Feldmodell der Massenkommunikation. (Assmann 2015)

sowie die obige Cognitive Load Theory um wesentliche Elemente der Kommunikation durch Massenmedien (siehe Abb. 9.1). Es geht weiter von einem festen Kanal (Weg der Botschaft vom Sender zum Empfänger) aus, bezieht jedoch soziologische und psychologische Aspekte mit ein (also das soziale Umfeld der Akteure). Der Begriff „Feld" weist, in Anlehnung an die Feldtheorie, darauf hin, dass die Elemente des Modells in stetiger, eng verflochtener Wechselwirkung stehen. In unserem Zusammenhang ist dies einerseits vor allem für die Außenkommunikation des Krankenhauses interessant, aber auch insgesamt da, wo man die Attraktivität des Krankenhauses durch die Kommunikation ankurbeln will.

Der Kommunikator (K) produziert eine Aussage (A) durch Stoffauswahl und Gestaltung, abhängig von bzw. mitbestimmt durch seine intra-/interpersonellen Faktoren (sein Bild von sich selbst, seine Persönlichkeit, seine Position innerhalb eines etwaigen Teams, seine Position innerhalb einer etwaigen Institution, seine Situation innerhalb sozialer Beziehungen und unter einem Zwang der Öffentlichkeit).

Die Aussage (A) wird durch ein Medium (M) zum Rezipienten (R) geleitet. Dabei muss sie den individuellen (technischen und dramaturgischen) Besonderheiten des Mediums angepasst werden (z. B. Sendezeit/format im TV, Textlänge und -form in Zeitungen etc.).

Der Rezipient wählt aus dem Angebot bestimmte Aussagen aus und rezipiert sie ebenfalls vor dem Hintergrund seiner individuellen interpersonellen Faktoren.

Sowohl im Falle des Kommunikators als auch des Rezipienten spielt das Bild des jeweils anderen eine Rolle; zum einen in der Stoffauswahl und -gestaltung, zum anderen in der Rezeption. Schließlich besteht die Möglichkeit einer spontanen Rückantwort des Rezipienten, die in einer massenmedialen Kommunikation allerdings nur in Form von sogenannten Para-Feedbacks geschehen kann. Dies sind z. B. Leserbriefe, Anrufe, aber auch Einschaltquoten, Umfrageergebnisse etc.

Man kann in der Massenkommunikation bewusst konkrete Themenschwerpunkte setzen (Agenda-Setting), was gerade für ein Krankenhaus interessant ist. Die Grundlage der Theorie des Agenda-Settings bildet die These von Bernard C. Cohen (1963), die Medien hätten zwar keinen großen Einfluss auf das, was das Publikum zu einzelnen Themen denkt, aber einen erheblichen Einfluss darauf, worüber es sich überhaupt Gedanken macht. Die Kommunikationswissenschaftler McCombs und Shaw haben diese These im

Rahmen einer Untersuchung, der sogenannten Chapel-Hill-Studie, im Vorfeld des US-amerikanischen Präsidentschaftswahlkampfes im Jahre 1968 empirisch belegt veröffent-licht (McCombs und Shaw 1972), wobei sie als erste den Begriff des „Agenda-Settings" einführten. Unter einem Thema werden hier kontroverse Fragen und Probleme der Gesell-schaft verstanden.

In der sich weiter entwickelten **Agenda-Setting-Forschung** existieren drei Modelle:

- **Aufmerksamkeitsmodell (Awareness Model):** Der Rezipient wird über Medien auf Themen aufmerksam, die besonders betont werden. Die Medien haben in diesem Mo-dell eine Thematisierungsfunktion.
- **Hervorhebungsmodell (Salience Model):** Die Wichtigkeit, die der Rezipient einem Thema zubilligt, wird durch unterschiedliche Gewichtung und Hervorhebung der The-men durch Medien beeinflusst. Die Medien haben in diesem Modell eine Strukturie-rungsfunktion.
- **Themenselektionsmodell (Priorities Model):** Die Themenrangfolge der Medien wird 1:1 vom Rezipienten übernommen. Die Medien haben in diesem Modell eine Struktu-rierungsfunktion.

Wie wirksam der Agenda-Setting-Effekt ist, hängt von der Aufdringlichkeit (obtru-siveness) des Themas ab: Bei direkt erfahrbaren Themen (Wetter o. Ä.) ist der Effekt geringer als bei Themen, die aus erster Hand kaum erlebt werden können (Kriege im Ausland o. Ä.). Auch hier sind Gesundheitsthemen prädestiniert, um weitergegeben zu werden. Unterschiede erwachsen außerdem aus der Art des Mediums: Fernseh-Berichter-stattung hat einen eher kurzfristigen Scheinwerfer-Effekt, während Berichterstattung der Printmedien zu langfristigem Agenda-Setting führt.

Für den Wirkungsverlauf des Agenda-Setting-Prozesses existieren sechs Modelle:

1. **Kumulationsmodell:** Eine Intensivierung der Berichterstattung führt direkt zu einer höheren Platzierung des Themas auf der Publikumsagenda.
2. **Schwellenmodell:** Damit ein Thema auf die Publikumsagenda gelangt, ist ein Min-destmaß an Berichterstattung nötig.
3. **Beschleunigungsmodell:** Die Bevölkerung reagiert überdurchschnittlich schnell und intensiv auf die Medienthematisierung.
4. **Trägheitsmodell:** Wenn ein Thema eine gewisse Wichtigkeit auf der Publikumsagen-da erreicht hat, sind Steigerungen auch durch intensivere Berichterstattung kaum zu erreichen.
5. **Echomodell:** Ein Thema bleibt länger auf der Publikumsagenda als auf der Medien-agenda.
6. **Spiegelungsmodell:** Die Publikumsagenda bestimmt die Medienagenda (Kontrapunkt zum Agenda-Setting-Ansatz).

Anhänger der Agenda-Setting-Theorie gehen von starken Medien aus: Die Medien kontrollieren, mit welchen Themen sich die Menschen beschäftigen (Kontrollhypothese).

Sprich, das Publikum übernimmt die Medienagenda. Genau entgegengesetzt argumentieren die Vertreter der Spiegelungshypothese: Ihnen zufolge spiegeln die Medieninhalte lediglich das gesellschaftliche Meinungs- und Themenbild wider, die Medienagenda entsteht also aus der Publikumsagenda.

Die Weiterentwicklung der Theorie berücksichtigt vier intervenierende Variablen im Agenda-Setting-Prozess:

- **Inhaltswirkungen:** Die Wirkungsintensität ist abhängig von der Sensibilisierung des Nutzers für ein Thema. Persönliche Betroffenheit unterstützt den Agenda-Setting-Prozess.
- **Nutzungswirkungen:** Neue Themen wirken besonders stark bei sensibilisierten Nutzern. Bereits eingeführte Themen wirken eher bei wenig sensibilisierten Nutzern.
- **Bindungswirkungen:** Media-Dependenz (Nutzung nur eines einzigen Mediums) erhöht den Agenda-Setting-Effekt.
- **Kontextwirkungen:** Der Einfluss der Umwelt auf die Publikumsagenda ist immer stärker als der Einfluss der Medien.

Ray Funkhousers Studie „Issues of the 60s" (Funkhouser 1973) ergänzt das Forschungsdesign für Agenda-Setting-Studien um die Kontrollgröße „Realität". Diese geht über statistische Daten o. Ä. in die Untersuchung ein. Seine Untersuchung stützt im Wesentlichen die Studie von McCombs und Shaw (1972) bezüglich der Korrelation von Medienagenda und Publikumsagenda. Außerdem konnte Funkhouser nachweisen, dass die Medien nicht die tatsächlichen Probleme der Wirklichkeit widerspiegeln. „Die Nachrichtenmedien vermittelten kein zutreffendes Bild von dem, was in der Gesellschaft während der 60er Jahre passierte." (zitiert nach Funkhouser 1973) Die Berichterstattung ging entweder der Entwicklung voraus oder ließ keinen Zusammenhang mit ihr erkennen. Funkhouser wies demnach eine starke Diskrepanz zwischen Medien- und Publikumsagenda und der tatsächlichen Realitätsentwicklung nach und zeigt hier den Spielraum der Unternehmenskommunikation. Dies gilt auch für das Krankenhaus.

9.1 Second-Level-Agenda-Setting – Framing und Priming

Ursprünglich beschäftigte sich der Agenda-Setting-Ansatz vorwiegend mit der Vermittlung von Themenwichtigkeit durch die Medien. Mittlerweile ist jedoch auch die Wirkung auf Einstellungen und Verhalten des Publikums in das Konzept integriert worden. Dies wird unter dem Begriff „Second-Level-Agenda-Setting" zusammengefasst. Beim Second-Level-Agenda-Setting geht es nicht mehr um die Themensetzung der Medien an sich, sondern um das Potenzial der Medien im Hinblick auf Themenattribute. Dieses entsteht zum einen durch Framing. Darunter versteht man „the selection of restricted number of thematically related attributes for inclusion on the media agenda when a particular object is discussed" (zitiert nach McCombs et al. 1998). Medien lenken also durch Selektion, Hervorhebung und Auslassung die Aufmerksamkeit auf bestimmte Themen und Gegenstände und geben den Informationen einen Rahmen (Frame). Dies erleichtert die Einordnung einer Information für den Rezipienten. Durch Framing werden bestimmte Aspekte betont, während andere in den Hintergrund treten. So werden dem Leser/Hörer auch bestimmte Bewertungen eines Themas besonders nahegelegt: „To frame is to select some aspects of a perceived reality and make them more salient in a communicating text, in such a way to promote a particular problem definition, causal interpretation, moral evaluation and/or treatment recommendation" (zitiert nach McCombs et al. 1998). Ein weiteres Konzept, das unter dem Stichwort „Second-Level-Agenda-Setting" verortet wird, ist „Priming". Das Konzept beschreibt, dass Medieninhalte früher aufgenommene Informationen zu einem vermittelten Thema im Gedächtnis des Publikums wieder an die erste Stelle rücken.

Diese Theorien zeigen vor allem die heute sehr enge Beziehung zwischen interner und externer Kommunikation, also der integrierten Unternehmenskommunikation, die sich immer mehr auch im Krankenhaus durchsetzt. Sie umfasst Analyse, Planung, Organisation, Durchführung und Kontrolle (Management) der gesamten internen und externen Kommunikation mit dem Ziel, eine konsistente und aufeinander abgestimmte Unternehmenskommunikation zu gewährleisten.

Praxisbeispiel

Ein größeres Krankenhaus im deutschsprachigen Raum hat vor einigen Jahren ein Brustzentrum neu aufgebaut. Dies wurde von langer Hand geplant, da strategisch wichtig, und die leitenden Ärzte wurden zur 6- bis 12-monatigen Weiterbildung in ausländische Topkliniken geschickt, um gezielt ihre Spezialkenntnisse zu erweitern. Aber gerade in den Monaten, in denen dieses Brustzentrum aufgebaut wurde, wurde in den lokalen und überregionalen Zeitungen, in Fernseh- sowie Radiosendungen immer wieder die Parkinsonbehandlung, für dieses Krankenhaus strategisch absolut unwichtig, erwähnt, ein Gebiet, auf dem der Chefarzt gerade pensioniert wurde und man mit einem neuen Chef, der noch zu wählen war, neue Akzente setzen wollte.

Dies ist selbstverständlich nahe am Kommunikations-Super-GAU eines Krankenhauses. Es zeigt aber auch, dass die Massenkommunikation über Monate im Voraus geplant und anhand einer Agenda abgearbeitet werden muss. Es zeigt, wie wichtig die Unternehmenskommunikation für das Funktionieren eines Krankenhauses auf allen Ebenen sein kann.

Die moderne Unternehmenskommunikation im Krankenhaus nutzt zahlreiche Wege, um mit den jeweiligen Zielgruppen zu kommunizieren. Die integrierte Kommunikation hat die Aufgabe, aus der Vielfalt der eingesetzten Instrumente und Maßnahmen der internen und externen Kommunikation ein in sich geschlossenes und widerspruchsfreies Kommunikationssystem zu erstellen, um ein für die Zielgruppen der Kommunikation konsistentes Erscheinungsbild über das Unternehmen bzw. über ein Bezugsobjekt des

Unternehmens (z. B. Produkte, Dienstleistungen, aber auch Ideen oder Meinungen) zu vermitteln.

Daraus entwickelt sich ein vernetztes Kommunikationsmanagement:

- **Genaue Definition der Unternehmens-/Kommunikationsziele**
  Die Ziele sollten messbar sein (z. B. durch Umfragen), eine feste Zielgruppe ansprechen (z. B. Kunden, Mitarbeiter), zu einem bestimmten Zeitpunkt erreicht sein, einen Bezug zur kommunikativen Aufgabe haben.
- **Inhaltliche, formale, zeitliche und sprachliche Integration der Kommunikation**
  Inhaltliche Integration wird z. B. erreicht durch eine Kernbotschaft je Zielgruppe, einen Slogan für das Unternehmen, kommunikative Leitbilder.
  Formale Integration wird z. B. erreicht durch einheitliche Farben, Logo, Schrifttypen, Begrüßungsformel am Telefon, E-Mail-Absender.
  Zeitliche Integration wird z. B. erreicht durch die zeitliche Abstimmung verschiedener Kommunikationsaktivitäten.
  Sprachliche Integration wird z. B. erreicht durch ein stringentes Wording und eine bewusst gewählte Unternehmenssprache.
- **Abgestimmter Einsatz der einzelnen Instrumentarien**

9.2 Die Themenzentrierte Interaktion nach Ruth Cohn

Das Krankenhaus besteht aus tagtäglichem Arbeiten in Teams, die gerade bei einer extremen Matrixorganisation immer wieder anders sind. Die Arbeit der Psychoanalytikerin Ruth Cohn (1975) erscheint uns vor diesem Hintergrund für die Kommunikation im Krankenhaus besonders wichtig.

Die thematische interaktionelle Gruppe versucht die **Dreiheit von Ich-Wir-Es** in dynamischer Balance zu halten. In der Praxis werden den Teammitgliedern technische Regeln gegeben, die zugleich die jeweilige Arbeit und das Streben nach dem Bewusstsein von Autonomie und zwischenmenschlicher Verbundenheit fördern sollen:

- Versuche, das zu geben und zu empfangen, was du selbst geben und empfangen möchtest. (Diese Richtlinie schließt alle folgenden, die nur zu größerer Verdeutlichung gegeben werden, ein.)
- Sei dein eigener Chairman und bestimme, wann du reden oder schweigen willst und was du sagst.
- Es darf nie mehr als einer auf einmal reden. Wenn mehrere Personen auf einmal sprechen wollen, muss eine Lösung für diese Situation gefunden werden.
- Unterbrich das Gespräch, wenn du nicht wirklich teilnehmen kannst, z. B. wenn du gelangweilt, ärgerlich oder aus einem anderen Grund unkonzentriert bist. (Ein „Abwesender" verliert nicht nur die Möglichkeit der Selbsterfüllung der Gruppe, sondern bedeutet auch einen Verlust für die ganze Gruppe. Wenn eine solche Störung beho-

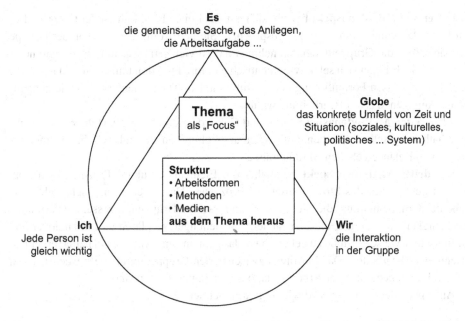

Abb. 9.2 Themenzentrierte Interaktion von Ruth Cohn. (Adam und Lachmann 2002, S. 84–97)

ben ist, wird das unterbrochene Gespräch entweder wieder aufgenommen werden oder einem momentan wichtigeren Platz machen.)

- Sprich nicht per „Man", sondern per „Ich". (Ich kann nie wirklich für einen anderen sprechen. Das „Man" oder „Wir" in der persönlichen Rede ist fast immer ein Sichverstecken vor der individuellen Verantwortung.)
- Es ist beinahe immer besser, eine persönliche Aussage zu machen, als eine Frage an andere zu stellen. (Meine Äußerung ist ein persönliches Bekenntnis, das andere Teilnehmer zu eigenen Aussagen anregt; viele Fragen sind unecht; sie stellen indirekt Ansprüche an den anderen und vermeiden eine persönliche Aussage.)
- Beobachte Signale aus deiner Körpersphäre und beachte Signale dieser Art bei den anderen Teilnehmern. (Diese Regel ist ein Gegengewicht gegen die kulturell bedingte Vernachlässigung unserer Körper- und Gefühlswahrnehmung.)

Die thematische interaktionelle Methode beruht auf der Einsicht, dass die Menschen zwar Tatsachen und Zusammenhänge allein mit dem Denken erfassen können, dass jedoch sinnvolles Lernen den ganzen Menschen als psychosomatisches – daher auch gefühlsbetontes und sinnliches – Wesen betrifft. Die gegebenen Regeln und Richtlinien versuchen, den ganzen Menschen, Gefühle und Gedanken, Gegenwart, Vergangenheit und Zukunft mit einzubeziehen (siehe Abb. 9.2).

Auf der Methodenebene formuliert Cohn drei Methoden, die für die Arbeit der TZI typisch sind:

Der **erste Methodenaspekt** bezieht sich auf das Leiten bzw. Führen der Gruppe. Hier wird von Partizipierender Methode gesprochen. Sie betrifft die Chairperson der Gruppe und sie selbst; die Gruppenleitenden nehmen nur so viel Verantwortung wahr, wie nötig erscheint. Sie bringen sich selektiv-authentisch ein. Ihre Funktion umfasst u. a. das Finden des Themas, dessen Formulierung und Einführung. Das Thema heißt so viel wie gemeinsames Anliegen, das auf Bearbeitung wartet.

Als **zweiten Methodenaspekt** formuliert Cohn, dass drei Faktoren (Ich, Wir, Es, s. u.) innerhalb des gesellschaftlichen, politischen und kulturellen Umfelds (Globe) in einer dynamischen Balance gehalten werden müssen.

Der **dritte Methodenaspekt** beinhaltet die Elemente Struktur, Prozess, Vertrauen. Hierbei geht es um das Strukturieren des Prozesses. Das ist eine anspruchsvolle Aufgabe der Gruppenleitung, die nicht nur Kenntnisse der Gruppenprozesse, sondern auch die Fähigkeit haben muss, diese zu steuern, Beziehungen zu klären und in kreativer und einfühlsamer Weise Anstöße zu geben sowie das gemeinsame Anliegen (Thema) ergebnisorientiert zu bearbeiten. Das Vertrauen zwischen den Gruppenmitgliedern wächst, wenn die Strukturen gemeinsamer Arbeit situationsgerecht und human sind.

Auf Ebene der Faktoren wird wie folgt argumentiert:

1. **Faktor: Ich (die Person):** Unsere eigenen Bedürfnisse, Wünsche, Ziele, Fähigkeiten und Grenzen müssen wir wahrnehmen; wir müssen uns ihrer „in Verantwortung uns selbst und anderen gegenüber bewusster werden, um persönlicher und ganzheitlicher entscheiden zu können" (zitiert nach Cohn 1975).
2. **Faktor: Wir (die Gruppe):** Auch den anderen Mitgliedern der Gruppe müssen wir die Selbstführung zubilligen. So konstituieren die miteinander agierenden Ichs die Gruppe.
3. **Faktor: Es (das Thema):** Hiermit ist die als relevant erkannte gemeinsame Aufgabe gemeint, die mehr oder weniger genau zu Beginn des Prozesses bereits vor Augen steht und die Gruppenmitglieder als Anliegen verbindet.

Da allen Faktoren eine gleichwertige Bedeutung zugesprochen wird, geht es darum, sie stets in ein dynamisches Gleichgewicht zu bringen. Das ist Grundlage des TZI-Prozesses und Aufgabe der Leitung. Neuere Forschungen gehen sogar noch weiter und zeigen die partizipierende Leitung (Shared Leadership) bei beispielsweise der Integration von Change-Elementen im Krankenhaus – ein spannender Ansatz.

… Fassen wir zusammen

Im Zeitalter von Big Data nehmen die Informationen eine immer wichtigere Rolle ein, nicht zuletzt in der Führung. Transparenz und die Beschränkung auf das Wesentliche gehören dabei wohl zu den wichtigsten Merkmalen. Informationen müssen und sollen auch immer interpretiert und gewertet werden; hier hat eine moderne Führungskraft auch wirklich die notwendigen Kenntnisse vorzuweisen. Hierbei hat sich die „Diversity" als der Schlüssel zum Erfolg erwiesen. Die vorgestellten Modelle helfen Ihnen zu verstehen, was Massenkommunikation bedeutet und wie sie wirkt. Dabei sehen wir Massenkommunikation durchaus im weiteren Sinn, also auch innerhalb einer Organisation oder z. B. zwischen den Abteilungen eines Krankenhauses.

Literatur

Adam, Gottfried/Lachmann, Rainer (Hrsg.), Methodisches Kompendium für den Religionsunterricht 2 – Aufbaukurs, Göttingen 2002, 84–97.

Assmann, Martin. de.wikipedia.org/wiki/Datei:Feldmodell_der_Massenkommunikation.gif. Zugegriffen: 20.06.2015.

Cohen, B. (1963). *The press and foreign policy*. Princeton: Princeton University Press.

Cohn, R. (1975). *Von der Psychoanalyse zur Themenzentrierten Interaktion*. Stuttgart: Klett-Cotta.

Funkhouser, G. (1973). The issues of the sixties: An exploratory study in the dynamics of public opinion. *Public Opinion Quarterly, 37*, 62–67.

Maletzke, G. (1963). *Psychologie der Massenkommunikation*. Hamburg: Verl. Hans Bredow-Institut.

McCombs, M., & Shaw, D. (1972). The agenda-setting function of mass media. *Public Opinion Quarterly, 36*, 176–187.

McCombs, M. E., Llamas, J. P., Lopez-Escobar, E., & Rey, F. (1998). Candidate's images in Spanish elections: Second-level agenda-setting effects. *Journalism & Mass Communication Quarterly, 74*(4), 703–717.

Weiterführende Literatur

Armstrong, K., et al. (2001). Using survival curve comparisons to inform patient decision making can a practice exercise improve understanding? *J Gen Intern Med, 16*, 482–485.

Baller, G., & Schaller, B. (2009). Über die Kraft der Spiegelneuronen. Warum es so wichtig ist, eine gute Führungskraft zu sein. *Deutsches Ärzteblatt, 49*, A2483.

Baller, G., & Schaller, B. (2013). *Praxishandbuch für Ärzte im Krankenhaus*. Stuttgart: Georg Thieme Verlag.

Baller, G., & Schaller, B. (2013). Führung wird anspruchsvoller. *Nahdran, 2*, 34–36.

Baller, G., Huber, T., & Schaller, B. (2010). Was vielen gefallen soll, muss von vielen gestaltet werden. Changemanagement-Projekte scheitern aus vielen Gründen. Gelingen tun sie aus den gleichen. *das krankenhaus, 8*, 743–747.

Cohn, E., & Larson, E. (2007). Improving participant comprehension in the informed consent process. *J Nurs Scholarsh, 39*, 273–80.

Doak, C. C., Doak, L. G., Friedell, G. H., & Meade, C. D. (1998). Improveing Comprehension for Cander Patients with Low Literacy Skills: Strategies for Clinicans. *CA Cancer J Clin, 48*, 151–162.

Edwards, A. G. et al. (2008). *Personalized risk communicatin for informed decision making about taking screening tests*. Oxford, UK: Wiley Group.

Lasswell, H. D. (1948). The Structure and Function of Communication in Society. In Bryson, & Lyman (Hrsg.), *The Communication of Ideas. A Series of Addresses* (S. 32–51). New York: Harper and Row.

Van der Meulen, N., et al. (2008). Interventions to improve recall of medical information in cancer patients: a systematic review of the literature. *Psycho-Oncology*, *17*, 857–868.

Schaller, B., & Baller, G. (2007). In varietate concordia oder Abrechnungsmentalität unter Kollegen. *Schweizerische Ärztezeitung*, *88*, 1641–1643.

Schaller, B., & Baller, G. (2007). Moderne ärztlich-kollegiale Kommunikation im Gesundheitswesen. *Schweizerische Ärztezeitung*, *88*, 1715–1716.

Schaller, B., & Baller, G. (2007). Organisationsentwicklung im Gesundheitswesen. Der Stellenwert der Kommunikation. *Schweizerische Ärztezeitung*, *88*, 2091–2092.

Schaller, B., & Baller, G. (2008). Der Zusammenhang zwischen guter Kommunikation und Qualität. *das krankenhaus*, *02*, 140–142.

Schaller, B., & Baller, G. (2009). Führen heißt auch informieren. *Kommunikation im modernen Change Management Nahdran*, *3*, 30–33.

Schillinger, D., et al. (2003). Closing the loop – physician communication with diabetic patients who have low health literacy. *Arch Intern Med*, *163*, 83–90.

Turner, P., & Williams, C. (2002). Informed consent: patients listen and read, but what information do they retain? *N Z Med J*, *115*, 218–225.

Watson, P. W., & McKinstry, B. (2009). A systematic review of interventions to improve recall of medical advice in healthcare consultations. *J R Soc Med*, *102*, 235–243.

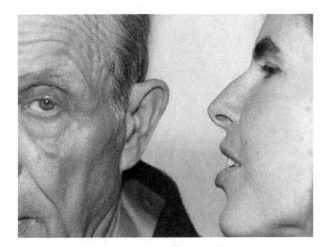

In diesem Teil möchten wir Ihre Aufmerksamkeit auf spezielle Formen der Kommunikation im Krankenhaus lenken. Verständigung ist lebensnotwendig für alle sozialen Wesen; über Kommunikation wird Gemeinsamkeit hergestellt und gesichert, Austausch herbeigeführt. Es lassen sich dadurch spürbare Verbesserungen im Umgang mit den Patienten, aber auch im Arbeitsumfeld der Beschäftigten erreichen. Wenn Kommunikation zielgerichtet ist, wie im Falle der Führung von Mitarbeitern, können Sie mithilfe von Arbeits- und Dienstanweisungen führen oder direkt durch Kommunikation.

Kommunikation als Führungsinstrument

Führen bedeutet in erste Linie kommunizieren, miteinander sprechen, zuhören und reden. Führung ohne Kommunikation funktioniert nicht. Zur Lösung von Sachproblemen, bei Entscheidungsfindungen, zur Gestaltung der Zusammenarbeit und in der Personalführung und bei Konflikten bedarf es entsprechender funktionaler und zweckgerichteter Kommunikation: Sachverhalte werden als „Nachrichten" und Aussagen gesendet und empfangen. Zudem ist die Kommunikation hierarchisiert, d. h., machthöhere Personen bestimmen, was und wie viel sie wem mitteilen. Auch entscheiden die Vorgesetzten darüber, wann und wo und mit welchen Regeln gesprochen wird.

Kommunikation und Information sind sowohl Bindeglied innerhalb eines Unternehmens als auch notwendige Verbindung nach außen zu den Kunden und Märkten. Kommunikation hat die Aufgabe, Informationen zu verteilen, aber auch Vertrauen innerhalb der Organisation zu schaffen. In den vorhergehenden Kapiteln wurde immer wieder versucht, den Gesamtzusammenhang von Kommunikation aufzuzeigen, welche zu Emergenz führt, die Kultur beeinflusst oder die Strategie bis auf Mitarbeiterebene transportiert, um nur einige wichtige Funktionen zu nennen.

Aus Führungssicht lässt sich eine erfolgreiche Kommunikation aber nicht anordnen, sie muss vor allem vorgelebt werden. Eine Führung, die sich lediglich hinter ihrer Fachkompetenz verschanzt, kann nicht als Multiplikator in der Öffentlichkeit erfolgreich sein. Das heißt, auch für die Kommunikation muss ein Teil des Arbeitstages reserviert werden. Das Geschick besteht letztlich darin, für die richtige Zielgruppe die geeignete Form der Kommunikation (im Kommunikationsmix) hinsichtlich der zu übermittelnden Informationen (im Informationsmix) zu finden. Im Folgenden zeigen wir einige Beispiele für Kommunikation in der Führung.

© Springer-Verlag Berlin Heidelberg 2017   131
G. Baller und B. Schaller, *Kommunikation im Krankenhaus*,
DOI 10.1007/978-3-642-55326-4_10

10.1 Gespräche führen

Als Führungskraft ist „Gespräche führen" wohl das wichtigste tagtägliche Führungsinstrument im Krankenhaus – und das wohl gleichzeitig am meisten unterschätzte Instrument.

Phase	1	2	3	4
	– Emotionen – Beziehungspflege	– Transparenz – Ausgangslage	– Lösung – Reine Sachebene	– Controlling – Zusammenfassung
Ziel	Emotionen abbauen (unabdingbare Voraussetzung)	– Klarheit schaffen – Wahrnehmung überprüfen	Lösung	Abschluss
Instrumente	– Offenheit – Paraphrasieren – Aktiv Zuhören – Gefühle visualisieren – Aussagen spiegeln	– Fragen stellen – Wirksam Fragen (offene Fragen) – Paraphrasieren – Rollenklärung – Feedback geben – Aktiv Zuhören – Visualisieren	– Lösungen suchen – Alternativen entwickeln – Kompromisse – Brainstorming – Vorschläge machen – Visualisieren	– Zusammenfassung – Nächste Schritte definieren – Kontrollmechan. etablieren – Kontrollmechan.
Wirkung/ Voraussetzung	– Druck lösen – Dampf ablassen – Emotionen abbauen – Verständnis zeigen – Rapport erstellen – Schwierigste Phasen	– Informationen auf den … Tisch – Zuhören – Unsicherheiten klären – Position und Ziele klären – Bestätigung	– Auch kreative Ansätze … finden – Win-win anstreben	– Beziehungsebene … pflegen – Sicherstellung des … Ergebnisses

Über Gespräche mit den Mitarbeitern findet eine Informationsdiffusion statt, die Sie sonst nur schwerlich erreichen können. Im Weiteren können Sie dadurch insbesondere auch Ihre (Abteilungs-)Kultur implementieren und ebenfalls das normative Management beeinflussen. Kommunikation ist daher ein zentraler Aspekt des Managements. Im Rahmen eines solchen Settings hat es sich bewährt, Gespräche in vier Phasen zu unterteilen, die jede unterschiedliche Ziele und Instrumente beinhaltet.

Es gibt nicht *die* Gesprächsführung – wir müssen unseren eigenen Stil entwickeln und das Gesprächeführen ein Leben lang anwenden und reflektieren – denn die Gesprächsführung entwickelt sich parallel zu uns. Carl Rogers (1993) fand heraus, dass drei **Voraussetzungen für eine (gelungene) Gesprächsführung** gegeben sein müssen:

- Annahme und Wertschätzung,
- Empathie,
- Selbstkongruenz.

Viele weitere Aspekte der Gesprächsführung finden sich in den verschiedenen Kapiteln dieses Buches, eben auch weil es nicht *die* richtige Gesprächsführung gibt. Besonders wichtig scheint uns aber, dass man Gesprächsführung als integrales Führungsinstrument begreift.

10.2 Kommunikationsmuster

Im Human Dynamics Laboratory des MIT wurden in umfangreichen wissenschaftlichen Untersuchungen Faktoren ermittelt, die entscheidenden Einfluss auf den Erfolg von Teams haben (Pentland 2012). Wesentliche Erkenntnis war, dass erfolgreiche Teams besondere Kommunikationsmuster aufweisen:

- Ausgewogenheit von Reden und Zuhören
- Kurze und prägnante Beiträge
- Einander zugewandte lebhafte Gesprächspartner
- Suche nach direktem Kontakt untereinander
- Starker informeller Austausch außerhalb der offiziellen Teamstrukturen
- Informationssuche auch außerhalb des Teams
- Rückführung der Erkenntnisse ins Team

Das MIT kommt sogar zu dem Ergebnis (Pentland 2012), dass Kommunikationsmuster deutlich größeren Einfluss auf den Teamerfolg haben als Intellekt, Talent oder ähnliche Eigenschaften der Teammitglieder zusammen.

In etwas anderem Zusammenhang, nämlich bei Sitzungsteams, sind gewisse, nicht weniger wichtige Kommunikationsmuster zu erkennen. Sitzungs- und Workshopteilnehmer lassen sich je nach Kommunikationsmuster grob in acht Kategorien einordnen, die zu erkennen für den Moderator eines Teams hilfreich ist:

- Der positiv eingestellte Teilnehmer
- Der Redselige
- Der Dickfellige
- Der Streitsüchtige
- Der Alleswisser
- Der Ablehnende
- Der Erhabene
- Der Ausfragende

Während der Moderator den *Positiven* zur konstruktiven Mitarbeit anregen sollte, muss der *Redselige* bei Bedarf geschickt in seinem Redefluss unterbrochen werden. Während der *Dickfellige* zur Teilnahme an der Diskussion durch provokante Fragen animiert werden muss, darf dem *Streitsüchtigen* nicht der Raum für Kleinkriege gelassen werden. Der *Alleswisser* sollte daran gehindert werden, anderen das Wort zu nehmen, und der *Ablehnende* sollte zu positiven und konstruktiven Ideen angeregt werden. Der *Erhabene* muss sich Gedanken über die aktuellen Probleme machen, und der *Ausfrager* soll auch selbst Farbe bekennen und eigene Meinungen äußern. Hierzu dienen insbesondere die *Fragetechniken* des Moderators. Solche Muster stellen immer auch eine Vereinfachung der Wirklichkeit dar. Dessen muss man sich als Führungskraft gewahr sein. Gleichwohl helfen solche Vereinfachungen, gerade mit Menschen, die man nicht allzu gut kennt, umzugehen.

10.3 Widerstände und Ängste

Menschen haben eine unterschiedliche Kapazität, sich mit Unbekanntem zu beschäftigen. Ab einem bestimmten Punkt neigt jeder Mensch dazu, sich nicht mehr mit einem Problem oder einer Herausforderung befassen zu wollen. Es werden dann häufig neue Bedürfnisse wie Hunger/Durst entwickelt, um von dem eigentlichen Thema abzulenken. Ebenso erzeugen Befürchtungen und Ängste Widerstände. Auf diese Widerstände muss eine Führungskraft eingehen.

Menschen arbeiten zwar offiziell „kopfgesteuert", also „rational"; in der Realität, und hier besonders in der Zusammenarbeit mit anderen Menschen in einem Team, spielt aber die emotionale Ebene eine sehr wichtige Rolle (siehe Abb. 10.1). Das muss eine Führungskraft berücksichtigen. Das Arbeiten mit der Zukunft, dem Neuen, Unbekannten erzeugt bei fast allen Menschen Ängste. Auch die Befürchtung oder Erwartung negativer Konsequenzen aus einem Workshop bzw. einer Besprechung für die eigene Arbeit kann zu Angstreaktionen führen. Ebenso die Angst, Fehler zu machen oder sich eine Blöße zu geben, kann Menschen in Gruppensituationen dazu bringen, jede ihrer Äußerung zuerst

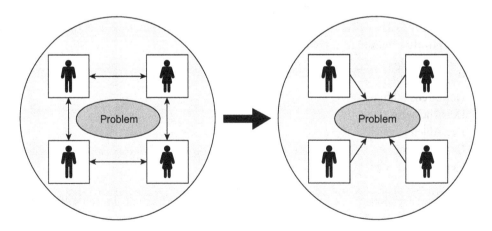

Abb. 10.1 Status- versus problemorientiertes Gespräch. (Linneweh 1984)

durch einen dicken Filter sozialer Abwägungen und Vorsichtsmaßnahmen laufen zu lassen.

Aus den Ängsten resultiert besonders zu Beginn der Teamarbeit eine statusorientierte Kommunikation. Das heißt, dem ranghöchsten Anwesenden wird automatisch die meiste Redezeit eingeräumt, er wird seltener unterbrochen, und setzt dieser Ranghöchste umgekehrt zu einem Kommentar an, werden andere Gesprächsbeiträge sofort unterbrochen. Die Aufgabe eines Moderators ist es, diese Statusorientierung abzubauen und stattdessen eine problemorientierte Offenheit zu fördern.

Dafür stehen der Führungskraft wiederum einige Techniken bzw. Beeinflussungsmöglichkeiten zur Verfügung. Sie kann z. B. bei „heiklen" oder vertraulichen Themen die Arbeit vom Plenum in Untergruppen verlagern, da dort offenherziger gesprochen wird und schweigsame Teilnehmer besser integriert werden können. Sie kann aber auch durch schriftliches Abfragen bzw. Sammeln von Themen und Ideen dafür sorgen, dass sich die Teilnehmer auch im Plenum „gleichberechtigt-anonym" einbringen können.

Sind die Widerstände der Teilnehmer so ausgeprägt, dass sie eine spürbar angespannte Atmosphäre in der Gruppe verursachen, kann ein direktes Ansprechen und eine Klärung der Situation sowie ihrer Ursachen Wunder wirken und den Grundstein zur Etablierung einer offenen und konstruktiven Diskussion bilden.

Die Kunst besteht darin, als Führungskraft möglichst frühzeitig einzuschätzen, ob starke Ängste und Widerstände in einer Gruppe vorherrschen, und im Bedarfsfall darauf einzugehen. Frühindikatoren für Widerstände und atmosphärische Störungen sind nachfolgend dargestellt (siehe Abb. 10.2).

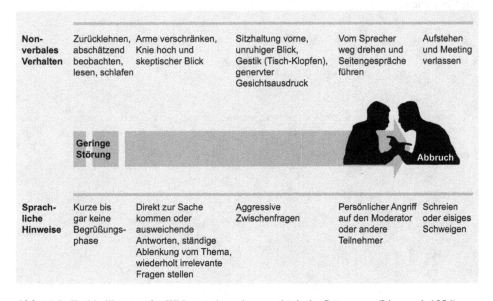

Abb. 10.2 Frühindikatoren für Widerstände und atmosphärische Störungen. (Linneweh 1984)

Als **Hauptregel für den Moderator von Teamsitzungen** gilt daher:

Störungen haben Vorrang
Störungen blockieren den Kommunikationsprozess und behindern die Sitzung bzw. die Zusammenkunft. Eine Störung, wenn nicht gelöst, wird meist in negative Emotionen umgewandelt und hält den oder die Betreffenden von einem „normalen" Weiterarbeiten ab. Eine vorrangige Beseitigung der Störungen ist deshalb sinnvoll, um eine dauerhafte Beeinträchtigung der Teamarbeit zu verhindern.

10.4   Kommunikation und die Wirkung auf unser Gegenüber – Wenn Stärken zu Schwächen werden

Wir nehmen die gleichen kommunikativen Eigenschaften bei uns selbst anders wahr, als dies unser Gegenüber empfindet. Kommunikation ist Wirkung, nicht Absicht. Wenn Sie die Absicht haben, eine attraktive Dame oder einen sympathischen Herrn für sich zu gewinnen, dies aber nicht gelingt, entspricht die Wirkung eben nicht Ihrer Absicht. Damit war alle Mühe umsonst. Sie können viel wollen. Wenn der Kommunikationspartner darauf nicht einsteigt oder Ihr Bestreben anders interpretiert, haben Sie das Kommunikationsziel verfehlt.

Wenn wir nun der Meinung sind, wir drücken uns beim Sprechen präzise oder vorsichtig aus, so kann das beim Gesprächspartner eben auch als reserviert oder misstrauisch wahrgenommen werden. Ihr Kommunikationsziel wurde nicht erreicht, wie in den folgenden Beispielen:

Ich bin der Meinung, ich kommuniziere:	Das kann auch so wirken:
vorsichtig	Misstrauisch
präzise	Reserviert
besonnen	Kalt
hinterfragend	Unentschlossen
formal	Steif

Ich bin der Meinung, ich kommuniziere:	Das kann auch so wirken:
fordernd	Aggressiv
entschlossen	Beherrschend
willensstark	Intolerant
zielgerichtet	Antreibend
sachorientiert	Anmaßend
selbstbewusst	Arrogant

Ich bin der Meinung, ich kommuniziere:	Das kann auch so wirken:
begeisternd	Hektisch
offen	Indiskret
überzeugend	Übertreibend
redegewandt	Extravagant

Ich bin der Meinung, ich kommuniziere:	Das kann auch so wirken:
vertrauensvoll	Naiv
ermutigend	Bedrängend
mitfühlend	Heuchlerisch

Die gleichen Eigenschaften können also positiv wie negativ empfunden werden. Und das ist eine wichtige Erkenntnis: Jede Ausprägung hat zwei Seiten, je nachdem, ob man diese Eigenschaften bei sich selbst erkennt (positive Auslegung) oder bei anderen wahrnimmt (negative Beschreibung). Allein diese Einsicht führt in vielen Fällen schon zum besseren Verständnis füreinander und erleichtert die zwischenmenschliche Kommunikation.

Das Wissen um die Wirkung auf andere ist insbesondere für Nachwuchsführungskräfte wichtig. Bei Personen, die sich schon lange kennen, ist dies weniger wichtig als bei Personen, die sich zum ersten Mal sehen. Erfahrene Führungskräfte haben sich daher bei wichtigen Gesprächen oft angeeignet, dass man entweder als Zwischenfazit oder bei kurzen Gesprächen am Ende kurz das Gesagte zusammenfasst und die Gegenseite bittet zu bestätigen, dass dies auch mit den von ihr wahrgenommenen Eindrücken übereinstimmt. Somit können eventuelle Missverständnisse direkt geklärt werden.

Ein substanzieller Teil der Konflikte entsteht im Alltag des Krankenhauses, weil Sender und Empfänger nicht dasselbe wahrgenommen haben. Die erfahrene Führungskraft weiß daher, wie sie auf andere wirkt und wo vielleicht gelegentlich eine zusätzliche Erklärung notwendig ist.

Praxisbeispiel

Prof. Meierhans hat selten Migräne, wirkt dann aber meist etwas mürrisch und einsil-
big, was er sonst gar nicht ist. Auch heute ist dies der Fall, an einem Tag, als ausge-
rechnet der neue Vorstandsvorsitzende der nahegelegenen Universitätsklinik kommt,
um sich vorzustellen. Die Sekretärin von Prof. Meierhans sagt im Vorzimmer zum Vorstandsvorsitzenden: „Prof. Meierhans hat heute eine starke Migräne. Er wollte aber
partout nicht nach Hause, denn er wollte Sie unter keinen Umständen versetzen."

*Der Fall ist klassisch. Eine kleine Information hilft, Missverständnisse zu vermei-
den. Wenn hier nämlich nichts gesagt wird und dann Erklärungen nachgereicht werden
müssen, so ist dies zwar möglich, aber mühsam und deutlich zeitaufwendiger und vielleicht auch nicht mehr glaubhaft.*

*Erklärungen, weshalb man heute anders ist, werden normalerweise problemlos an-
genommen. Selbstverständlich können Sie nicht bei jedem Zusammentreffen mit einer
anderen Erklärung aufwarten. Nicht selten entwickelt sich aus solchen Entschuldigungen über die eigene Unpässlichkeit eine lockere Konversation, die ein guter Einstieg
ins nachfolgende berufliche Gespräch sein kann.*

10.5   Lenkung durch Kommunikation

Worte bewirken, dass gewisse Handlungen eines Mitarbeiters bestimmt werden. Daher ist
die Grenze zwischen Beeinflussung und Manipulation fließend. Worte eines Vorgesetzten
verändern die Entscheidungsvoraussetzungen und schränken die Wahlfreiheit zwischen
den Handlungsmöglichkeiten ein, indem sie sie als wünschenswert und realisierbar oder
abzulehnend und aussichtslos darstellen. Ihren Erfolg kann diese Form der Beeinflussung
nur auf dem Hintergrund bestimmter Werthaltungen, Motive und Kenntnisse des Adressaten entfalten. Viele Instrumente spielen in eine Lenkung hinein, nicht zuletzt die oben
dargelegten Kommunikationsmuster.

Solche Überlegungen sind wichtig für Mitarbeitergespräche. Es ist darauf hinzuweisen, dass Gespräche Versprechungen und Vorleistungen darstellen, die durch eine spätere
Wirklichkeit eingelöst werden müssen. Eine „Hörer" – und damit Ihr Mitarbeiter – nimmt
nicht von jedem Sprecher jeden Wechsel auf die Zukunft an; nur wer seine Kreditwürdig-
keit bewiesen hat oder sie überzeugend darlegen kann, wird Einfluss haben.

Einflusstechniken des Mitarbeitergesprächs:
- **Das Selbstwertgefühl steigern:** Loben, emotionalisieren, Anfangserfolge erzielen las-
  sen.
- **Das Selbstwertgefühl herabsetzen:** Beeindrucken, unterbrechen, provozieren, per-
  sönlich werden.
- **Den Handlungsspielraum verringern:** Mit früheren Aussagen konfrontieren, durch
  Fragen lenken, wiederholen.
- **Vereinfachen und Patentlösungen anbieten:** Etikettieren.

In jedem Gespräch wird beeinflusst und gelenkt. Erfolg (als Durchsetzung des eigenen Willens) ist jedoch nur eine der Dimensionen, nach denen die Wirkung eines Gesprächs bewertet werden kann. Manipulation sollte dabei aber keinen Platz haben, da diese die Beziehung zwischen den Gesprächspartnern langfristig stört; Beide lernen vor allem, vor den Tricks und Täuschungsmanövern des anderen auf der Hut zu sein. Es herrscht ein Klima des Misstrauens, des gespannten Lauerns auf erneute Anzeichen der versuchten Übervorteilung. Ein geeignetes Mittel zur Überwindung solchen Misstrauens ist daher die Metakommunikation.

Exkurs: Intranet/Mitarbeiterportale

In jedem Krankenhaus gibt es eine Menge interner Informationen, Geschäftsprozesse und Kommunikationsbedarf. Die Aufgabe eines Intranets/Mitarbeiterportals ist es, den Wissensaustausch im Unternehmen zu unterstützen, Prozesse zu vereinfachen sowie die interne Kommunikation und Zusammenarbeit zu fördern. Noch vor einigen Jahren war der Begriff Intranet relativ unbedeutend. Heutzutage jedoch werden diese internen Netze immer häufiger in Organisationen genutzt.

Komplexe Strukturen vs. individuelle Informationsbedürfnisse: Dabei trifft man in kleinen wie in großen Krankenhäusern auf einige Herausforderungen. Sehr komplexe Strukturen paaren sich mit dynamischen Inhalten. Die Nutzung findet oft standortübergreifend statt oder es müssen sogar verschiedene Intranets von Verbundkrankenhäusern miteinander verknüpft und koordiniert werden. Hinzu kommt, dass die Informationsbedürfnisse der einzelnen Mitarbeiter aus den verschiedenen Abteilungen nicht gleich sind.

Inhalte – umfassend und immer aktuell: Ein interessantes und effizientes Intranet ist gut gefüllt mit gefilterten und aktuellen Informationen. Dies zu gewährleisten bedeutet ein hohes Maß an redaktioneller Pflege, welche von den Mitarbeitern des Unternehmens geleistet werden muss. Die Mitarbeiter sind also nicht nur die Zielgruppe des Intranets, sondern auch die Redakteure, die zu einer intensiven Kommunikation und Wissensmitteilung motiviert werden müssen. Für diese Aufgabe müssen entsprechende Ressourcen eingeplant werden.

Warum entscheiden sich Unternehmen trotz der hohen Anforderungen zum Betrieb eines Intranets? Die Begründung ist eindeutig:

Ein Intranet verbessert den Wissensaustausch und die interne Kommunikation in einem Krankenhaus. Es stärkt die Identifikation der Mitarbeiter mit dem Unternehmen. Es vereinfacht Geschäftsabläufe sowie deren statistische Auswertung, wie z. B. bei QM-Systemen. Es schafft mehr Transparenz bei Abläufen und Entscheidungen. Und es fördert die Zusammenarbeit auch standortübergreifend mit entfernten Zweigstellen.

Insgesamt führt ein Intranet also zu Zeitersparnis, Aktualität des Wissensstands sowie einer positiven Wirkung auf die Unternehmenskultur und die interne Kommunikation und damit auch zur Verbesserung der Kundenzufriedenheit und des Krankenhausimages.

Praktisch ergeben sich u. a. folgende Vorteile:

- Mitarbeiter werden über aktuelle Neuigkeiten gezielt informiert.

- Als zentrale Informations- und Wissensplattform für alle Mitarbeiter reduziert ein Intranet die Service- und Informationsbeschaffungskosten des Unternehmens.

- Arbeitsmittel, Vorlagen, Musterpräsentationen oder Ähnliches werden zentral bereitgestellt. So kann z. B. die Einhaltung der Corporate Identity (CI) für das gesamte Unternehmen effektiv sichergestellt werden.

- Geschäftsprozesse können automatisiert und beschleunigt werden: z. B. Terminmanagement, interne Zeiterfassung, Urlaubsanträge, Kundenbetreuung, statistische Auswertungen und viele andere Aufgaben können papierarm und stets aktuell online erledigt werden.

- Aus- und Weiterbildungskosten reduzieren sich. Die Möglichkeiten dazu sind vielseitig: Wissensdatenbanken, Experten-Foren, FAQ-Listen mit den häufigsten Fragen oder webbasierte Seminare.

- Durch eine Verknüpfung von Intranet, Extranet und Internet können verschiedene Zielgruppen gleichzeitig informiert werden. Inhalte müssen nur an einer Stelle gepflegt werden.

Erfolgsfaktoren für ein Intranet: Bei der Konzeption und Realisierung eines Intranets/Mitarbeiterportals sind bestimmte Erfolgsfaktoren zu beachten. Nur über eine effektive Informationsbereitstellung kann eine optimalen Nutzung des vorhandenen Wissens sowie die Akzeptanz des Intranets/Mitarbeiterportals erreicht werden. Wichtige Kriterien für eine effektive Informationsbereitstellung sind u. a.:

- intuitive Benutzeroberfläche mit hoher Usability einschließlich konsequentem Navigationskonzept,

- Nutzer-optimierte Informationsarchitektur, z. B. durch Bündelung gleicher Themen in einem Bereich (Aktuelles, Formulare, Anwendungen usw.),

- eindeutige, intuitive Benennung der Bereiche/Themen,

- Personalisierung, d. h. die Belieferung jeden Nutzers mit für ihn relevanten Informationen und Funktionen; Je nach Berechtigung und Interessenprofil werden dem Benutzer angepasste Menüs und entsprechender Content präsentiert,

- komfortable, intelligente Suchfunktionen,

- persönliche Favoriten/Bookmarks.

10.6 Führungsinstrument „Anerkennung und Kritik"

Vorgesetzte im Krankenhaus sollten sich bei der Anwendung des Führungsinstruments „Anerkennung und Kritik" der psychologischen Aspekte bewusst sein und entsprechend geschickt vorgehen. In erster Linie geht es darum, Mitteilungen über das Verhalten der Mitarbeiter sachlich begründet zu übermitteln. Übermäßige Kränkungen des Selbstbilds eines Mitarbeiters können vermieden werden, wenn die nachfolgenden Kommunikationsregeln beachtet werden.

Exkurs: „Zauberformel" Beziehungsmanagement
Die Kommunikation sowohl in der vertikalen als auch in der horizontalen Führung ist einerseits wichtig, geht aber auch einher mit Beziehungsmanagement. Gerade im Krankenhaus gibt es dazu einige Erfahrungsregeln:

Informationsbedürfnis nutzen: Verstärken Sie die innerbetrieblichen Beziehungen durch regelmäßige Informationen über die eigenen Aktivitäten.

Kontakt halten: Halten Sie Verbindung, indem Sie nach der Leistungserfüllung einen Zusatzservice oder ein sonstiges „Bonbon" bieten.

Nutzen Sie Erfahrungen: Führen Sie im Rahmen gemeinsamer Besprechungen regelmäßig einen Erfahrungsaustausch durch, der Ihrem Leistungsempfänger die Möglichkeit zu Beschwerden, Anregungen oder sonstigen Äußerungen gibt.

Erweisen Sie kleine Gefälligkeiten: Der Psychologe Robert B. Cialdini (2001) fand heraus, dass sich Menschen für eine positive Leistung revanchieren wollen, wobei die Höhe des Rückgeschenks keine Rolle spielt. Erbringen Sie deshalb gerade dann, wenn es nicht erwartet wird, eine Zusatzleistung, ohne dafür eine direkte Gegenleistung zu erwarten.

Bleiben Sie konsequent: Leben Sie ein gutes Beziehungsmanagement auch dann, wenn Konfliktsituationen auftreten, und „erziehen" sie Ihre „Kollegen" gleichfalls zu konsequenter Handlungsweise, bspw. bei der ebenfalls unverzüglichen und korrekten Bearbeitung Ihrer eigenen An- oder Nachfragen.

Praxisbeispiel: Kommunikation mit Mitarbeitern

Eine klare konzise Kommunikation mit den Mitarbeitern und Untergebenen führt zu weniger Missverständnissen und erhöht die Effizienz der nachgelagerten Mitarbeiter. Die nachfolgende Nachricht genügt diesen Kriterien eher nicht.

Von: Hans Muster
Gesendet: 2.10.2014 11:56
An: Susanne Müller, Heinz Meier
Betreff: Abklärung
Ich bekomme immer wieder Anrufe von unseren Stationen, die besagen, dass ihre Bestellungen mit Verspätung eintreffen. Hier muss besser auf die einzelnen Verantwortlichkeiten geschaut werden. Es ist sogar passiert, dass Bestellungen verloren gegangen sind. Wie kann so etwas überhaupt passieren? Das ist mir unbegreiflich. Das sollte sich auf keinen Fall wiederholen. Einige Abteilungen haben mich darüber informiert, dass immer wieder Lieferungen bei ihnen eingehen, die unvollständig sind und sie in der Folge fehlende Teile nachbestellen müssen. Das schadet natürlich unserem Image und für die Abteilungen ist es jedes Mal ein Mehraufwand, der mit Kosten verbunden ist. Hier müssen wir einfach besser und professioneller werden. Ich erwarte Ihre Verbesserungsvorschläge in der nächsten Zeit.

Gruß H. Muster

So wäre es besser:

Von: Hans Muster
Gesendet: 2.10.2014 11:56
An: Susanne Müller, Heinz Meier
Betreff: ACTION 1_Reklamation (Abteilung) –Sofortmaßnahmen

Im Laufe der letzten zwei Wochen haben die Reklamationen unserer Kunden (Abteilung C1, B5 und K3) zugenommen. Folgende Sachverhalte wurden bemängelt:

Bestellungen gehen verloren (!)
Lieferungen treffen verspätet ein
Lieferungen sind unvollständig

Bitte untersuchen Sie die Probleme umgehend mit Ihren Mitarbeitern und legen Sie, falls noch nicht geschehen, Verantwortliche fest. Ich benötige Ihre Rückmeldung (Gründe und Maßnahmen) bis Mo, 15.10.

Gruß H. Muster

Gerade in der Kommunikation zwischen Chef und Mitarbeitern, die an einem gemeinsamen Projekt arbeiten, entstehen Schwierigkeiten immer dann, wenn die Gesprächspartner ein Problem damit haben, Anweisungen klar zu formulieren oder Wünsche präzise zu äußern. Meistens hat daran unsere Unsicherheit Schuld oder die Angst, etwas Falsches zu sagen, den anderen zu verärgern oder zu verletzen. Aber eine sachliche und wertfreie Kommunikation, ohne zu beschuldigen, anzuklagen oder zu bewerten, führt in den allermeisten Fällen ohne Umwege zum Ziel.

Das Mitarbeitergespräch (MAG)

Das Mitarbeitergespräch (MAG) hat sich mittlerweile auch in Kliniken etabliert. Der Vorgesetzte und der Mitarbeiter geben sich hier wechselseitig Feedback. Somit gehört das MAG zu den wichtigsten Instrumenten der Führung und Personalentwicklung. Wir haben ihm deshalb ein eigenes Kapitel gewidmet.

Feedback durch Instrumente

Um Reaktionen oder Sichtweisen zu dokumentieren und wenn Gruppen Feedback geben, kann es manchmal sinnvoll sein, ein Instrument zur Darstellung von Eindrücken oder Perspektiven einzusetzen. Ein solches geeignetes Instrument ist die Skalierungsabfrage. Schreiben Sie auf ein Flipchart die Zahlen

$$1 - 2 - 3 - 4 - 5 - 6 - 7 - 8 - 9 - 10.$$

Gewertet wird von 10 sehr gut bis 1 sehr schlecht.

Die Mitglieder einer Gruppe werden aufgefordert, Rückmeldung über ein Thema zu geben. Durch Kleben von Klebepunkten oder das Setzen von (farbigen) Strichen entsteht ein Abbild der Gruppenmeinung. Das ist sehr effizient, weil es schnell und ohne Erklärung bzw. Rechtfertigung auskommen kann. Sehr effektiv ist dies auch in Meetings und Besprechungen einzusetzen, wenn eine Meetingkultur herrscht, in der Feedbackgeben erwünscht und sogar gefordert ist.

Wer das regelmäßig anwendet, kann auf diese Weise Entwicklungen dokumentieren, an die letzte Sitzung anknüpfen und daran arbeiten, die Ergebnisse konkret zu verbessern.

$$1 - 2 - 3 - 4 - 5\,XXX - 6 - 7\,XX - 8 - 9 - 10X$$

Zum anderen kann die Protokollierung von erhaltenen Informationen, beispielsweise aus der Mitarbeiter- oder Patientenbefragung, als Tabelle, Balken- oder Tortendiagramm sich als wirksames Feedback erweisen, weil es schnelle Veränderungen nach sich ziehen kann. Ein Bild sagt mehr als tausend Worte und ist deshalb mehr als ein Informationsinstrument, sondern kann Einsicht und Korrektiv sein oder sogar zu Verhaltensänderungen anregen.

Exkurs: Gesprächsstörer
Gesprächsstörer sind Verhaltensweisen, die auf Dauer effektive Gespräche verhindern und daher nicht in eine Kommunikation gehören. Die häufigsten Gesprächsstörer sind:

Von sich selbst reden: „Ich war auch schon mal in so einer Lage." „Ich kenne das nur zu gut."

Lösungen liefern, Ratschläge erteilen: „Die beste Lösung wäre, wenn Sie ..." „Versuchen Sie es doch einmal so ..." „Die Erfahrung sagt uns, dass ..."

Herunterspielen, bagatellisieren, beruhigen: „Nehmen Sie sich das nicht so zu Herzen." „Das Leben geht doch immer irgendwie weiter." „Es gibt schlimmere Dinge."

Ausfragen, dirigieren: „Ist das immer so bei Ihnen?" „Haben Sie denn schon etwas unternommen?" „Ist es das wert?"

Interpretieren, Ursachen aufzeigen, diagnostizieren: „Das sagen Sie doch nur, weil Sie enttäuscht sind." „Das sind erste Anzeichen von Überforderung." „Sie fühlen sich bestimmt dem Stress nicht gewachsen."

Vorwürfe machen, moralisieren, urteilen: „Finden Sie so etwas vielleicht in Ordnung?" „Selbstmitleid hilft jetzt wohl kaum weiter." „Ganz schlimm, so etwas!"

Befehlen, drohen, warnen: „Treiben Sie es damit nicht auf die Spitze." „Hören Sie sofort damit auf!"

Konstruktives Kritikgespräch
Als Kritikgespräch bezeichnet man diejenigen Mitarbeitergespräche, bei denen es um eine konkrete Beanstandung geht. Kritikgespräche zählen zu den schwierigsten Mitarbeitergesprächen, weil sie von beiden Seiten nicht gerade geliebt und oft lieber vermieden werden. Ein falsches Harmoniebedürfnis ist hier aber fehl am Platz. Denn dies führt dann dazu, dass erkannte Mängel nicht abgestellt werden und man sich im Laufe der Zeit damit abfindet. Deshalb sollte ein Kritikgespräch gut vorbereitet werden.

Konstruktive Kritik ist laut Duden eine Beurteilung, die auf die Erhaltung, Stärkung und Erweiterung des Bestehenden gerichtet ist und aufbauend wirkt beziehungsweise einen brauchbaren Beitrag leistet.

Wird konstruktive Kritik frühzeitig geäußert, können Sie prüfen, ob Sie auf dem richtigen Weg sind, und somit ersparen Sie sich Umwege auf dem Weg zum Ziel. Ein Gesprächspartner wirkt glaubwürdiger, wenn er seinen Überzeugungen und Gefühlen Ausdruck verleiht. Besonders in Konfliktsituationen ist es wichtig, sich zu den eigenen Gefühlen zu bekennen und diese auch offen auszusprechen. Ich-Botschaften sind daran zu erkennen, dass sie:

- in der Ich-Form gehalten sind („Ich ärgere mich jedes Mal, wenn ich das sehe."),
- Sie- oder Du-Formulierungen weglassen („Sie können aber auch nie pünktlich sein!"),
- auf „Man"-Aussagen verzichten („In so einer Angelegenheit kann man doch den Vorstand nicht aufsuchen."),
- konkrete Entscheidungen zu individuellen Persönlichkeiten treffen (nicht: „Ich könnte mir denken, dass Sie die Aufgabe übernehmen ... ", sondern: „Ich möchte, dass Sie die Aufgabe übernehmen").

Exkurs: Ich-Botschaften

Ich-Botschaften sind daher ein wirksames Mittel, nicht nur für das Feedback, sondern auch um ein Kritikgespräch zu führen und das Verhalten Ihres Gegenübers zu beeinflussen, ohne ihn zu verärgern. „Das haben Sie falsch verstanden!" gibt Ihrem Gegenüber das Gefühl, Sie sähen ihn nicht in der Lage, Ihren Ausführungen zu folgen. Besser ist: „Bitte entschuldigen Sie, da habe ich mich wohl missverständlich ausgedrückt. Ich wollte damit ausdrücken, dass ... "

Wenn Sie an Ihrem Gesprächspartner Kritik üben möchten, dann können Sie folgende Technik anwenden, die wertschätzend und respektvoll auf ihn wirkt:

Die 3-Satz-Technik, auch als **WWW-Regel** bekannt (**Wahrnehmung, Wirkung, Wunsch**).

✓ „Mir ist aufgefallen, dass ... " Damit teilen Sie Ihre **Wahrnehmung** mit

✓ „Das führt bei mir dazu, dass ... " Damit erklären Sie die **Wirkung**, die das Gesagte auf Sie hat.

✓ „Wie können wir das in Zukunft vermeiden?" Das ist der **Wunsch**, den Sie an den Sprecher haben und der die Verantwortung für eine Lösung auf Sie beide verteilt.

Auf diese Art und Weise bekunden Sie Ihrem Gegenüber Respekt und nehmen seine Aussagen ernst, so dass ein konfliktfreies Klima gegenseitiger Achtung entsteht.

Im englischsprachigen Raum kommt dabei die sogenannte **SEED-Regel** zum Einsatz:

✓ Set the stage (Kontext überprüfen),

✓ Explain your view (erklären Sie Ihre Beobachtungen),

✓ Explore the other person's point of view (versuchen Sie, Ihr Gegenüber zu verstehen),

✓ Determine next steps (legen Sie eine Vorgehensweise und erste Schritte fest).

Alle eben genannten Modelle bieten unterschiedliche Erklärungsversuche, stellen Kommunikation aus unterschiedlichen Blickwinkeln dar. Aber wahrscheinlich nur in ihrer Gesamtheit fördern sie ein tiefes Verständnis des Kommunikationsvorgangs und seiner Inhalte.

Das Hauptziel eines Kritikgesprächs ist die Beseitigung des Anlasses der Kritik und nicht die Schuldzuweisung. Vor allem versuchen Sie, mit Ihrem Gegenüber eine gemeinsame Lösung zu erarbeiten, Wege zur Lösung zu finden. Schließen Sie das Gespräch positiv, das heißt mit einer Ermutigung, ab.

Praxisbeispiel

Eine langjährige Sekretärin, die jahrelang zu den Stützen Ihres Sekretariats gehört hat, weist seit einem Jahr einen frappanten und kontinuierlichen Leistungsabfall auf. Sie entschließen sich, das Gespräch zu suchen, das in angenehmer Atmosphäre stattfindet. Es zeigt sich, dass eine Kränkung der Sekretärin stattgefunden hat, die ihr die Motivation genommen hat, die Fehler der anderen immer wieder auszubessern.

Sie selbst sind überrascht, welche Wendung das Gespräch genommen hat.

Aus Kritikgesprächen können Sie als Vorgesetzter immer viel lernen. Wenn Sie wirklich aktiv zuhören, erkennen Sie, wie Maßnahmen und Ziele bei den Mitarbeitern ankommen, gerade wenn es Probleme gibt. Es kommt aber auch immer einmal vor, dass ein Gespräch eine unerwartete Wendung nimmt. Da darf man durchaus ein zeitnahes Folgegespräch (z. B. am nächsten Tag) vereinbaren. Gelegentlich lohnt es sich, dem Mitarbeiter Hausaufgaben mitzugeben: „Überlegen Sie sich doch bis morgen, wie aus Ihrer Sicht eine gute Lösung aussehen sollte." Wichtig ist dabei, dass Sie als Führungskraft immer die Zügel in der Hand behalten. In solchen komplexeren Situationen darf man sich durchaus auch als Führungskraft besprechen; beispielsweise mit der Personalabteilung oder anderen Abteilungen. Grundsätzlich gilt aber, wenn es um Leistungsschwankungen geht, gerade bei langjährigen Mitarbeitern, nicht zu dramatisieren, denn sonst demotivieren Sie und das kann die Leistungen weiter beeinträchtigen. Gewisse Schwankungen über die Jahre sind normal, Sie als Führungskraft müssen aber das Schiff auf Kurs halten. Es braucht sehr viel Fingerspitzengefühl und individuell angepasste Kommunikation.

Leitfaden für Kritikgespräche

1. **Vorbereitung**
   - Wählen Sie einen günstigen Zeitpunkt
   - Suchen Sie einen störungsfreien Raum
   - Kündigen Sie das Gespräch an
   - Listen Sie Beobachtungen und Feststellungen auf
   - Konkretisieren Sie die Beanstandungen
2. **Eröffnung**
   - Höflich begrüßen
   - Angemessen freundlich sein
   - Entspannenden Einstieg wählen
   - Gesprächsart und Ziel verdeutlichen
   - Auf Offenheit und konstruktiven Verlauf hinweisen

3. **Beanstandung**
   - Sachverhalt aus eigener Sicht wertfrei schildern
   - Kritikpunkte sachlich darlegen
   - Auswirkungen des Problems und deren Ausmaß beschreiben
4. **Stellungnahme**
   - Mitarbeiter zu freimütiger Stellungnahme auffordern
   - Ursachen für gegebenen Sachverhalt erfragen
   - Aufmerksam zuhören und gegebenenfalls Notizen machen
   - Unklares, Lückenhaftes, oder Unlogisches klären lassen
   - Diskretion zusichern

Falls die Beanstandungen haltlos sein sollten, brechen Sie das Gespräch an dieser Stelle ab. Falls doch, fahren Sie mit 5. fort.

5. **Bewertung**
   - Soll- und Ist-Zustand beschreiben und gegenüberstellen
   - Selbsteinschätzung des Mitarbeiters einholen
   - Die Beanstandungen selbst beurteilen
6. **Vereinbarung**
   - Mitarbeiter um eigene Lösungsvorschläge bitten
   - Gegebenenfalls ergänzende oder alternative Vorschläge machen
   - Mut machen, erforderlichenfalls Unterstützung anbieten
   - Kontrolle Absprachen treffen (was, wann, wie)
   - Anerkennung für die Mitarbeit aussprechen
7. **Abschluss**
   - Gesprächsergebnis und Verlauf würdigen
   - Grundsätzliche Wertschätzung zum Ausdruck bringen
   - Positive, optimistische Erwartungen äußern
   - Bei heftigem Verlauf versöhnlichen Ausklang schaffen
   - Höfliche und angemessen freundliche Verabschiedung

Konstruktiv kritisieren heißt, auch in Kritikgesprächen aufzubauen und zu fördern. Das erreichen Sie, wenn Sie die Kritik mit einem vorläufigen Lösungsvorschlag verbinden.

Kritik hat das Ziel, eine Veränderung zu bewirken; Schwachpunkte sollen ausgeräumt werden. Wie soll es weitergehen? Streben Sie möglichst eine einvernehmliche Lösung an. Halten Sie sie als terminierte Zielvereinbarung schriftlich fest. So unterstreichen Sie die Verbindlichkeit. Gleichzeitig sorgen Sie dafür, dass für beide Seiten eindeutig feststeht, was vereinbart wurde.

Ihr Mitarbeiter wird Ihre Vereinbarung nur ernst nehmen, wenn er merkt, dass Sie Interesse an einer Problemlösung zeigen. Machen Sie eine anerkennende Bemerkung, wenn Sie Schritte der Umsetzung beobachten. Treffen Sie sich auf jeden Fall zum vereinbarten Zeitpunkt, um die Zielerreichung zu überprüfen.

Konstruktive Kritikgespräche werden oft unterschätzt. Man kann diese sehr formal gestalten, dies ist sicherlich bei ernster Kritik angebracht. Andererseits können Kritikgespräche oft auch (besser) eher etwas informeller geführt werden. Hier braucht es das sprichwörtliche Fingerspitzengefühl.

10.7 Fragen mit Antworten ohne Informationswert

Fast jeder stellt diese Fragen und glaubt der daraus resultierenden Antwort, obwohl das eigentlich nicht sinnvoll ist:

„Haben Sie das verstanden?"

Lautet die Antwort „Ja", woher wollen Sie wissen, dass dies auch tatsächlich so ist? Wie oft wurde Ihnen diese Frage gestellt? Wie oft haben Sie – obwohl unsicher – mit „Ja" geantwortet? Wie oft haben Sie mit „Ja" geantwortet und hinterher hat sich herausgestellt, dass das tatsächlich nicht der Fall war? Welche Frage ist besser und sinnvoller?

„Können Sie mir das eben Gesagte noch einmal in eigenen Worten zusammenfassen?"

Auch die Frage *„Haben Sie alle meine E-Mails erhalten?"* ist sinnfrei, da der Antwortende meist nicht wissen kann, wie viele E-Mails tatsächlich versendet wurden.

Ein differenzierteres Fragen ist vonnöten: „Haben Sie meine vier E-Mails gestern erhalten?" Und nicht vergessen: Erhalten heißt nicht gelesen, gelesen heißt nicht beantwortet oder bearbeitet. Eine Lesebestätigung bedeutet nicht in jedem Fall, dass die E-Mail auch tatsächlich gelesen wurde.

10.8 Dale Carnegie – Umgang mit Menschen

Kritik ist nutzlos, denn sie drängt den anderen in die Defensive. Und gewöhnlich bringt sie den anderen dazu, sich zu rechtfertigen. Kritik ist auch gefährlich, denn sie kränkt den anderen und erweckt seinen Unmut.

Burrhus Frederic Skinner wurde 2002 in der Fachzeitschrift *Review of General Psychology* als der bedeutendste Psychologe des 20. Jahrhunderts bezeichnet. Skinner (1973) fand in seinen Versuchen heraus, dass ein Tier, das für gutes Benehmen belohnt wird, viel schneller lernt als ein Tier, das bestraft wird, und das Gelernte viel besser und länger behält, als das Tier, das für schlechtes Benehmen bestraft wird. Spätere Untersuchungen haben gezeigt, dass das Gleiche auch für Menschen gilt. Durch Kritisieren erzielen wir keinen nachhaltigen Erfolg, wir erregen nur den Unmut der Betroffenen. Sie erinnern sich dann häufig nicht mehr an die Kritik als solche, sondern nur an den Unmut, der in ihnen erzeugt wurde.

Praxisbeispiel

Auf einer Baustelle eines Krankenhauses gingen die Bauarbeiter sehr nachlässig mit dem Tragen eines Helms um. Manchmal setzten sie ihn auf und manchmal nicht. Wenn der Vorarbeiter das sah, brüllte er die Bauarbeiter an, sie sollten gefälligst ihren Helm aufsetzen, das sei schließlich Vorschrift. Er drohte mit Konsequenzen, wenn die Vorschrift nicht befolgt würde. Die Bauarbeiter ärgerten sich über den Vorarbeiter und darüber, dass er immer so herumbrüllte, und gehorchten nur widerwillig. Sobald er verschwunden war, setzten sie den Helm wieder ab.

Eines Tages kam der Direktor des Krankenhauses. Der fragte die Bauarbeiter, ob denn der Helm unbequem sei. Er sagte: „Bitte ziehen sie den Helm auf, der schützt Sie vor Verletzungen. Sie wollen dieses Krankenhaus doch bauen und nicht drin liegen." Das Ergebnis war, dass von nun an der Helm vermehrt aufgesetzt wurde, ohne dass es darüber zu Groll oder Verstimmungen kam.

Sie werden sich sicherlich fragen, was denn darin Kommunikation sei. Dies sei doch einfach normaler Umgang mit Menschen. Sicherlich ist es der Umgang mit Menschen, aber der beginnt mit der Kommunikation. Wenn ich auf die Leute zugehe und sie so behandle, wie ich selber gerne behandelt werden möchte, ohne dabei meine Ziele aus dem Auge zu verlieren, so werden Sie als Führungskraft wohl Erfolg haben.

Die Kommunikation hatte hier das Ziel, mittels Kommunikation für größere Sicherheit und weniger Unfälle zu sorgen. Dieses Ziel wurde erreicht. Kommunikation hat oft ein Ziel, z. B. wenn Sie Ihrem Kind sagen, dass es sein Zimmer aufräumen soll.

Wenn Sie sich einmal den Groll einer Person zuziehen wollen, dann kritisieren Sie diese Person aufs Schärfste. Egal wie berechtigt die Kritik auch sein mag, Sie können sicher sein, dass diese Person Jahre und vielleicht sogar ihr ganzes Leben daran denken wird.

Mit Kommunikation kann man alles Mögliche erreichen und erwirken: Man kann verhandeln, Zuneigung ausdrücken, loben, Menschen führen, aber auch verletzen, schaden, verleumden, tyrannisieren und vieles mehr. Also achten Sie auf Ihre Worte, die Sie verwenden.

… Fassen wir zusammen

Dass Kommunikation auch in der Führung zentral ist, dürfte wohl unbestritten sein. Dass es dazu aber eine ganze Reihe an sehr probaten Instrumenten gibt, ist schon weniger bekannt. Immer mehr scheinen sich auch Kommunikationsmuster als Erfolgsfaktor von High-Performance-Teams zu etablieren. All diesen Instrumenten ist vielleicht auch gemeinsam, dass eine Führungskraft ihre Worte mit Bedacht wählen sollte. Denn die Mitarbeiter messen Worten von top-down mehr Gewicht zu als von lateral oder bottom-up. Letztlich funktioniert Führung nicht ohne Kommunikation, daher muss sich eine moderne Führungskraft auch mit Kommunikation und ihren unterschiedlichen Instrumenten auseinandersetzen.

Literatur

Cialdini, R. B. (2001). The science of persuasion. *Scientific American, 284*, 76–78.

Linneweh, K. (1984). *Stress und Stressbewältigung*. Köln: Bank-Verlag.

Pentland, A. (2012). Kommunikation ist der Schlüssel. *Harvard Business manager, 5*, 36.

Rogers, C. R. (1993). *Die klientenzentrierte Gesprächspsychotherapie*. Frankfurt: Fischer TB.

Skinner, B. F. (1973). *Wissenschaft und menschliches Verhalten*. München: Kindler.

Weiterführende Literatur

Baller, G., & Schaller, B. (2009). Über die Kraft der Spiegelneuronen. Warum es so wichtig ist, eine gute Führungskraft zu sein. *Deutsches Ärzteblatt, 49*, A2483.

Baller, G., & Schaller, B. (2013). *Praxishandbuch für Ärzte im Krankenhaus*. Stuttgart: Georg Thieme Verlag.

Baller, G., & Schaller, B. (2013). Führung wird anspruchsvoller. *Nahdran, 2*, 34–36.

Baller, G., Huber, T., & Schaller, B. (2010). Was vielen gefallen soll, muss von vielen gestaltet werden. Changemanagement-Projekte scheitern aus vielen Gründen. Gelingen tun sie aus den gleichen. *das krankenhaus, 8*, 743–747.

Miller, B. (2013). Kommunikation als Führungsinstrument. In M. Landes, & E. Steiner (Hrsg.), *Psychologie der Wirtschaft* (S. 327). Wiesbaden: Springer Fachmedien.

Nagel, R., Oswald, M., & Wimmer, R. (1999). *Das Mitarbeitergespräch als Führungsinstrument*. Stuttgart: Klett-Cotta.

Schaller, B., & Baller, G. (2007). In varietate concordia oder Abrechnungsmentalität unter Kollegen. *Schweizerische Ärztezeitung, 88*, 1641–1643.

Schaller, B., & Baller, G. (2007). Moderne ärztlich-kollegiale Kommunikation im Gesundheitswesen. *Schweizerische Ärztezeitung, 88*, 1715–1716.

Schaller, B., & Baller, G. (2007). Organisationsentwicklung im Gesundheitswesen. Der Stellenwert der Kommunikation. *Schweizerische Ärztezeitung, 88*, 2091–2092.

Schaller, B., & Baller, G. (2008). Der Zusammenhang zwischen guter Kommunikation und Qualität. *das krankenhaus, 02*, 140–142.

Schaller, B., & Baller, G. (2009). Führen heißt auch informieren. *Kommunikation im modernen Change Management Nahdran, 3*, 30–33.

Schaller, B., & Baller, G. (2015). Frühjahrsmüdigkeit oder Demotivation? *KU Gesundheitsmanagement, 5*, 31–34.

Wimmer, R. (1996). Die Zukunft von Führung. Brauchen wir noch Vorgesetzte im herkömmlichen Sinn? *Organisationsentwicklung, 4*, 46–57.

Spezielle Formen der Kommunikation im Krankenhaus

In jedem offenen sozialen System sind Kommunikation und Information die zentralen Voraussetzungen, da die einzelnen Elemente eines solchen Systems nicht ohne Kommunikation in ständiger Beziehung zueinander stehen können. Das Krankenhaus ist in besonderem Maße durch eine ständige interne und externe Kommunikation gekennzeichnet, welche die Arbeitsabläufe gewährleistet und sowohl formelle als auch informelle Strukturen weiterentwickelt.

Das Krankenhaus ist ein Regelwerk an Organisation und Technik. Die modernen Patienten und Patientinnen sind aufgeklärt, und in der Ausbildung der einzelnen Berufsgruppen im Krankenhaus steht die fachliche Kompetenz im Vordergrund. Das Gesundheitswesen ist als Arbeitsbereich geprägt von persönlichen Empfindungen von Menschen. Es braucht die sozialen Kompetenzen mehr denn je, denn Personalmangel, Vorgaben von Soll-Daten und wechselnde Strukturen erfordern ein kooperatives und wertschätzendes Miteinander. Das Krankenhaus ist in diesem Sinne eine besondere Organisation und weist daher auch einige besondere Kommunikationsformen auf, wie im Folgenden dargestellt.

11.1 Ein Überblick

Kommunikation ist im Krankenhaus auch deshalb bedeutsam, weil die komplexe Leistungserstellung einen hohen Bedarf an Informationen auf der Sachebene erfordert und weil die intensive Zusammenarbeit der Mitarbeiter die psychologische und emotionale Kommunikation auf der Beziehungsebene besonders beansprucht. Eine kürzlich erschienene Studie hat gezeigt, dass Aktivitäten im Pflegebereich 40 % reine Kommunikation und 37 % Kommunikation gekoppelt mit körperlichen Verrichtungen beinhalten.

Im Krankenhaus bestehen daher formelle Informationssysteme, wie z. B. periodische und damit tägliche Besprechungen (z. B. Übergabegespräche) und die Dokumentation von Diagnosen und Therapiemaßnahmen sowie aperiodische Konferenzen und Teamsitzungen.

© Springer-Verlag Berlin Heidelberg 2017
G. Baller und B. Schaller, *Kommunikation im Krankenhaus*,
DOI 10.1007/978-3-642-55326-4_11

Besonders die informelle Kommunikation, die sich durch die berufsständische Gliederung ergibt, bringt erhebliche Koordinationsprobleme mit sich. Solche Probleme manifestieren sich in der oftmals mangelnden Integration, der Bildung von Subkulturen und einem System multipler Autoritäten, was durch die vielen Schnittstellen der Kommunikation im Krankenhaus verstärkt wird.

Man geht daher von psychologischen Informationsbarrieren aus, die sich im Krankenhaus entwickeln:

- Mangelnde Fähigkeit zum Zuhören,
- Mangelndes Einfühlungsvermögen,
- Mangelndes Vertrauen,
- Verschlossenheit und Hemmungen,
- Unaufrichtigkeit,
- Angst vor Kritik,
- Macht- und Geltungsstreben, Neigung zum Zurückhalten, Filtern und Umformen.

In diesem Zusammenhang möchten wir noch einmal auf das Mitarbeitergespräch hinweisen, das eine Möglichkeit darstellt, die Erwartungen und Einstellungen top-down zu transportieren.

Aber wie können Informationsbarrieren überwunden werden? Eine Möglichkeit besteht darin, sich mit dem Thema Duzen und Siezen auseinanderzusetzen und sich mit einer einheitlichen Ansprache zu behelfen; allerdings muss ausdrücklich betont werden, dass es damit alleine noch lange nicht getan ist.

11.2   Duzen und Siezen

Respekt und professionelle Distanz verschafft man sich in Deutschland und im deutschsprachigen Ländern mit dem „Sie". Unbekannte siezen sich grundsätzlich, das „Sie" ist ein Ausdruck von Respekt. Gleichzeitig schafft diese Anredeform zwischen den Gesprächspartnern eine gewisse gewollte Distanz.

Das „Du" ist unter Freunden und guten Bekannten üblich, ebenso in der Verwandtschaft und mit Kindern. Andere müssen sich das „Du" gewissermaßen verdienen, zum Beispiel wenn aus einer Bekanntschaft eine Freundschaft wird oder wenn sich eine Zusammenarbeit über die Zeit bewährt. Andererseits sind beispielsweise in vielen Schweizer Krankenhäusern alle miteinander per „Du".

Doch auch in Deutschland gibt es viele Situationen, in denen man sich freimütig duzen kann, wie das auf einer Party unter den Gästen meist automatisch stattfindet. Im Internet ist diese Anredeform weit verbreitet. Man findet sie oft bei Musikern und Künstlern, auf dem Sportplatz und in der Kneipe. Und auch wenn in der Arbeitswelt die Anrede nach wie vor „Sie" lautet, gibt es inzwischen genug Firmen, in denen das „Du" zum guten Umgangston gehört, wie beispielsweise in der Softwareindustrie und den Startups.

Im Krankenhaus duzen sich meist die Assistenzärzte untereinander und auch häufig gleich mit dem Krankenpflegepersonal, wenn in der gleichen Altersgruppe. Und so entsteht nach und nach eine Schieflage zwischen den Personen, weil ein Oberarzt von allen geduzt wird, weil das schon immer so war, andere gesiezt, weil das auch immer schon so war. Die Erfahrung hat gezeigt, dass das „Du" vorwiegend eine vertrauensvollere, ehrlichere und auch engere Zusammenarbeit widerspiegelt.

Nicht nur bei Lufthansa, sondern generell im Cockpit und bei der Crew von Flugzeugen ist das „Du" Pflicht um genau diese Informations- und Kommunikationsbarrieren zwischen Unbekannten gar nicht erst aufzubauen.

Entscheidend ist, dass im deutschen Kulturkreis das „Du" angeboten wird. Mit diesem symbolischen Akt einigen sich die Gesprächspartner auf eine neue Ebene der Vertrautheit. Ein voreiliges „Du" wird oft als distanzlos empfunden. Es ist dennoch sinnvoll, sich auf eine Kultur zu einigen, um Asymmetrien nicht zuzulassen und zu zeigen, dass alle Mitarbeiter gleichermaßen gewertschätzt werden. Andererseits, und dies ist uns besonders wichtig: Sie können sowohl mit dem „Du" Distanz wahren als auch mit dem „Sie" Nähe zulassen. Es sind nur Instrumente, die in die eine oder andere Richtung helfen, aber entscheidend ist zuletzt Ihr persönlicher Führungsstil.

11.3 Interprofessionelle Kommunikation

Die Arbeit von Experten zeichnet sich im Allgemeinen neben hoher Autonomie auch durch eine hohe Differenzierung aus, weshalb professionelle Organisationen häufig mit Koordinationsproblemen zwischen den einzelnen Bereichen zu kämpfen haben. Glouberman und Mintzberg (2001) zeigen nach mehrjähriger Beobachtung des Krankenhausalltags, dass Krankenhäuser wesentlich durch die vier stark differenzierten Subsysteme „Cure", „Care", „Control" und „Community" gekennzeichnet sind und damit eine spezielle Form einer komplexen Expertenorganisation darstellen (siehe Abb. 11.1).

„Cure", die Mediziner, und „Care", die Pflegenden, arbeiten im operativen Kerngeschäft der Behandlung und Betreuung von Patienten. Und trotzdem trennen ganz unterschiedliche Grundverständnisse diese beiden Subsysteme: Mediziner profilieren sich in ihren Fachdisziplinen, kontrollieren Behandlungsentscheidungen und orientieren sich gerne außerhalb der Klinik, beispielsweise an ihrer Fachdisziplin. Die Pflegenden widmen sich vor allem den Betreuungsprozessen, koordinieren vieles rund um den Patienten und orientieren sich eher innerhalb der Organisation. Control, das Management, ist zuständig für die Gesamtsteuerung und steuert und kontrolliert Ressourcen – Budget, Betten, Stellen. Das der Gesamtorganisation vorgesetzte Gremium (Community), der Träger des Krankenhauses, ist als Repräsentant der Öffentlichkeit zur Aufsicht verpflichtet und bildet gleichzeitig die formale Verbindung zur Außenwelt.

In diesem Spannungsverhältnis spielt sich nun auch die Kommunikation zwischen den Professionen im Krankenhaus ab. Es ist mittlerweile allgemein akzeptiert, dass sowohl der Qualitätserfolg als auch der wirtschaftliche Erfolg im Krankenhaus über die gelun-

Abb. 11.1 Subsysteme im Krankenhaus. (Schmitz und Berchtold 2008 in Anlehnung an Gluberman und Mintzberg 2001)

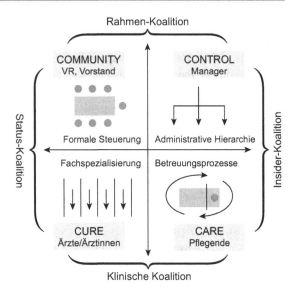

gene interprofessionelle Kommunikation führt. In den vorgängigen Kapiteln haben wir zahlreiche Instrumente vorgestellt, z. B. die Gewaltfreie Kommunikation, die Kommunikationsdefizite im Krankenhaus angehen. Einen Königsweg gibt es nicht, da gerade die vorgefundenen diversen und zum Teil ausgeprägten Subkulturen den individuellen Weg eines jeden Krankenhauses unumgänglich machen.

Früher waren die Barrieren zwischen den einzelnen Bereichen starr und unüberwindlich. Dies hat sich heutzutage grundlegend geändert: Pflegende wechseln in die Verwaltung, ins Qualitätsmanagement, die Kodierung oder in Projekte. Ärzte zieht es als Medizincontroller und Geschäftsführer in Leitungspositionen. So verwischen die Grenzen, die Sprache und die verschiedenen Kulturen zwischen den einzelnen Bereichen immer mehr, dennoch ist das obige Modell immer noch gut, um zu verstehen, wie ein Krankenhaus funktioniert.

Im Bereich der Pflege-Arzt-Kooperation wird generell und auch heute noch ein unzureichender Informationsfluss zwischen den Professionen bemängelt. Beide Berufsgruppen stellen spezifische Erwartungen an die jeweils andere Berufsgruppe, die aufgrund unterschiedlicher Zugänge zu Patienten und Aufgabenbereichen entstehen. Sie als Führungskraft im Krankenhaus sind gefordert, sich neben der Optimierung von Handlungsabläufen und Abstimmungsprozessen auf den Stationen insbesondere auch um die Verbesserung der kommunikativen Bedingungen und Kompetenzen von Ärzten und Pflegepersonal zu kümmern, wodurch eine höhere Ergebnisqualität der Versorgung, größere Patientenzufriedenheit und nicht zuletzt auch eine höhere Arbeitszufriedenheit aller Mitarbeiter erreicht werden kann.

11.4 Empathie

Empathie gilt als eine der fünf Komponenten des 1995 von dem Psychologen Daniel Golemann entwickelten Konzepts der emotionalen Intelligenz (Goleman 2011). Gerade in der Führung und speziell im Krankenhaus ist Empathie aus unserer Erfahrung sehr schwierig, Arzt und Pflegende müssen sich dem Patienten gleichermaßen zuwenden wie sich von ihm abgrenzen. Die Schwierigkeit liegt darin, die Grenzen der Empathie auszuloten und dennoch ausreichende emotionale Distanz zu halten, zeigt Abb. 11.2.

Patienten erwarten in der Regel eine starke Zuwendung von Arzt und Pflege, diese wiederum müssen sich auch abgrenzen, um schwere Schicksale nicht allzu nah an sich heranzulassen. Hier gibt es keinen Königsweg des Maßes oder der Art der Zuwendungen, die richtig für den Patienten sind. Da hat jeder Patient andere Maßstäbe und Erwartungen. Wenn Sie unsicher sind, fragen Sie den Patienten.

Exkurs: Emotionale Intelligenz

Der Begriff „emotionale Intelligenz" wurde im Jahre 1995 eingeführt und beschreibt die Fähigkeit, eigene und fremde Gefühle korrekt wahrzunehmen, zu verstehen, zu beeinflussen und zu bewerten. Daniel Goleman definiert die emotionale Intelligenz anhand folgender fünf Komponenten:

Selbsterkenntnis: Die Fähigkeit, die eigenen Gefühle zu erkennen und zu verstehen,

Selbstbeherrschung: Die Fähigkeit, Impulse und Gefühle zu steuern,

Motivation: Der Wunsch, Ziele energisch zu verfolgen,

Empathie: Die Fähigkeit, die Gefühle anderer Menschen zu verstehen,

Soziale Fähigkeiten: Die Fähigkeit, Beziehungen zu knüpfen und zu erhalten.

Die emotionale Intelligenz wird nach Goleman als wichtiger Charakterzug einer Führungspersönlichkeit angesehen; sie wächst aber mit dem Alter, der Erfahrung und der Selbsterkenntnis.

Die trainierbare Empathiefähigkeit – sich selbst und anderen gegenüber – erhöht die Arbeitszufriedenheit und Motivation aller Beteiligten im System. Nicht zuletzt dadurch, weil wir durch das Einfühlungsvermögen vermehrt körpereigene Stoffe (Dopamin, endogene Opioide und vor allem Oxytozin) ausschütten, die uns zu Wohlbefinden, Konzentration und Handlungsbereitschaft verhelfen. Empathie verbessert die Zusammenarbeit und

Abb. 11.2 Empathie. (Eigene Darstellung)

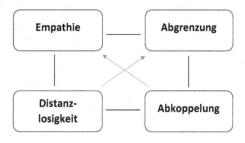

senkt mitunter Konflikt- und Personalkosten. Empathie bedeutet Qualität in der Kommunikation. Erwartungshaltungen und Konflikte werden durch sie minimiert, ohne die innere Mitte durch Ärger oder Frust zu verlieren. Der bewusste **Einsatz von Empathie im Krankenhaus** kann vieles positiv beeinflussen:

- **Individuelle Ziele:** Höhere Arbeitszufriedenheit, eigene und fremde Bedürfnisse erkennen und aussprechen, Burnout-Prävention durch Selbstempathie.
- **Teamziele:** Konflikte im multiprofessionellen Team zeitnah klären, Gesprächskultur fördern, Konfliktkosten vermeiden bzw. senken.
- **Organisationsziele:** Erfolgreiche Mitarbeiterbindung, Verbesserung der Beziehungen zu allen Akteuren im Gesundheitswesen (Patienten, Lieferanten, Angehörige etc.).
- **Behandlungsziele:** Informationsaustausch, Compliance, ein hohes Maß an Entscheidungsbeteiligung.

Empathiefähigkeit steht im engen Zusammenhang mit unseren Spiegelneuronen, findet sich aber im Gegensatz zu den bewegungsabhängigen Spiegelneuronen in der vorderen Inselrinde.

Exkurs: Inselrinde
Die Inselrinde ist vergleichsweise klein und phylogenetisch alt. Sie gilt als multisensorisches Areal, wobei sie besonders wichtig ist bei der Verarbeitung geschmacklicher Reize. Doch nicht nur werden hier Hunger, Durst, Sättigung, Übelkeit und Atemnot bewusst, die Inselrinde spiel auch eine Rolle bei der Empathie (siehe Abb. 11.3).

Abb. 11.3 Emotionale Körpersprache. (DeGelder 2006)

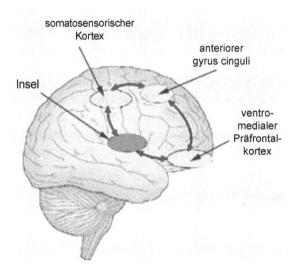

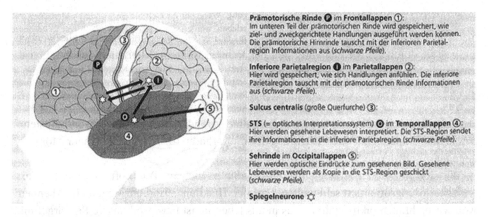

Prämotorische Rinde **P** im Frontallappen ①:
Im unteren Teil der prämotorischen Rinde wird gespeichert, wie ziel- und zweckgerichtete Handlungen ausgeführt werden können. Die prämotorische Hirnrinde tauscht mit der inferioren Parietalregion Informationen aus (*schwarze Pfeile*).

Inferiore Parietalregion **I** im Parietallappen ②:
Hier wird gespeichert, wie sich Handlungen anfühlen. Die inferiore Parietalregion tauscht mit der prämotorischen Rinde Informationen aus (*schwarze Pfeile*).

Sulcus centralis (große Querfurche) ③:

STS (= optisches Interpretationssystem) **O** im Temporallappen ④:
Hier werden gesehene Lebewesen interpretiert. Die STS-Region sendet ihre Informationen in die inferiore Parietalregion (*schwarze Pfeile*).

Sehrinde im Occipitallappen ⑤:
Hier werden optische Eindrücke zum gesehenen Bild. Gesehene Lebewesen werden als Kopie in die STS-Region geschickt (*schwarze Pfeile*).

Spiegelneurone ✩

Abb. 11.4 Spiegelneuronen im Überblick. (Bauer 2005, S. 52)

Blockiert wird Empathie durch Ärger, Frust und Urteile, die wir uns selbst und anderen Personen gegenüber haben. Um den Prozess der Empathie im Krankenhausalltag anzuwenden, eignen sich die Kenntnisse der vier Schritte der Gewaltfreien Kommunikation nach Rosenberg (siehe unter *Gewaltfreie Kommunikation*, Kap. 6) sowie ein Wortschatz über Gefühle und Bedürfnisse. Die Gewaltfreie Kommunikation unterstützt selbstverständlich nur den Empathieprozess, den wir bei uns selbst (Selbstempathie) und bei anderen anwenden können (Empathie); ist also ein Instrument, um dem Patienten oder den Mitarbeitern Empathie zu vermitteln. In der Gewaltfreien Kommunikation ist Empathie das respektvolle Verstehen von Erfahrungen anderer Menschen und das Hören ohne Urteile und Bewertungen.

Wie schon oben erwähnt, sind die Spiegelneuronen der Grund dafür, dass wir von Natur aus empathiefähig handeln können (Ausnahmen sind Menschen mit Hirnschädigungen) (siehe Abb. 11.4). Spiegelneuronen sind Nervenzellen im Gehirn, die einen bestimmten Vorgang oder eine Empfindung steuern und dann aktiv werden – auch wenn wir den Vorgang nicht selbst erleben, sondern „nur" beobachten bzw. davon hören. Die Aktivität ist spontan und erfolgt in erster Linie ohne unser Denken. Die Neuronen sind auf der Grundlage unser Erfahrungen programmiert (Was habe ich bisher erlebt? Welche Erfahrungen habe ich gemacht?). Daher haben eigene Erfahrungen starken Einfluss auf unsere Handlungen. Amerikanische Jugendliche sehen im Durchschnitt täglich 4,5 Stunden fern und verfolgen dabei etwa 80 Morde. Die Medien haben demnach, genauso wie gewaltverherrlichende Videospiele, einen starken Einfluss auf die Gewaltbereitschaft insbesondere von Jugendlichen. Hier scheinen die Spiegelneuronen in Kombination mit freiem Zugang zu Waffen aller Art zu bewirken, dass vor allem Jugendliche nichts Ungewöhnliches darin sehen, ihre eigenen Interessen auch durch Anwendung von Gewalt gegen ihre Mitmenschen durchzusetzen. Sie kennen es nicht anders, sie lernen es nicht anders. Selbst unser Staat und seine Regierung rechtfertigen den Krieg als politisches Mittel und bezeichnen die Tötung von Zivilisten bei NATO-Einsätzen verharmlosend als „Kollateralschäden".

Statistiken unterstreichen diesen Trend zur Gewaltbereitschaft und belegen den Zusammenhang zwischen Gewalt in den Medien und realer Gewalt. Viele Jugendliche wenden an, was sie durch die Medien vermittelt bekommen, wenn im Elternhaus versäumt wird, Werte wie Nächstenliebe, Selbstachtung, Leistungsbereitschaft, Toleranz und eben Empathie zu vermitteln.

Situationen, die wir aufgrund von Erfahrung und Gewohnheit im selben Muster leben, können wir durch Selbstempathie und Empathie verändern und steuern – weil Selbstempathie und Empathie zu mehr Handlungsfreiraum führen (d. h., wir sehen mehr Möglichkeiten, um schwierige Situationen zu gestalten).

Wir sind in unseren Strategien (in unserem alltäglichen „Tun") oft so verhaftet, dass wir zwar lösungsorientiert sein wollen, aber den Handlungsfreiraum nicht mehr erkennen, weil wir nicht mehr aktiv spüren, was in uns lebendig ist bzw. weil unsere Primärgefühle von Sekundärgefühlen wie Ärger überdeckt sind. Daher sind die vier genannten Schritte der Gewaltfreien Kommunikation von Bedeutung. Erst durch das Weglassen der Urteile und das Erkennen der Gefühle und Bedürfnisse werden wir handlungsfähig und sehen mehr Handlungsspielraum, der uns motiviert, selbst in schwierigen Situationen.

Lässt sich Empathie trainieren? Eine empathische Haltung wird vor allem durch zwei Aspekte gefördert: die Vermittlung eines universell anwendbaren Handwerkszeugs sowie darauf aufbauende Übungen der Selbsterfahrung.

Einige deutsche Krankenhäuser bilden Abteilungen oder Stationen erfolgreich in Gewaltfreier Kommunikation nach Marshall B. Rosenberg aus. Sie schult die Fähigkeit, zu beobachten, ohne zu interpretieren. Sie verbreitert den Gefühlswortschatz und vereinfacht die spontane Einfühlung in sich und andere. Ihre besondere Effizienz drückt sich in der spontanen Verbindung von Gefühlen mit Bedürfnissen aus. Wird Gewaltfreie Kommunikation von einer Technik zu einer Haltung, können Anwender innerhalb von Sekunden einen tiefen empathischen Kontakt aufbauen, indem sie Gefühle anderer erfassen, benennen und den Zusammenhang zu unerfüllten Bedürfnissen herstellen (siehe Abb. 11.5).

Der hohe Stellenwert von Empathie ist für die Organisationsentwicklung im Krankenhaus neu und spannend: Die Vermeidung eskalierender Konflikte spart Unternehmen und Organisationen erhebliche Ressourcen, erhöht die Motivation des einzelnen Mitarbeiters und verbessert das Image des Betriebs nach innen und außen. Empathie soll Unternehmen des Gesundheitswesens gleichzeitig im Bereich der Leistungsfähigkeit und der Qualität des Arbeitslebens unterstützen. Gerade in solchen Organisation wie einem Krankenhaus ist es immer auch wichtig, solche Schlüsselkompetenzen messen zu können. Nachfolgend findet sich ein Versuch hierzu (siehe Abb. 11.6).

Die Frage ist in diesem Zusammenhang, wie viel Empathie will man in seiner Organisation; dies muss aber jedes Krankenhaus für sich entscheiden. Hier dürfte sicherlich der Träger, aber auch die Funktion eines Mitarbeiters innerhalb einer Organisation eine nicht unbedeutende Rolle spielen. Von einem Onkologen wird sicherlich mehr Empathie erwartet als von einem Notarzt.

Abb. 11.5 Gewaltfreie
Kommunikation. (Elisabeth
English)

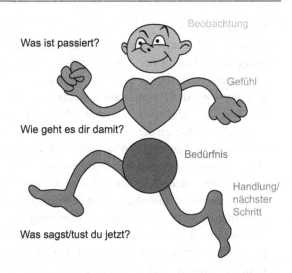

Was ist passiert?

Beobachtung

Gefühl

Wie geht es dir damit?

Bedürfnis

Handlung/
nächster
Schritt

Was sagst/tust du jetzt?

Empathie als messbare Schlüsselkompetenz*

- **Definition:**
  - ▶ Kognitive Empathie: das Verhalten Anderer verstehen und antizipieren (voraussagen)
  - ▶ Emotionale Empathie: mitfühlen, nachempfindend akzeptieren als Basis guter Beziehungen
- **Empathie als Kompetenz** (Beispiele; alle Skalen laden auf einen Faktor):
  - ▶ **Skala 1:** Gefühle verstehen: Bedeutung der (non)verbalen Botschaft entschlüsseln
    - • Item: *„Ich weiß, wenn jemand gekränkt oder ängstlich ist, auch wenn er es nicht sagt"*
  - ▶ **Skala 2:** Die gleichen Emotionen wie andere Menschen empfinden (Mitgefühl)
    - • Item: *„Ich werde leicht von der Begeisterung Anderer mitgerissen"*
  - ▶ **Skala 3:** Verhalten, das Sensitivität ausdrückt
    - • Item: *„Ich empfinde keine Sympathie für Leute, die ihre Krankheit selbst verursacht haben"* (umgepolt)
  - ▶ **Skala 4:** Physiologische Reaktion (Verspannungen, Zittern, Druck, Herzschlag, Schweiß)
    - • Item: *„Ich bekomme einen Hitzeschwall, wenn jemand respektlos behandelt wird"*
  - ▶ **Skala 5:** Empathischer Impuls (Handlung)
    - • Item: *„Ich verspüre einen starken Drang, sofort etwas zu tun, wenn jemand außer Fassung gerät"*

*Nach dem Toronto Empathy Questionnaire von N. Spreng u.a., Journal of Personality Assessment, 91 (2009)

Abb. 11.6 Empathie als Schlüsselkompetenz. (Waldemar Pelz)

Praxisbeispiele

Es ist nicht akzeptabel, wenn ein Arzt wegen einer anderen Angelegenheit telefoniert, während ein Patient bei ihm in Behandlung ist. Hier ist eine kurze Erklärung oder „Entschuldigung, dieses Telefonat möchte ich kurz annehmen" notwendig. Sonst signalisiert der Arzt Desinteresse am Patienten, das verletzend ist, der Patient ist quasi Luft oder der andere Patient ist zumindest wichtiger als er.

Die Ärztin diktiert der Sprechstundenhilfe, was mit einem Patienten scheinbar nicht in Ordnung ist. Dann schlägt sie einen militärischen Ton an: „Stehen Sie immer so da?" Darin ist schon eine negative Wertung enthalten. Das ist nicht empathisch. Sie hätte auch sagen können: „Mir fällt auf, dass Sie schief stehen – haben Sie Schmerzen?"

In einem Medizinstudium werden vor allem Fakten vermittelt und Medizinstudenten lernen diese für die Prüfungen auswendig. Erst in den letzten Jahren entstand das Bewusstsein, dass neben dem naturwissenschaftlichen Wissen auch die soziale Kompetenz für einen Arzt wichtig ist. Das kann nachgewiesenermaßen den Heilungserfolg positiv beeinflussen. Der Zeitdruck im gesamten Gesundheitswesen ist in den letzten Jahren immer größer geworden, die Ärzte arbeiten im Akkord und wie im Hamsterrad.

Aber durch kleine Änderungen kann sich die Beziehung zwischen Arzt und Patient durch die Kommunikation enorm verbessern.

Ein gemeinsames Ziel haben sowohl Patient als auch Arzt: die Genesung des Patienten. Daran, dass ein Patient wiederkommt, weil sich am Krankheitsbild nichts verbessert hat, kann ein Arzt auch überprüfen, wie die Kommunikation geklappt hat, eben die Nachhaltigkeit. Nachfragen, ob denn die Diät eingehalten wurde, die Medikamente eingenommen, physikalische Therapiemaßnahmen durchgeführt wurden und in welcher Weise, widerspiegeln auch den Kommunikations- und Informationserfolg.

Wenn der Arzt dem Patienten beim einleitenden Bericht seines Gesundheitszustands während der ersten 15 Sekunden ohne Unterbrechung zuhört und gleichzeitig den Blickkontakt hält, haben laut Studien aus Österreich Ärzte größere Chancen, dass der Patient sich zum einen verstanden fühlt und zum anderen die vorgeschlagenen Therapien auch mitmacht.

11.5 Und auch noch die Gender-Dimension …

Besonders groß können die Missverständnisse zwischen Mann und Frau und speziell zwischen Arzt und Krankenschwester bzw. Helferin sein, weil hier immer noch eine besondere Dimension hinzukommt: die Gender-Dimension.

Mann und Frau sprechen, so heißt es, verschiedene Sprachen, sind von unterschiedlichen Planeten, wie John Gray (1998) in den 1990ern bereits beschrieb: „Männer sind vom Mars, Frauen von der Venus".

Die **weibliche Form der Sprache** wird geschlechtsstereotypisch als „Beziehungssprache" bezeichnet. Frauen fühlen sich demnach in einem Netzwerk der Kommunikation und beziehen sich in ihren Äußerungen öfter auf sich selbst, wie: „Ich will …" „Ich bin der Meinung …".

Die weibliche Kommunikation ist eher kontakt-, kooperations- und harmonieorientiert. Vorherrschend sind unterstützende Aussagen, die Inhalte sind persönlicher mit dem Ziel des gegenseitigen Konsenses und Verständnis. Es wird stark auf die Bedürfnisse des Gegenübers eingegangen, die Ausdrucksform ist eher beschwichtigend, nachfragend, abwägend und häufiger entschuldigend. Mulac (1999) überarbeitete Studien aus dem angloamerikanischen Raum und fand, dass Frauen häufiger intensivierende Adverbien, Unsicherheitsverben, Negationen und abschwächende Formulierungen verwenden, mehr Bezug auf Gefühle nehmen, häufiger Nebensätze und eher überdurchschnittlich lange Sätze bilden und mehr Fragen stellen.

Praxisbeispiel

Sie: „Kannst du das Bild aufhängen?"

Er: „Ja"

Ein halbe Stunde später. Sie: „Wieso hast du das Bild noch nicht aufgehängt?"

Er: „Du hast mich nicht gefragt."

Sie: „Nie machst du etwas, wenn ich dich darum bitte. Alles muss ich selber machen oder Handwerker holen."

Was ist passiert? Falsche Fragestellung … sie hat ihn gefragt, ob er kann, also, ob er die Fähigkeit dazu besitzt. Und diese Frage hat er seines Erachtens wahrheitsgemäß mit Ja beantwortet.

Die **typisch männliche Sprache** ist eher eine „Berichtsprache". Männer fühlen sich aus traditioneller Sicht als Einzelwesen innerhalb der sozialen Gruppe und formulieren ihre Äußerungen als Tatsachen oder als allgemein bekannt. Die typisch männliche Sprache ist gekennzeichnet durch gröbere Worte, mit autoritären Sprachmustern. Aus traditioneller Sicht legen Männer mehr Wert auf Selbstdarstellung, übernehmen oft die Leitung in Diskussionen, sind aggressiver, legen mehr Wert auf Konkurrenz, Dominanz und setzen ihr Gegenüber häufiger herab. Der Stil ist fakten-, konkurrenz- und statusorientiert. Männer nehmen vermehrt Bezug auf Quantität, machen beurteilende Äußerungen, bilden elliptische (d. h. kürzere) Sätze, verwenden Direktive, Lokative und stellen mehr Ich-Bezüge her. Das stereotype Männerbild ist geprägt durch Unabhängigkeit, Statusdenken und Freiheit. Männliches Denken ist analytischer, problemlösungsorientierter, aktiver und mehr am Wettbewerb orientiert, während weibliches Denken kontaktorientierter, kommunikativer, gefühlvoller, unterstützender, verständnisvoller und eher kontinuitätsorientiert ist.

Die menschliche Sprache ist in hohem Maße von non-verbaler Kommunikation abhängig und mit ihr verflochten; wobei hier die geschlechterspezifischen Unterschiede dann doch häufig sehr stereotyp sein können (siehe Abb. 11.7).

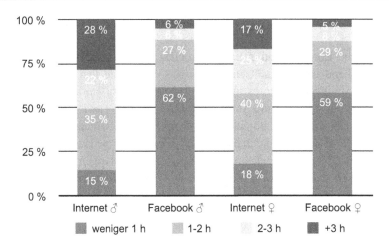

Abb. 11.7 Geschlechtsunterschiede in der Kommunikation. (TU Dresden)

Wie oben dargelegt, sind im Krankenhaus vier verschiedene Berufsgruppen tätig, die miteinander kommunizieren und zusammenarbeiten müssen: „Care" und immer mehr auch „Cure" sind heute überwiegend weiblich besetzt. Ein Teil der von Glouberman und Mintzberg (2001) dargelegten Unterschiede sind sicherlich auch Gender-bedingt. Andererseits spielt auch die Übertragung (siehe unter *Übertragung*, Abschn. 4.11) eine Rolle. Gerade für eine moderne Führungskraft im Krankenhaus ist es daher wichtig, diese Gender-Unterschiede in der Kommunikation zu kennen und sich auch über die aktuelle Forschung diesbezüglich auf dem Laufenden zu halten.

11.6 Kommunikation in medizinischen Notfällen

Gerade in medizinischen Notfallsituationen ist eine klare, verständliche Kommunikation für die Patientensicherheit wichtig. Mehr als 80 % der medizinischen Fehlbehandlungen gehen nicht auf unzureichende Fähigkeiten, sondern auf mangelhafte Kommunikation zurück. Hier spielen auch gelernte Muster der Hierarchie mit hinein. Und das gilt auch für alle anderen technisch hoch spezialisierten Berufe wie Flug- und Schiffskapitäne, weshalb sich die Medizin in den letzten zehn Jahren diesbezüglich das Know-how vornehmlich aus der Luftfahrt geholt hat. Laut einer von der Lufthansa regelmäßig in Auftrag gegebenen GAPF-Studie ist ein technischer Fehler alleine nie die Ursache für schwere Unglücke, sondern erst die mangelhafte Kommunikation und Kooperation der Besatzung im Cockpit. Als Lösung wird dabei vor allem mit Checklisten gearbeitet, was sich auch mehr und mehr in der Medizin durchzusetzen beginnt (vgl. beispielsweise WHO-Checkliste vor Operationen); dies insbesondere vor der Hintergrund, dass ein direkter Zusammenhang zwischen Flug- resp. Patientensicherheit und Teaminteraktion und Kommunikation gefun-

10 CRM-Prinzipien

TASK MANAGEMENT
(Aufgabenbewältigung)

1 Kennt eure Arbeitsumgebung (inkl. Technik).

2 Kennt eure personellen und materiellen Ressourcen. Im Zweifelsfall: «Hilfe anfordern»

TEAMWORK & LEADERSHIP
(Teamarbeit & Führung)

3 Definiert eine klare Führung. Nutzt die Erfahrung und Arbeitskraft aller Teammitglieder.

4 Kommuniziert sicher und effektiv: «close the loop»

SITUATION AWARENESS
(Situationsbewusstsein)

5 Antizipiert und plant voraus.

6 Verwendet alle Informationen.

7 Verhindert und erkennt Fixierungsfehler: «double check»

DECISION MAKING
(Entscheidungsfindung)

8 Re-evaluiert die Situation immer wieder neu «10 Sekunden für 10 Minuten» und setzt die Prioritäten dynamisch.

9 Verwendet Merkhilfen und schlagt nach.

10 Wenn Zweifel bestehen: «speak up!»

Abb. 11.8 CRM-Prinzipien. (Universitätsspital Zürich/ETH Zürich)

den werden kann (GAPF-Studie 2011). Es zeigt sich auch, dass gute und damit „effektive Kommunikation aber eine fortlaufende Anforderung mit präventiver, d. h. organisierender und kontrollierender Funktion (ist), (und) nicht erst (stattfindet) um entstandene Probleme zu bewältigen" (zitiert aus Prof. Peter Braun, GAFP Studie 2011). Insgesamt nimmt daher „Kommunikation unter dem Aspekt ihrer Wechselwirkung mit anderen Problemkategorien zu" (zitiert aus Prof. Peter Braun, GAFP Studie 2011).

Crisis-Resource-Management (CRM)-Prinzipien beschreiben prägnant das erstrebenswerte Handeln in akuten und komplexen klinischen Situationen und stammen aus der Human-Factor-Forschung (siehe Abb. 11.8).

In großen und führenden Krankenhäusern wird dies heutzutage in Simulationstrainings geübt, um möglichst gut für den Ernstfall gewappnet zu sein.

... Fassen wir zusammen

In den letzten Jahren wurde endlich entdeckt, dass das Gesundheitswesen ein eigener Wirtschaftszweig ist. Für die Kommunikation heißt dies, dass auch hier einige spezifische Probleme auftreten, die beispielsweise in der Automobilindustrie, einer anderen Expertenorganisation, unbekannt sind. Die Bedeutsamkeit des interprofessionellen Handelns und damit auch der interprofessionellen Kommunikation ist dabei nur eines, wenn wohl aber ein entscheidendes Kriterium. Ein weiteres für uns mindestens ebenso wichtiges Thema sind die Gender-Unterschiede und nicht zuletzt die Empathie. Sowohl Patienten als auch Ihre Mitarbeiter erwarten von Ihnen Empathie. Gerade das Handeln in kritischen Situationen, aber auch spezielle Kommunikationsmuster in der Arzt-Patienten-Beziehung werden heute in Simulationstrainings getestet.

Literatur

Bauer, J. (2009). *Prinzip Menschlichkeit*. München, Zürich: Heyne Verlag.

Braun, P. (2011) http://www.gapf.de/gapf/gapf.html. Zugegriffen: 22.08.2015.

DeGelder, B. (2006). Toward a biological theory of emotional body language. *Biological Theory*, *1*(2), 130–132.

Glouberman, S., & Mintzberg, H. (2001). Managing the care of health and the cure of disease – Part I: Differentiation. *Health Care Management Review*, *26*, 56–69.

Goleman, D. (2011). *Emotionale Intellignez*. Mümchen: Hanser.

Gray, J. (1998). *Männer sind anders, Frauen auch. Männer sind vom Mars, Frauen von der Venus*. München: Goldmann.

Mulac, A. (1999). Perceptions of women and men based on their linguistic behavior: the gender-linked language effect. In U. Pasero, & F. Braun (Hrsg.), *Wahrnehmung und Herstellung von Geschlecht* (S. 88–104).

Weiterführende Literatur

Baller, G., & Schaller, B. (2009). Über die Kraft der Spiegelneuronen. Warum es so wichtig ist, eine gute Führungskraft zu sein. *Deutsches Ärzteblatt*, *49*, A2483.

Baller, G., & Schaller, B. (2013). *Praxishandbuch für Ärzte im Krankenhaus*. Stuttgart: Georg Thieme Verlag.

Baller, G., & Schaller, B. (2013). Führung wird anspruchsvoller. *Nahdran*, *2*, 34–36.

Baller, G., Huber, T., & Schaller, B. (2010). Was vielen gefallen soll, muss von vielen gestaltet werden. Changemanagement-Projekte scheitern aus vielen Gründen. Gelingen tun sie aus den gleichen. *das krankenhaus*, *8*, 743–747.

Mintzberg, H. (1991). *Mintzberg über Management. Führung und Organisation. Mythos und Realität*. Wiesbaden.

Mintzberg, H. (1998). Covert leadership: Notes on managing professionals. *Harvard Business Review*, *76*(6), 140–147.

Sautter, C. (2005). *Wege aus der Zwickmühle – Doublebinds verstehen und lösen*.

Schaller, B., & Baller, G. (2007). In varietate concordia oder Abrechnungsmentalität unter Kollegen. *Schweizerische Ärztezeitung, 88,* 1641–1643.

Schaller, B., & Baller, G. (2007). Moderne ärztlich-kollegiale Kommunikation im Gesundheitswesen. *Schweizerische Ärztezeitung, 88,* 1715–1716.

Schaller, B., & Baller, G. (2007). Organisationsentwicklung im Gesundheitswesen. Der Stellenwert der Kommunikation. *Schweizerische Ärztezeitung, 88,* 2091–2092.

Schaller, B., & Baller, G. (2008). Der Zusammenhang zwischen guter Kommunikation und Qualität. *das krankenhaus, 02,* 140–142.

Schaller, B., & Baller, G. (2009). Führen heißt auch informieren. *Kommunikation im modernen Change Management Nahdran, 3,* 30–33.

Integrierte Unternehmenskommunikation im Krankenhaus

Unternehmenskommunikation wird unterschiedlich definiert. Niklas Luhmann (1987) beschreibt Unternehmen, und damit auch das Krankenhaus, als soziale Systeme. Solche sozialen Systeme produzieren Kommunikation als einen Raum, in welchem psychische Systeme als handelnde Personen zur Erscheinung kommen, indem sie an unternehmerischen Entscheidungen durch themenbezogene Beiträge und Selbstbeschreibungen partizipieren und damit ihre Interessen in die Unternehmenskommunikationsführung einspielen können. Unternehmenskommunikation ist aus dieser soziologisch-systemtheoretischen Perspektive nicht etwa die Summe von Handlungen oder sozialpsychologisch definierten Nachrichtenübermittlungen, sondern beschreibt Sinn produzierende operative Einheiten, die Strukturen und Funktionen ihres Unternehmens durch spezifizierte Kommunikationsmedien intern verbreiten, womit sie sich sowohl von ihren Umwelten abgrenzen (externe Unternehmenskommunikation) als auch ihren internen Bestand nachhaltig zu sichern versuchen (interne Unternehmenskommunikation).

Unternehmenskommunikation ist daher der erfolgreiche Dialog zwischen den Beteiligten im Unternehmen einerseits und der nutzbringende Dialog zwischen dem Unternehmen und seinen Zielgruppen sowie der Öffentlichkeit andererseits. In einer Organisation wie einem Krankenhaus muss die Kommunikation nach außen deshalb auch erkennbare Ziele haben.

Grundsätzliche Ziele der Unternehmenskommunikation im Krankenhaus sind zum einen die Informationsweitergabe, zum anderen hat Kommunikation eine Dialogfunktion, welche einen verbalen oder non-verbalen Austauschprozess zwischen zwei oder mehreren Gesprächspartnern darstellt. Solche Ziele müssen im Selbstverständnis jedes einzelnen Krankenhauses zu finden sein und am besten im Leitbild erarbeitet und formuliert sein.

Ziele folgen in einer Organisation idealerweise einer Hierarchie (siehe Abb. 12.1).

Ziele der Unternehmenskommunikation eines Krankenhauses sind demnach

1. die Formulierung eines Unternehmensleitbilds mit Vision, Mission und Werten,
2. das Festlegen von Unternehmenszielen, daraus abgeleitet

© Springer-Verlag Berlin Heidelberg 2017
G. Baller und B. Schaller, *Kommunikation im Krankenhaus*,
DOI 10.1007/978-3-642-55326-4_12

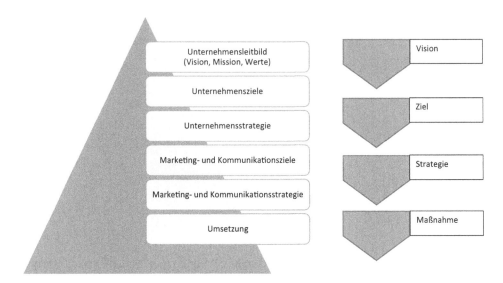

Abb. 12.1 Unternehmenskommunikation: Hierarchie der Ziele. (Eigene Darstellung)

3. eine erkennbare Unternehmensstrategie zu erarbeiten, daraus abgeleitet
4. die Erreichung der Kommunikations- und Marketingziele, daraus abgeleitet
5. eine Kommunikations- oder Marketingstrategie und
6. die Umsetzung der entsprechenden Maßnahmen.

Grundsätzliches Ziel der Kommunikation nach außen und innen ist es, einerseits den Zielgruppen angemessene Informationen über das Krankenhaus zu vermitteln und andererseits vom aktuellen Status ausgehend eine Verbesserung herbeizuführen. Auch wenn dies in diesem Zusammenhang etwas banal klingen mag, sollte auch hier für die Ziele die „SMART"-Regel gelten (spezifisch, messbar, angepasst und erreichbar, realistisch, terminiert). Es kann auch sinnvoll sein, sich zur Vorbereitung auf einen bestimmten Zweck einer Kommunikation mit den **sieben W-Fragen** zu rüsten:

- **Wer:** Wer wird involviert?
- **Was:** Was will ich erreichen?
- **Wo:** Wo wird die Maßnahme durchgeführt?
- **Wann:** In welchem Zeitraum?
- **Welche:** Welche Anforderungen und Einschränkungen bestehen?
- **Warum:** Worin liegen die Gründe, der Zweck oder der Nutzen, das Ziel zu erreichen?
- **Wie:** Was sind die Methoden, die Herangehensweisen, die benutzt werden können, um das Ziel zu erreichen?

Exkurs: Latente Funktionen und Hidden Agenda

Die Unterscheidung zwischen offiziellen und latenten Funktionen geht vor allem auf Kieser (1996) zurück. Von Latenz spricht man, wenn bestimmte Inhalte in sozialen Systemen nicht Bestandteil der Kommunikation werden, weil einerseits diese Inhalte nicht verfügbar sind oder weil eine Thematisierung das etablierte Gleichgewicht des Systems stören würde. Im letzten Fall kann man auch von einer versteckten Zielsetzung, einer Hidden Agenda, sprechen. Solch eine Hidden Agenda (Hintergedanken, häufig auch private Ziele der Mitarbeiter) ist in der Lage, ganze Projekte zu sprengen oder auch die Ziele zu verschieben. Diese treten häufig dann auf, wenn Mitarbeiter unzufrieden sind oder sich nicht durch das Management abgeholt bzw. wertgeschätzt fühlen.

Exkurs: Leitbild

Das Leitbild stellt für die Mitarbeiterschaft und die Führungskräfte eine verbindliche Orientierung für das eigene Handeln sowie die Kommunikation und die Zusammenarbeit im Krankenhaus dar. In diesem Sinne hat es den Charakter einer Anleitung, die auch die Basis für eine konstruktive Kommunikation und Auseinandersetzung in schwierigen Zeiten, in Konfliktsituationen oder bei Organisationskrisen liefert.

Im Leitbild werden in der Regel die folgenden Fragen behandelt:

Wer sind wir? (Tradition und Identität),

Was wollen wir? (Ziele),

Wohin soll es gehen? (Vision).

Das Problem ist allerdings, dass viele Leitbilder von der Klinikleitung in Auftrag gegeben werden, eine Agentur schreibt ein paar schöne Worte hinein und packt emotionale Fotos dazu, die in Hochglanz gedruckt werden. Dies hat aber mit der Wirklichkeit in dem betreffenden Krankenhaus oft rein gar nichts zu tun. Die Mitarbeitenden kennen die Broschüren nicht oder sie liegen in irgendwelchen Schubladen und wurden schlicht vergessen. Warum? Weil sie nicht die Wirklichkeit des Krankenhauses widerspiegeln oder weil sich niemand daran hält und dies auch keine Konsequenzen nach sich zieht.

Ein Leitbild sollte aber eine Leitlinie für die Mitarbeiter eines Krankenhauses sein. Ein gutes Beispiel für ein gelungenes Leitbild sind die Leitlinien des Franziskus-Krankenhauses Berlin:

Praxisbeispiel: Leitlinien für das Franziskus-Krankenhaus Berlin

Herausgeber: Kongregation der Franziskanerinnen vom hl. Martyrer Georg

Präambel

Die Kongregation der Franziskanerinnen vom hl. Martyrer Georg steht im Dienst der katholischen Kirche. Auf der Grundlage des Evangeliums und nach dem Vorbild des hl. Franziskus lebt, betet und arbeitet diese Ordensgemeinschaft zur Ehre Gottes und zum Heil der Menschen.

Im Mittelpunkt ihres Wirkens und Handelns steht der Mensch. Ihm gilt alle Sorge um das ganzheitliche – Geist, Seele und Leib umfassende – Heil. Dieser Dienst ist getragen von dem Glauben an das erlösende Leiden und Sterben Jesu Christi, der Mensch geworden ist, um Gottes heilende und liebende Gegenwart in unserer Welt sichtbar zu machen.

Würde des Menschen

Der Mensch ist Geschöpf und Abbild Gottes. Darin liegt seine Würde.

Wir haben Ehrfurcht vor dem von Gott geschenkten Leben in jedem Stadium.

Wir schützen und achten menschliches Leben von der Zeugung bis zum Tod.

Wir legen Wert darauf, ein menschenwürdiges Sterben zu ermöglichen und den Angehörigen beizustehen.

Wir helfen allen Menschen, unabhängig vom gesellschaftlichen Ansehen, von der Persönlichkeit, der Herkunft und der Religionszugehörigkeit.

Wir bejahen die Errungenschaften und Erkenntnisse der modernen Medizin, soweit sie dem Menschen dienen und seiner Würde entsprechen.

Der Kranke – Mitte aller Dienste

In unserer Sorge um den kranken Menschen gilt für uns das Wort Gottes: „Was ihr für einen meiner geringsten Brüder getan habt, das habt ihr mir getan." (Mt 25,40)

Wir wollen dem Patienten stets den Eindruck vermitteln, dass er mit seiner Krankheit angenommen wird.

Wir fördern die für die Genesung des Patienten hilfreichen mitmenschlichen Kontakte.

Wir unterstützen den Genesungsprozess des Patienten durch gute Pflege und Betreuung.

Wir ermöglichen zur Förderung seiner Selbständigkeit jede vertretbare Form von Aktivierung.

Wir beziehen den Patienten in die Prozesse der Diagnostik und Therapie seiner Erkrankung ein. Wir informieren ihn über Durchführung und Folgen vorgesehener Maßnahmen und bieten ihm darüber hinaus Alternativen an. Dabei achten wir die freie Entscheidung des Patienten.

Wir bringen den Angehörigen die gleiche Wertschätzung entgegen wie den Kranken.

Wir tragen dem Wunsch der Angehörigen nach Information über den Zustand des Patienten Rechnung, indem wir Gespräche mit den Ärzten und Pflegekräften ermöglichen.

Wir befürworten und unterstützen die Begleitung Schwerkranker und Sterbender durch ihre Angehörigen.

Krankenhausseelsorge

Aus der Sicht einer ganzheitlichen Sorge heraus ist der Dienst der seelsorglichen Begleitung sowohl auf den Kranken, den Angehörigen als auch auf den Mitarbeiter gerichtet.

Wir wollen dem Patienten durch persönliche Gespräche beistehen und sind bereit, mit ihm zu beten.

Wir helfen, Kontakte zu katholischen und evangelischen Krankenhausseelsorgern aufzunehmen. Mitgliedern anderer Religionsgemeinschaften bieten wir unsere vermittelnde Hilfe an.

Wir ermöglichen dem Patienten die Teilnahme am Gottesdienst und einen ungestörten Empfang der hl. Sakramente.

Wir unterstützen das seelsorgerliche Angebot, das besonders den Kranken und Sterbenden, aber auch den Angehörigen und Mitarbeitern gilt.

Dienstgestaltung der Mitarbeiter

Träger und Mitarbeiter bilden eine Dienstgemeinschaft.

Wir wissen, dass wir mit unseren verschiedenen Aufgaben und Begabungen aufeinander angewiesen sind und begegnen uns mit Achtung und Wohlwollen.

Wir suchen in Konfliktsituationen das Gespräch, um unterschiedliche Standpunkte zu verstehen und gemeinsame Lösungen zu finden, die im Einklang mit unserem kirchlichen Auftrag stehen.

Wir gestalten unsere Arbeit durch eine vom christlichen Geist geprägte Eigeninitiative und Einsatzbereitschaft.

Wir fördern die fachliche Aus-, Fort- und Weiterbildung sowie die persönliche und religiöse Entfaltung des Einzelnen.

Beziehung zum gesellschaftlichen Umfeld

Öffentlichkeitsarbeit, Erfüllung des Versorgungsauftrages und Wirtschaftlichkeit sollen im christlichen Sinne als besondere Faktoren die Beziehungen unseres Krankenhauses zum gesellschaftlichen Umfeld berücksichtigen.

Wir verpflichten uns, die von der Solidargemeinschaft der Versicherten zur Verfügung gestellten Mittel sparsam zu verwenden.

Wir wollen die uns von Gott angetraute Schöpfung schützen, um so die Gesundheit auch künftiger Generationen nicht zu gefährden. Aus diesem Grund beachten wir die anerkannten Empfehlungen zum Schutze der Umwelt.

Wir fördern durch Zusammenarbeit mit niedergelassenen Ärzten und anderen Institutionen die Integration des Krankenhauses in die Region. Die Arbeit des Krankenhauses soll der Öffentlichkeit durch vorhandene Medien zugänglich gemacht werden.

Schlussbemerkungen

Die vorliegenden Leitlinien formulieren für alle, die in unserem Krankenhaus tätig sind, Erwartungen an sich und an andere. Der Prozess der konkreten Verwirklichung und Umsetzung jedoch lebt von einer lebendigen Auseinandersetzung mit diesen Thesen durch die Mitarbeiter vor Ort.

Für Anregungen oder Kritik zu den Leitlinien stehen Ihnen Schwester Oberin oder die Pflegedienstleitung gern zur Verfügung.

Nicht mehr, nicht weniger sollte in einem Leitbild kommuniziert werden. Und es muss gelebt werden. Wenn es nicht gelebt wird und sich niemand darum kümmert, ist es kein Leitbild.

Ein äußerst schlechtes Beispiel für die Entwicklung eines Leitbildes unter der Überschrift „Mitarbeiterpartizipation" ist folgende Information von einer Agentur an eine Geschäftsleitung während eines Leitbildentwicklungsprozesses:

*„**Mitarbeiterpartizipation***

Der freigegebene Leitbildentwurf wird den Mitarbeitern z. B. bei Betriebsversammlung, über das Intranet, per Rundschreiben mit der Aufforderung zur schriftlichen Stellungnahme vorgestellt.

Wichtig ist, dass die Mitarbeiter durch direkte Ansprache der Geschäftsführung die Relevanz des Projekts vermittelt bekommen."

Ein Leitbild darf den Mitarbeitenden nicht übergestülpt werden. Es soll im Idealfall von der gesamten Belegschaft bzw. deren Vertretern gestaltet werden. Die Chance bei der Erstellung eines gemeinsamen Leitbildes liegt im Entstehungsprozess selbst. Denn hier haben die Mitarbeiter die Chance zur gemeinsamen Standortbestimmung und Visionsbildung für die Zukunft. Am Ende des Leitbildprozesses kann ein Werk stehen, das Orientierung bietet, bestehende und künftige Standards der täglichen Arbeit definiert und Handlungsfelder für die Zukunft benennt. Genauso wie im oben stehenden Leitbild des Franziskus-Krankenhauses in Berlin. Ein geschickt geführter Leitbildprozess kann also Diskussionen über bestehende Werte und Normen ermöglichen. Ein so gestalteter Prozess kann motivierende und nachhaltig kräftigende Wirkung im ganzen Unternehmen entfalten. Aber nur, wenn der Entstehungsprozess an der Basis verankert ist und im gesamten Entwicklungszeitraum mit ihr rückgekoppelt bleibt.

12.1   Beschwerdemanagement

Beschwerdemanagement im Krankenhaus ist ein wichtiger, aber auch substantieller Bestandteil des Qualitätsmanagements. Ein gut funktionierendes Beschwerdemanagement liefert Informationen, die zur Steigerung von Qualität, Patientenzufriedenheit und wirtschaftlichem Erfolg dienen. Durch öffentlich gemachte Beschwerden aber, wie man sie heutzutage in vielen Online-Bewertungsportalen findet, kann ein Krankenhaus einen großen Imageschaden erleiden. Die Zufriedenheit des Patienten kann rückwirkend nicht wieder hergestellt werden, aber es ist von enormer Wichtigkeit, dass diese öffentliche Reklamation auch öffentlich durch das Krankenhaus ernst genommen wird.

Eine Beschwerde ist in der Regel in ein **umfassendes Meldesystem** eingebettet:

- CIRS und Riskmanagement
- Zertifizierungen
- Interne und externe Audits
- Fehlermanagement
- Beschwerdemanagement
- Innerbetriebliches Vorschlagswesen
- Mitarbeiterjahresgespräch
- Patienten- und Mitarbeiterbefragungen

Ziele, Aufgaben und Rahmenfaktoren des Beschwerdemanagements

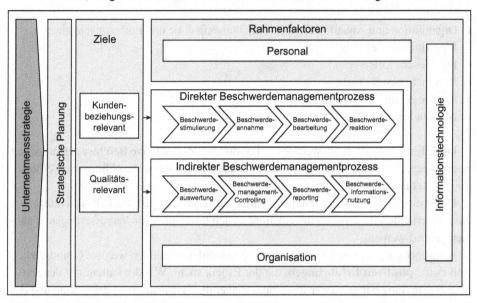

Abb. 12.2 Beschwerdemanagement. (Aus DIN ISO 10002:2010-05)

Beschwerdemanagement ist eine Form von Beratung und als solche auch zu behandeln. In jeder Beschwerde wird auf Schwachstellen hingewiesen, die, wenn es sich um eine lernende Organisation handelt, Lernmöglichkeiten etablieren und Fehlerkulturen entstehen lassen, wenn der Beschwerde auch nachgegangen wird. Dem Patienten oder Angehörigen lediglich einen entschuldigenden vorformulierten Standardbrief zukommen zu lassen, reicht nicht aus.

Aber was ist eine Beschwerde? Eine Beschwerde ist eine mündliche oder schriftliche Äußerung zu einer fehlerhaften Leistung oder Unzufriedenheit mit einem Produkt oder einer Dienstleistung. Die Beschwerde ist subjektiv. Eine positive Grundhaltung zu Beschwerden ist unerlässlich, um in Anbindung an das QM-System Qualität, Patientenzufriedenheit und wirtschaftlichen Gesamterfolg nachhaltig zu steigern. Grundsätzlich ist eine Beschwerde zuallererst einmal eine Information darüber, was in den Augen eines Außenstehenden nicht korrekt oder nicht zufriedenstellend gelaufen ist.

Die in Beschwerden enthaltenen Informationen müssen analysiert und die Ergebnisse systematisch für unternehmerische Entscheidungen bereitgestellt werden (siehe Abb. 12.2). Im Mittelpunkt einer quantitativen Beschwerdeauswertung stehen die Überwachung des Umfangs und der Verteilung des Beschwerdeaufkommens sowie die Priorisierung der von den Patienten und deren Angehörigen wahrgenommenen Probleme.

Meist ist eine Einteilung in folgende Beschwerdekategorien sinnvoll:

- Organisation und Abläufe (wie z. B. Patientenaufnahme und Entlassmanagement)
- Medizinische Leistung
- Pflegerische Leistung
- Informationsweitergabe
- Service (Essen, Hygiene)
- Name/n Einzelperson/en

Diese Einteilung ist durch weitere klinikindividuelle qualitative Beschwerdekategorien zu ergänzen, die der systematischen Ursachenanalyse und der Entwicklung von Verbesserungsvorschlägen dienen (siehe Abb. 12.2).

Durch eine systematische Beschwerdeinformationsnutzung ist letztlich sicherzustellen, dass die erfassten Beschwerdeinformationen auch tatsächlich für Verbesserungsmaßnahmen genutzt werden.

Wichtiger noch aber ist zu wissen, wie Beschwerden verhindert werden: Grundsätzlich sind es die **positiven Erfahrungen**, die der Patient sucht. War der Patient mit der ärztlichen Behandlung nur grenzwertig zufrieden, aber die Schwestern auf der Station und das Narkoseteam waren absolut top, so wird er eher nicht reklamieren. Ist vielleicht sogar ein Fehler passiert, aber die Arzt-Patienten-Beziehung relativ eng, so wird es wohl auch nicht zu Reklamationen kommen. Im Riskmanagement 2.0 wird daher vermehrt auch Wert darauf gelegt, was in einer Klinik besonders gut läuft, um dies noch zu verbessern, als immer nur die Schwachpunkte zu suchen. Exzellenz entsteht durch Konzentration auf Stärken, wohingegen Konzentration auf Schwächen bekanntlich Mittelmaß produziert.

Ziele des Beschwerdemanagements

Professionelles Beschwerdemanagement dient in erster Linie dazu, die Patientenzufriedenheit wiederherzustellen und zu stabilisieren. Es dient ebenso der Herstellung und Steigerung der Patientenbindung, der Patientenbeziehung und auf diese Weise auch der Steigerung der Leistungs- und Servicequalität.

Nachhaltiges Beschwerdemanagement beinhaltet, aus den Beschwerden Maßnahmen abzuleiten und diese umzusetzen. Gleichzeitig bietet das Beschwerdemanagement die Möglichkeit, Verbesserungspotenzial zu erkennen. Wenn jeder zweite Patient bemerkt, dass die Küche nur durchschnittlich sei, ist dies keine eigentliche Beschwerde, aber es zeigt, wo Potenzial für weitere Verbesserungen liegt.

12.2 Integriertes Kommunikationsmanagement

Integriertes Kommunikationsmanagement bezeichnet einen Managementprozess, der seine Ziele aus der Strategie des Gesamtunternehmens ableitet und bei dem die Kommunikation mit den internen und externen Bezugsgruppen des Unternehmens in abgestimmter Weise geplant, realisiert und kontrolliert wird.

Als zentrale Managementfunktion ist die integrierte Kommunikation ein wichtiges Element der Unternehmensführung, das intern wie extern zu Förderung von Vertrauen, Identifikation und Reputation beitragen soll.

Wir unterscheiden zwischen strategischer (siehe Tab. 12.1) und operativer Kommunikation (siehe Tab. 12.2).

In diesem Zusammenhang ist wichtig zu erwähnen, dass Sie über die strategische Kommunikation auch die Kultur einer Organisation managen können. Dabei sind die oben genannten Ziele und die sich daraus ergebenden Zielgruppen immer im Auge zu behalten.

Gerade im Krankenhaus mit den dort tätigen unterschiedlichen Berufsgruppen sind die Jahresgespräche wichtige Möglichkeiten, um definierte Kernbotschaften zu diffundieren. Entscheidend dabei ist, dass die Führungskräfte hinsichtlich dieser Kernbotschaften einerseits geschult wurden und diese andererseits überzeugend rüberbringen (siehe Abb. 12.3).

Tab. 12.1 Strategisches Kommunikationsmanagement im Krankenhaus

Integrations-bereich	Gegenstand	Ziele
Instrumente	Abstimmung eingesetzter Kommunikationsinstrumente/-mittel	Wirkungssteigerung durch crossmediale Kommunikation
Kernbotschaften	Thematische/inhaltliche Abstimmung der Kernbotschaften	Konsistenz, Eigenständigkeit, Kongruenz, Verständlichkeit
Form/Corporate Design	Definition formaler Gestaltungsprinzipien	Präsenz, Prägnanz, Klarheit, Wiedererkennbarkeit
Zielgruppen	Beziehungsmanagement mit den verschiedenen Zielgruppen	Vermeiden von Widersprüchen, gleichzeitiges Ansprechen verschiedener Zielgruppen
Unternehmens-sprache	Anwendung einer einheitlichen Unternehmenssprache	Konsistenz, Eigenständigkeit, Unverwechselbarkeit
Kommunikatoren	Bestimmen der Kommunikatoren	Identifikation, Glaubwürdigkeit, Vertrauensbildung
Zeitplanung	Zeitlich abgestimmter Einsatz der Kommunikationsinstrumente/-mittel	Konsistenz, Nachhaltigkeit, Wirkungssteigerung

Tab. 12.2 Operatives Kommunikationsmanagement im Krankenhaus

Integrations-bereich	Gegenstand	Hilfsmittel
Kommunikations-mittel	Abgestimmter Einsatz zielgruppen-gerechter Kommunikationsmittel	Mediennutzungsanalyse, Reichwei-tenanalyse
Botschaften	Kohärente, abgestimmte Botschaften	Definierte Kernbotschaften
CD-Anwendung	Korrekte Anwendung der CD-Richt-linien	CD-Manual
Zielgruppen	Klare, widerspruchsfreie Ansprache der Zielgruppen	Bezugs- beziehungsweise Zielgrup-penprofile
Tonalität	Korrekte Anwendung der Unterneh-menssprache in zielgruppengerechter Tonalität	Sprachkonzept
Kommunikator	Überzeugendes Auftreten des Kom-munikators	Umfassendes Coaching des Kommu-nikators
Timing	Zeitlich abgestimmter Einsatz der Kommunikationsmittel	Jahres- und Projektplanung

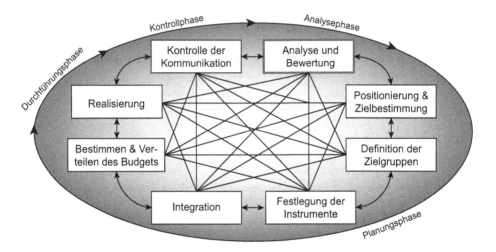

Abb. 12.3 Integrierte Unternehmenskommunikation. (Bruhn 1995, 2010)

12.3   Lügen, Täuschen und Verdecken

Der Duden definiert „lügen" als „bewusst falsche, auf Täuschung angelegte Aussage; absichtlich, wissentlich geäußerte Unwahrheit" (zitiert nach Der Duden 2014). Es ist Ansichtssache, ob hierzu auch eine wissentliche und bewusste Vorenthaltung von Wahr-heiten gehört. Man geht daher in der Psychologie davon aus, dass lügen lebensnotwendig ist, denn es scheint dazu zu dienen, das Selbstwertgefühl zu erhöhen, einen leichteren Umgang mit Vergangenheit, Gegenwart und Zukunft zu ermöglichen und auch das Miteinander mit anderen Menschen zu erleichtern. In den 1970er Jahren hat der amerikanische Psychologe John Frazer Alltagsgespräche analysiert und die bis heute nicht unumstrittene These aufgestellt, dass Menschen etwa zweihundertmal am Tag lügen, wobei Wahrheit auch in der Lügenforschung nicht eindeutig definierbar ist. Im Alltag lügen Menschen meist aus prosozialen Gründen, oder um das Gesicht zu wahren, eher seltener aus antisozialen Absichten, denn prosoziale Lügen helfen, dem Gegenüber ein besseres Gefühl zu geben. Nur mit den antisozialen Lügen nimmt man in Kauf, dass sie Schaden beim Gegenüber oder einem Dritten anrichten. Zwar gibt es Menschen mit einer pathologischen Neigung, die Unwahrheit zu sagen, doch denen begegnet man eher selten. Übrigens: Die einzigen Menschen, die sicher nicht lügen, weil sie nicht in der Lage dazu sind, sind Autisten, denn ihnen fehlt die Wahrnehmung für das soziale und emotionale Miteinander.

Nicht zuletzt sind es Selbstlügen, die manchen Menschen das Leben erträglich machen, wobei diese Schwindeleien allmählich in die Persönlichkeit integriert werden und es zunehmend schwerer wird, diese von einer objektiven Position aus noch als Unwahrheit zu definieren. Die wichtigsten Lügen dienen dem Selbstschutz (41 %); Menschen lügen, um sich mit einer Konfliktsituation nicht auseinandersetzen zu müssen (14 %), aus Angst, Liebe oder Anerkennung zu verlieren (14 %), um sich besser darzustellen (6 %). Kleine Lügen bzw. „selektive Informationsangaben" gehören also zum alltäglichen Miteinander: Man setzt häufig kleine Lügen ein, um jemanden nicht zu kränken, um komplizierte Auseinandersetzungen und Erklärungen zu umgehen. Häufig wird dadurch niemand so recht benachteiligt. Bei vielen Spielen sind Lügen, Täuschen oder Pokern wesentliche Bestandteile. Problematisch werden Lügen dann, wenn sie gezielt eingesetzt werden, um andere zu täuschen und in unvertretbarer Form zu benachteiligen, zu desinformieren oder in die Irre zu führen. Vermieter oder Verkäufer informieren Interessenten bewusst nicht über bestimmte Mängel der Objekte. Politiker machen Versprechungen, von denen sie von vornherein wissen, dass sie diese nicht einhalten können. Antragsteller von Sozialhilfe unterschlagen die Angabe vorhandener Ersparnisse oder die Existenz von Besitz, um in den unberechtigten Genuss von Sozialhilfe zu gelangen. Aus diesem Grund kann es wichtig sein herauszufinden, wann Personen lügen oder ihr Gegenüber zu täuschen versuchen.

Larcker und Zakolyukina (2012) haben die Sprache und Wortwahl von Chefs analysiert und fanden, dass diese bei Lügen seltener in der ersten Person – „ich" oder „wir" – sprachen, sondern stattdessen lieber auf das Team oder die Firma verwiesen. Sie verwendeten auch überzufällig oft Killerphrasen, die Nachfragen unterbinden sollten, beispielsweise „wie Sie sicherlich wissen . . . " und Ähnliches.

Häufig wird emotionales Verhalten intentional eingesetzt, um emotionale Zustände vorzutäuschen. Um einen bestimmten Eindruck bei Dritten zu erwecken, wird ein z. B. positives, emotionales Verhalten gezeigt, oft überbetont. Patterson (1991) gibt folgendes Beispiel: Der Vorgesetzte des Ehemanns oder der Ehefrau ist zum Essen eingeladen und es wird versucht, das Bild einer „harmonischen" Familie vorzutäuschen, obwohl die aktuelle Beziehung nicht diesem Ideal entspricht. Dabei kann es zu ungewollten Effekten kommen. Einmal tritt das Problem auf, dass spontanes und willentliches emotionales Verhalten sich unterscheiden, z. B. in der Dauer des Lächelns; es wird zu lange gelächelt, das Lächeln fällt zu schnell ab oder es ist asymmetrisch, was ein Anzeichen für einen gestellten emotionalen Ausdruck ist. Ein weiteres Problem besteht darin, dass keine Übereinstimmung zwischen dem vorgetäuschten und dem tatsächlichen emotionalen Zustand herrscht. Es kann also passieren, dass genuines emotionales Verhalten plötzlich aufscheint. Dieses Phänomen bezeichnet man als „Leakage", es gibt eine undichte Stelle, ein Leck in der Täuschung. Es kann z. B. kurzzeitig eine Ärgermimik sichtbar werden. Wird die Person sich dieses der eigentlichen Intention widersprechenden Verhaltens bewusst, kann es durch ein sich unmittelbar anschließendes Lächeln maskiert werden.

Einige sehr spezifische vor allem non-verbale Hinweise auf mögliche Lügen finden sich nachfolgend aufgeführt.

- **Mikroexpressionen:** Dies sind flüchtige Gesichtsausdrücke, die nur Bruchteile einer Sekunde dauern. Diese Reaktionen erscheinen auf dem Gesicht unmittelbar nach einer emotionsauslösenden Situation und sind schwer zu unterdrücken (Ekman et al. 1985). Auf diese Weise können sie bei genauer Beobachtung entlarvend sein. Wenn also so etwas beobachtet wird, sollte man das Gesicht sehr genau ansehen. Wenn man dann einen Ausdruck wahrnimmt, der sehr schnell von einem anderen, aber von ersterem verschiedenen Ausdruck gefolgt wird, dann darf man annehmen, dass die Person flunkert. Ekman et al. (1995) konstruierte ein Nummerierungssystem für Bewegungen des Gesichts, das er mit den dazugehörigen Emotionen verknüpfte, darunter auch Empfindungen wie Angst, Misstrauen oder Bedrängnis, die auch beim Erzählen einer Lüge empfunden werden. Basierend auf diesen Arbeiten entwickelte die Gruppe um Mark Frank eine Software, mit der Lügner anhand ihrer willkürlichen Mimik entlarvt werden können (Kim et al. 2014). Er automatisierte das Nummerierungssystem in einem Computerprogramm, wodurch verräterische Gesichtsbewegungen, die Verdächtige während einer Befragung zeigen, automatisch identifiziert werden können. Das Programm wurde auch bereits erfolgreich an Verdächtigen mit kriminellen Absichten getestet. Künftig soll es auch dazu dienen, potenzielle Terroristen zu erkennen.
- **Diskrepanzen zwischen den Kanälen:** Dabei handelt es sich um Inkonsistenzen zwischen den non-verbalen Hinweisen der verschiedenen Kanäle. Solche Diskrepanzen resultieren aus der Tatsache, dass Personen Schwierigkeiten haben bei der Kontrolle aller Kanäle. Beispielsweise ein Angeklagter, der eine erfundene Geschichte erzählt, mag Erfolg damit haben, seinen Gesichtsausdruck zu kontrollieren und einen engen Augenkontakt mit dem Richter aufrechtzuerhalten. Gleichzeitig mag er jedoch Körperbewegungen zeigen, die das hohe Maß an emotionaler Erregung deutlich machen.
- **Paralinguistische Merkmale:** Wenn Personen lügen, ändern sich häufig die paralinguistischen Merkmale der Sprache (Tonlage, Rhythmus, Betonung) in auffälliger Form. Oft wird die Tonhöhe höher, der Sprachfluss langsamer und weniger flüssig. Dies ist besonders dann der Fall, wenn die Personen vermehrt bemüht sind, ihr Lügen zu kaschieren. Außerdem haben die Lügenden mehr mit der Reparatur der Sprache zu tun: Sie beginnen einen Satz, unterbrechen ihn, beginnen erneut usw. Alles dies deutet auf vermehrte bewusste Kontrolle und „Intervention" durch das Bewusstsein hin, auf ein

Bemühen, das Gesagte gegenüber dem spontan Gedachten zu verändern, nachzubessern usw.

- **Vermehrtes Augenblinzeln** Personen, die lügen, blinzeln häufiger als gewöhnlich mit ihren Augenlidern Sie zeigen vielfach auch ein ungewöhnlich geringes Maß an direktem Augenkontakt. Es kommt aber auch das genau Umgekehrte vor: Erfahrene Lügner haben es womöglich gelernt, dieses (entlarvende) Zeichen „naiver Lügner" zu kontrollieren, d. h., sie verstehen es, sehr gezielt und intensiv dem anderen beim Lügen in die Augen zu schauen. Aber gerade auch diese Intensität und dieses Anhalten kann wiederum vom Beobachter entlarvt werden.
- **Übertriebene Gesichtsausdrücke:** Lügende Personen zeigen häufig übertriebene Gesichtsausdrücke. Beispielsweise lächeln sie oft oder breiter als gewöhnlich. Oder sie zeigen mehr Trauer und Mitgefühl, als für sie oder in der Situation angemessen wäre.
- **Unruhige Körperbewegungen:** Gesamtkörperbewegungen sind aufschlussreicher als Gesichtsbewegungen. Denn Lügen oder Täuschungen werden oft von unruhigen Bewegungen der Hände und Füße und einer unruhigen Haltung des Gesamtkörpers begleitet. Die Hand oder auch nur einige Finger bedecken den Mund, d. h., das Gehirn gibt unbewusst ein Zeichen, die Worte zu unterdrücken. Auch das Reiben der Unterseite der Nase als kleine Geste hat eine ähnliche Bedeutung. Wenn ein Kind etwas nicht sehen will, verdeckt es die Augen mit einer Hand oder mit beiden Händen, beim Erwachsenen tritt oft das Augenreiben an seine Stelle, denn es ist der Versuch des Gehirns, Täuschung, Zweifel oder Abscheuliches fernzuhalten oder den Blick in das Gesicht der Person, die belogen wird, zu vermeiden. Analog das Legen der Hände über beide Ohren beim Kind, beim Erwachsenen der Griff ans Ohr oder das Reiben hinter dem Ohr, das Zupfen am Ohrläppchen oder das Vorbiegen der Ohrmuschel. Wie die Berührung der Nase wird auch der Griff ans Ohr meist von ängstlichen Menschen als Geste verwendet.
- **Wegggucken, Nicht-in-die-Augen-Sehen:** Im Alltag wird die Auffassung vertreten, dass jemand dann lügt oder täuscht, wenn er seinem Gegenüber nicht standfest in die Augen sehen kann. Eltern oder Lehrer fordern beispielsweise häufig Kinder, von denen sie annehmen, dass sie lügen, dazu auf: Sieh mir in die Augen. Untersuchungen zeigen jedoch, dass die Fähigkeit, seinem Gegenüber ruhig und fest in die Augen zu schauen, keineswegs als Beleg für Ehrlichkeit betrachtet werden kann. Erfahrene bzw. gekonnte Lügner haben es oft gelernt, dem Gegenüber besonders dann in die Augen zu schauen, wenn sie wirksam eine Lüge einsetzen wollen.

Bei integrierter Unternehmenskommunikation geht es immer auch um Marketing bzw. darum, wie man sich im Markt darstellt. Dies wird von der Unternehmensspitze vorgegeben und heruntergebrochen bis auf die Pflegehilfe und Reinigungskraft. Wenn aber die Unternehmensspitze in der Kommunikation schon täuscht und lügt, kann man davon ausgehen, dass am anderen Ende der Hierarchie dies genauso getan wird.

Viele Krankenhäuser im deutschsprachigen Raum brüsten sich mit „Spitzenmedizin", „bester Medizin" oder „bester Qualität". Es wird zum Teil nur so mit Superlativen um sich geworfen. Man wundert sich dann, wie dies mit Personal, das nicht einmal überregional bekannt ist, erreicht werden soll. Etwas mehr Bescheidenheit und Realitätssinn im Auftritt nach außen und damit auch nach innen sind wahrscheinlich zielführender. Wie in diesem Beispiel: Der Assistent erklärt den Angehörigen nach einer schwierigen Operation, dass alles gut gegangen sei und man angesichts der Schwierigkeit des Falles nur wenige Probleme gehabt habe. Nicht gut und für den Patienten von keinerlei Interesse wäre zu sagen, dass alles „super gelaufen" sei und man „drei Stunden weniger als anderswo gebraucht" habe.

12.4 Schwarmintelligenz

Die Schwarmintelligenz ist derzeit ein Modewort. In der Kommunikation gewinnt sie jedoch an Einfluss. Kommunikation von Individuen kann (intelligente) Verhaltensweisen des betreffenden „Superorganismus", d. h. der sozialen Gemeinschaft, hervorrufen. Dies wird vor allem in den sozialen Medien beobachtet. Systemtheoretiker betrachten das Internet und seine Nutzer als Superorganismus. „Eine Gesellschaft kann als vielzelliger Organismus angesehen werden, mit den Individuen in der Rolle der Zellen. Das Netzwerk der Kommunikationskanäle, die die Individuen verbinden, spielt die Rolle des Nervensystems für diesen Superorganismus" (Heylighen 2013). Der Schwarm ersetzt das Netzwerk dabei also nicht, sondern bildet nur die Basis. Diese Sicht geht konform mit der Betrachtung des Internets als Informationsinfrastruktur. Die Bedeutung des Begriffs verschiebt sich dabei jedoch weg von künstlicher Intelligenz hin zu einer Art Aggregation menschlicher Intelligenz. Wikipedia oder auch Google sind ein Beispiel hierfür.

Die kollektive Intelligenz kann zur Unterstützung von Businessentscheidungen auch im Krankenhaus genutzt werden, zum Beispiel in Form von Crowdsourcing, also der Auslagerung von Aufgaben oder Projekten aus der Klinik an eine Gruppe von Internetnutzern, oder Social Forecasting als Web-2.0-Tool. Unternehmen nutzen Social Forecasting, um Prognosen, Analysen und andere Kennzahlen von ihren Mitarbeitern für zukunftsweisende Fragen zu erhalten, wenn die Unternehmenszahlen so sensibel sind – wie gerade in einem Krankenhaus –, dass eine Umfrage mit fremden Personen nicht möglich ist. Das Management kann so durch den Crowdsourcing-Ansatz Prognosen, Analysen und andere Angaben der Mitarbeiter verwerten, die sonst nicht erhältlich gewesen wären.

Führungskräfte haben die Tendenz, von individuellem auf kollektives Verhalten zu schließen – dadurch entwickeln sie eine stark eingeschränkte Sicht auf Wechselbeziehungen in einem System. So wie der Beobachter eines einzelnen Fisches nicht versteht, wie sich eine Kolonie von Fischen verhält (siehe Abb. 12.4). Wird ein Element eines Systems verändert, kann dies (unbeabsichtigt) Konsequenzen für das gesamte System haben. Ein gutes (oder vielmehr schlechtes) Beispiel dafür war der Zusammenbruch von Lehman Brothers. Die US-Regierung hatte sich damals entschlossen, nichts zu unternehmen, da man davon ausging, dass der Markt im Grunde schon begriffen habe, wie schlecht es

Abb. 12.4 Schwarmintelligenz in der Kommunikation. (Alexander Wörslinger)

Lehman ging: eine fatale Fehleinschätzung, die das gesamte Finanzsystem ins Wanken brachte.

Fazit

Dieses Kapitel soll zeigen, dass Unternehmenskommunikation immer innerhalb eines sozialen Systems stattfindet sowie andererseits immer ein strategisches, aber auch operatives Ziel haben soll und muss; gerade im Geschäftlichen. Dem muss sicherlich nicht notwendigerweise eine langwierige Strategiefindung vorausgegangen sein, aber Kommunikation hat stets eine Wirkung und sollte daher im Krankenhaus auch zielgerichtet erfolgen. Man muss also seine Zielgruppen kennen und die Kommunikation entsprechend anpassen. Schließen Sie aber nie vom Einzelnen auf das Ganze. Die Ziele der Kommunikation gehen eng mit der nachhaltigen Kommunikation einher.

Literatur

Bruhn, M. (2010). *Kommunikationspolitik*. München: Vahlen.

Duden Redaktion (2014). *Duden*. Mannheim: Bibliographisches Institut.

Ekman, P., Friesen, W. V., & Simons, R. C. (1985). Is the Startle Reaction an Emotion? *Journal of Personality and Social Psychology*, *49*(5), 1416–1426.

Heylighen, F. (2013). Self-organization in Communicating Groups: the emergence of coordination, shared references and collective intelligence. In A. Massip-Bonet, & A. Bastardas-Boada (Hrsg.), *Complexity perspectives on language, communication, and society* (S. 117–150). Berlin, Heidelberg: Springer.

Kieser, A. (1996). Moden und Mythen des Organisierens. *Die Betriebswirtschaft*, *56*, 21–39.

Kim, D., Frank, M. G., & Kim, S. T. (2014). Emoitional display behavior in different forms of computer mediated communication. *Computers in Human Behavior*, *30*, 222–229.

Larcker, D. F., & Zakolyukina, A. A. (2012). Detecting deceptive discussion in conference calls. *Journal of Accounting Research*, *50*, 495–540.

Luhmann, L. (1987). *Soziale Systeme. Grundriß einer allgemeinen Theorie*. Frankfurt/Main: Suhrkamp Verlag.

Patterson, M. L. (1991). A functional approach to nonverbal exchange. In R. S. Feldman, & Â. Rime (Hrsg.), *Fundamentals of nonverbal behavior*. New York: Cambridge University Press.

Weiterführende Literatur

Baller, G., & Schaller, B. (2013). *Praxishandbuch für Ärzte im Krankenhaus*. Stuttgart: Georg Thieme Verlag.

Baller, G., & Schaller, B. (2013). Führung wird anspruchsvoller. *Nahdran*, *2*, 34–36.

Baller, G., Huber, T., & Schaller, B. (2010). Was vielen gefallen soll, muss von vielen gestaltet werden. Changemanagement-Projekte scheitern aus vielen Gründen. Gelingen tun sie aus den gleichen. *das krankenhaus*, *8*, 743–747.

Beckmann, F. (2010). *Prognosebörsen als Instrument des Wissensmanagements in Unternehmen*

Bruhn, M., Esch, F.-R., & Langner, T. (2009). *Handbuch Kommunikation*. Wiesbaden: Gabler Verlag.

Ivanov, A. (2012). Social Forecasting. In A. Back et al. (Hrsg.), *Web2.0 und Social Media in der Unternehmenspraxis*

Schaller, B., & Baller, G. (2007). In varietate concordia oder Abrechnungsmentalität unter Kollegen. *Schweizerische Ärztezeitung*, *88*, 1641–1643.

Schaller, B., & Baller, G. (2007). Moderne ärztlich-kollegiale Kommunikation im Gesundheitswesen. *Schweizerische Ärztezeitung*, *88*, 1715–1716.

Schaller, B., & Baller, G. (2007). Organisationsentwicklung im Gesundheitswesen. Der Stellenwert der Kommunikation. *Schweizerische Ärztezeitung*, *88*, 2091–2092.

Schaller, B., & Baller, G. (2008). Der Zusammenhang zwischen guter Kommunikation und Qualität. *das krankenhaus*, *02*, 140–142.

Schaller, B., & Baller, G. (2009). Führen heißt auch informieren. *Kommunikation im modernen Change Management Nahdran*, *3*, 30–33.

Weder, F. (2009). *Organisationskommunikation und PR*. Stuttgart: UTB.

Controlling der Kommunikation

13

Die Messung der Wirkungen und des Erfolgs kommunikativer Leistungen wird von Unternehmen zunehmend gefragt, insbesondere in Zeiten wirtschaftlicher Instabilität und schrumpfender Budgets; dieser Trend macht auch vor dem Krankenhaus nicht halt.

In Krankenhäusern, aber auch in vielen kleineren Unternehmen erstrecken sich die Controllingaktivitäten noch immer stark auf die Outputebene, namentlich auf Medienmonitoring und Internetstatistiken. Wohingegen große börsennotierte Unternehmen den Wertbeitrag der Kommunikation bereits auf Ebene der Unternehmensbewertung und entsprechender Kennzahlen zu erfassen versuchen. Fast jedes zweite börsennotierte Unternehmen misst aber den Beitrag der Kommunikation im Hinblick auf die Unternehmensziele mit Scorecards oder anderen Methoden (siehe Abb. 13.1).

Die Verknüpfung von Kommunikation und Unternehmensstrategie ist eine der wichtigsten Herausforderungen. Dies zeigen die Ergebnisse des European Communication Monitor (ECM 2007), einer europaweiten Umfrage der Universitäten Leipzig, Amsterdam, Bukarest und Llubljana sowie der Stockholm School of Economics zu den Zukunftstrends der Unternehmenskommunikation. 45 % der befragten Entscheider sehen „linking business strategy and communication" (zitiert aus ECM 2007) als eine der drei wichtigsten Herausforderungen, während fast jeder dritte Befragte „establishing new methods to evaluate and demonstrate the value of communication" (zitiert aus ECM 2007) als besonders relevant betrachtet.

13.1 Alles nur Marketing?

Kommunikationscontrolling wird gar nicht so selten mit Marketingcontrolling gleichgesetzt. Aber Kommunikations-Controlling geht darüber hinaus. Selbstredend gibt es Überschneidungen, aber es liegen verschieden Konzepte zugrunde.

Das Branding hat auch im Krankenhaus ausgedient. Der Patient sucht positive Erfahrungen und bei überwiegendem Vorliegen derselben kommt er auch wieder oder empfiehlt

© Springer-Verlag Berlin Heidelberg 2017
G. Baller und B. Schaller, *Kommunikation im Krankenhaus*,
DOI 10.1007/978-3-642-55326-4_13

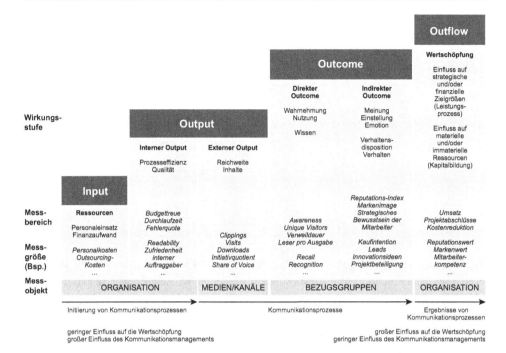

Abb. 13.1 Controlling der Kommunikation im Überblick. (ICV und DPRG)

das Krankenhaus weiter. Es verhält sich aber dabei ähnlich wie mit der Qualität. Was der Patient bei einem Krankenhausbesuch als „gelungen" bezeichnet, kann deutlich von dem differieren, was die Ärzte und Pfleger als gelungen betrachten. Daher ist heute nicht mehr nur eine Kundenorientierung, sondern einen Kundenzentrierung (Kundennutzen, Kundennutzen, Kundennutzen . . .) gefragt. Deshalb geht es im Krankenhaus unter anderem darum, wie welche Maßnahmen beim Kunden/Patienten ankommen. Hier spielt natürlich die Kommunikation wieder eine zentrale Rolle. Aber reißerisches Marketing wie „Wir sind die Besten", und der Patient wartet dann fünf Stunden in der Notaufnahme, bis er drankommt, zählt im Gegensatz zum Marketing von anderen Gütern als der Gesundheit nicht. Vielmehr soll der Patient verstehen, warum ihn ein Case-Manager begleitet oder ihn der Gesundheitscoach anruft.

Im Krankenhausbereich hinken wir diesbezüglich gegenüber anderen Großunternehmen sicherlich noch hinterher. Im Rahmen des Zuweisermarketings oder via Homepage-Präsenz wird Kommunikationscontrolling bereits heute im deutschsprachigen Raum zwar gemacht. Dennoch ist Reputationscontrolling, z. B. anhand von Benchmarks einerseits und als Führungsinstrument andererseits – neben anderen Faktoren – auch Feedback, für die externe Kommunikation zielführend.

Fazit

Umfassendes Kommunikationscontrolling ist derzeit in Krankenhäusern des deutsch-sprachigen Raums sicherlich noch die Ausnahme. Zu einem modernen Krankenhaus-management, wie wir es verstehen, gehört aber ein solches Controlling. Dieses un-terstützt das Ziel, die einzelnen Maßnahmen zu bündeln, und hilft, sich über die so wichtige Außenwahrnehmung der Kommunikationsmaßnahmen klarer zu werden.

Literatur

European Communication Monitor (2008) http://www.euprera.org/?p=30. Zugegriffen: 22.08.2015.

Weiterführende Literatur

Baller, G., & Schaller, B. (2009). Über die Kraft der Spiegelneuronen. Warum es so wichtig ist, eine gute Führungskraft zu sein. *Deutsches Ärzteblatt, 49*, A2483.

Baller, G., & Schaller, B. (2013). *Praxishandbuch für Ärzte im Krankenhaus.* Stuttgart: Georg Thie-me Verlag.

Baller, G., & Schaller, B. (2013). Führung wird anspruchsvoller. *Nahdran, 2*, 34–36.

Baller, G., Huber, T., & Schaller, B. (2010). Was vielen gefallen soll, muss von vielen gestaltet werden. Changemanagement-Projekte scheitern aus vielen Gründen. Gelingen tun sie aus den gleichen. *das krankenhaus, 8*, 743–747.

Fischer, T. M., Möller, K., & Schultze, W. (2012). *Controlling: Grundlagen, Instrumente und Ent-wicklungsperspektiven.* Stuttgart: Schäffer-Poeschel.

Malik, F. (2014). *Führen – Leisten – Leben. Wirksames Management für eine neue Zeit*

Schaller, B., & Baller, G. (2007). In varietate concordia oder Abrechnungsmentalität unter Kollegen. *Schweizerische Ärztezeitung, 88*, 1641–1643.

Schaller, B., & Baller, G. (2007). Moderne ärztlich-kollegiale Kommunikation im Gesundheitswe-sen. *Schweizerische Ärztezeitung, 88*, 1715–1716.

Schaller, B., & Baller, G. (2007). Organisationsentwicklung im Gesundheitswesen. Der Stellenwert der Kommunikation. *Schweizerische Ärztezeitung, 88*, 2091–2092.

Schaller, B., & Baller, G. (2008). Der Zusammenhang zwischen guter Kommunikation und Qualität. *das krankenhaus, 02*, 140–142.

Schaller, B., & Baller, G. (2009). Führen heißt auch informieren. *Kommunikation im modernen Change Management Nahdran, 3*, 30–33.

Nachhaltigkeit in der Kommunikation **14**

Nachhaltigkeit ist heute in aller Munde. Immer mehr Unternehmen sehen die Übernahme gesellschaftlicher und ökologischer Verantwortung als den Kern einer nachhaltigen Unternehmensführung an. Die Kommunikation ist zentraler Bestandteil einer solchen Strategie. Social Responsability ist dabei mehr als nur Wohltätigkeit, denn sie bedeutet auch eine gesellschaftliche Investition und strategische Wettbewerbsvorteile.

Praxisbeispiel

Dr. Müller ist ein guter, aber herrischer Oberarzt, der vor allem junge Assistenten bis aufs Blut plagen kann. Oft laufen Assistenten weinend aus dem Morgenrapport. Dr. Murcic war auch solch ein Assistent und hat wegen seines Migrationshintergrunds noch mehr unter der Wut von Dr. Müller gelitten. Allerdings ist Dr. Murcic ein außerordentlich begabter Operateur und Forscher, der sich unmittelbar nach dem Facharzt habilitiert und dann sofort zum leitenden Oberarzt befördert wird. Nun steht er plötzlich oberhalb von Dr. Müller; verhält sich aber jederzeit korrekt.

Ein solch simples Beispiel verdeutlicht vielleicht am eindrücklichsten, was wir meinen: Gerade in Ihrer Rolle als Führungskraft müssen Sie sich Ihrer verbalen und nonverbalen Kommunikation bewusst sein. Wir meinen, dass Sie auch mal Ärger zeigen dürfen, aber Ihre Kommunikation sollte in einem Krankenhaus, in dem Sie längerfristig arbeiten wollen, insgesamt auch Nachhaltigkeit zum Ziel haben. Es muss nicht immer so deutlich wie in unserem Beispiel sein, doch unangepasste Kommunikation führt auf Dauer meist zu Problemen.

Für große international operierende Unternehmen gehören Nachhaltigkeitsberichte inzwischen zur Pflicht. Während diese Unternehmen dabei unter den Bedingungen der Vergleichbarkeit auf den internationalen GRI-Standard (Global Reporting Initiative in Zusammenarbeit mit der UNO) zurückgreifen können, müssen kleinere und mittlere Unternehmen die Richtlinien für sich herunterbrechen und alternative Darstellungsformen finden. In diesem Zusammenhang empfiehlt es sich, den nachhaltig relevanten Markenwert

© Springer-Verlag Berlin Heidelberg 2017
G. Baller und B. Schaller, *Kommunikation im Krankenhaus*,
DOI 10.1007/978-3-642-55326-4_14

Abb. 14.1 Nachhaltige
Kommunikation. (Eigene Darstellung)

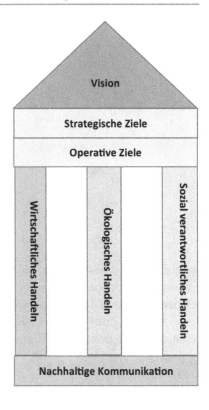

der Organisation in dessen Markenidentität zu integrieren. Entscheidend für die starke Positionierung im Konkurrenzumfeld ist der mit Nachhaltigkeitsleistungen verbundene klar formulierte Kundenvorteil, der im Produkt-, Preis- und/oder Imagenutzen liegen kann. Hier ist für ein Krankenhaus beispielsweise der wertschätzende Umgang mit Patienten und Mitarbeitern sicherlich ein erstrebenswertes Ziel; andere nachhaltige Kommunikationsziele sind denkbar (siehe Abb. 14.1).

Die nachhaltige Kommunikation vernetzt ein Unternehmen mit allen relevanten Anspruchsgruppen und schafft im Dialog Verständnis für deren Visionen, Strategien und Ziele. Sie baut Vertrauen auf und steigert die Glaubwürdigkeit. Nur so können Zielkonflikte zwischen wirtschaftlichem, ökologischem und gesellschaftlich verantwortungsvollem Handeln in der Öffentlichkeit aufgelöst werden. Durch eine solche Nachhaltigkeit in der Kommunikation bekräftigt jedes Krankenhaus seine Rolle in der Gesellschaft und investiert damit in Kundenbeziehungen, in das Unternehmensleitbild und ins Humankapital. Auf diese Weise kommt es überdies zu nachhaltigen Motivationssteigerungen.

14.1 Sprechende Medizin

Durchschnittlich 200.000 Gespräche führt ein Arzt während seines Berufslebens, in denen er sich mit unterschiedlichsten Menschen und deren körperlichen Beschwerden beschäftigen muss. Daher ist das Gespräch mit dem Patienten ein wichtiges, wenn nicht sogar das wichtigste Instrument zur Diagnosestellung, genauso wichtig wie Stethoskop und Labor, Röntgen oder anderes. Das Gespräch mit dem Patienten kann vieles bewirken, gleichzeitig aber auch vieles zerstören. Dr. Bernard Lown (2004), Professor für Kardiologie an der Harvard School of Public Health und Erfinder der Elektrodefibrillation, beschreibt in seinem Buch „Die verlorene Kunst des Heilens" in eindrücklicher Weise das Wichtigste der Arzt-Patienten-Beziehung: Offenheit, Authentizität und Klarheit. Diese drei Faktoren helfen den Menschen oftmals mehr als ein Medikament, unterstützen die Therapie und schaffen Vertrauen, die Grundlage jeden ärztlichen Handelns (siehe unter *Salutogene Kommunikation*, Abschn. 14.8).

„Das wird jetzt weh tun": Eine Studie bei radiologischen Punktionen zeigte, dass Angst und Schmerz der Patienten verstärkt wurden, wenn in der Ankündigung der Maßnahme oder in mitfühlenden Äußerungen negativ besetzte Worte wie „stechen", „brennen", „wehtun", „schlimm" oder „Schmerz" enthalten waren. Gerade weil Patienten in einem seelischen und emotionalen Ausnahmezustand und dadurch besonders sensibel sind, können unbedachte Äußerungen eines Arztes tiefgreifende Irritationen auslösen. Medizinische Prozeduren brauchen aber das Vertrauen des Patienten. Beschreiben Sie am besten das, was Sie am Patienten durchführen, sachlich und ohne Urteil über das, was es beim Patienten bewirken könnte. Dr. Internet: Bei Risiken und Nebenwirkungen fragen Sie nicht nur Ihren Arzt oder Apotheker, sondern auch Ihr Internet. Das Internet hat sich mittlerweile zum ersten Ansprechpartner bei somatischen und psychischen Symptomen aller Art entwickelt. Immer mehr Patienten informieren sich auch vor einem Arztbesuch im Internet über Symptome, Krankheiten und Therapiemöglichkeiten. Aber: Darüber reden sie nicht mit ihrem Arzt. Die Patienten warten ab, wie sich der Arztbesuch entwickelt und ob sich die Diagnose und/oder die Therapie mit den Vorschlägen im Internet deckt. Je nachdem wie überzeugend der Arzt war oder ist, werden dann seine Therapiemaßnahmen umgesetzt. Wenn das Internet schlüssigere Antworten liefert, möglicherweise sogar Fachkollegen andere Therapien empfehlen, dann übernimmt der Patient bevorzugt die Vorschläge aus dem Internet. Daher ist es wichtig, den Patienten abzuholen, zu integrieren, eben „Personalized Medicine" zu betreiben. Es nützt wenig, wenn beispielsweise die Guidelines und das Cochrane Review die Insulin-Therapie empfehlen, aber der Patient bei seiner Mutter negative Erfahrungen mit dieser Therapie gemacht hat und sie daher ablehnt.

Erste Studien weisen darauf hin, dass gut informierte Patienten weniger Kosten verursachen, weil sie sich oft für weniger riskante und damit meist kostengünstigere Therapien entscheiden.

Aber auch Vorsicht ist geboten: Jemand, der sich aufgrund der letzten Masernepidemie und dazugehörigen Berichterstattung über eine Masernimpfung informieren möchte, gibt nun die Suchbegriffe „Masernimpfung", „Risiko" oder „Gefahr" oder „gefährlich", „Nebenwirkungen" ein. Die meisten Treffer zeigen daraufhin Seiten an, bei denen erklärt wird, welche Impfschäden auftreten, welche Gründe gegen eine Masernimpfung sprechen und weitere Seiten und Kommentare, bei denen die Pharmaindustrie geldgierig und Zielscheibe von Impfgegnern ist. Ein paar wenige Treffer beschreiben die positiven Effekte.

Man bekommt aber eine ganz andere Art Treffer, wenn man die Keywords „Masernimpfung", „Nutzen", „Auffrischung" etc. eingibt. Der überwiegende und obere Teil der Treffer steht der Impfung positiv gegenüber, nur wenige Seiten setzen sich damit kritisch auseinander.

14.2 Der Patient im Zentrum – Die verschiedenen Patiententypen und Patientengruppen

Der Patient steht immer mehr im Mittelpunkt unserer Arbeit, sei dies auf ärztlicher, pflegerischer oder organisatorischer Ebene, und dies ist der Grund, warum wir jeden Tag zur Arbeit gehen. Wenn wir nicht gut mit dem Patienten umgehen, dann wird auch der angemessenste und heilbringendste Behandlungs- oder Pflegeansatz seine Zustimmung nicht finden.

Jeder Mensch, der uns gegenübersteht, ist anders. Um dieser Komplexität zu begegnen, hat man acht verschiedene, besonders häufige Typen zusammengefasst, die in der Praxis natürlich nicht in Reinform auftreten. Jeder Mensch vereint in sich mehrere Grundtypen, wobei meist ein Typ dominiert. Die nachfolgende kurze Typenbeschreibung stellt eine kleine Hilfe dar, um den vor einem sitzenden Menschen besser einschätzen und somit Patientengespräche erfolgreicher führen zu können. Dies gilt natürlich ebenso für Angehörige der Patienten oder auch für das Reklamationsmanagement.

Es gibt sicherlich begründete Vorbehalte, Muster von Menschen- und Patiententypen zu entwickeln. Letztlich helfen uns aber solche Typenmodelle, wenn sie auf das Verhalten beschränkt bleiben, um auf den Patienten besser eingehen zu können. Denn gerade in der Kommunikation gilt: Nur ein aktuell zufriedener Patient ist auch ein potenzieller späterer Patient.

Die nachfolgend beschriebenen häufigen Menschentypen, die wir nun auf das Krankenhaus beziehen, finden sich auch in jedem anderen Kontext. Auch wenn wir hier die Charaktere aus didaktischen Gründen etwas überzeichnet haben, so ist es gerade im Arbeitsalltag wichtig, immer alle verschiedenen Charaktere im Behandlungsplan oder in den Arbeitsprozessen zu berücksichtigen.

Ganz grundsätzlich darf man nicht vergessen, dass Krankheit auch die Wahrnehmung verändert. Dieser besondere Zustand *muss* sich auch in der Kommunikation widerspiegeln. Unbedachte Äußerungen gegenüber einem Patienten in einem Krankenhaus können gerade im Hinblick auf Nachhaltigkeit verheerende Wirkung haben; egal ob diese vom medizinischen oder administrativen Personal kommen. Wenn Sie Patienten genauer befragen, warum diese in ein bestimmtes Krankenhaus nicht mehr wollen, werden mehrheitlich solche negativen Erfahrungen als Ursache genannt.

1. Der Aggressive
Sein Verhalten: Er ist meist schlecht gelaunt und wartet nur auf eine Schwäche des Pflegepersonals oder der Ärzte, um ihnen dann mal so richtig seine Meinung zu sagen. Er schweift auch gern vom Thema ab und kommt auf sein Spezialgebiet zu sprechen, nämlich sein Leiden, mit dem er sich besser auskennt als jeder Arzt und jede Schwester oder jeder Pfleger.
 Ihr Rezept: Fassen Sie sich kurz. Vermeiden Sie Streitgespräche. Setzen Sie geschickt Fragetechniken ein und versuchen Sie, durch offene Motivationsfragen zu einem Ergebnis zu kommen:

„Wie kamen Sie auf diese tolle Idee?"

„Welchen Aspekt finden Sie hierbei am wichtigsten?"

„Wie ich Sie kenne, haben Sie bereits eine Lösung für unser Problem?"

Hören Sie aktiv zu, nicken Sie zwischendurch, um dem Patienten anzudeuten, wie sehr Sie ihm folgen. Verwenden Sie Formulierungen, die ihm zeigen, dass Sie mit ihm übereinstimmen. Um ihn vom Gegenteil zu überzeugen, müssen Sie seinen Vorstellungen zustimmen, ihn dann aber zu einer Ausnahme auffordern:

„Das ist eine gute Möglichkeit, aber heute machen wir … "

„Das ist eine gute Idee, aber bei uns machen wir … "

„Lassen Sie uns das doch einmal … probieren … "

2. Der Pedant
Sein Verhalten: Er umgibt sich mit einem Berg von Zahlen, Daten, Formularen, Studien und Berichten aus Internet und Zeitungen. Der Pedant braucht die Absicherung. Er lebt fast ausschließlich von schriftlichen Unterlagen. Sein Schreibtisch, sein Nachtschrank und Schrank im Krankenhaus sind genau aufgeteilt und jeder Vorgang und jeder Bleistift gehört an seinen Platz, ebenso die Wasserflasche, die Zeitung und die Blumen.
 Ihr Rezept: Geben Sie seinem Trieb nach Genauigkeit Nahrung. Verweisen Sie auf neueste Untersuchungsmethoden, Therapien, Standards und Vorschriften. Geben Sie ihm viel schriftliches Material und Prospekte zur Anleitung.. Für ihn zählt nur, was er schwarz auf weiß bestätigt sieht. Und halten Sie vereinbarte Termine unbedingt ein.

3. Der Alles- oder Besserwisser
Sein Verhalten: Er hat auf alles eine Antwort parat. Noch besser: Er hat auf alles eine Frage. Er ist ein Showman, der sich überall in den Vordergrund schiebt, zum Teil auch gut informiert ist. Weiß alles, hört alles, sieht alles. Er wird fragen, warum Sie diese Therapie einer anderen vorziehen und eine andere – seiner Meinung nach bessere – nicht anwenden.

Ihr Rezept: Stellen Sie geschlossene Fragen. Fragen, die er nur mit einem Wort – ja, nein oder vielleicht – beantworten kann. Versuchen Sie, Ihr Gespräch möglichst abzukürzen. Egal, welche Behandlung oder Pflege Sie empfehlen, auch hier wird er versuchen zu beweisen, dass er Ihnen gerade auf diesem Gebiet weit überlegen ist.

4. Der Redselige

Sein Verhalten: Er ist der Mittelpunkt der Welt. Erzählt von Gott und der Welt, macht sich unnötig wichtig, kann deshalb während eines Gesprächs leicht vergessen zuzuhören und muss deshalb öfter nachfragen.

Ihr Rezept: Unbedingt am Anfang ausreden lassen, dann geschlossene Fragen stellen. Hier hilft am Ende des Gesprächs die Ja-Fragen-Straße: Drei bis vier Fragen, die er aufgrund der Fragestellung mit Ja beantworten muss. „Sie wollen doch gesund werden? Und sich hier bei uns auch wohlfühlen? Wollen Sie auch die beste Therapie erhalten?" Dann wählen Sie die zielgerichtete Abschlussfrage (z. B.: „Dann müssen Sie Medikament X einnehmen.").

5. Der Schüchterne

Sein Verhalten: Er würde sich am liebsten dafür entschuldigen, dass er auf die Welt gekommen ist. Er ist leicht zu irritieren und wird oft rot, ist insgesamt sehr zurückhaltend.

Ihr Rezept: Leichte Motivationsfragen stellen. Geben Sie ihm Erfolgserlebnisse und Streicheleinheiten. Sprechen Sie ihm Anerkennung aus. Zeigen Sie ihm aber keine Alternativen auf, sondern versuchen Sie, ihn festzulegen. Zwei unterschiedliche Vorschläge könnten ihn schon wieder stark verunsichern.

6. Der Nörgler

Sein Verhalten: Er stört sich an allem: Die Ärzte sind inkompetent, die Pfleger unfreundlich und erst das Essen oder die hygienischen Zustände . . . ! Er zeigt kein Interesse an Ihnen und gibt schon mit seinem Gesichtsausdruck zu erkennen, was er von Ihnen hält. Körpersprachliches Verhalten von Ablehnung bis Zynismus. Er lässt sich nicht gern helfen, lehnt meist sämtliche guten Vorschläge ab und will nur so schnell wie möglich nach Hause.

Ihr Rezept: Finden Sie durch geschickte Fragen heraus, ob seine Haltung wirklich seinem Wesen entspricht. Viel Geduld ist notwendig. Fordern Sie Beispiele für seine Einstellung und lassen Sie ihn von seinen Erfahrungen berichten. Geben Sie ihm Erfolgserlebnisse oder versuchen Sie, Gemeinsamkeiten zu finden. Immer freundlich bleiben ist hier oberstes Gebot, alles andere bestätigt nur sein Verhalten.

7. Der Mürrische

Sein Verhalten: Er langweilt sich zu Tode, ist meist wortkarg oder genervt. Er geht mit der festen Überzeugung ins Krankenhaus, dass man ihm sowieso nicht helfen kann. Er tut selbst aber auch nichts für seine Gesundheit, will sich das Rauchen oder Trinken von niemandem verbieten lassen.

Ihr Rezept: Sprechen Sie ihn immer wieder an. Setzen Sie geschickt Fragetechniken ein. Versuchen Sie ihn durch offene Motivationsfragen herauszufordern. Geben Sie ihm Streicheleinheiten und Erfolgserlebnisse. Stellen Sie fest, dass die Therapie nur Vorteile für ihn hat. Nutzen Sie seinen Hang zur Bequemlichkeit.

8. Der Arrogante
Sein Verhalten: Er steht über den Dingen. Dass er sich mit Ihnen abgibt, ist unter seiner Würde. Das zeigt er auch deutlich. Wenn er … gewusst hätte, wäre er in ein anderes Krankenhaus gegangen, etc.

Ihr Rezept: Lassen Sie ihm zu Beginn des Gesprächs die Möglichkeit, seine Gedanken ausführlich zu erklären. Setzen Sie hier die „Ja-aber-Fragetechnik" ein. Keine offenen Fragen stellen. Er wartet nur darauf, sein vielleicht besseres Fachwissen Ihnen gegenüber auszuspielen. Er fühlt sich dann erst recht überlegen und kann Ihnen nur noch sehr schwer vertrauen.

Und natürlich gibt es vor allem auch die netten, freundlichen, geduldigen und dankbaren Patienten und Angehörigen. Diese zu behandeln und mit ihnen zu sprechen ist immer wieder eine Freude und gibt uns die Energie, die wir für die schwierigeren Zeitgenossen benötigen.

Ähnliches lässt sich letztlich auch auf Ebene des Managements von Teilnehmern an Sitzungen oder Projektarbeiten sagen. In solch einem Setting ist es allerdings so, dass Sie die Mitarbeiter in ihren jeweiligen Eigenheiten ins Team integrieren müssen. Der erfahrene Manager versucht nun möglichst viele Idealtypen zu integrieren, da solche Diversität unter anderem die Performance eines jeden Teams steigert.

Bei den Patiententypen verhält es sich jedoch besonders differenziert, da sich ein Patient eigentlich immer, außer es ist eine Routinekontrolle, in einer Ausnahmesituation befindet. Diverse Studien zeigen fast ausnahmslos, dass die so viel gepriesene Arzt-Patienten-Beziehung vor allem aus Vertrauen besteht. Vertrauen muss einerseits wachsen und andererseits gilt es hier eben auch den subjektiven und sehr individuellen „Patientennutzen" zu erfüllen.

14.3 Gesundheits-Apps

Man trägt sie am Arm, auf dem Kopf oder sogar im Auge: Smart Wearables sind schwer im Kommen. Smart Wearables sind in Alltagsgegenstände oder Kleidung eingebettete Systeme, die zumeist am Körper getragen werden und noch kleiner sind als Mobiltelefone. Sie sind oft mit dem Internet verbunden. Ebenso gibt es mittlerweile Apps für Smartphones, die die Dauer des Schlafs, die Anzahl der Schritte oder sogar den Blutdruck messen. Diese Daten werden für den Benutzer der Apps ausgewertet, so dass er Empfehlungen daraus ableiten kann, wie er sich noch gesünder oder noch sportlicher verhalten kann. Diese Daten werden auch an die Hersteller dieser Apps weitergegeben. Hier hat sich eine ganz neue Gruppe an gesundheitsbewussten und regelmäßig Sport treibenden Menschen entwickelt, die sich fortwährend selbst bespiegeln und konstant versuchen zu optimieren. Man darf gespannt sein, wie sich dieser neue Körperkult in Zukunft entwickelt und welche Formen er annimmt. Bedenklich ist zumindest die freiwillige Übertragung von privaten und sensiblen Daten an irgendwelche Anbieter von Gesundheitsapps, da man ja nicht weiß, was am Ende mit diesen großzügig übertragenen Daten passiert.

Praxisbeispiel

Ihr Patient Herr Müllerhans wird von Ihrem Assistenten für die bevorstehende Operation aufgeklärt. Er macht dies sehr genau und detailbesessen. Unerwartet werden Sie dann von Ihrem Assistenten angerufen, ob Sie nicht kommen könnten, denn der Patient sei sehr aufgebracht. Sie versuchen, die Situation zu klären, und finden heraus, dass Herr Müllerhans eigentlich nur ganz oberflächlich über die Operation aufgeklärt werden wollte. Was er nun erhalten hat, war für ihn „too much".

Die Operationsaufklärung ist ein gutes Beispiel für Patiententypen und Patientennutzen. Nicht jeder möchte jedes Detail an noch so seltenen Komplikationen erklärt bekommen. Vielfach genügt beispielsweise eine grob kursorische Aufklärung. Genau diesen Patientennutzen müssen Sie aber herausfinden. Dabei helfen Ihnen die Charaktermodelle.

1. Die Verdränger

Den größten Anteil in der Patientenschaft nehmen die sogenannten Verdränger ein, die sich dadurch auszeichnen, dass sie die eigene Gesundheit hintanstellen. Dazu gehören Führungskräfte in höheren Positionen, aber vor allem Selbständige, die es sich meist gar nicht leisten können, krank zu werden.

Tipp: Dieser Gruppe ist nicht nur die medizinische, sondern auch die organisatorische Qualität der Klinik wichtig. Kurze Wartezeiten, professioneller Umgang mit den Patienten und effiziente Behandlung sind oberstes Ziel, wenn Sie diese Gruppe gut bedienen wollen. Dafür haben Sie dann aber auch treue Kunden, die die Klinik weiterempfehlen und im Bedarfsfall wiederkommen.

Ihr Rezept: Respektieren Sie die knappe Zeit dieser Patientengruppe.

2. Die mitbestimmenden Patienten

Motto dieser Patientengruppe ist es, gesund und bewusst zu leben und selbstverständlich Sport zu treiben. Medikamente nimmt diese zweitgrößte Patientengruppe sehr ungern ein.

Tipp: Dies ist für Sie die ideale Klientel für Vorsorge und Naturheilkunde. Zeigen Sie, wie Sie das hohe Gesundheitsbewusstsein dieser Gruppe unterstützen und fördern können. Aber Achtung: Das Vertrauen dieser Patienten müssen Sie sich erst erarbeiten, denn eigentlich wollen diese Patienten nicht zum Arzt oder ins Krankenhaus gehen.

Ihr Rezept: Schaffen Sie Vertrauen und nehmen Sie die Besonderheiten ernst.

3. Die unsicheren Arztskeptiker

Eine ganz schwierige Spezies sind die unsicheren Arztskeptiker. Diese gehen davon aus, dass Sie nur Geld mit ihrer Krankheit verdienen wollen. Diese Patienten fühlen sich in der Regel auch schlecht beraten. Wenn Sie also erkennen, dass Sie es mit einem solchen Patienten zu tun haben, der Ihnen am Anfang nur negative Signale sendet, dann ist der Profi in Ihnen gefragt.

Tipp: Reagieren Sie freundlich, gelassen, höflich, sachlich und kompetent. Damit nehmen Sie viel Fahrt aus dem Reizreaktionssystem. Wenn Sie nämlich auch negativ reagieren, kommen Sie nicht weiter und verlieren diesen Patienten an einen – seiner Meinung nach – kompetenteren Kollegen. Das Schlimmste kommt aber noch, denn dieser vergraulte Patient fühlt sich in seiner vorgefertigten Arztmeinung bestätigt und wird noch für ausreichend negative Propaganda sorgen. Hier gibt es diverse und mittlerweile allgemein bekannte Untersuchungen, dass ein solcher Patient 8 bis 10 Freunden und Bekannten von seinen vermeintlich schlechten Erfahrungen bei Ihnen erzählt. Diese erzählen dessen Erfahrungen ebenso weiter, so dass damit ein Adressatenkreis von bis zu 72 Personen erreicht werden kann. Weiterhin wird er in allen möglichen Internetportalen seine negative Bewertung abgeben. Solch eine Negativwerbung kann sich eine Klinik nicht leisten.

Ihr Rezept: Gelassenheit ist ein guter Arbeitskollege.

4. Die Gesundheitsminimalisten

Sie beschäftigen sich ausführlich mit ihrer eigenen Gesundheit bzw. Krankheit. Hinter jedem Symptom wird eine schwere Krankheit gesehen, weshalb sie sich nie zum Arzt trauen und dann aber bei ihren seltenen Arztbesuchen und im Krankenhaus alles auf einmal untersucht haben wollen.

Tipp: Rein betriebswirtschaftlich gesehen, können dies für Sie die kostspieligsten Patienten sein. Hier gilt als oberstes Gebot: Führen Sie das Gespräch durch W-Fragen. Lassen Sie sich nicht zu langen Gesprächen verleiten, die nur Ihre Nerven und Ihr Zeitmanagement belasten. Schriftliche Informationen werden von diesen Patienten dankend angenommen.

Ihr Rezept: Wer fragt, führt! Und mit schriftlichen Informationen können Sie viel Zeit sparen.

5. Die moralisierenden Gesundheitsapostel

In dieser Gruppe werden Sie häufig Hypochonder treffen. Charakteristisch für die Gesundheitsapostel ist eine sehr gesunde Lebensweise und die stetige Sorge um das eigene Wohlbefinden. Kleinste Gesundheitsstörungen müssen sofort pharmakologisch/homöopathisch/naturheilkundlich bekämpft werden. Dadurch gehen sie gerne und häufig zum Arzt/Homöopathen und nehmen auch alle Medikamente/Homöopathika/Naturheilmittel, die Sie aufschreiben.

Tipp: Auch hier heißt es aufgepasst, denn diese Patienten können Ihre Klinikorganisation durcheinander bringen. Sie müssen versuchen, diesen Patienten die Angst vor Erkrankungen zu nehmen. Fördern Sie die aktive Prävention und nutzen Sie bei diesen

Patienten Ihren eigenen hohen Stellenwert, denn für diese sind Sie schließlich der Profi in medizinischen Angelegenheiten.

Ihr Rezept: Medizinische Notwendigkeit ist das Maß aller Dinge.

6. Arzt-Hopper

In dieser Gruppe finden Sie Menschen, die nicht zufrieden mit der Diagnostik, Therapie, Freundlichkeit etc. sind. Nicht zu verwechseln mit den Hypochondern. Oft nehmen sie auch Reißaus, wenn eine furchteinflößende Untersuchung vorgenommen werden soll. Die Arzt-Hopper setzen häufig Freundlichkeit mit Kompetenz gleich und hören sehr darauf, *wie* jemand etwas sagt. „Dr. Soundso war gar nicht freundlich, der hat mich nur angemotzt, weil ich die Tabletten nicht nehmen wollte!"

Tipp: Diese Patientengruppe möchte viel Zuwendung und Empathie und befolgt Therapien nur, wenn dies auch besonders mitfühlend oder freundlich ausgesprochen wird oder in ihr Konzept passt. Meist gehen sie dennoch zu einem anderen Arzt, und niemand kann das verhindern.

Ihr Rezept: Hier ist Patientenführung und emotionale Einbindung besonders wichtig.

7. Non-Compliance-Patienten

Das ist die problematischste Gruppe unter den Patienten. Der Leidensdruck ist nicht hoch genug, die Diagnose wird nicht akzeptiert, der Patient hat keine Krankheitseinsicht. Es gibt viele Ursachen für Non-Compliance.

Tipp: *Empathie zeigen, auf die spezielle Situation des Patienten eingehen und ihn immer wieder motivieren. Empfehlungen zu Therapien verständlich und begründet aussprechen. Nicht zu viele Empfehlungen aussprechen. Den Lebenspartner oder eine nahestehende Person als Bezugsperson mit einbeziehen. Schriftliche Informationshilfen mitgeben.*

Ihr Rezept: Hier ist es entscheidend dem Patienten sein Krankheitsverständnis zu kennen.

Die aufgezeigten Gruppen sind sicher Idealtypen, die natürlich auch in Mischformen vorkommen können. Es ist auch denkbar, dass der eine oder andere Patient mal die Gruppe wechselt. Wie stark die einzelnen Gruppen in Ihrer Klinik vertreten sind, hängt in erster Linie auch davon ab, wie Sie Ihre Patienten „erzogen" haben. Mit dem Wissen um die Strukturen Ihrer Patientenschaft können Sie Ihren Patientenumgang und damit das Image der Klinik positiv beeinflussen, letztlich eine gute Patientenbindung erreichen und somit auch neue Patienten für sich gewinnen.

14.4   Konfliktlösung durch Kommunikation – Die GORVENA-Methode

Stellen Sie sich vor, Sie sind in einem neu zusammengestellten Team. Sie schauen sich um, verhalten sich freundlich, vorsichtig nähern Sie sich den anderen und dann nach einiger Zeit bemerken Sie: Da ist eine schwierige Person.

Notieren Sie doch einmal Adjektive, die Ihrer Meinung nach eine schwierige Person beschreiben. Adjektive wie unhöflich, laut, arrogant, fordernd, aggressiv, abscheulich, verrückt.

Und nun schreiben Sie auf, wie Sie auf diese Person reagieren. Das könnten Wörter wie defensiv, frustriert, zurückgezogen, überlegen sein. „Wissen Sie nicht, mit wem Sie es zu tun haben?" Und finden Sie die Person verrückt und verwirrt, weil Sie sich fragen, warum tut sie das, warum verhält sie sich so? Denn wir sind die netten Leute und die anderen sind die schwierigen Personen.

Jetzt denken Sie vielleicht, dass aber doch der andere angefangen hat. Der war zuerst schwierig, ich habe ja nur reagiert! Ab jetzt beginnt der Teufelskreis.

Gerade denken Sie noch „Was für ein wunderbarer Tag" und dann betritt Dr. Müller den Raum und ist schwierig. Und Sie reagieren defensiv, frustriert, zurückgezogen, überlegen. „Wissen Sie nicht, mit wem Sie es zu tun haben?" Und finden Sie ihn verrückt und verwirrt, weil Sie sich wieder fragen, warum tut er das, warum verhält er sich so? Aber dann reagiert er, Sie reagieren, er reagiert … und so weiter und so weiter. Und dann befinden Sie sich plötzlich mitten in einem Konflikt.

Konflikte sind ganz natürlich und normal. Ich gehe davon aus, dass Sie ziemlich gut im Umgang mit normalen Menschen sind.

Aber wenn Konflikte durch Kommunikation nicht gelöst werden, werden sie sehr teuer, weil die Produktivität leidet. Denn – meist ganz unbewusst – verhalten wir uns gegenüber vermeintlich schwierigen Menschen zunächst so:

- Wir vermeiden die Person – bei Weitem die häufigste Verhaltensweise.
- Wir vermeiden das Thema.
- Wir reden über die Person, wenn sie nicht da ist.
- Wir versuchen, indirekt über das Konfliktthema zu sprechen.
- Wir neigen dazu, uns aufzuregen, verbal aggressiv zu werden, weil sich die meisten Menschen im Umgang mit Konflikten sehr unwohl fühlen und viele „harmoniesüchtig" sind.

Denken Sie doch bitte einmal an einen Konflikt in Ihrem Arbeitsumfeld.

Sie meinen vielleicht, dass Sie nicht fair behandelt werden, es ist alles Schuld einer bestimmten Person, und Sie sind darüber sehr unglücklich.

Hilfreich zur Konfliktlösung ist die Vorgehensweise nach der **GORVENA-Methode**.

Grund: Identifizieren Sie, wer die Quelle des Konflikts ist, und notieren Sie den Namen.

Ort und Zeit: Wo wäre der perfekte Ort, um über das Problem zu sprechen? Besser nicht dort, wo der Konflikt in der Regel auftritt, sondern an einem neutralen und schönen Ort. Wann wäre der richtige Zeitpunkt, um über das Problem zu sprechen? Besser nicht, wenn Sie wütend oder unter Zeitdruck sind.

Rücksichtnahme: Sagen Sie zuerst etwas Positives. Wenn Sie mit jemandem sprechen wollen und möchten, dass er auf Sie hört, fallen Sie nie mit der Tür ins Haus, sondern beginnen Sie immer mit etwas Positivem über die Person. Sagen Sie etwas, das Sie wirklich so empfinden, dann werden Sie die positive Aufmerksamkeit erfahren. Denken Sie an etwas sehr Spezifisches, was die betreffende Person tut, tat oder sagte.

Verhalten: Beschreiben Sie dann genau, was Sie wütend macht. Was Sie sehen, hören, erleben und erfahren. Seien Sie sehr spezifisch. Werfen Sie nicht alle Konflikte in einen riesigen Konflikt und versuchen Sie nicht, alle auf einmal zu beheben. Das funktioniert nicht.

Emotion: Beschreiben Sie Ihre Gefühle. Aufgrund dieses Verhaltens fühle ich mich . . . Verärgert ist möglicherweise nicht spezifisch genug. Besser wäre frustriert, unterschätzt, missachtet. Seien Sie so konkret wie möglich und beschreiben Sie, welche Gefühle dieses Verhalten bei Ihnen auslöst. Bevor Sie mit dem Gespräch beginnen, stellen Sie sicher, dass Sie wissen, was Sie eigentlich fühlen.

Notwendigkeit: Was muss in diesem Konflikt notwendigerweise erwirkt oder getan werden? Welches Ziel wollen Sie erreichen? Welches andere/unterschiedliche Verhalten? Und was genau wollen Sie ändern?

Abmachung: Kann diese Abmachung auch eingehalten werden? Vereinbaren Sie ein anderes, nicht frustrierendes/. . . Verhalten. Vereinbaren Sie, wie viel von was auch immer Sie brauchen, um die Abmachung auch einzuhalten. Geben Sie sich die Hand, um den Vertrag zu besiegeln und zu vereinbaren, dass dieses neue Verhalten der Standard sein wird. Immer, wenn es nicht funktioniert, sollten beide jeweils die Möglichkeit haben, der anderen Person einen Hinweis zu geben und an das neue Verhalten zu erinnern.

Nun erstellen Sie Ihren eigenen GORVENA-Maßnahmenplan, Ihre persönlichen Vorgehensweise für einen Konflikt, den Sie im Moment am Arbeitsplatz oder vielleicht in der Familie haben.

Grund: Mit wem sollten Sie reden?

Ort und Zeit: Wann und wo?

Rücksichtsvoll: Welchen positiven Start können Sie sich vorstellen?

Verhalten: Beschreiben Sie konkret, was Sie stört.

Emotion: Beschreiben Sie möglichst genau, wie Sie sich fühlen.

Notwendigkeit: Was sollte getan werden? Was benötigen Sie von der anderen Person?

Abmachung: Vereinbaren Sie das veränderte Verhalten.

Hierzu ein Beispiel:

Grund: Dr. Meier, der andere Oberarzt in Ihrem Team.

Ort und Zeit: Mittwoch nach dem Dienst, im neuen Restaurant.

Rücksichtsvoll: „Dr. Meier, ich schätze es sehr, wie Sie unsere Zahlen dem Vorstand präsentieren können".

Verhalten: Ich hatte in der vergangenen Woche 25 Fälle X, und Sie nur 15.

Emotion: Das frustriert mich und ich fühle mich mit zu viel Arbeit eingedeckt, weil ich Ihre Fälle mit übernehmen muss.

Notwendigkeit: Sie müssen ungefähr so viele Fälle wie ich übernehmen, wir müssen sonst alle Überstunden leisten.

Abmachung: Auf X Fälle einigen, die Hände schütteln. Vereinbaren Sie auch Maßnahmen für den Fall, dass es nicht funktioniert. Gehen Sie dann zu Ihrem Vorgesetzten. Wenn dies immer noch nicht hilft, kann eine neutrale Person als Vermittler helfen.

Ein solches Problem zu besprechen dauert vielleicht zwei Minuten, eine tragfähige Vereinbarung zu finden kann länger dauern. Die Vorbereitung kann einige Zeit in Anspruch nehmen, bis Sie sicher sind, wie Sie Ihr Ziel, die notwendige Maßnahme die für ein erfolgreiches Miteinander so wichtig ist, vermitteln.

Jetzt fragen Sie sich, was Sie tun sollen, wenn die andere Person nicht zu X Fällen zustimmt? Das ist ein sehr guter Start für Verhandlungen, weil nun der Verhandlungsprozess beginnen kann. Im Rahmen des Gesprächs sind aber viele Passagen, die wir oben schon erwähnt haben, von großer Wichtigkeit.

So können Sie zusammensitzen und überlegen: „Wie lösen wir das Problem? Weil mich das wirklich frustriert."

„Okay. Nun, wie wäre es damit ... "

Überlegen Sie gemeinsam, wie Sie Ihre Arbeit oder den Prozess einschließlich des veränderten Verhaltens sehen. Machen Sie dieses zum Standard.

Wenn Sie mehrere Konflikte haben, gehen Sie durch die GORVENA-Methode für jedes einzelne Thema, bis alle Probleme gelöst sind. Und wenn Sie diese Methode immer wieder anwenden, werden Sie sich daran gewöhnen. Jeder einzelne hat die Verantwortung, einen Konflikt zu lösen. Aber Sie werden das Problem nicht los, wenn Sie nicht damit anfangen, es zu lösen.

Und nicht vergessen: Ein Problem ist erst dann gelöst, wenn es nicht mehr auftritt, und nicht, wenn man darüber gesprochen und eine Vereinbarung getroffen hat. Konflikte werden von Führungskräften häufig skotomisiert; man hat einmal darüber gesprochen und es damit erledigt, abgehakt. Gerade die non-verbale Kommunikation oder das Verhalten Ihrer Mitarbeiter gibt Ihnen Hinweise auf Konfliktsymptome oder schwelende Konflikte; dazu gehören u. a. übermäßiger Bedarf an Regulierungen und „Schriftlichkeit". Andererseits hängt auch das Betriebsklima davon ab, wie gut Sie solche Konfliktsymptome erkennen und damit Konflikte ausdiskutieren, bevor sie ausbrechen. Ihnen als Führungskraft wird man wohl kaum direkt sagen, wie gut oder schlecht Sie einen Konflikt gelöst haben, aber Sie werden auf Widerstände, auf Silence u. Ä. stoßen.

Nachhaltige Kommunikation ist die hohe Kunst, sowohl gegenüber den Patienten als auch gegenüber den Mitarbeitern Vertrauen aufzubauen und damit langfristige (berufliche) Beziehungen zu schaffen. Für uns ist dies der Schritt von Kommunikation 1.0 zu Kommunikation 2.0. Was recht einfach ausschaut, ist in Wahrheit sehr anspruchsvoll, erklärt aber selbstverständlich nicht allein den Erfolg von Führungskräften. Kommunikation gilt nicht umsonst als zentraler Bestandteil der Tätigkeit des Managers, auch der Mediziner und des Pflegepersonals. Sortieren Sie dies aber nicht in die Kategorie „gesunder Menschenverstand" ein, sondern befassen Sie sich aktiv damit. Denn Sie können 99 von 100 problemlose Kommunikationen haben, die eine, die misslungen ist, aber kann Ihrem persönlichen Image, dem Ihrer Abteilung oder sogar dem ganzen Krankenhaus schaden. Es geht vielmehr um positive Erfahrungen. Und auch darum, dass die bereits jetzt in Management und Medizin zentrale Wichtigkeit der Kommunikation nochmals aufgewertet und um die Dimension Nachhaltigkeit erweitert wird.

14.5   Entschuldigungen

Entschuldigungsrituale gehören zu unserer Kultur, sind aber gerade in der Organisation Krankenhaus entscheidend, da sie das so wichtige Vertrauen der Patienten in die Institution stärken und damit eine Nachhaltigkeit schaffen. Mit der Bitte um Entschuldigung gesteht eine Person einen gemachten Fehler bzw. Fehlverhalten ein. Der Geschädigte hat nun die Möglichkeit, die Entschuldigung anzunehmen oder abzulehnen.

Grundsätzlich gibt es **zwei Arten von Entschuldigungen**:

- Die Bitte um Entschuldigung, um ein gestörtes Verhältnis wieder herzustellen.
- „Entschuldigung" als Höflichkeitsäußerung, um eine Frage oder Bitte an eine fremde Person zu richten („Entschuldigen Sie. Können Sie mir sagen, wie ich zum Bahnhof komme?").

Entschuldigungen sind bei Ärzten ein schwieriges Terrain. Patienten beklagen sich häufig darüber, dass Ärzte sich nicht entschuldigen, ob für einen Behandlungsfehler, für ungewollte Nebeneffekte oder auch Versäumnisse. Aber eine Entschuldigung galt lange als Schuldeingeständnis. Früher enthielten viele Haftpflichtverträge eine Klausel, die besagte, dass ein Arzt bei einem Schuldanerkenntnis keinen Anspruch mehr auf die Leistung der Haftpflichtversicherung hat. Diese Klausel war nicht nur zum Nachteil der Patienten, sondern auch der Versicherungen und Gerichte, weil sich Patienten mit ihrem Problem allein gelassen fühlten und der Gang zum Gericht die einzige Möglichkeit war, um an Informationen heranzukommen und Wiedergutmachung zu erfahren. Aber viele Patienten wollen gar nicht prozessieren. Ihnen würde es schon reichen, wenn sich Ärzte für ein ungewolltes Ereignis im Verlaufe der Behandlung, ihre mangelnde Aufklärung oder eben den „Fehler" entschuldigen würden.

Seit dem 1. Januar 2008 sind die Vertragsklauseln, nach denen der Versicherer bei einem Schuldanerkenntnis des Versicherungsnehmers von seiner Leistungspflicht frei wird, nach § 105 Versicherungsvertragsgesetz (VVG) unwirksam, die bei einem Schuldanerkenntnis den Versicherungsschutz entziehen können.

Dies hat nun einiges bewirkt. In Deutschland zeichnen sich bereits Schritte hin zu einer neuen Fehlerkultur ab: Im Critical Incident Reporting System (CIRS) können Beschäftigte Beinaheunfälle und kritische Ereignisse anonym im Internet oder im Intranet mit dem Ziel melden, die gleichen Fehler künftig zu vermeiden.

„Es tut mir leid!" Auch wenn es schwerfällt: Eine ehrliche Entschuldigung ist oft die beste Strategie zur Konfliktlösung nach einer Auseinandersetzung. Wer einen Fehler macht, sollte sich dafür entschuldigen, denn eine Entschuldigung beweist nicht nur menschliche Größe, sondern ist auch Balsam für Beziehungen. Schließlich sind Fehler wie Schutzimpfungen. Sie stärken unser kognitives Immunsystem und sollen uns davor bewahren, denselben Fehler ein zweites Mal zu begehen.

Damit eine Entschuldigung wirkt, muss sie ehrlich, konkret und glaubhaft sein. Wem die Beziehung wichtig ist, der nimmt die Entschuldigung an, mit einer Entschuldigung lässt sich sogar Vertrauen gewinnen. Die Kunst besteht darin,

- dem anderen höflich und rücksichtsvoll zu begegnen,
- Verständnis und Bedauern auszudrücken,
- Versöhnungsbereitschaft zu signalisieren und
- dabei trotzdem selbstbewusst und souverän zu wirken.

Das Entschuldigungsritual wird bei Kindern bereits eingeübt: „Paul, entschuldige dich bei Max", und obwohl Paul das sogar recht widerwillig macht, nimmt Max die Entschuldigung an.

Für einen Fehler sollte man sich entschuldigen und daraus lernen. Falls notwendig, dem Patienten eine Wiedergutmachung oder Entschädigung anbieten. Das zeigt, dass Sie als Führungskraft die so wichtige Verantwortung übernehmen.

Eine Entschuldigung kostet zwar manchmal Überwindung, bringt aber mehr als jede finanzielle Entschädigung. Zu diesem Ergebnis kommt eine britische Studie der Universität Nottingham. Darin untersuchte ein Forscherteam um den Wirtschaftswissenschaftler Johannes Abeler et al. (2010), was ein Unternehmen tun kann, wenn es seine Kunden verärgert hat. Das Ergebnis: Verärgerte Kunden verziehen dem Unternehmen doppelt so oft, wenn sich dieses entschuldigte, als wenn es seine Kunden für den Vorfall entschädigte. Entschuldigen lohnt sich demzufolge mehr als entschädigen.

Entschuldigung oder Erklärung oder Ausrede?
Unabhängig davon, ob ein Arzt einen Patienten nicht korrekt behandelt hat oder zu spät zur Morgenbesprechung kommt, fallen ihm Gründe ein, die zu diesem „Fehler" geführt haben.

Wer diese Gründe nun zusammen mit seiner Entschuldigung nennt, erreicht praktisch das Gegenteil. Die gut gemeinte Entschuldigung erscheint wie eine Ausrede und wird damit als nicht ernst gemeint empfunden.

„Entschuldigung für die Verspätung, aber ich stand im Stau." Das klingt nach Ausrede. Oder nach Unfähigkeit, den üblichen morgendlichen Stau mit einzukalkulieren. Auf alle

Fälle hat der Sprecher hier keine Verantwortung für sein Zuspätkommen übernommen, sondern die Schuld den anderen Autofahrern gegeben, die ihn daran gehindert haben, pünktlich zum Ziel zu kommen.

So wäre es besser: „Bitte entschuldigen Sie die Verspätung." Das ist kurz, knapp, aussagekräftig und ausreichend. Erst wenn jemand Genaueres wissen möchte, kann man auf Nachfrage antworten, woran das späte Kommen lag. Denn: Wer sich richtig entschuldigen möchte, muss das Wort „aber" vermeiden und eine Erklärung immer separat vorbringen.

Richtigstellung oder Rechtfertigung? Oder doch Erklärung?

Immer wieder entsteht eine Kommunikation, in der wir Dinge, Entscheidungen, Gegebenheiten oder auch Verhaltensweisen erklären oder vielmehr zu erklären versuchen. Wir sagen nicht einfach, wie etwas ist, sondern erklären, warum das so ist. Wir erklären uns, unsere Entscheidungen, unsere Gefühle, unsere schlechte Laune, unser Verhalten, unsere Pflichten und warum wir sie nicht erledigen konnten. Wir erklären sogar unsere Interessen und Vorlieben.

Praxisbeispiele

„Ich mache Pilates, um mich fit zu halten."

„Ich habe mir den SUV gekauft, weil ich im Herbst Vater werde."

Hier entsteht ganz schnell das Gefühl: Er oder sie rechtfertigt sich. Zwischen Rechtfertigung und Erklärung ist ein schmaler Grat. Das, was eine Person erklären möchte, um verstanden zu werden, wird von der anderen Seite möglicherweise als Rechtfertigung empfunden. Aber eine Führungskraft rechtfertigt sich nicht.

So wäre es besser:

Ich mache Pilates.

Ich habe mir einen SUV gekauft.

Beginnen Sie Ihre Aussage mit einem Statement. Falls Ihr Gesprächspartner noch mehr zum Thema, zu den Gründen und Hintergründen wissen möchte, kann er danach fragen und Sie beginnen ein Gespräch.

Auf Nachfragen kann gerne geantwortet werden, die Erklärung muss nicht immer vorausgeschickt werden.

Exkurs: Corporate Branding oder gute Erfahrungen

Viele Jahre galt das Corporate Branding als das Nonplusultra im Marketing, gerade im Krankenhausbereich. Wer sich im Gesundheitsmarkt als Marke profilieren konnte, hatte bereits ausgesorgt. Schleichend hat sich aber ein Wandel vollzogen: Den Patienten interessiert die Marke nicht mehr, sondern er sucht die „positive Erfahrung". Hat er mit einer Institution positive, also gute Erfahrungen gemacht, so kommt er wieder, ansonsten geht er woanders hin; tolle Marke hin oder her. In solche einem Setting sind Entschuldigungen natürlich doppelt wichtig.

Im Umgang mit Behandlungsfehlern können wir von den USA lernen, die in Kliniken sogenannte Disclosure-Apology-and-Offer-Programme (DAOs) installiert haben. Diese zeigen, dass auf solche Weise Kosten, Zeit und Nerven auf allen Seiten eingespart werden können. In DAOs teilen Krankenhäuser Patienten unmittelbar und aus eigener Initiative heraus Behandlungsfehler mit (Disclosure), entschuldigen sich für diese (Apology) und bieten für Schäden eine finanzielle Entschädigung an (Offer). DAOs können nicht nur Zeit und Kosten sparen, sondern bewirken außerdem eine kontinuierliche Verbesserung des Gesundheitssystems. Ebenso wird die Würde des Arztes und des Patienten aufrechterhalten. Nicht zuletzt wird das Vertrauen der Patienten in das gesamte Behandlungsteam (wieder-)hergestellt, wie diesbezügliche Studien beweisen.

Es ist nicht wichtig, einem imaginären Richter zu beweisen, warum man nicht komplett schuldig ist. Es ist viel wichtiger, gesunde Beziehungen zu haben, auch wenn das heißt, sich als Erster zu entschuldigen. Die Chance, dass damit die Aufwärtsspirale in Gang gesetzt ist und sich auch der andere entschuldigt, ist viel größer, wenn man den ersten Schritt macht und damit den Ball ins Rollen bringt.

Beispiele für Scheinentschuldigungen

„Das tut mir leid, aber ich war das nicht!"

Dann braucht man sich auch nicht zu entschuldigen. Entweder jemand übernimmt die Verantwortung, oder nicht. Aber sich zu entschuldigen für etwas, was man nicht getan hat, ist scheinheilig.

„Es tut mir leid, dass du dich geärgert hast. Aber nimm meine ironischen Äußerungen nicht immer gleich so ernst."

Diese Entschuldigung wirkt unecht, denn nicht das eigene Verhalten, sondern die Betroffenheit bzw. Reaktion des anderen wird thematisiert, Kritik am anderen und Schuldzuweisung stecken hier in dieser Entschuldigung. Die Botschaft heißt auch: Sei nicht so empfindlich!

„Es tut mir leid, dass du gestern Ärger gehabt hast. Das hab ich so nicht gewollt."

Diese Entschuldigung wirkt unecht, denn nicht das eigene Verhalten, sondern die Betroffenheit bzw. Reaktion des anderen wird thematisiert. Das ist ein Ablenkungsmanöver.

Die richtige Entschuldigung:

- „Ich entschuldige mich in aller Form für meine gestrige Bemerkung. Dies hätte ich so nicht formulieren sollen. Es war ein Fehler und ich kann nur hoffen, dass du meine Entschuldigung annimmst." (Diese Entschuldigung ist vollständig vollzogen, denn hier wird ausdrücklich gesagt, wer sich wofür entschuldigt.)
- „Ich bitte um Entschuldigung."
- „Entschuldigen Sie bitte ... "
- „Ich bitte ... zu entschuldigen!"
- „Ich bitte um Verzeihung."

Während einer Visite kommt der Chefarzt einer kardiologischen Station zu einem Patienten. Der Chefarzt, der den Patienten kennt, fragt: „Was machen Sie denn hier bei uns?"

Daraufhin antwortet der Patient, dass doch mit ihm, dem Chefarzt, vereinbart war, dass er sechs Monate später zur Kontrolle wiederkommen solle, was er hiermit getan habe. Vor sechs Monaten sei seine Herzkatheder-Untersuchung gewesen und er habe sich nun wieder zur Kontrolle fürs Herzkatheder angemeldet.

„Kontrolle" in der Sprache des Chefarztes wäre eine Ultraschalluntersuchung sowie ein Belastungs-EKG gewesen. Es sollte daher nicht das für den Patienten abstrakte Wort Kontrolle verwendet werden, sondern explizit gesagt werden, was zu untersuchen ist: „Bitte kommen Sie in sechs Monaten noch einmal, um einen Ultraschall sowie ein Belastungs-EKG vorzunehmen."

Ganz essenziell ist eine strukturierte Kommunikation mit Patienten. Diese sind in einer emotionalen Ausnahmesituation im Krankenhaus, gerade wenn es um Herzerkrankungen geht. Es wäre daher besser gewesen, zu sagen: So jetzt liegen Sie hier bei uns mit einem Vorderwandinfarkt. Sie werden im Anschluss

1. *eine Reha machen. Unsere Sozialarbeiterin klärt alles Weitere mit Ihnen ab.*
2. *in sechs Monaten zu Ihrem niedergelassenen Kardiologen gehen und dort, also in sechs Monaten, ein Belastungs-EKG und einen Ultraschall vornehmen lassen.*

Wenn es dann noch unklare Befunde gibt, wird er Sie wieder zu uns überweisen.

Hier wäre eine Entschuldigung des Chefarztes angebracht, im Sinne von „Bitte entschuldigen Sie, da habe ich mich missverständlich ausgedrückt. Bitte gehen Sie nun wieder nach Hause und zu Ihrem niedergelassenen Kardiologen."

Erklärung oder Rechtfertigung?

Im Modell von Friedemann Schulz von Thun, dem Nachrichtenquadrat (Abschn. 4.3), gibt es eine Botschaft bzw. Nachricht oder Aussage, einen Sender und einen Empfänger. Wie die Botschaft aufgenommen wird und was daraus entsteht, hängt meist von der Beziehung der Gesprächspartner untereinander ab. Chefarzt – Assistenzarzt, Chefarzt – Pflegende sind asymmetrische Beziehungen, resultierend aus der Hierarchie.

Nehmen wir als Beispiel die folgenden Aussage: „Ich habe Hunger."

Je nachdem, wem ich das sage, wird diese Botschaft unterschiedlich aufgenommen. Gehen wir mal davon aus, dass ich mit einer Kollegin im Büro sitze und diese Botschaft aussende.

„Ich habe Hunger". Nun kommt es auf meine Beziehung zu dieser Kollegin an. Ist meiner Aussage nichts vorausgegangen, habe ich es hier mit einer selbstbewussten Person zu tun, wird sie meine Botschaft total sachlich aufnehmen und es wird keine Diskussion entstehen. Vielleicht nickt sie einfach nur und sagt: „Ja, ich auch."

Vielleicht war sie aber auch kurz in der Pause und hat sich in der Cafeteria ein belegtes Brötchen besorgt. Vielleicht hat sie jetzt ein schlechtes Gewissen, weil sie mich nicht gefragt hat, ob sie mir etwas mitbringen soll. Das schlechte Gewissen entsteht vermutlich durch die Beziehung, die sie zu mir hat. Wir sind Kolleginnen und die sollen sich kollegial verhalten. Ist sie eine nicht ganz so selbstbewusste Persönlichkeit, könnte sie sich an dieser Stelle einreden, dass es nicht kollegial von ihr war, mich nicht zu fragen, ob ich vielleicht auch ein Frühstück möchte.

Wahrscheinlich erfolgt dann eine Erklärung und die könnte so lauten: „Oh, tut mir leid, ich habe mir vorhin was aus der Cafeteria besorgt, aber das war eine spontane Entscheidung und ich wusste nicht, ob ich dir was mitbringen soll."

Durch diese Antwort ist bereits zu spüren, dass ihr in diesem Moment der Gedanke durch den Kopf gehen könnte: Hm, ich hätte sie ja mal fragen können, ob sie auch was möchte.

Nun kann ich auf verschiedene Weise reagieren. Da sie mir bereits (wohl unbewusst) das Gefühl gegeben hat, dass sie vielleicht hätte nachfragen sollen, antworte ich dann vielleicht so:

„Du hättest mich ja mal kurz anrufen und fragen können."

Ein Vorwurf. Nicht offen formuliert, aber im Grunde ein Vorwurf. Sie hat ein schlechtes Gewissen. Muss sie das haben? Nein, das muss sie nicht! Sie ist nicht verpflichtet, an mich und meinen eventuellen Hunger zu denken, wenn sie sich ein belegtes Brötchen besorgt. Mit meiner Antwort habe ich sie in die Defensive gedrängt und sie geht in Verteidigungsposition.

Wahrscheinlich wird sie darauf antworten: „Ich hatte mein Handy nicht dabei. Außerdem habe ich das spontan entschieden."

Tatsache ist, sie sitzt mit mir in einem Büro. Man soll ja kollegial sein. Jetzt habe ich Hunger, während sie ein belegtes Brötchen hat, in das sie beißen kann. Sie ist weder für meinen Hunger verantwortlich noch ist sie verpflichtet, mir etwas mitzubringen, wenn sie in die Cafeteria geht. Aber dadurch, dass sie mir eine Rechtfertigung geliefert hat, suggeriert sie mir (unbewusst), dass sie sich schuldig fühlt an der Tatsache, dass ich Hunger habe. Und wenn ich jemand bin, der sich über Kommunikation, über Ursache und Wirkung keine Gedanken macht, dann spüre ich dieses Schuldgefühl (unbewusst) und reagiere darauf.

Tatsache ist, sie muss mir nicht erklären, warum sie beim Bäcker war und mir nichts mitgebracht hat. Abgesehen von der Tatsache, dass sie nicht verpflichtet ist, über mich und mein Wohlbefinden nachzudenken. Sie hatte Hunger. Sie hat sich ein Brötchen besorgt. Und ich bin selbst dafür verantwortlich, mir was zum Essen zu besorgen, wenn ich Hunger habe. Sie aber hat sich (unbewusst) gerechtfertigt.

Es mag ein harmloses Beispiel sein, aber im allgemeinen Alltag passiert so etwas regelmäßig. Studien zufolge rechtfertigen sich Frauen häufiger als Männer. Kennen Sie auch Menschen, die stundenlang erklären, warum sie etwas tun oder nicht tun können, als es tatsächlich zu tun oder zu lassen? Je nach Sichtweise oder Beziehung zum Gesprächspartner oder Art und Form der Erklärung empfindet man diese Erklärung als Rechtfertigung.

In den meisten Gesprächssituationen ist das „Warum" überhaupt nicht wichtig, sondern nur das „Wie". In vielen Situationen, in denen Sie anfangen, das „Warum" zu erläutern, liefern Sie eine Rechtfertigung.

So wäre es besser:

„Ich habe Hunger." Die Gegenantwort auf diese Aussage kann lauten:

„Ich habe mir vorhin etwas in der Cafeteria geholt. Soll ich hier kurz die Stellung halten, dass du dir auch etwas holen kannst?"

So einfach kann es manchmal sein.

14.6 Arzt-Patienten-Kommunikation

Der Prozess der Arzt-Patienten-Kommunikation ist geprägt von reden und zuhören: Der Patient redet, der Arzt hört zu und dann umgekehrt. Das erfordert auf beiden Seiten eine hohe Konzentration, damit keine Information verlorengeht. Unterschiedliche Studienergebnisse im deutschsprachigen Raum zeigen allerdings, dass ein Patient schon im Mittel nach rund 15 Sekunden durch Fragen des Arztes während des einleitenden Berichts unterbrochen wird. Chronisch Kranke werden sogar schon nach durchschnittlich 7 Sekunden unterbrochen.

Patienten bemängeln ebenso, dass der Arzt häufig nur scheinbar zuhört und während der Anamneseerhebung gleichzeitig Nebentätigkeiten durchführt. Dadurch können wesentliche Aspekte der Anamnese, z. B. über momentane Diäten oder Diabetes, unter den Tisch fallen oder das Vertrauen gestört werden. Patienten fühlen sich auch nicht ernst genommen, wenn der Arzt während des Gesprächs Vermerke auf Karteikarten macht oder bereits in den PC eingibt. Das ist ein Dilemma für den Arzt, denn Informationen dürfen nicht verloren gehen und müssen festgehalten werden, und der Zeitfaktor spielt eine erhebliche Rolle.

In einem Wiener Feldversuch wurde getestet, ob der Arzt zunächst 1 Minute zuhören kann. Ist dies der Fall, steigt die spätere Zufriedenheit der Patienten signifikant an. Blickkontakt durch den Arzt ist ein wichtiges Merkmal für den Patienten, ob dessen Schilderungen gehört werden. Ist dies der Fall, werden Therapien und weitere Maßnahmen bereitwilliger angenommen, als wenn der Patient den Eindruck hatte, der Arzt höre ihm nicht zu.

Ähnliche Studien zeigten, dass sich nur ein Drittel der Patienten gebührend informiert fühlt und ungefähr die Hälfte der ärztlichen Informationen zu Diagnose und Therapie medizinisch richtig verstanden wird, wovon wiederum die Hälfte nach ungefähr 30 Minuten vergessen ist. Schriftliches Informationsmaterial kann hier Abhilfe schaffen. Immer wieder zeigen auch Patientenbefragungen, dass fast die Hälfte der Patienten beklagt, dass ihnen nicht erklärt wird, warum sie wie wegen was behandelt werden. Mehr als ein Viertel vermisst ausdrücklich das Einfühlungsvermögen, ein Fünftel der Befragten fand die Ärzte sogar herablassend.

14.7 Wertschätzung

Von Wertschätzung wird heute überall berichtet und sie ist in vielen Leitbildern enthalten. Für die Nachhaltigkeit ist Wertschätzung sowohl gegenüber dem Patienten als auch gegenüber dem Mitarbeiter von entscheidender Bedeutung. Aber was genau bedeutet der Begriff Wertschätzung? Wertschätzung bezeichnet eine innere allgemeine Haltung und gleichzeitig positive Einstellung anderen gegenüber. Wertschätzung ist verbunden mit Respekt, Wohlwollen und Anerkennung und drückt sich aus in Zugewandtheit, Interesse, Aufmerksamkeit und Freundlichkeit.

In der Transaktionsanalyse ist dies die „Ich bin okay – Du bist okay"-Haltung.

Ein respektvolles Miteinander hat großen Einfluss auf unsere Befindlichkeit, unser Wohlgefühl, unsere Zufriedenheit und damit auch auf den Erfolg. Gerade weil wir in einer Zeit mit einer hohen Dynamik und hohen Anforderungen leben, ist es wichtig, dass sich Menschen einbringen können und gehört werden. Dazu braucht es Respekt, Vertrauen und ein starkes Miteinander. Eine wertschätzende Kultur weiterzuentwickeln ist zum Vorteil für Menschen, Unternehmen und die Wirtschaft insgesamt.

Das Prinzip der **wertschätzenden Kommunikation** orientiert sich an sechs Grundannahmen über das menschliche Verhalten:

- Jeder Mensch strebt nach der Erfüllung seiner Bedürfnisse. Dadurch wird sein Verhalten bestimmt.
- Die eigenen Bedürfnisse sind genauso wichtig wie die der anderen.
- Menschen tragen gerne zum Wohle anderer bei, wenn sie es freiwillig tun.
- Jede Form von Vorwurf, Angriff und Urteil ist Ausdruck unerfüllter Bedürfnisse.
- Jeder Mensch hat die Wahl, sein eigenes und das Leben anderer zu erschweren oder zu bereichern.
- Menschen handeln nicht *gegen* andere, sondern *für* ihre Bedürfnisse.

Zur wertschätzenden Kommunikation gehört auch die weiter oben erwähnte Gewaltfreie Kommunikation (siehe unter *Gewaltfreie Kommunikation nach Rosenberg*, Kap. 6).

Genau wie bei der Empathie gilt auch bei der Wertschätzung, dass jede Organisation ihre ureigene Kultur entwickeln muss, die das Ausmaß der gewünschten Wertschätzung definiert. Diese dürfte sicher in einem der zur hochkompetitiven Universität Harvard gehörenden Bostoner Krankenhäuser anders als in einem katholischen Stadtkrankenhaus sein. Dies soll nicht wertend sein, sondern lediglich verdeutlichen, wie wichtig es ist, eine eigene Kultur – auch in der Kommunikation – für Ihr Krankenhaus zu entwickeln.

Praxisbeispiel

Sie haben eine langjährige und sehr engagierte Assistentin, welche immer wieder gute Ideen einbringt. Eines Abends kommt sie mit einem Verbesserungsvorschlag, den Sie auf den ersten Blick für völlig abwegig halten. Sie bedanken sich aber artig, weil der Umgang mit Ihrer Assistentin immer sehr von Wertschätzung geprägt war. Spätabends zu Hause merken Sie, dass der Vorschlag Ihrer Assistentin Sie vor einem großen Fehler bewahren wird, der Ihnen vorher nicht aufgefallen war. Am anderen Morgen kommen Sie mit einem großen Blumenstrauß und zwei Opernkarten für die Assistentin und ihren Freund.

(Eigen-)initiative und Engagement kommen in einem Unternehmen wie einem Krankenhaus nicht von ungefähr, sondern sind Ausdruck einer Emergenz der Krankenhauskultur, die aktiv von den Führungskräften gestaltet werden kann. Ein besonders wichtiger Teil in diesem Puzzle ist bei (Eigen-)Initiative die Wertschätzung, die dem einzelnen Mitarbeiter entgegengebracht wird; also eine Art „Belohnung" für das, was Sie als Führungskraft das ganze Jahr über richtig machen. Aus empirischen Untersuchungen weiß man, dass Sie mit gutem Management eine schlechte Strategie und Struktur ausgleichen können, aber umgekehrt führt ein schlechtes Management trotz guter Strategie und Struktur meist ins Verderben.

Wertschätzung bedeutet, dass Sie direkt mit Ihrem Patienten sprechen. Patienten bemängeln häufig, dass Ärzte oder Pflegepersonal den Angehörigen ansprechen und den eigentlichen Patienten wie Luft oder schwerhörig oder minderbemittelt behandeln. Auch ist es besser, wenn Sie direkt mit den Kindern sprechen und dann erst mit den Eltern, damit das Kind lernt, Verantwortung über seine Krankheit und über sich zu übernehmen. Über Dritte, insbesondere in deren Anwesenheit sprechen, ist respektlos und unhöflich.

14.8   Salutogene Kommunikation

Die Metapher des Flusses des Lebens mit seinen Hindernissen, wie Steinen oder Treibholz, mit seinen Turbulenzen und Stromschnellen und mit seinen Flussgabelungen, an denen man sich für eine Richtung entscheiden muss, stammt von Aaron Antonovsky (1997) und seiner „Salutogenese". In diesem Modell, das sich heute in der Medizin im deutschsprachigen Raum durchgesetzt hat, entsteht Autonomie und eine wechselseitige Beziehung.

Das Kohärenzgefühl ist das Gefühl, in sich stimmig zu sein, und basiert auf drei Säulen (Verstehen, Sinnhaftigkeit, Handlungsfähigkeit). Die Kommunikation zwischen dem Patienten und dem Krankenhaus ist die treibende Kraft für diesen Prozess der Kohärenz. Kommunikation mit Empathie steigert dieses Kohärenzgefühl.

  Hier geht es insbesondere darum, wie kommuniziert wird, was kommuniziert wird und vor allen Dingen was nicht kommuniziert wird. Da Nicht-Kommunizieren nicht geht, so Paul Watzlawick, kommt dem Nichtausgesprochenen hier eine besondere Bedeutung zu. Hier geht es um Botschaften, die non-verbal oder implizit weitergegeben werden. Patienten sind sehr empfänglich für solche Botschaften. Sie nehmen sie auf und machen sich über lange Phasen des Krankenhausaufenthalts Gedanken darüber, was diese Botschaften wohl für sie bedeuten könnten und wie sie mit der Information umgehen wollen. Eine tatsächliche Auseinandersetzung mit der Umwelt in Bezug auf diese Botschaft ist oft nicht möglich, da Patienten nur selten das implizit oder non-verbal Kommunizierte hinterfragen. Wird der Inhalt dieser Botschaft vom Patienten als eine für seine Gesundheit gefährdende Information verstanden, kann dieser Gedanke die Selbstheilungskräfte schwächen, da aufgrund fehlender Auseinandersetzung keine Klärung dringender Fragen möglich ist, und somit der Patient sich selbst als handlungsunfähig erlebt.

„Nein" sagen
Ein „Nein" ist ein kurzes und einfaches Wort. Und doch können viele nur schwer aussprechen, was sie tatsächlich denken und wollen.

Nette und hilfsbereite Kollegen sind sehr beliebt. Jemand, der immer „Ja" sagt, ist in gewisser Weise unersetzlich, doch dafür zahlt dieser einen hohen Preis. Er läuft Gefahr, sich zu überlasten und die eigene Arbeit unter den Wert der anderen zu stellen. Ein ungeliebter Dienst ist zu übernehmen? Schnell mal für eine Kollegin einspringen, weil deren Kind vom Kindergarten abgeholt werden muss? Der Chef kommt kurz vor Feierabend mit einer Sonderaufgabe? Ein Freund bittet Sie darum, beim Umzug zu helfen? Und Sie können einfach nicht „Nein" sagen, obwohl Sie es eigentlich wollen. Da stellt sich doch die Frage: Warum ist es eigentlich manchmal so schwer, „Nein" zu sagen?

Bei Anfragen von Kollegen tappt man leicht in die Gefälligkeitsfalle. Und in kurzer Zeit hat sich Ihre Hilfsbereitschaft herumgesprochen. Nun finden sich immer mehr Kollegen, die unliebsame Dienste und Aufgaben bei Ihnen abladen.

Bei Anfragen vom Chef tun sich viele Ärzte und besonders Assistenzärzte schwer, Grenzen zu setzen, weil sie sich entweder vor den möglichen Konsequenzen fürchten oder den Vorgesetzten um jeden Preis beeindrucken wollen. Besonders Berufsanfänger haben das Gefühl, sich beweisen zu müssen. Sie sagen auch dann noch „Ja", wenn Sie eigentlich gar keine freien Kapazitäten mehr haben und selbst in Arbeit versinken. Doch woran liegt das?

Respekt oder Angst vor Autoritäten ist einer der Gründe, warum Mitarbeiter Dinge tun, die sie eigentlich nicht tun wollen. Wenn der Vorgesetzte etwas verlangt, fühlen wir uns verpflichtet. Schließlich könnte es Konsequenzen haben, eine Aufgabe abzulehnen (siehe Abb. 14.2).

Die Kollegen nicht hängen lassen Dies ist gut für das Betriebsklima, wenn alle in der Klinik hilfsbereit sind und einander unterstützen. Wer möchte nicht bei den Kollegen beliebt sein und um Rat gefragt werden? Schließlich gibt es uns das Gefühl, gebraucht zu werden und kompetent zu sein.

Unter Zugzwang Das „Nein"-Sagen fällt schwer, weil wir uns in der Pflicht fühlen, etwas zu tun, wenn andere uns ständig Gefälligkeiten erweisen, obwohl wir sie nie darum gebeten haben. Wenn Freunde oder Bekannte uns zur Hand gehen und irgendwann das

Abb. 14.2 „Nein"-Sagen.
(innerestärke.com)

Gleiche von uns erwarten, fühlen wir uns unter Zugzwang. Man kann schließlich nicht „Nein" sagen, wenn jemand immer so hilfsbereit ist, oder?

Familienbande Gerade wenn es sich um Verwandte handelt, können wir Gefälligkeiten nur schwer ablehnen. Ein „Nein" wird hier in der Regel nicht akzeptiert und gilt als undankbar. Wenn beispielsweise die eigene Mutter fragt, ob wir ihr helfen, müssen wir dies einfach tun. Schließlich hat sie uns großgezogen und war auch immer für uns da, wenn wir sie brauchten.

Die Beliebtheitsfalle Wir wollen gemocht, respektiert und gebraucht werden. Ein „Nein" führt hingegen meist zu negativen Gefühlen, nicht nur bei anderen, sondern auch bei einem selbst.

Angst, etwas zu versäumen Gerade in der Freizeit treibt viele das Bedürfnis, nur nichts zu verpassen. Deshalb geht man auf jede Feier, zu jeder Veranstaltung, zu jedem Treffen. Hierzu übernimmt man sogar zusätzlich Aufgaben und Gefälligkeiten, weil man das Gefühl hat, etwas zu verpassen, wenn es jemand anderes übernimmt.

Vier Gründe, warum „Nein"-Sagen gut sein kann:

- **Die Richtung stimmt nicht.** Egal, wie sehr Ihnen die Beförderung schmeichelt: Bringt Sie diese Ihrem Ziel wirklich näher?

- **Der Job macht nicht glücklich.** Was nutzen die schönsten Konditionen, wenn Sie schon jetzt wissen, dass Sie im neuen Job weder die Dinge tun noch mit den Menschen zusammenarbeiten werden, die Sie mögen? Sie kassieren dann lediglich eine Schmerzzulage.
- **Das Risiko ist zu groß.** Wir wachsen mit den Herausforderungen. Manchmal steht aber schon vorher fest: Ihre Stärken reichen dafür nicht, Team und Budget verhindern Ihre Pläne und die Erwartungen sind zu hoch.
- **Respekt erarbeitet man sich mit „Ja"-Sagen nicht.** Wen respektiert der Chef? Den ewigen „Ja"-Sager oder denjenigen, der seine Arbeit einschätzen kann und sich abgrenzt, wenn es notwendig ist?

Drei Tipps zum „Nein"-Sagen:

- **Tipp 1: Denken Sie in Ruhe nach:** Sagen Sie ruhig: „Ich muss darüber einen Moment nachdenken. Ich komme in fünf Minuten zu dir und sage dir Bescheid."
- **Tipp 2: Erlauben Sie sich „Nein" zu sagen:** Machen Sie sich klar, dass Sie für jedes „Ja" auch einen Preis zahlen müssen. Sie sind kein schlechter Mensch, wenn Sie eine Bitte ablehnen.
- **Tipp 3: Sagen Sie respektvoll „Nein":** Indem Sie Ihr „Nein" begründen oder Verständnis für die Bitte des anderen zeigen. Auch sich zu bedanken ist eine schöne Geste, dass der andere einem diese Aufgabe zutraut oder Vertrauen in uns hat. Mit Humor kann man in manchen Situationen ein „Nein" verpacken. Manchmal reicht auch ein Teil-„Nein" Wenn Sie z. B. nur heute keine Zeit haben, es Ihnen aber nichts ausmachen würde, die Aufgabe morgen zu übernehmen, dann können Sie das genau so sagen. Oder vielleicht sind Sie bereit, einen Teil der Bitte zu erfüllen, dann bieten Sie das an. Oder Sie machen einen Gegenvorschlag. Sie zeigen damit, dass der andere Ihnen nicht egal ist, machen aber auch klar, dass Sie nicht zur Verfügung stehen.

Auch wenn Beziehungen nicht nach kaufmännischen Regeln zu bewerten sind, so sollte doch das Verhältnis im Großen und Ganzen ausgeglichen sein. Das gilt für den Job genauso wie für Freundschaften oder die Familie. Wenn Sie dauerhaft mehr geben, als Sie bekommen, werden Sie unzufrieden. Und hier gilt es, besser für sich zu sorgen, indem Sie sich klarmachen, was es ganz konkret für Sie bedeutet, immer wieder etwas für andere zu tun. Menschen, die sich schwer damit tun, „Nein" zu sagen, stellen ihre eigenen Bedürfnisse oft hinten an. Auf Dauer aber höhlt das aus und macht unzufrieden.

Das Thema des „Nein"-Sagens erscheint auf den ersten Blick simpel. Oft hört man: „Also ich als Führungskraft kann problemlos ‚Nein' sagen; privat bin ich vielleicht etwas gutmütiger, aber beruflich da kann ich mich klar abgrenzen." Fragt man dann aber die Mitarbeiter, so heißt es oft: „Beim Chef weiß man nie so richtig, woran man ist. Gewisse Sachen, die ihm nicht behagen, verzögert er oft endlos." Seien Sie daher authentisch und geben Sie eine klare Linie vor, was Sie wollen und was nicht. Geben Sie klar durch, wofür Sie stehen und was bei Ihnen nicht geht. Ihre Mitarbeiter sind Ihnen dankbar. Es scheitern nur wenige Führungskräfte, wenn sie eine klare Linie haben, gerade wenn diese von Empathie geprägt ist. Auch hier entwickelt sich dann eine gewisse Emergenz. Vielmehr werden Sie scheitern, wenn Sie eine Zick-Zack-Linie fahren, da mal eine Ausnahme machen und dort auch; dann versteht Sie keiner mehr und die Nörgelei beginnt.

14.9 Die Rolle der Social Media in der nachhaltigen Kommunikation

Mit Social Media bildet sich nun eine neue Form von Öffentlichkeit heraus, in der sich Menschen auch als Kunden und als Mitarbeitende sichtbar vernetzen und ihre Meinung über Marken, Produkte und Dienstleistungen sowie Anstellungsbedingungen von Unternehmen mitteilen. Für ein erfolgreiches Krankenhaus-Unternehmen reicht es deshalb nicht mehr aus, nur mit den Meinungsmachern aus Wirtschaft, Politik und Medien einen Dialog zu führen. Nein, auch die Nachfrager, Konsumenten und Mitarbeitenden können sich heute schnell über Facebook, Twitter, Google+ usw. öffentlich vernetzen und sich zu einem gewichtigen Vetoplayer formieren. Sie können so die öffentliche Wahrnehmung in Bezug auf das wirtschaftliche, ökologische und gesellschaftliche Verhalten eines Krankenhauses maßgeblich beeinflussen. Deshalb muss sich nachhaltige Kommunikation auch mit den Gesprächen, Meinungen und Standpunkten in der digitalen Öffentlichkeit auseinandersetzen – auch wenn dies mit gewissen Investitionen verbunden ist und der Return on Investment nicht direkt sichtbar ist.

14.10 Entwicklung einer Emergenz

In der nachhaltigen Kommunikation geht es letztlich darum, eine Emergenz im sozialen System „Krankenhaus" und damit eine eigenständige Kultur in Ihrem Krankenhaus zu entwickeln. Das Kapitel über nachhaltige Kommunikation hat gezeigt, wie wichtig gerade diese so spezifische Kultur eines Unternehmens auch hinsichtlich der Nachhaltigkeit ist. Es war und ist wichtig zu zeigen, dass viele Dinge in einem Krankenhaus, wie die Patienten- und Mitarbeiterzufriedenheit, sich nicht von ungefähr ereignen, sondern die Konsequenz einer ganzen Kette von Entscheidungen darstellen und damit beeinflussbar sind.

Emergenz gehört zu jedem komplexen System (siehe Abb. 14.3). Sie basiert auf Selbstorganisation und auf dem agentenbasierten Modell eines sozialen Netzwerks. Dabei spielt die oben erwähnte Schwarmintelligenz eine wichtige Rolle. Es geht dabei um die Entwicklung einer Kultur und vielleicht noch mehr um ein Unternehmen. Erst wenn Ihnen dies gelingt, leben Sie die Nachhaltigkeit auch tatsächlich.

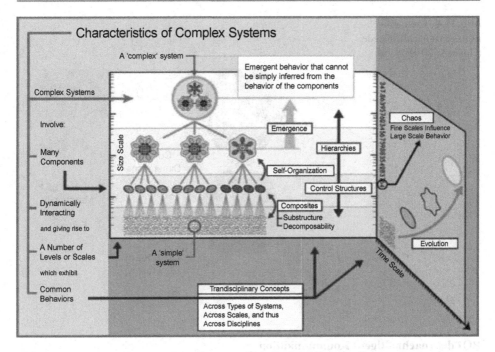

Abb. 14.3 Charakteristika komplexer Systeme. (New England Complex Systems Institute)

Exkurs: Kultur

Gert Hofstede (2010) identifizierte zuerst fünf, später sechs Dimensionen, die das Verhalten eines Unternehmens beeinflussen (siehe Abb. 14.4).

Die Machtdistanz bezieht sich auf den Unterschied an Machtfülle bei Managern und Mitarbeitern. In Unternehmen mit großer Machtdistanz herrschen meist strenge Regeln, sie sind hierarchisch aufgebaut.

Unter Anthropologen wird lange schon die Theorie vertreten, dass Kollektivkulturen ihre Mitglieder durch gesellschaftlichen Druck (Scham) kontrollieren, während individualistische Kulturen internen Druck erzeugen (Schuld). Hofstede (2010) behauptet, dass sich dieser Unterschied am stärksten bei asiatischen und amerikanischen Firmen zeigt. US-Unternehmen überlassen die Problemlösung meistens einzelnen Personen, während in Asien häufig Gruppen damit betraut werden.

Manche Unternehmen betonen maskuline Eigenschaften (Status, Durchsetzungskraft und Karriere), andere legen mehr Wert auf feminine Züge (Humanismus, Kooperation, Kollegialität und Unterstützung). In italienischen Unternehmen sind beispielsweise Dominanz und Wettbewerb weit verbreitet.

Die Unsicherheitsvermeidung gibt an, wie bedroht sich die Mitarbeiter in unklaren Situationen fühlen. Je unangenehmer es den Mitarbeitern ist, nicht zu wissen, wie sie darin handeln sollen, desto mehr Regeln braucht die Organisation. Organisationen mit einem niedrigen Wert haben angesichts unsicherer Bedingungen wahrscheinlich mehr Erfolg. Hier gelten britische Organisationen als Vorbilder für einen relativ guten, flexiblen Umgang bei unvorhersehbaren Entwicklungen.

Die Lang- oder Kurzzeitorientierung gibt an, ob in Unternehmen der Gewinn (kurzfristig) oder das Schaffen von Wert (langfristig) wichtiger ist.

Abb. 14.4 Kulturelle Dimensionen nach Hofstede.
(Hofstede 2010)

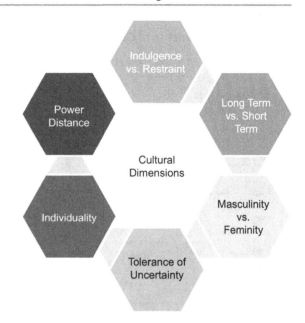

ROI der (nachhaltigen) Kommunikation
Gegen Ende des viel beachteten Youtube-Videos „Social Media Revolution 2011" be-
haupten die Autoren von Socialnomics, der Return on Investment (ROI) von Social Media
liege darin, dass das eigene Geschäft in fünf Jahren noch existiere. An der Schwelle zur
Netzwerkgesellschaft ist dies nicht ganz abwegig. Zumindest in hoch kompetitiven Märkten, wie dem Gesundheitsmarkt, werden künftig nur diejenigen Unternehmen die Nase
vorn haben, die sich auf einen Dialog mit ihren Kunden und Mitarbeitern einlassen und
damit nachhaltige Kommunikation betreiben.

Fazit

Nachhaltigkeit in der Kommunikation wird unserer Erfahrung nach viel zu häufig vernachlässigt. Dabei ist es wohl eines der wichtigsten Themen in der Kommunikation
im Krankenhaus. Sowohl für Patienten als auch für Mitarbeiter stehen heute die positiven Erfahrungen im Vordergrund. Dabei spielt die nachhaltige Kommunikation eine
zentrale Rolle. Dazu gehören insbesondere Entschuldigungen, aber insbesondere auch
Empathie und Wertschätzung. Dass die Art der Kommunikation sogar die Heilung
beeinflusst, ist eher eine neuere Erkenntnis, darf aber im Kontext der Nachhaltigkeit
nicht unterschätzt werden. Nachhaltigkeit ist damit unzweifelhaft auch in der Kommunikation ein zentrales Thema für Leitungsgremien auf allen Stufen im Krankenhaus
geworden; aber richtet sich immer auch nach dem Zielpublikum, sowohl in Bezug auf
Mitarbeiter als auch Patienten und führt daher zu einer Emergenz.

Literatur

Abeler, J., Calaki, J., & Basek, C. (2010). The power of apology. *Economics Letters, 107*, 233–235.

Antonovsky, A. (1997). *Salutogenese. Zur Entmystifizierung der Gesundheit.* Tübingen: dgvt-Verlag.

Hofstede, G. (2010). *Cultures and Organizations: Software for the Mind*

Lown, B. (2004). *Die verlorene Kunst des Heilens. Anleitung zum Umdenken.* Suhrkamp Verlag.

Weiterführende Literatur

Baller, G., & Schaller, B. (2009). Über die Kraft der Spiegelneuronen. Warum es so wichtig ist, eine gute Führungskraft zu sein. *Deutsches Ärzteblatt, 49*, A2483.

Baller, G., & Schaller, B. (2010). Kulturelle Kompetenz. *KU Gesundheitsmanagemen, 2*, 11–13.

Baller, G., & Schaller, B. (2013). *Praxishandbuch für Ärzte im Krankenhaus.* Stuttgart: Georg Thieme Verlag.

Baller, G., & Schaller, B. (2013). Führung wird anspruchsvoller. *Nahdran, 2*, 34–36.

Baller, G., Huber, T., & Schaller, B. (2010). Was vielen gefallen soll, muss von vielen gestaltet werden. Changemanagement-Projekte scheitern aus vielen Gründen. Gelingen tun sie aus den gleichen. *das krankenhaus, 8*, 743–747.

Brüggemeier, B. (2010). *Wertschätzende Kommunikation im Business.* Paderborn: Junfermann Verlag.

Malik, F. (2014). *Führen – Leisten – Leben. Wirksames Management für eine neue Zeit*

Schaller, B., & Baller, G. (2007). In varietate concordia oder Abrechnungsmentalität unter Kollegen. *Schweizerische Ärztezeitung, 88*, 1641–1643.

Schaller, B., & Baller, G. (2007). Moderne ärztlich-kollegiale Kommunikation im Gesundheitswesen. *Schweizerische Ärztezeitung, 88*, 1715–1716.

Schaller, B., & Baller, G. (2007). Organisationsentwicklung im Gesundheitswesen. Der Stellenwert der Kommunikation. *Schweizerische Ärztezeitung, 88*, 2091–2092.

Schaller, B., & Baller, G. (2008). Der Zusammenhang zwischen guter Kommunikation und Qualität. *das krankenhaus, 02*, 140–142.

Schaller, B., & Baller, G. (2009). Führen heißt auch informieren. *Kommunikation im modernen Change Management Nahdran, 3*, 30–33.

Schaller, B., & Baller, G. (2015). Frühjahrsmüdigkeit oder Demotivation? *KU Gesundheitsmanagement, 5*, 31–34.

Teil V

Spezielle Kommunikationsmedien

Kommunikation ist heute auch über unterschiedliche Kanäle möglich und notwendig. Da aber nicht immer alles Moderne besser ist, möchten wir hier zeigen, welches Medium welche Vor- und Nachteile bietet und wann am besten eingesetzt wird.

Digitale Kommunikation

15

Unter digitaler Kommunikation versteht man Kommunikation, die mithilfe digitaler Medien stattfindet; z. B. über das Internet. Paul Watzlawick stellt als „metakommunikatives Axiom" (Watzlwawick et al. 2000) auf:

> Menschliche Kommunikation bedient sich digitaler und analoger Modalitäten. Digitale Kommunikation hat eine komplexe und vielseitige logische Syntax, aber eine auf dem Gebiet der Beziehungen unzulängliche Semantik. Analoge Kommunikation dagegen besitzt dieses semantische Potential, ermangelt aber der für eindeutige Kommunikation erforderliche Syntax. (zitiert nach Watzlawick et al. 2000)

Die digitale Kommunikation ist Realität und verzeichnet derzeit ein jährliches Wachstum vom 20 bis 30 %. Wer schaut heute beispielsweise noch ins Telefonbuch, wenn er einen Arzt sucht?

15.1 Kommunikation via E-Mail

E-Mail ist aus dem Geschäftsalltag nicht mehr wegzudenken. Doch die Kommunikation via E-Mail will gelernt sein. Inhaltliche Unklarheit, Unvollständigkeit, mangelnde Strukturierung und formale Mängel bei der Rechtschreibung und Grammatik – dies sind wohl die häufigsten Fehler bei der E-Mail-Kommunikation. Ungünstig ist auch, wenn statt des Korrespondenzstils ein Plauderton gewählt wird. Unter Kollegen darf der Ton zwar schon mal lockerer sein, sofern dies nicht dazu führt, dass die Nachricht zu wenig durchdacht wird und so Unklarheiten und Mehraufwand auslöst.

E-Mail ist gerade im Krankenhaus ein ausgezeichnetes Informations- aber weniger Kommunikationsmittel. Die häufig in Kliniken anzutreffende ungleiche Verteilung von Informationen bedeutet, dass es keine gemeinsame Wissensgrundlage gibt und somit eine fehlende Gruppenkoordination. Es darf keine Nachrichten- oder Informationsüber- oder -unterlast geben.

© Springer-Verlag Berlin Heidelberg 2017
G. Baller und B. Schaller, *Kommunikation im Krankenhaus*,
DOI 10.1007/978-3-642-55326-4_15

Es darf zudem keine Informationsmonopolisierung als Machtmittel seitens der Führungskräfte geben. Wenn Kommunikation nur stattfindet, wenn sie auch eingefordert wird, hemmt das auf Dauer selbständiges Arbeiten und Eigeninitiative und erzeugt eine Kultur des Abwartens.

E-Mails, egal ob von intern oder extern, sollten innerhalb eines Werktages bestätigt werden; optimalerweise mit einer definitiven Antwort, falls dies einmal nicht möglich ist, sollten die weiteren Schritte kommuniziert werden. Nichts ist ärgerlicher, als wenn ich eine E-Mail versendet habe, keine Antwort bekomme und nun nicht weiß, ob diese überhaupt angekommen ist oder ob ich so unwichtig bin, dass der andere nicht daran denkt, mir zu antworten. Daher auch bei Abwesenheiten im System eine Abwesenheitsmeldung hinterlegen.

In E-Mails an Kunden und Partner bleibt man am besten dem hauseigenen Korrespondenzstil treu, auch wenn eine zu beantwortende Anfrage salopp formuliert ist. E-Mails sollten kurz und auf das Wesentliche konzentriert abgefasst werden. Keine epischen Werke, denn je höher Sie in der Hierarchie kommen, desto weniger Zeit haben Sie, seitenlange E-Mails zu lesen und entsprechend auch zu schreiben. Der Grundsatz gilt hier, fünf bis zehn Sätze müssen genügen. Der Rest dann in den Anhang oder telefonisch bzw. persönlich. Emoticons und Smileys dosiert und nur bei Empfängern einsetzen, zu denen eine Beziehung besteht.

Exkurs: Smileys in der Geschäftskommunikation ☺
Eine kürzlich publizierte Studie im Social Neuroscience kam zu dem Schluss, dass Menschen auf Text-Smileys so reagieren wie auf echte Gesichter. Laut dem australischen Forscher Owen Churches et al. (2014) handelt es sich dabei um erlerntes Verhalten, also um eine kulturell bedingte neurale Entwicklung. Interessanterweise blieben diese Ergebnisse bei Smileys in umgekehrter Zeichenreihenfolge aus. Dennoch scheiden sich die Geister bei der Frage, ob die Gefühlsstenografie auch in der Geschäftskommunikation eingesetzt werden soll resp. darf. Erwiesen ist, dass die Interaktion mit Kunden auf Facebook steigt, wenn Smileys eingesetzt werden. Auch in der E-Mail-Kommunikation sind die Symbole mittlerweile gang und gäbe. Dosiert und passend eingesetzt, spricht bei bestehenden Geschäftsbeziehungen nichts dagegen. Das Vermitteln von Gefühlen über Symbole wirkt sympathisch und hilft dem Empfänger, Aussagen einzuordnen.

Eine E-Mail ist hauptsächlich ein Informationsmittel, kein reines Kommunikationsmittel. Sie gilt als Informationsmittel deshalb, weil der Empfänger die Information lesen kann, wann er gerade Zeit hat: Ärzte und Krankenschwestern sind ja primär beim Patienten und weniger im Büro. Reine Kommunikation macht man auch heute noch lieber per Telefon. Damit lassen sich viele Missverständnisse, die nicht allzu selten per E-Mail aufkommen, von vornherein vermeiden.

Exkurs: E-Mail-Klassifizierung
Gerade in einer Führungsposition gibt es eine Flut an E-Mails, welche sortiert, überflogen und nach Prioritäten klassifiziert werden sollten. Es hat sich dabei im Alltag folgendes Schema bewährt:

Action: Handlungsanweisung → „Veranlassen/tun Sie folgendes: ...+"

Anfrage: Informationsanfrage → „Ich möchte Folgendes wissen: ..."

Info: Informationsangabe → „Diese Informationen helfen Ihnen, um ..."

REX: Report on Execution, d. h. erforderliches Feedback zur Erledigung der Action.

Nachrichten ohne Klassifizierung sind Informationen ohne Dringlichkeit und Bedeutung. Daher E-Mails nicht beantworten, die nicht direkt adressiert, sondern über cc oder an einen größeren Verteiler geschickt worden sind. Bei einer Antwort immer abwägen, ob das Senden an alle sinnvoll ist.

Wichtig ist, dass Sie in E-Mails immer sachlich bleiben, denn eine E-Mail kann mit nur einem Klick weitergeleitet werden. Daher nie eine E-Mail in verärgerter Stimmung verfassen und absenden, sondern besser darüber schlafen und erst nach wiederholtem Lesen und gegebenenfalls einer Korrektur absenden.

15.2 Kommunikation via Internet

Heutzutage werden Dienstleister wie auch ein Krankenhaus via Google gesucht oder man fragt auf Facebook seine Freunde. Aber was wird wann wofür eingesetzt?

Internet: Nüchtern betrachtet ist das Internet der bloße Zusammenschluss bzw. die Vernetzung mehrerer kleinerer Computernetzwerke zu einem großen. Es ist eine virtuelle Gemeinschaft. Und es besteht eben nicht nur aus einer Anhäufung von Computern und Netzwerkkabeln, sondern aus unzähligen Menschen kreuz und quer auf dem Globus, die das zugrunde liegende Rechnernetz auch zur gemeinsamen Kommunikation und zum Austausch von Meinungen und Informationen nutzen. Wenn Ihre Webseite regelmäßig gute neue Inhalte aufweist, wird sie bei Google weiter oben angezeigt. Schreiben Sie deshalb einen Blog, veröffentlichen Sie Fotos oder Videos. Das Material können Sie gleichzeitig für alle Ihre Social-Media-Kanäle (z. B. Facebook, Twitter) nutzen.

Facebook: Das soziale Netzwerk bietet „Seiten" für Firmen und den geschäftlichen Auftritt von Einzelpersonen, außerdem gezielte Werbung u. a. nach Interessengebieten.

Google: Die Suchmaschine listet Ihre Webseite und Anzeigen bei Internetsuche auf, dazu sind Einträge in Google Maps für lokale Geschäfte wichtig.

WordPress: Jede fünfte Internetseite nutzt die kostenlose Software. Sie lässt sich durch Design-Vorlagen verschönern, einen Online-Shop oder Nutzerforen leicht und meist gratis ergänzen.

15.3 Regeln für die Kommunikation im Web 2.0 zwischen Unternehmen und Internetnutzern

Die Fachgruppe Social Media des Bundesverbands für Digitale Wirtschaft (BVDW) hat einen „Social Media Code of Ethics" veröffentlicht, denn das Web 2.0 hat die Spielregeln insofern verändert, als alle Menschen Inhalte veröffentlichen können. Der öffentliche Dialog zwischen Unternehmen und Internetnutzern sollte sachlich, fair und achtungsvoll sein:

- **Respekt:**. Wir respektieren unsere Nutzer und deren Meinungen und achten auf einen respektvollen Umgang der Akteure untereinander.
- **Sachlichkeit:** Wir begrüßen themenbezogene Inhalte und sachliche Kritik.
- **Erreichbarkeit:** Wir reagieren schnellstmöglich und angemessen auf direkte Fragen, Anregungen und Kritik.
- **Glaubwürdigkeit:** Wir stehen mit unseren öffentlichen Aussagen und Meinungen nach bestem Wissen und Gewissen für Transparenz und Glaubwürdigkeit.
- **Ehrlichkeit:** Wir gehen mit Fehlern offen um und verschleiern sie nicht.
- **Recht:** Wir respektieren die Rechte unserer Nutzer sowie die Rechte unbeteiligter Dritter, insbesondere Urheber- und Persönlichkeitsrechte sowie Datenschutz.

Letztlich muss jedes Unternehmen entscheiden, wie stark es im Web vertreten sein will. So simpel dieser Social Media Code of Ethics klingt, zumindest außerhalb der Krankenhäuser ist er nur in wenigen größeren Unternehmen des deutschsprachigen Raums vollständig umgesetzt. Nicht zu unterschätzen ist dabei auch, was Exponenten des Unternehmens privat im Web zu beruflichen Belangen deponieren resp. niederschreiben und was fast ausschließlich negativ auf das Unternehmen zurückfällt.

Vielerorts werden nun interne Regeln ausgearbeitet, die weit über diesen Social Media Code of Ethics hinausgehen. Aber auch und gerade dann erscheint es wichtig, sich als Führungskraft im Umgang mit dem Web 2.0 immer wieder auf diese einfachen Regeln zurückzubesinnen.

15.4 Digitale Kommunikation und Emotionen

Die Emotionen in der Kommunikation haben mit der zunehmenden Digitalisierung eine neue Dimension erreicht. Früher konnte ich den Empfänger meiner Nachricht direkt sehen, und falls meine Kommunikationen Emotionen ausgelöst hat, direkt darauf reagieren. In der digitalen Welt hat sich dies verändert.

Welches Gefühl löst beispielsweise das Wort Gerichtsvollzieher bei Ihnen aus, welches Gefühl das Wort Großmutter? Diese emotionalen Assoziationen von Sprache bzw. Wörtern lassen sich laut Charles E. Osgood (Osgood et al. 1957) in interkulturell gültigen

Gefühlsdimensionen messen. Der US-amerikanische Psychologe erforschte in den 1950er und 1960er Jahren über 20 verschiedene Sprachen und Kulturen dahingehend, ob und welche Gefühle mit Worten verbunden sind. Mithilfe von statistischen Methoden konnte er in allen diesen Kulturen dieselben drei Dimensionen des Fühlens finden: Valenz, Potenz und Erregung.

Valenz Ist eine Emotion angenehm oder unangenehm? Fühle ich mich von etwas eher angezogen oder abgestoßen? Bei der ersten Dimension der Gefühle geht es darum zu bewerten, ob ein Ereignis, das geschieht, gut oder schlecht für mich ist. Auch im Umgang mit anderen Menschen ist die erste Gefühlsdimension wichtig: Mag ich jemanden, finde ich ihn oder sie sympathisch? Oder habe ich eher ein negatives Gefühl und möchte die Person nicht so gerne um mich haben? Wenn man genau hinsieht, verrät die Körpersprache einiges über die emotionale Bewertung des Gegenübers. Häufiger Blickkontakt, Lächeln und Kopfnicken deuten auf Sympathie hin, während ein rückwärts geneigter Körper und häufiges Abwenden vom Gesprächspartner Zeichen für emotionale Ablehnung sind.

Potenz Der zweite Aspekt unserer Emotionen besteht aus so etwas wie Macht oder Stärke. Angst ist ein schwaches Gefühl, Ärger dagegen ein starkes. Die Frage hinter dieser Gefühlsdimension ist: Beherrschen wir eine Situation, haben wir alles unter Kontrolle? In der sozialen Interaktion drückt sich Macht in diesem Teil der Gefühle aus. Ist der andere mir überlegen, begegnen wir uns auf Augenhöhe oder bin ich vielleicht stärker? Auch die Potenz-Dimension kommunizieren wir über Körpersprache. So drücken etwa asymmetrische Arm- und Beinpositionen und die Entspanntheit des Oberkörpers soziale Dominanz aus.

Erregung Drittens unterscheiden sich Gefühle danach, wie viel Erregung (oder auch Aktiviertheit) mit ihnen verbunden ist. Das Wort „Zufriedenheit" zum Beispiel ist etwas sehr Entspanntes, während „Begeisterung" voller Energie ist. Biologisch steckt hinter dieser Gefühlsdimension wohl die Reaktionsbereitschaft des Organismus zu Kampf oder Flucht: Muss ich schnell reagieren oder kann ich ruhig und entspannt bleiben? In der Kommunikation mit anderen kann man Ruhe beispielsweise an einer langsamen Sprechgeschwindigkeit oder einer geringen Aktivität des Gesichtsausdrucks erkennen, während eine hohe Sprechgeschwindigkeit, variablere Intonation oder starker Einsatz von Gesten auf einen erregten Zustand und eine schnelle Bereitschaft zu reagieren hindeuten.

Jahrzehntelange Forschung hat gezeigt, dass diese Dimensionen immer wieder auftauchen, egal ob man Sprache, emotionale Bilder, Körpersprache oder sogar Hirnströme untersucht. Man kann also dabei fast von einem „Grundgesetz des Fühlens" ausgehen.

Exkurs: Emotionen

Emotionen sind Ergebnis von bewusster oder unbewusster Ereignis-Bewertung. Letztlich sind Emotionen daher ein Sammelbegriff für individuelle Eigenarten des Gefühlslebens, der Affektsteuerung und des Umgangs mit einer Gemütsbewegung. Solche Gefühle dienen dazu, blitzschnell Ereignisse zu bewerten und richtig zu reagieren. Ist das, was gerade passiert, gut für mich? Kann ich die Situation beherrschen? Muss ich schnell reagieren?

Praxisbeispiel 1

Ein Bär greift mich an. Das ist 1. schlecht für mich (−), 2. bin ich unterlegen (−), 3. muss ich schnell handeln (+).

Die (− − +)-Emotion ist Angst: Ich laufe davon.

So banal das Beispiel ist, es zeigt eindrücklich, dass Emotionen immer auch unser Handeln bestimmen. Auf den Krankenhausalltag transferiert heißt dies aber auch, dass Angst infolge von Unterlegenheit nie ein guter Begleiter ist. Meine Kommunikation mit Mitarbeitern oder Patienten muss so angepasst sein, dass ich immer Augenhöhe erziele. Dies verlangt auch eine für einen spezifischen Patienten oder Mitarbeiter individuelle Kommunikation. In einem solchen Klima traut sich auch ein Mitarbeiter einmal vorzuschlagen, einen Prozess zu verbessern oder andere Mitarbeiter auf drohende Fehler hinzuweisen. Wenn aber der Chef sich als Alleswisser und alle Mitarbeiter als Trottel hinstellt, herrscht Angst und Lähmung vor.

Praxisbeispiel 2

Nachbars Dackel greift mich an. Das ist 1. unangenehm für mich (−), 2. bin ich ihm aber überlegen (+), 3. möchte ich schnell handeln (+).

Die (− + +)-Emotion ist Ärger: Ich überlege mir, dem Dackel einen Tritt zu geben.

Als Führungskraft können Sie jedem Mitarbeiter verbal einen Tritt geben. Das ist nicht schwer. Die Frage ist, was Sie damit bewirken. Es entstehen dabei wohl meist negative Emotionen, dann sinkt die Motivation und die Leistungen des Teams werden schlechter. Wir empfehlen, in der Kommunikation als Führungskraft jegliche Emotionen beiseite zu lassen und Negatives eher zurückhaltend anzusprechen, stattdessen eher in einer Art Coaching den Mitarbeiter zur Verbesserung hinzuführen. Wenn er oder sie selbst darauf kommt, sich weiterzuentwickeln, führt dies zu positiven Emotionen und damit zu besseren Leistungen. Hierin liegt die Kunst der Führungskraft.

Einige für die Kommunikation im Krankenhaus relevante Emotionen und ihre Entstehung sind in Abb. 15.1 zusammengefasst und in den Kontext von Bedürfnissen gestellt.

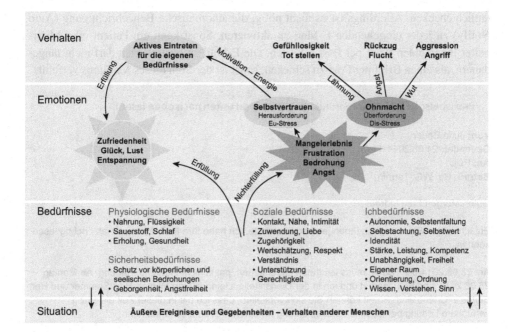

Abb. 15.1 Emotionen im Kontext von Bedürfnissen und Verhalten. (changekomm-blog)

15.5   Digitale Kommunikation und Termine

E-Mails eignen sich gut zur Information, Kommunikation und Terminverwaltung. Aber nur, wenn alle Beteiligten auch nach den gleichen Regeln arbeiten. Die Kommunikation und der Umgang mit Mitarbeitern und Patienten müssen reibungslos funktionieren, das ist schließlich das Aushängeschild Ihrer Klinik. Zudem muss die interne Kommunikation stimmen.

Viele Menschen verlassen sich auf E-Mails als alleiniges Kommunikationsmittel und setzen sie auch dann ein, wenn sie völlig ungeeignet sind. Beispielsweise dann, wenn man sehr komplizierte Prozesse erklären muss, schwierige Probleme lösen will oder sich mit Beschwerden auseinandersetzt. Viele Menschen denken im digitalen Zeitalter überhaupt nicht mehr daran, dass es auch effektivere Kommunikationswege geben könnte. Oder sie wählen die E-Mail als Kommunikationsmittel, um den Austausch zu dokumentieren. Zusätzlich werden dann ganze Heerscharen in cc oder bcc gesetzt, um möglichst viele weitere Personen miteinzubeziehen oder zu informieren. Dies wirft insbesondere die Frage auf, wo der Einsatz von E-Mails in der Krankenhauskommunikation sinnvoll ist und wo nicht (siehe unter *Media-Richness-Theorie*, Abschn. 15.9).

Beantworten Sie E-Mails schnell. Reaktionsschnelligkeit ist einer der entscheidenden Vorteile von elektronischer Post. Vor allem auf erwartete Messages sollte zügig geantwortet werden. Wenn man nicht gerade extrem beschäftigt ist, sollte man den Posteingang täglich checken. Allerdings ist es nicht nötig, die automatische Benachrichtigung (Auto Notify) zu jeder eingehenden E-Mail zu aktivieren. Sonst kann ein Patient oder Mitarbeiter Ihnen einen Brief per Post schicken. Die E-Mail zu beantworten darf nicht länger dauern, als einen Brief per Post zu schicken, sonst ist der Sinn dieses Mediums verfehlt.

Praxisbeispiel E-Mail-Kommunikation (Bitte von unten nach oben lesen)

Von: Jutta Bauer
Gesendet: 24.08.2014 11:08
An: PDL
Betreff: Re: WG: Termin

Guten Morgen Frau Mörgeli,

Entschuldigen Sie, wenn ich Ihnen jetzt erst antworte. Ich habe Ihre Mail leider erst jetzt richtig lesen können.

Am 28.08.2014 der Termin muss ich Ihnen leider sagen, passt nicht in meine Planung. Ab Montag 25.08.2014 sind Frau Herbst und ich in der Dienststelle allein, da Herr Winter, Herr Sommer und Herr Blume in Urlaub sind. Somit können Sie sich vorstellen, dass ich mir in dieser Zeit als einzig verfügbare Leitung bei Gesundheitseinrichtung X keinen Freiraum schaffen kann.

Den Termin am 15.09.2014 können wir aber schon fest im Terminkalender vermerken.

Mit freundlichem Gruss

Jutta Bauer

Von meinem iPad gesendet

Von: Gaby Mörgeli
Gesendet: 22.08.2014 11:54
An: pdl@GesundheitseinrichtungXXX.de
Betreff: Termin

Hallo liebe Frau Bauer,

ich möchte Ihnen folgende Termine für jeweils 1/2-tägige Coachings anbieten, Thema Führung der Mitarbeiter in der Pflege:

28. August geht bei mir sowohl am Vormittag als auch am Nachmittag.

15. September am Nachmittag.

Gehen diese beiden Termine bei Ihnen?

Ich freue mich auf die Zusammenarbeit mit Ihnen und wünsche Ihnen ein erholsames Wochenende,

Gaby Mörgeli

Diese Originalmail, mit geändertem Namen, ganz pingelig auseinandergenommen:

„Entschuldigen Sie" ist ok. Aber dies sollte ohne Rechtfertigung sein. Eine Führungs-kraft rechtfertigt sich nicht.

„Ich habe Ihre Mail erst jetzt richtig lesen können." Das ist mehrdeutig. Richtig lesen können? Fehlte die Brille, waren die Einstellungen nicht gut? Wurde die Mail vom iPad auf einen anderen Rechner geschickt, war die Formatierung kaputt?

Tatsächlich hatte die PDL nicht sofort Zeit, meine Mail richtig zu lesen. Vor allem wegen der nachfolgenden Erklärung, dass drei Herren in Urlaub seien. Das hat mit der Planung der Schreiberin nichts zu tun. Zum Schluss noch ganz pingelig: Den Umlaut „ü" gibt es auch auf dem iPad, man muss ihn nur finden bzw. einstellen.

Wer modern und innovativ sein will, wer sich flexibel an neue Gegebenheiten anpassen kann und nicht rückständig ist, schreibt nach den neuen Grammatikregeln. Grundsätz-lich sollte auch immer so wenig wie möglich Information weitergegeben werden. Es hat sich bewährt zu überlegen, was man aus Sicht des Empfängers wirklich an – vor allem schriftlichen – Informationen braucht. Wenn der Empfänger die Herren Winter, Sommer und Blume nicht kennt, kann er nichts mit dieser Information anfangen.

So wäre es besser gewesen:

Sehr geehrte Frau Mörgeli,

vielen Dank für Ihre Terminvorschläge. Leider kann ich den Termin am 28. August nicht wahrnehmen. Wäre es möglich, diesen Termin auf den 1. September zu verlegen?

Mit freundlichen/herzlichen Grüßen

Jutta Bauer

Praxisbeispiel E-Mail-Terminabsprache

(E-Mail-Verkehr zwischen Oberarzt Dr. Müller, Kardiologe, und Dr. Maier, Ga-stroenterologe)

Dr. Müller: Herr Kollege Maier, Ich möchte Sie wegen des gemeinsamen Bereitschafts-diensts der Endoskopieabteilungen während der Nachtstunden und an den Wochenen-den sprechen. Wann haben Sie Zeit?

E-Mail Dr. Maier: Am Freitagmittag um 12.00 Uhr.

E-Mail Dr. Müller: Das geht nicht. Da bin ich noch im Herzkatheder.

E-Mail Dr. Maier: Dann am Montag, 7.00 Uhr.

E-Mail Dr. Müller: Das ist der einzige Tag, an dem ich frei habe!

E-Mail Dr. Maier: Gut, dann Samstag früh, 8.30.

E-Mail Dr. Müller: Wollen Sie mich verarschen?

E-Mail Dr. Maier: Häh?

E-Mail Dr. Müller: Samstags bin ich nie in der Klinik, das müssten Sie doch wissen!

Auf den ersten Blick scheint es, als wäre Dr. Müller offen für konstruktive Termin-
vorschläge. Aber er beginnt ein Ping-Pong-Spiel mit Dr. Maier: Ich lasse mir einen
Termin vorschlagen und lehne ihn ab. Besser wäre sicher gewesen, Dr. Müller hätte
selbst drei Terminvorschläge gemacht, anstatt Dr. Maier danach zu fragen, wann er
Zeit habe. Der Weg aus dem Dilemma: Klinikweit E-Mail-Regeln vereinbaren, im obi-
gen Beispiel etwa die Empfehlung, dass der Terminanfrager jeweils – falls möglich –
mehrere Terminvorschläge macht, gegebenenfalls mit Doodle® arbeiten, zu finden auf
www.doodle.de.

Eine Signatur ist wichtig, so dass man anrufen kann, ohne erst nach der Telefon-
nummer zu suchen oder zu fragen.

So könnten klinikweite E-Mail-Regeln aussehen. Im Idealfall werden diese durch
die Betroffenen erarbeitet, so wird es in großen Konzernen gemacht. Zunächst denken
Sie vielleicht, dass diese ja vollkommen logisch sind und dass man das nicht auch
noch regulieren muss. Aber keiner kann Gedanken lesen, und was nicht aufgeschrieben
wird, weiß niemand. Bei größeren Angelegenheiten gilt aber primär „mündlich vor
schriftlich".

Im Folgenden fassen **wir E-Mail-Regeln fürs Senden** zusammen, die sich im Krankenhaus bewährt haben.

- **Fassen Sie sich kurz:** Schreiben Sie nicht mehr als 10 Zeilen und fassen Sie im ersten
  Absatz das Thema zusammen. Schreiben Sie übersichtlich in kurzen Absätzen und
  verwenden Sie Aufzählungszeichen wenn diese sinnvoll sind. Versetzen Sie sich stets
  in die Lage des Empfängers, der auf einen Blick erfassen möchte, was Sie von ihm
  wollen. Termine nicht im Fließtext, sondern abgesetzt schreiben, z. B.
  Fortbildung zum Thema E-Mail-Regeln:
  27. September
  18.00 Uhr
  Treffpunkt Cafeteria.
- **Formulieren Sie eine eindeutige Betreffzeile:** Eine präzise Formulierung erleichtert
  dem Empfänger die Zuordnung. Oft vereinfacht sich der Empfänger die Verwaltung
  seiner Mails durch Erstellung von Outlook-Regeln. Verwenden Sie in der Betreffzeile
  künftig „FYI" (for your information) für Informationen und „To-do" für Aufträge, und
  „Terminanfrage" für eben diese. Sie können auch in die Betreffzeile schreiben, wenn
  Sie etwas nur kurz durchgeben wollen, z. B. „Treffen 2. Mai klappt (eom)". EOM heißt
  „end of message" und wird der Einfachheit halber in der Betreffzeile so verwendet.
- **Geben Sie klare Handlungsanweisungen:** Benennen Sie deutlich, wer was bis wann
  tun soll. Der Empfänger muss am Ende des Lesens wissen, was Sie mit der E-Mail
  bezweckt haben.
- **Vermeiden Sie Diskussionen und Konfliktklärungen:** Bitte suchen Sie bei Unklarheiten und Konflikten das direkte Gespräch.

- **Machen Sie Ihren Rückmeldewunsch deutlich:** Durch den klaren Hinweis: „Ich bitte um Rückantwort bis zum ... ".

- **Bieten Sie Ihren Terminwunsch direkt an:** Falls Sie jemanden sprechen oder sehen wollen, fragen Sie nicht nach, wann der andere Zeit hat, sondern machen Sie gleich drei Terminvorschläge und fragen nach Gegenvorschlägen.

- **Seien Sie sich Ihrer Verantwortung bewusst:** Übertragen Sie die Verantwortung über einen Arbeitsauftrag erst dann, wenn der Empfänger Ihren Auftrag verbindlich annimmt. Formulieren Sie das klar und eindeutig.

- **Stellen Sie die Empfängerliste sorgfältig zusammen:** Für wen ist Ihre Information wirklich wichtig? Prüfen Sie Ihren Verteiler auch bei der Weiterleitung einer E-Mail. Oft erhält man eine E-Mail mehrfach über verschiedene Verteiler. Durch kontrollierte Weiterleitung reduzieren Sie die Zahl der E-Mails.

- **Reduzieren Sie cc und bcc:** Senden Sie Ihre Mail nur an Empfänger, die diese Information wirklich benötigen. Wichtig: Wer eine E-Mail unter cc erhält, ist nicht derjenige, der den Auftrag auszuführen hat. Und es ist sicher kein guter Stil, den Chefarzt oder Oberarzt per bcc über Kleinkriege zwischen den Kollegen auf dem Laufenden zu halten. In vielen Großunternehmen sind daher mehr als drei cc blockiert.

- **Vergeben Sie nicht leichtfertig höchste Priorität:** Prioritäten erfüllen Ihren Zweck nur bei höchster Eile oder wenn durch Ignorieren der E-Mail negative Folgen drohen. Verleiht man zu oft höchste Priorität, verliert diese Funktion ihre Bedeutung.

- **Verringern Sie Ladezeiten beim Empfänger:** Große Datenmengen verlängern die Ladezeiten, insbesondere, wenn der Empfänger von unterwegs aus arbeitet. E-Mails sind sinnvoll für ein schnelles Übertragen kurzer Texte. Machen Sie dem Empfänger das Verarbeiten von Informationen leicht, indem Sie eine schnörkellose Schrift verwenden, und verzichten Sie auf jegliche Art der Gestaltung wie Farbe, Formatierung, Hintergrund, Briefpapier. Fotos und Bilder mit großem Datenvolumen statt im Anhang eventuell eher online versenden, bzw. zum Download zur Verfügung stellen.

- **Räumen Sie Ihren Posteingang auf:** Ist er zu voll, können Sie leicht den Überblick verlieren. Löschen Sie alte nicht mehr gebrauchte E-Mails und legen Sie verschiedene Unter-Ordner für die einzelnen Vorgänge oder Projekte an. Somit ist alles aufgeräumt und übersichtlich strukturiert.

Jeder E-Mail-Sender ist auch E-Mail-Empfänger, wenn sich alle an die gleichen Regeln halten, bleibt das E-Mailen auch in Zukunft effizient.

Nachfolgend finden sich unsere **Empfehlungen für das Empfangen von E-Mails zusammengefasst**:

- **Kein automatisches Herunterladen von E-Mails zulassen:** Laden Sie E-Mails dann herunter, wenn Sie Zeit zum Lesen und Bearbeiten haben. Bündeln Sie die Bearbeitung von E-Mails, indem Sie z. B. nur 1 x morgens, 1 x mittags und 1 x nachmittags E-Mails abrufen; z. B. in „Randzeiten" Ihrer Arbeit. Wer den Posteingang ständig offen hat oder das automatische Herunterladen von E-Mails aktiviert hat, bekommt auch ständig neue „Arbeit" aufgebürdet.

- **Lesen und bearbeiten Sie eine E-Mail direkt und umgehend:** Wo möglich, lesen Sie E-Mails nur, wenn Sie sie auch direkt im Anschluss bearbeiten können und wollen. Das macht den Kopf freier, als wenn Sie immer daran denken, dass Sie eine bestimmte E-Mail noch beantworten müssen oder das sogar vergessen.

- **Antworten Sie dem Sender:** Das hört sich logisch an, wird aber in den meisten Fällen nicht befolgt. Der Sender der E-Mail muss dann im Dunkeln tappen, weshalb er nichts mehr von Ihnen hört. Setzen Sie ein Zeichen aktiver Zustimmung und verschaffen Sie dem Sender Klarheit. Ein einfaches „Danke" reicht oft schon aus. Und mailen Sie vor allem dann zurück, wenn Sie einen Auftrag nicht oder nicht rechtzeitig erledigen können.

- **Antworten Sie möglichst innerhalb von 24 Stunden:** bzw. von Freitag auf Montag. Es können klinikintern auch 48 Stunden vereinbart werden, aber in einem so schnellen Medium erwartet der Sender Ihre unmittelbare Rückmeldung.

- **Nutzen Sie die automatische Abwesenheitsmeldung konsequent:** Schon bei einer 2-tägigen Abwesenheit ist diese Einstellung sinnvoll. Der Sender erfährt rechtzeitig, dass die E-Mail Sie nicht erreicht und kann andere Schritte einleiten. Für Urlaub geht es auch ganz radikal: Teilen Sie in der Abwesenheitsnotiz mit, dass diese E-Mail automatisch gelöscht wird und der Sender nach Ihrer Abwesenheit erneut Kontakt mit Ihnen aufnehmen soll. Sie werden Ihren Urlaub so richtig genießen können und auch im Falle von Krankheit keinen übervollen Posteingang zur Bearbeitung vorfinden.

- **Tolerieren Sie Schreibfehler:** Wenn es schnell gehen soll, können sich Fehler einschleichen, denn die eigenen Fehler sieht man nicht. Das liegt daran, dass wir beim Nochmal-Durchlesen darauf achten, was wir inhaltlich ausdrücken wollen. Ein eingeschaltetes Korrekturprogramm kann helfen, ebenso ein Diktierprogramm. 100 %-ige Sicherheit hat man aber nie und deshalb darf auch ein übermüdeter Arzt kleine Rechtschreibfehler machen.

- **Überlegen Sie, ob Antworten „an alle" vonnöten ist.** Antworten Sie dem Absender lieber direkt, dieser kann dann selbst entscheiden, ob das alle wissen sollten. So tragen Sie aktiv dazu bei, die Zahl der E-Mails zu reduzieren.

Fazit

Gerade jüngere Führungskräfte meinen, die Kommunikation sei umso besser, je moderner sie sei. Das stimmt natürlich, aber nur bedingt. Die modernen Kommunikationsmittel sind wichtig und ihre Vorteile müssen bekannt sein, aber sie sind nicht immer das effektivste Kommunikationsmittel. Deshalb haben wir diesem Thema insgesamt zwei Kapitel gewidmet.

15.6 Telekommunikation

Das Telefonieren als Kommunikationsmittel ist im Management immer noch weit verbreitet. Es hat sicherlich gewisse Vorteile, indem man etwaige Unstimmigkeiten direkt ausdiskutieren kann und nicht entweder via E-Mail, Fax oder Brief hin- und herschreiben muss. Jetzt meinen Sie vielleicht, dass Sie diesen Teil gar nicht lesen müssen. Telefonieren kann ja schließlich jeder. Das Telefonieren wird aber als „reduzierte Kommunikation" bezeichnet, denn am Telefon fehlen dem Gesprächspartner Gestik und Mimik als Zusatzinformation und er achtet dafür umso genauer auf andere Signale, wie Tonfall, die Sprechgeschwindigkeit, Atempausen oder Wortwahl. Außerdem gehen soziale Hinweisreize verloren, die ein Gespräch beeinflussen können: Informationen über Alter oder sozialen Status, Aussehen, Kleidung. Diese Informationen beeinflussen das Gespräch und das Kommunikationsverhalten gegenüber dem Gesprächspartner. Die Anzahl der verfügbaren Kanäle, über die kommuniziert werden kann, ist im Vergleich zur direkten Kommunikation „reduziert".

Missverständnisse sind somit vorprogrammiert, und es kann schwierig werden, die Gesprächssituation korrekt einzuschätzen, vor allem bei Konflikten und wenn sich die Gesprächspartner nicht mögen oder einander unbekannt sind. Der visuelle Teil eines Gesprächs entfällt am Telefon – trotzdem ist es wichtig, die non-verbale Kommunikation auch am Hörer nicht zu vernachlässigen. Lächeln wird im Gespräch wahrgenommen, denn durch das Lächeln hat die Stimme einen positiveren Klang. Auch das aufrechte Sitzen hat eine Auswirkung auf den Sprachklang und die Aussprache. Sitzen Sie aufrecht beim Telefonieren, sprechen Sie die Worte deutlicher aus und Ihre Stimme wirkt zielgerichteter. Stehen Sie, können Sie durchsetzungsstärker wirken.

Telefonieren bedeutet im deutschen Sprachraum außerdem stark verkürzte Kommunikation. Die Begrüßungen und allgemeine Förmlichkeiten werden am Telefon meist stark abgekürzt oder entfallen fast ganz. Man kommt schneller zur Sache, jedoch leidet die zwischenmenschliche Beziehung unter dieser Art der Kommunikation. Dies führt dazu, dass es am Telefon zu Fehlinterpretationen und Missverständnissen kommen kann. Deshalb sollten beim Telefonieren einige Regeln beachtet werden:

Vor einem wichtigen Gespräch gilt es,

- Unterlagen und Schreibutensilien zurechtzulegen,
- evtl. den Computer hochzufahren,
- möglichst für ein ruhiges Umfeld zu sorgen,
- einen Gesprächsleitfaden zurechtzulegen, möglicherweise sogar eine Checkliste,
- für genügend Gesprächszeit zu sorgen, sich Zeit zu nehmen.

15.7 Der Anruf

Jeder Angerufene benötigt mindestens drei Sekunden, um sich auf ein Telefonat einzustellen, denn jeder Anrufer spricht mit anderer Stimme, Sprechgeschwindigkeit oder anderem Dialekt und hat einen unterschiedlichen Anlass für ein Gespräch mit Ihnen. Die Begrüßung sollte deshalb in gemäßigter Geschwindigkeit mit Klinikname, Vor- und Zuname erfolgen, damit der Angerufene einen Moment Zeit hat, sich auf den Anrufer einzustellen. Meist stellen Anrufe die Unterbrechung einer Arbeit, eines Projekts, einer Tätigkeit oder auch einer Besprechung dar und werden bisweilen nur ungern entgegengenommen. Je nach Hierarchiestufe, in der sich der Angerufene befindet, vergleicht er in Sekundenbruchteilen die Person oder den Status des Anrufers mit sich selbst. Desgleichen den Anlass des Anrufs. Ist die Person oder der Anlass höherwertiger als das, was er gerade tut, der Anrufer eine wichtige Person und damit im Status höher als vielleicht der momentane Gesprächspartner? Das Telefonat wird dann eher angenommen, das Anliegen umgehend besprochen. Ist die Person oder der Anlass in den Augen des Angerufenen minderwertiger, dann wird das Telefonat eher kurz, wenn überhaupt angenommen. Charismatische Führungspersönlichkeiten unterscheiden sich im Verhalten sehr voneinander, aber eine Eigenschaft verbindet sie alle: Sie geben jedem Gesprächspartner das Gefühl, dass er mit seinem Anliegen das momentan Wichtigste ist. Er schaut nicht in der Menge herum, ob es vielleicht einen noch wichtigeren Gesprächspartner gibt. Sie kennen das vielleicht von Partys. Außerdem sollte, wo immer möglich, gelten, persönlicher Kontakt geht vor Telefonat, telefonisch vor schriftlich.

In solchen Situationen ist das Einhalten einfachster Kommunikationsregeln wie beispielsweise das Wiederholen der verstandenen Information (closed loop communication) enorm wichtig:

Erweitertes Read-back-/Repeat-back-Prinzip:

Für den Sender einer mündlichen Information:
Perspektive des Empfängers und die Rahmenbedingungen bewusst machen (potenzielle Störfaktoren?).
Informationen deutlich aussprechen.
Übermittelte Informationen/Verordnungen durch den Empfänger wiederholen lassen.
Bei korrekter Wiedergabe der Information bestätigen oder korrigieren, wenn die Information falsch wiedergegeben ist.

Für den Empfänger einer mündlichen Information:
Perspektive des Senders und die Rahmenbedingungen bewusst machen (potenzielle Störfaktoren?).
Mündlich empfangene Informationen unverzüglich schriftlich dokumentieren.
Schriftlich dokumentierte Informationen mündlich wiederholen.
Die Korrektheit der mündlich empfangenen Informationen vom Sender bestätigen lassen.

15.8   Telekommunikation – Kürzer ist oft besser ...

Telefonate können sich oft sehr in die Länge ziehen, ohne dass dabei wesentlich kommuniziert wird oder Entscheidungen getroffen werden. Wir empfehlen daher die folgenden **Tipps zur effizienteren Kommunikation**:

- Definieren Sie zuerst Ihr Gesprächsziel.
- Bereiten Sie alle notwendigen Unterlagen vor (z. B. Desktop-Sharing via Lync 2013).
- Straffen Sie die Kontaktphase (keine „Wetterberichte").
- Sagen Sie zuerst, worum es geht (Anlass, Ziel).
- Verfolgen Sie die Dauer = Kosten des Gesprächs.
- Notieren Sie wichtige Einzelheiten (Zahlen, Daten, Fakten = ZDF-Formel).
- Unterbrechen Sie nicht wegen der Anwesenheit Dritter.
- Fassen Sie das Gesprächsergebnis kurz zusammen.
- Wiederholen Sie die getroffenen Vereinbarungen (ZDF).
- Bringen Sie das Gespräch zügig zum Abschluss (Ziel).

Wir haben in den vorangegangenen Abschnitten einige Kommunikationsmittel vorgestellt. Die sinnvolle Anwendung dieser Mittel zur effektiven Kommunikation wird durch das Media-Richness-Modell geregelt (siehe Abb. 15.2).

Kurz zusammengefasst wird die Wahl des Mediums nach der Theorie in drei Bereiche unterteilt. Die Wahl ist effektiv, wenn die Informationsreichhaltigkeit des Mediums der Komplexität der Aufgabe angepasst ist. Ist das Medium zu komplex, beschreibt die Theo-

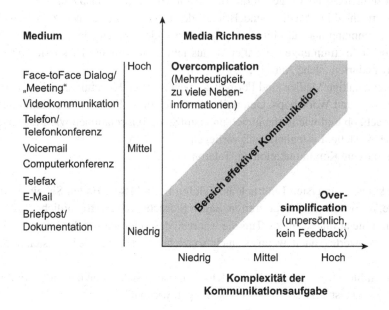

Abb. 15.2 Media-Richness-Theorie. (Arthur Kaiser)

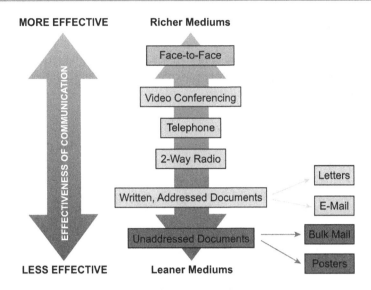

Abb. 15.3 Effektive Kommunikation und Media Richness. (Quelle: Deutscher Investor Relations Verband e. V.)

rie die Wahl als „Overcomplication". Probleme, die sich daraus ergeben, sind vermeidbare Mehrdeutigkeit und in der Regel eine Ablenkung durch die Kommunikationstechnologie. Zu wenig komplexe Medien werden „Oversimplification" genannt. Die Probleme, die sich bei dieser Medienwahl ergeben, sind mangelnde Rückkopplung und Deutungsschwierigkeiten bezüglich der übertragenen Informationen. Hier einige Beispiele:

Wenig reichhaltige Medien sind Briefe oder E-Mails. Sie können zum Beispiel zur Terminabstimmung und für einfache Fragen verwendet werden. Genutzt werden sie also vorrangig für Abstimmungen, die aller Voraussicht nach kaum der Diskussion oder Rückkopplung bedürfen (siehe Abb. 15.3).

Sehr reichhaltige Medien sind Formen der persönlichen Kommunikation, also Gespräche, Meetings und Workshops. Unterteilen lässt sich diese Face-to-Face-Kommunikation noch danach, ob und wie umfangreich unterstützende Informationen wie Präsentationen, Baupläne, Modelle, Lastenhefte etc. vorliegen.

Tipps für gute Kommunikation am Telefon

1. Sie können den ersten Eindruck am Telefon beeinflussen. Halten Sie einen Moment inne, bevor Sie zum Hörer greifen. Sagen Sie sich: „Ich bin freundlich."
2. Hören Sie aufmerksam zu. Tun Sie während des Telefonats nichts anderes. Notieren Sie Stichworte – auch, wenn es „nicht so wichtig" erscheint. Es hilft, sich zu konzentrieren.
3. Achten Sie auf Füllwörter. Viele Menschen halten sich oft an denselben Füllwörtern fest wie „beispielsweise", „sehr" und „sagen wir mal".

4. Formulieren Sie klug. Anstatt: „Leider kann ich Ihnen erst in zwei Monaten einen Termin geben." Besser: „In zwei Monaten habe ich einen Termin frei – passt Ihnen das?"

5. Planen Sie anspruchsvolle Telefongespräche. Notieren Sie, was Sie sagen wollen. Das übt und Ihnen fallen wichtige Dinge vorher ein.

6. Fragen Sie nach. Nehmen Sie das „Warum" oder „Wie genau meinen Sie das?" in Ihren Wortschatz auf. So erfahren Sie wirklich, worum es beim Patienten oder Kollegen geht.

7. Minimieren Sie Hintergrundgeräusche. Wie laute Gespräche, Radio oder Straßenlärm, die aus Ihrer Umgebung zum Empfänger dringen: Schließen Sie Fenster und Türen, drehen Sie vor Gesprächen das Radio leise.

8. Lächeln Sie, bevor Sie zum Hörer greifen. Der Angerufene kann das Lächeln in Ihrer Stimme wirklich hören.

9. Schalten Sie innerlich auf Kommunikation um. Ihr Telefon klingelt, Sie aber sind gedanklich sehr in eine Aufgabe vertieft? Greifen Sie nicht gleich beim ersten Klingeln zum Hörer, sondern nehmen Sie sich erst einige Sekunden zum inneren Umschalten auf „Kommunikation".

10. Geben Sie dem Angerufenen Reaktionszeit. Sie rufen jemanden an, der Sie nicht kennt? Bedenken Sie, dass der Angerufene Zeit braucht, um zu verstehen, wer Sie sind (Name, Klinik) und warum Sie anrufen.

11. Sprechen Sie Ihren Namen langsam und deutlich. Sprechen Sie folgende Gesprächselemente bewusst langsam und deutlich: Klinik – Name – Gruß. Die meisten Menschen neigen dazu, diese Angaben viel zu schnell herunterzuspulen, weil sie ihnen selbst so vertraut sind. Und: Wenn Sie ausgeprägt Dialekt sprechen, bürden Sie Gesprächspartnern aus anderen Landesteilen die Doppelaufgabe „Sprache plus Inhalt verstehen" auf. Hier ist deutliches Sprechen in gemäßigtem Tempo besonders gefordert!

12. Kommentieren Sie Gesprächsunterbrechungen. Da Ihr Anrufer Sie nicht sieht, kündigen Sie folgende Aktionen, die eine Unterbrechung des Gesprächs bedeuten, immer an:

   „Ich verbinde Sie weiter mit ... "
   „Ich lege den Hörer aus der Hand, um die Akte zu holen."
   „Da frage ich kurz nach."

13. Beenden Sie Gespräche ruhig und freundlich. Beenden Sie Gespräche professionell, indem Sie immer die folgenden drei Punkte beachten: Fassen Sie die besprochenen Aktionen kurz zusammen („... sende ich Ihnen also noch heute per E-Mail ... "; „... stelle ich die gewünschten Informationen zusammen und rufe Sie bis/am ... zurück").

Bedanken Sie sich für das Gespräch und nennen Sie Ihren Gesprächspartner dabei beim Namen. Legen Sie nicht ungeduldig auf, kaum dass das letzte Wort verklungen ist, sondern warten Sie kurz damit. Optimal ist es, wenn Sie erst auflegen, nachdem Ihr Gesprächspart-

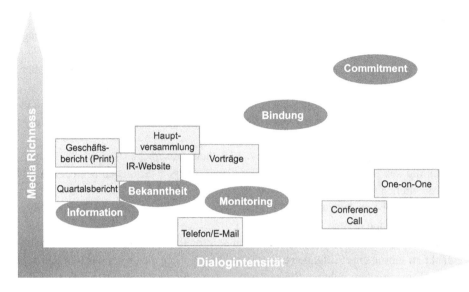

Abb. 15.4 Dialogintensität und Media Richness. (Wikipedia)

ner aus der Leitung ist. Im Gesundheitswesen ist die Zeit immer knapp bemessen. Aber die Zeit, die durch eine zu kurz gehaltene Kommunikation durch Nachfragen zusätzlich entsteht, muss man fairerweise dazuzählen. Ebenso wie die Fehler, die entstehen können, wenn sich die Gesprächspartner nicht ausreichend Zeit für das Gespräch nehmen.

Dialogintensität vs. Media Richness und somit Führung

Wenn wir nun das oben erwähnte Media-Richness-Modell, das jeweils zur Komplexität der zu erfüllenden Aufgaben in Relation gesetzt wird, um eine weitere Dimension, nämlich diejenige der Dialogintensität (siehe Abb. 15.4), erweitern, kommen wir zur Führung.

Eine hohe Media Richness: Sie eignet sich für mehrdeutige Interpretationsaufgaben, bei denen sich die Beteiligten auf ein gemeinsames Verständnis der Situation einigen sollen, die also zur Bindung an oder zum Commitment für das Unternehmen führen können. Wir wollen diesbezüglich auf das Krankenhaus beschränkt bleiben. Eine Bindung oder ein Commitment kann ich wohl kaum über Telekommunikation, sondern eher über Face-to-Face-Kommunikation erreichen. Dies erscheint simpel, aber die meiste Ineffizienz im Krankenhausmanagement kommt dadurch zustande, dass die Führung das falsche Kommunikationsinstrument wählt. Sitzungen bringen beispielsweise nur etwas, wenn alle relevanten Entscheidungsträger am Tisch sitzen.

Das Verstehen und richtige Anwenden des Media-Richness-Modells ist zentral, um richtig und gut zu managen, damit die Organisation Krankenhaus funktioniert und Sie damit als Führungskraft erfolgreich sind.

> **Fazit**
>
> Telekommunikation ist „modern", ohne Zweifel. Sie hat aber auch ihre Tücken, in-
> dem ein substantieller Teil der Kommunikation beschnitten wird. Es gilt daher nach
> dem Media-Richness-Modell, die Telekommunikation nur dann einzusetzen, wenn sie
> wirklich effektiv ist. Ansonsten sind weniger „moderne" Kommunikationsmittel deut-
> lich besser und zielführender. Der Krankenhausmanager muss wissen, wann er welches
> Kommunikationsmittel in der Führung effektiv, aber auch effizient einsetzen soll. Das
> persönliche Gespräch ist meist am besten.

Literatur

Churches, O., Nicholls, M., Thiessen, M., & Kohler, M. (2014). Emoticons in mind: An event-
related potential study. *Social Neuroscience, 9*, 196–202.

Osgood, C. E., Suci, G., & Tannenbaum, P. (1957). *The Measurement of Meaning*. Champaign, IL:
University of Illinois Press.

Watzlawick, P., Beavin, J. H., & Jackson, D. D. (2000). *Menschliche Kommunikation: Formen, Störungen, Paradoxien*. Bern: Huber.

Weiterführende Literatur

Baller, G., & Schaller, B. (2009). Über die Kraft der Spiegelneuronen. Warum es so wichtig ist, eine
gute Führungskraft zu sein. *Deutsches Ärzteblatt, 49*, A2483.

Baller, G., & Schaller, B. (2013). *Praxishandbuch für Ärzte im Krankenhaus*. Stuttgart: Georg Thieme Verlag.

Baller, G., & Schaller, B. (2013). Führung wird anspruchsvoller. *Nahdran, 2*, 34–36.

Baller, G., Huber, T., & Schaller, B. (2010). Was vielen gefallen soll, muss von vielen gestaltet
werden. Changemanagement-Projekte scheitern aus vielen Gründen. Gelingen tun sie aus den
gleichen. *das krankenhaus, 8*, 743–747.

Barenfanger, J., Sautter, R. L., Lang, D. L., et al. (2004). Improving patient safety by repeating
(read-back) telephone reports of critical information. *Am J Clin Pathol, 121*, 801–803.

Boyd, M., Cumin, D., Lombard, B., et al. (2014). Read-back improves information transfer in simu-
lated clinical crises. *BMJ Qual Saf, XX*, 1–5.

Brown, J. P. (2004). Closing the communication loop: using readback/hearback to support patient
safety. *Jt Comm J Qual Patient Saf, 30*, 460–464.

Christmann, U., & Groeben, N. (1999). Psychologie des Lesens. In B. Franzmann, K. Hasemann,
D. Löffler, & E. Schön (Hrsg.), *Handbuch Lesen* (S. 145–223). München: Saur.

Dennis, A., Valacich, J., Speier, C., & Morris, M. (1998). *Beyond Media Richness: An Empirical
Test of Media Synchronicity Theory* Proceedings of the 31nd Hawaii International Conference
on System Sciences, Hawaii. Hawaii.

Gröben, N. (1972). *Die Verständlichkeit von Unterrichtstexten*. Münster: Aschendorff.

Langer, I., Schulz v. Thun, W., & Tausch, R. (1974). *Verständlichkeit in Schule, Verwaltung, Politik
und Wissenschaft*. München: Reinhardt.

Schaller, B., & Baller, G. (2007). In varietate concordia oder Abrechnungsmentalität unter Kollegen. *Schweizerische Ärztezeitung*, *88*, 1641–1643.

Schaller, B., & Baller, G. (2007). Moderne ärztlich-kollegiale Kommunikation im Gesundheitswesen. *Schweizerische Ärztezeitung*, *88*, 1715–1716.

Schaller, B., & Baller, G. (2007). Organisationsentwicklung im Gesundheitswesen. Der Stellenwert der Kommunikation. *Schweizerische Ärztezeitung*, *88*, 2091–2092.

Schaller, B., & Baller, G. (2008). Der Zusammenhang zwischen guter Kommunikation und Qualität. *das krankenhaus*, *02*, 140–142.

Schaller, B., & Baller, G. (2009). Führen heißt auch informieren. *Kommunikation im modernen Change Management Nahdran*, *3*, 30–33.

Schaller, B., & Baller, G. (2015). Frühjahrsmüdigkeit oder Demotivation? *KU Gesundheitsmanagement*, *5*, 31–34.

Schulz von Thun, F. (1981). *Miteinander reden: Störungen und Klärungen*. Hamburg: Rowohlt.

Ein gutes Gespräch dauert genauso lange wie ein schlechtes Gespräch. Probleme in der Kommunikation sind deshalb alltäglich. Keine Kommunikation ist perfekt, aber dennoch sollte funktionierende Kommunikation im Fokus stehen. Entstehen dann aber Probleme, so sind die hier vorgestellten Tools wichtige Instrumente, um einerseits eine Eskalation zu vermeiden und andererseits möglichst rasch wieder auf den Weg zurückzufinden.

Übersicht über Analyse-Tools

16

Probleme in der Kommunikation lassen sich häufig auf Führungsprobleme zurückführen. Wie bei jedem Problemlösungsprozess steht dabei eine Analyse an erster Stelle. Nachfolgend wollen wir Ihnen hierzu einige probate Instrumente aus der Praxis vermitteln.

Im Krankenhaus entstehen Kommunikationsprobleme primär durch mangelhafte Kommunikation zwischen Führungskräften bzw. Management und Experten wie Ärzten und Pflege. Die Kommunikation zwischen Managern und Experten ist im Krankenhausalltag ein heikler und kritischer Prozess. Die Probleme beginnen bereits bei der gegenseitigen Wahrnehmung. Die Experten sind von den Managern häufig frustriert, wie folgende typische Aussagen belegen: „Das Management weiß nicht, was es will." „Manager interessieren nur Kosten und Erlöse." „Warum nimmt sich der Geschäftsführer nur 30 Minuten Zeit für dieses wichtige Problem?" „Die Entscheider wollten sich die Details gar nicht genauer anschauen." Oder sie äußern sich herablassend, weil das Management die medizinischen Fachbegriffe und Vorgehensweisen nicht nachvollziehen kann.

Auch das Krankenhausmanagement äußerten sich häufig negativ über die Experten: „Unsere Spezialisten verlieren sich oft in Details." „Statt immer nur zu problematisieren, erwarten wir Lösungsvorschläge." „Warum sehen die nur die medizinische Seite des Problems?" „Spezialisten berücksichtigen oft nicht den größeren Kontext eines Problems." Oder sie äußern sich herablassend, weil die Ärzte betriebswirtschaftliche Fachbegriffe und Vorgehensweisen nicht nachvollziehen können.

Um die richtigen Entscheidungen treffen zu können, brauchen die Krankenhausmanager das Wissen von Experten. Dieses Wissen kann aber nur dann effektiv genutzt werden, wenn die Kommunikation gelingt. Doch was entscheidet über Erfolg oder Misserfolg in der Kommunikation zwischen Entscheidern und Experten?

Der für die Kommunikation nötige minimale gemeinsame Kontext (Common Ground) wird nicht entwickelt, Sprachunterschiede führen zu kostspieligen Missverständnissen, und das Kontextwissen der Manager wird nicht mit dem Detailwissen der Spezialisten verbunden.

© Springer-Verlag Berlin Heidelberg 2017
G. Baller und B. Schaller, *Kommunikation im Krankenhaus*,
DOI 10.1007/978-3-642-55326-4_16

DIE HÄUFIGSTEN PROBLEME

Die Experten sehen zahlreiche Probleme in der Kommunikation mit Managern. Diese haben wir in ausführlichen Fokusgruppen-Gesprächen abgefragt. Die Tabelle unten zeigt die während der Diskussion genannten Probleme, zusammengefasst zu vier Hauptbereichen, und die Häufigkeit der Nennungen in Prozent.

Problem-bereich	Probleme, die in den Fokusgruppen genannt wurden	in %
103 Inhalt und Form	Experten finden es schwierig, die Balance zwischen Vollständigkeit und Verständlichkeit zu finden. Die Manager interessieren sich zu wenig für Details, die die Fachleute für wichtig halten.	100
	Die Manager geben sich zu wenig Mühe, ihre Sprache dem Gesprächspartner anzupassen. Manager und Experten verstehen Begriffe ganz anders, Missverständnisse entstehen.	80
Kommunika-tionsprozess	Experten erhalten vom Management nur selten und oft viel zu spät Feedback.	30
	Manager stehen unter hohem Zeitdruck und engagieren sich nur beschränkt in der Kommunikation mit den Experten.	40
Beziehung	Die Manager sehen die gegenseitigen Rollen relativ starr. Die Experten sehen sich hauptsächlich in der gebenden Rolle, die Manager in der nehmenden.	20
	Manager setzen nur beschränktes Vertrauen in das Wissen der Experten.	40
Gemeinsamer Kontext (Common Ground)	Manager nehmen gegenüber neuen Lösungen eine Abwehrhaltung ein. Sie fühlen sich persönlich angegriffen, wenn die Experten eine Lösung präsentieren, an die sie selbst nicht gedacht haben. Sie begegnen den Experten mit Vorurteilen.	40
	Manager vermitteln Experten das nötige Kontextwissen nur mangelhaft. So wissen sie nicht, in welche Gesamtperspektive sich eine Lösung eingliedern soll oder aus welchen Überlegungen heraus das Management eine Anfrage macht.	60
	Experten und Manager haben einen unterschiedlichen Werdegang und unterscheiden sich hinsichtlich Wissensstand und Sicht der Dinge. Manager können sich nicht genügend in den Gesprächspartner hineinversetzen.	90
	Manager und Experten haben ungleiche Prioritäten und Präferenzen. Experten finden, dass Manager mehr an politischen Fragen interessiert sind als an der fachlich besten Lösung.	100
	Die Experten wissen oft nicht, welche Bedürfnisse und Ziele Manager haben. Die Entscheidungskriterien sind unklar oder ändern sich zu oft. :cb:	80

Abb. 16.1 Übersicht Kommunikationsprobleme mit Managern

Eppler und Mengis (2009) haben dies branchenunabhängig gut zusammengefasst (siehe dazu Abb. 16.1).

Um solche Kommunikationsprobleme erkennen zu können, bedarf es einer **Kommunikationsdiagnose**, dabei geht es insbesondere um:

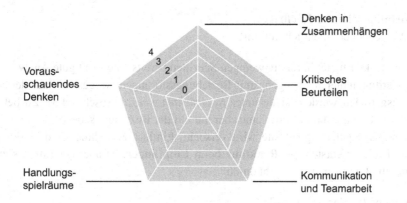

Abb. 16.2 Beispiel eines Spiderweb. (Eigene Darstellung)

- implizite (hineingelegte, auch non-verbale)/explizite (ausdrücklich formulierte) Botschaften,
- kongruente/inkongruente Nachrichten,
- individuelle Eigentümlichkeiten als Interaktionsresultat,
- Interaktion und Interpunktion,
- $1 + 1 = 3$: Jede Kommunikation ist eine Art Surplus, besitzt eine Eigendynamik,
- für gestörte Kommunikation wird besondere **Metakommunikation** empfohlen.

Diese Bestandteile haben wir weitgehend bereits besprochen. Anhand der Kommunikationsdiagnose lassen sich Kommunikationsprobleme aufzeigen. Ein geeignetes Instrument, um zu überprüfen, ob und in welchem Maß die verschiedenen Aspekte berücksichtigt wurden, ist das sogenannte „Spiderweb". Beispielhaft erstellen wir hier ein Spiderweb zu den Fähigkeitsbereichen, die für das Ausarbeiten von Strategien notwendig sind (siehe Abb. 16.2).

Damit lassen sich vor allem die verschiedenen Teilaspekte einer (bestimmten) Kommunikation quantifizieren. Die wichtigsten Problembereiche im Web können Sie dann gemäß dem Nachrichtenquadrat weiter aufschlüsseln. Die Differenzierung entsprechend einem solchen Nachrichtenquadrat finden Sie nachfolgend in einigen ausgewählten Beispielen dargestellt:

- **Selbstoffenbarungsseite der Nachricht:**
  - Selbstoffenbarungsangst: Paradebeispiel „Prüfungssituation".
  - Selbstdarstellung und Selbstverbergung: Imponiertechniken. Fassadentechniken, demonstrative Selbstverkleinerung.
- **Sachseite der Nachricht:**
  - Sachlichkeit
  - Verständlichkeit

- **Beziehungsseite der Nachricht:**
  - Wie redet der eigentlich mit mir?

Diese Struktur bietet in relativ wenigen Schritten bereits eine recht gute Analyse.

Ein Kardinalfehler im Umgang mit Beziehungsstörungen ist, dass sie auf der Sachebene ausgetragen werden (siehe unter *Nachrichtenquadrat* Abschn. 4.3). Zu beheben sind solche Kommunikationsprobleme aber nur auf der Beziehungsebene.

Besonders mit der Appellseite wird versucht, Einfluss zu nehmen und Wirkung zu erzielen. Dadurch entsteht oft **Reaktanz beim Empfänger**. Ist aber der Einfluss zu offensichtlich, wird oftmals versucht durch:

- Heimliche (verdeckte) Appelle,
- Paradoxe Appelle,
- Offene Appelle,

zum Ziel zu kommen.

16.1 Kommunikationsmuster nach Virginia Satir

Virginia Satir, eine amerikanische Familientherapeutin, unterscheidet innerhalb dieser Empfangsvorgänge **vier unterschiedliche Kommunikationsmuster**, die nach initialem therapeutischen Ansatz auftreten, wenn Menschen insbesondere auf Spannungen reagieren und dabei ihr Selbstwertgefühl bedroht sehen. Das heißt, vor allem in Konfliktsituationen und unter Stress reagieren Menschen auf vier verschiedene Weisen: beschwichtigen, anklagen, rationalisieren oder ablenken:

Beschwichtigen (placate)

Die andere Person soll nicht ärgerlich werden. Wer auf diese Weise versöhnlich ist, spricht einschmeichelnd, versucht zu gefallen, entschuldigt sich, muss immer jemanden finden, der ihn anerkennt, fordert nichts für sich selbst, der Körper vermittelt die Botschaft „Ich bin hilflos". Grundgefühl: „Ich komme mir wie ein Nichts vor, ohne den anderen bin ich nichts wert."

Anklagen (blame)

Die andere Person soll mich als stark ansehen. Wer anklagt, stimmt nicht zu, ist fordernd, sucht die Fehler bei anderen „Wenn du nicht da wärst, wäre alles in Ordnung"; er gibt sich als Diktator und Boss. Die Muskeln sind angespannt, die Stimme ist hart und laut. Grundgefühl: „Ich bin einsam und erfolglos."

Rationalisieren (compute)

Die Bedrohung wird verharmlost, der Selbstwert wird durch große Worte gefestigt. Diese Person ist sehr korrekt und vernünftig, zeigt keine Gefühle. Der Körper wirkt ruhig, kühl und beziehungslos; die Stimme ist monoton und trocken; die Worte klingen abstrakt. Das Ideal ist: „Sprich die richtigen Worte, zeige kein Gefühl, reagiere nicht." Grundgefühl: „Ich fühle mich leicht ausgeliefert".

Ablenken (distract)

Die Bedrohung wird ignoriert. Diese Person geht keine wirkliche Beziehung ein, die Worte sind belanglos oder ergeben keinen Sinn. Der Körper ist eckig und weist in verschiedene Richtungen. Innerlich fühlt sich diese Person schwindelig und verschwommen, sie antwortet nie direkt auf eine Frage, das, was sie sagt und tut, hat keine Beziehung zu dem, was ein anderer sagt und tut. Grundgefühl: „Niemand macht sich etwas aus mir, ich gehöre nirgendwo hin."

Wenn wir diese Kommunikationsmuster von Satir auf eine Metaebene projizieren, so ergeben sich daraus auch verschiedene Formen der Kommunikation, wie Unterhaltung, Meinungsaustausch oder Dialog. Will man das Ganze zudem stärker wissenschaftlich betrachten, stellt sich die Frage, wie beispielsweise die Kommunikation erklärt werden kann, unter welchen Bedingungen sie abläuft und wann sie denn besonders erfolgreich ist.

Satir hat dabei bereits sehr früh in der Kommunikationsforschung erkannt, dass es das **Grundpotenzial jedes Einzelnen** für eine gelingende Kommunikation zu nutzen gilt:

> Es gibt auf der ganzen Welt keinen, der mir vollkommen gleich ist. Es gibt Menschen, die in manchem sind wie ich, aber niemand ist in allem wie ich. Deshalb ist alles, was von mir kommt, original mein; ich habe es gewählt. Alles, was Teil meines Selbst ist, gehört mir – mein Körper und alles, was er tut, mein Geist und meine Seele mit allen dazugehörigen Gedanken und Ideen, meine Augen und alle Bilder, die sie aufnehmen, meine Gefühle, gleich welcher Art: Ärger, Freude, Frustration, Liebe, Enttäuschung, Erregung; mein Mund und alle Worte, die aus ihm kommen, höflich, liebevoll oder barsch, richtig oder falsch, meine Stimme, laut oder sanft, und alles, was ich tue in Bezug zu anderen und zu mir selbst. Mir gehören meine Fantasien, meine Träume, meine Hoffnungen und meine Ängste. Mir gehören alle meine Siege und Erfolge, all mein Versagen und meine Fehler. Ich weiß, dass es manches an mir gibt, was mich verwirrt, und manches, was mir gar nicht bewusst ist. Aber solange ich liebevoll und freundlich mit mir selbst umgehe, kann ich mutig und voll Hoffnung darangehen, Wege durch die Wirrnis zu finden und Neues an mir selbst zu entdecken … (zitiert nach Satir 1988)

Dies zeigt, dass Kommunikation zwar ein ubiquitäres Phänomen der Natur darstellt, dass aber die Kommunikation zwischen zwei oder mehreren Individuen doch nach gewissen **Regeln** abläuft und damit doch zumindest besser oder auch weniger gut sein kann. Auf diese Grundlagen der Kommunikation, von unterschiedlichen Wissenschaftszweigen kommend, möchten wir im Folgenden näher eingehen und sie mithilfe der aktuell gängigen Modelle zusammenfassen sowie anhand von Praxisbeispielen näher erläutern.

16.2 Ungenaue Aufgabenstellung

Die Delegation von Aufgaben erfolgt „zwischen Tür und Angel" oder durch eine schnell geschriebene E-Mail-Nachricht eines Krankenhausmanagers an den entsprechenden Experten. Das Management rechtfertigt dieses Vorgehen oft mit der Erklärung, es könne die Recherche nicht genauer definieren, da es genau dieses Wissen von den Experten erwarten würde. Dabei stellt sich in der genauen Analyse von Kommunikationsproblemen oft heraus, dass nicht nur die Briefing-Phase problematisch ist, sondern der gesamte Kommunikationsprozess zu linear geführt wird. Die Rollen zwischen Experten und Management innerhalb der Phasen sind vielfach zu starr verteilt.

Erst wenn die Schlussberichte auf dem Tisch der Manager landen, werden sie sich dieser Probleme bewusst. Zu diesem Zeitpunkt ist es jedoch viel zu spät, um den Auftrag noch einmal umzuformulieren, und eine erneute Analyse verursacht erhebliche Kosten.

16.3 Die Kommunikation verbessern – „Shared Responsibility"

Die Erfahrung im Krankenhausmanagement zeigt, dass man die Kommunikationsprobleme zwischen Managern und Experten nicht punktuell und ad hoc angehen sollte. Vielmehr muss die Kommunikation zwischen diesen beiden zentralen Gruppen einer Organisation systematisch strukturiert und unterstützt werden. Insbesondere sollte der Kommunikationsprozess als ein Zyklus verstanden werden, bei dem sich die Auffassungen beider Seiten graduell annähern und Lösungen permanent verfeinert und konkretisiert werden. Im angelsächsischen Bereich wird gute Kommunikation daher gerne als „Shared Responsibility" bezeichnet. Damit meint man, dass sowohl Sender als auch Empfänger für die gelungene Kommunikation (mit)verantwortlich sind. Dies gilt insbesondere auch für den Empfänger von Nachrichten, welcher aktiv darauf fokussiert und damit beschäftigt ist, welche Art von Kommunikation auf ihn einprasselt. Es ist daher besonders wichtig, dass der Empfänger seine aktive Rolle in der Kommunikation versteht und somit auch wahrnimmt.

Natürlich gibt es unzählige Möglichkeiten, die Qualität der Kommunikation zwischen Managern und Experten zu verbessern (z. B. durch Training, Coaching oder gezielte Rekrutierung). Die folgenden drei Empfehlungen scheinen uns jedoch besonders wichtig, um eine Methode zu finden, die das beste Verhältnis zwischen Aufwand und Nutzen aufweist.

Exkurs: Die Tücken linearer Kommunikation
Viele Probleme entstehen aufgrund unterschiedlicher Auffassungen darüber, wie detailliert das Briefing der Experten sein sollte, und dadurch, dass die Rollen während der verschiedenen Projektphasen zu rigide verteilt sind. Insgesamt fehlt es meist an Abstimmung. Ein Feedback der Manager an die Experten erfolgt häufig viel zu spät, und es geht viel Zeit dabei verloren, den Auftrag neu zu formulieren und die Analyse zu wiederholen.

- **Briefing der Experten:** Anfrage bleibt vage und abstrakt: Manager haben Mühe, ihr Problem in Worte zu fassen, und weisen die Experten an, mal etwas zu machen. Experten sind zu wenig aktiv bei der Problemdefinition.

- **Analyse durch Experten:** Manager informieren nicht über Veränderungen im Umfeld der Analyse und geben Experten nur spärlich Feedback. Experten entwickeln nicht schnell genug greifbare und konkret erfassbare Darstellungen ihrer Lösungen und Analysen.

- **Kommunikation der Resultate:** Experten präsentieren das Problem/die Lösung zu isoliert (der spezifische Entscheidungskontext wird nicht genug betrachtet). Experten verwenden zu technische Sprache (Expertenjargon) und präsentieren ihre Resultate zu detailliert.

Daraus haben Eppler und Mengis (2009), einen idealtypischen Kommunikationsprozess zwischen Managern und Experten entwickelt (siehe Abb. 16.3).

Ich-Aussagen sind eine effektive Technik, die es dem Sender erlaubt, Verantwortung zu übernehmen für das, was er kommunizieren will. Der Sender spiegelt damit dem Empfänger wider, was er empfindet:

- „Du machst mich wütend!" → Ich werde wütend, wenn Du mir nicht antwortest.
- „Du hörst mir nicht zu!" → Ich habe das Gefühl, dass ich nicht gehört werde.

Sandwich-Sätze, die mit „aber" verbunden sind, sollten vermieden werden. „Aber"-Sätze verbinden zwei verschiedene Nachrichten, oft sogar besagt die zweite Nachricht das Gegenteil der ersten. Dies führt häufig zu Abwehr oder Missverständnissen. Man sollte besser „Und"-Sätze formulieren:

- „Du machst einen guten Job, *aber* ich würde gerne mit dir besprechen, wie du noch pünktlicher sein könntest."

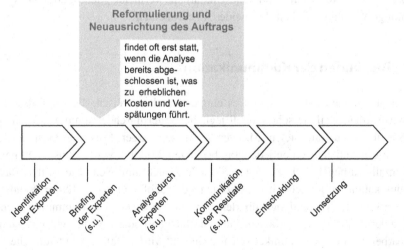

Abb. 16.3 Kommunikation zwischen Managern und Experten. (Eppler und Mengis 2009)

- „Du machst einen guten Job *und* ich würde gerne mit dir besprechen, wie du noch pünktlicher sein könntest."

Wenn Sie sich diese beiden Sätze laut vorlesen, werden Sie feststellen, dass sich die Satzverbindung mit „und" viel positiver anhört.

16.4 Konversationsmaximen nach Paul Grice

Bei den Kommunikationsmaximen nach Paul Grice (1993) handelt es sich um Grundsätze aus der Linguistik bzw. der Pragmatik, von denen der Hörer in einem rationalen Gespräch annimmt, dass sie befolgt werden, ohne dass das natürlich tatsächlich der Fall sein muss. Diese Maximen sind keine isolierbaren Einzelfaktoren, sondern sie überlappen sich und stehen teilweise in Konkurrenz zueinander. Sie dürfen auch nicht als normative Richtlinien, wie ein Gespräch denn zu führen sei, missverstanden werden. Gewissermaßen stehen diese Maximen unter dem uneingeschränkten Kooperationsprinzip: „Gestalte deinen Gesprächsbeitrag so, dass er dem anerkannten Zweck dient, den du gerade zusammen mit deinen Kommunikationspartnern verfolgst."

- **Maxime der Quantität:** Gestalte deinen Gesprächsbeitrag so informativ, wie es für den anerkannten Zweck des Gesprächs nötig ist. Mache deinen Beitrag nicht informativer, als es für den anerkannten Zweck des Gesprächs nötig ist.
- **Maxime der Qualität:** Versuche, einen Gesprächsbeitrag zu liefern, der wahr ist. Sage nichts, wovon du glaubst, dass es falsch ist. Sage nichts, wofür du keine hinreichenden Gründe hast.
- **Maxime der Relevanz:** Sage nur Relevantes.
- **Maxime der Modalität:** Vermeide Unklarheit. Vermeide Mehrdeutigkeit. Vermeide unnötige Weitschweifigkeit. Vermeide Ungeordnetheit.

16.5 Todsünden der Kommunikation

Aus der alltäglichen Erfahrung gibt es einige Verhaltensweisen, die als Todsünden bezeichnet werden, weil sie sehr schnell jegliche weiterführende Kommunikation verderben. Sie führen zu Ratespielen, Missverständnissen, Ärger, Frust und Gesprächsabbrüchen. Diese „Sünden" werden jeden Tag begangen. Dadurch wird es uns leicht gemacht, sie ebenfalls zu begehen. Dies sollten Sie jedoch nicht tun, wenn Sie wollen, dass Ihre Kommunikation erfolgreich wird. Sie sollten jede nachfolgend aufgeführte „Sünde" mindestens zweimal lesen und sich überlegen, wann sie Ihnen schon einmal begegnet ist. Wie reagierten Sie darauf? Machen Sie den gleichen Fehler? Wann und mit wem? Bei der Bearbeitung der „kommunikativen Todsünden" wird auffallen, wie häufig die Wörter „Du" und „Sie" verwendet werden. Wenn Sie sich dabei ertappen, dass Sie eine dieser

„Todsünden" begehen – aufhören! Atmen Sie tief durch. Versuchen Sie, sich anders auszudrücken!

Praxisbeispiel

In unserer Karriere haben wir vor vielen Jahren einen exzellenten Chefarzt erlebt. Er
war von allen Seiten sehr geschätzt, sowohl in der Klinik von den Mitarbeitern und
Patienten als auch außerhalb der Klinik von den Kollegen. Grundsätzlich ein super
Rollenmodell. Nur hat er einige sogenannte Todsünden der Kommunikation begangen.
Er behandelte eigentlich alle Menschen in seinem Umfeld, als wären sie seine Kinder.
Die Patienten hat er ausnahmslos mit „Du" angesprochen, ebenso das Personal. Oft hat
er einfach Befehle erteilt. Aber alle liebten ihn und haben das erfüllt, was er aufgetragen
hat.

Sie werden immer wieder hervorragende Führungskräfte finden, die manches in
der Kommunikation nach Lehrbuch nicht richtig machen. Meist kompensieren sie dies
durch eine andere überragende Fähigkeit. Solche Menschen sollten Sie auf keinen
Fall in ihrer Kommunikation verbessern wollen, denn damit erzeugen sie bestenfalls
Mittelmaß. Lieber sollte es darum gehen, deren herausragende Fähigkeiten noch weiter
zu entwickeln.

16.6   Umgang mit aggressiven Gesprächspartnern

Jeder von uns hat schon eine Gesprächssituation erlebt, in der plötzlich unser Gegenüber, aus welchen Gründen auch immer, einen persönlichen Angriff startet, wobei hier
mit einem persönlichen Angriff eine verbale Äußerung gemeint ist, die versucht, uns als
gesamte Person zu treffen und zu verletzen. Meist sind wir dann überrascht und uns fällt
häufig erst im Nachhinein eine angemessene Reaktion ein. Den l'esprit de l'escalier. Solche persönlichen Angriffe können im Berufsleben bei Verhandlungen, Präsentationen und
Besprechungen vorkommen. Ob Menschen einen Angriff persönlich nehmen oder nicht,
hat immer etwas mit unserer eigenen Lebensgeschichte, unseren Erfahrungen und unserem Selbstbewusstsein zu tun.

Schwierige Menschen findet man fast überall. Aber wie mit Ihnen umgehen? Einen
Choleriker lässt man am besten ausbrüllen, denn Gegenargumente will er ohnehin nicht
hören. Man würde ihn dadurch nur noch wütender machen. Auf keinen Fall sollte man seine Autorität infrage stellen oder seine Person und Arbeit kritisieren. Wenn es zu schweren
Beleidigungen kommt, sollte man jedoch aus dem Raum gehen bzw. ein Telefonat beenden. Man sollte aber in jedem Fall so lange wie möglich warten, bevor man auflegt, denn
ein Choleriker beruhigt sich meist nach einer gewissen Zeit von selbst.

Beim Besserwisser könnte es hingegen ratsam sein, sich mit diesem zu verbünden,
falls er wirklich so gut ist, wie er von sich behauptet. Das hinterfragt man zuvor mit
einigen geschickten Querfragen, ob der Besserwisser wirklich etwas drauf hat oder nur
eine Luftnummer abzieht.

Einem Pessimisten und Schlechtmacher hingegen muss man reichlich „Futter" geben, damit er an der Welt wenigstens dann und wann wieder etwas gut finden kann. Man lobt am besten seine Leistung und nennt ihm immer wieder positive Beispiele aus der Arbeit und dem Leben.

Menschen, die ihren eigenen Willen gegenüber anderen durchsetzen wollen, verwenden gern das Mittel der Manipulation. Solche Menschen möchten ihre Umwelt zu einem Verhalten zwingen, das sie sich von ihr erwarten. Eine beliebte Strategie von Manipulierern ist es, den Eindruck zu erwecken, als sei das Verhalten, das sich der andere wünscht, ohne Zweifel richtig. Auch das Erzeugen eines Dilemmas gehört zu den Machtspielen, bei denen es nur darum geht, die Kontrolle über den anderen zu behalten. Verallgemeinerungen führen oft dazu, dass die ganze Person negativ beurteilt wird. Auch Charakterisierungen des andern führen dazu, dass sich das Gegenüber als Person insgesamt abgewertet fühlt. Menschen, die jemanden verbal attackieren, projizieren oft ihre eigenen negativen Gefühle auf den anderen, d. h., sie geben dem Gegenüber die Verantwortung für ihre eigenen destruktiven Emotionen. Ein beliebtes Mittel sind auch doppelte Botschaften, nach denen sich der andere schlecht fühlt, weil er nicht weiß, woran er jetzt mit dem Partner ist. Jemanden in der Ungewissheit über seine wahren Gefühle zu lassen ist ein beliebtes Mittel, dem Partner einen Dämpfer zu verpassen. Dieses Verhalten findet man oft bei Eltern gegenüber ihren Kindern, die solche doppelten Botschaften senden und Angst, Unsicherheit und Selbstzweifel bei diesen erzeugen. Aber auch auf Tagungen und Konferenzen findet man solche doppelten Botschaften, wenn etwa Appelle zu vertrauensvoller Zusammenarbeit, gemeinsame Abendessen in feierlichem Rahmen und in betont kollegialer Atmosphäre propagiert werden, während zugleich hinter den Kulissen ein Spiel mit Haken und Ösen, bei dem nur Ergebnisse zählen, stattfindet.

Bei einem unfairen Angriff, sollte man in keinem Fall emotional reagieren, wobei das Wahren der eigenen Integrität im Umgang mit schwierigen Menschen besonders wichtig ist. Wer in einer unangenehmen Situation innerlich klar bleibt, entscheidet selbst, was er tun und lassen möchte. Nur so verhindert man, kontrolliert zu werden. Manchmal ist es ratsam, den Impuls einer Attacke aufzugreifen und ihn mit einer gewissen Schlagfertigkeit zurückzugeben, was häufig die Situation bereinigt. Schlagfertigkeit kann man bis zu einem gewissen Grad lernen, um geschickt etwas zurückzugeben und einen Angriff mit Entschiedenheit und Standfestigkeit zu parieren. Einige Möglichkeiten sind dabei das:

- **Zurückspiegeln:** „Dir fehlt doch komplett der Überblick", lautet zum Beispiel ein Vorwurf. Man greift ihn einfach auf, und wendet ihn gegen den anderen. „Da sprichst du wohl aus Erfahrung?"
- **Thematisieren:** „Wie sieht es denn hier schon wieder aus, in diesem Chaos kann doch kein Mensch arbeiten", kommentiert jemand den Zustand des Schreibtisches. „Ordnung ist für dich wohl das halbe Leben?", gibt man die Kritik zum Beispiel zurück. Der Kernpunkt: Man rechtfertige sich nicht, sondern mache die Ordnungsliebe des anderen zum Thema.

- **Selbstsicher bleiben:** Jemand, der sich kleinmacht, lädt andere dazu ein, auf ihm herumzutrampeln, denn nur wer aufrecht geht, dem wird auch Respekt entgegengebracht. Wer in seinem Selbstbewusstsein stark schwankt, neigt auch eher dazu, bei kritischen Fragen in Verteidigungshaltung zu gehen. Doch auch ein selbstsicheres Auftreten und ein positives Selbstkonzept lassen sich üben.

- **Bewahren der Leichtigkeit:** Kaum etwas wirkt so spielerisch, wie mit großer Leichtigkeit durchs Leben zu gehen. Leichtigkeit lässt sich auch realisieren, wenn man eigentlich irritiert oder eingeschüchtert wird. Wer etwa Humor zeigt, der neutralisiert die ursprüngliche Absicht des anderen, ihn anzugreifen und zu destabilisieren. Wer dem Gegenüber recht gibt und dabei sogar übertreibt, kann ihn in seiner Aggressivität verunsichern. „Bei dir sieht es aber wüst aus." „Ja genau, das brauche ich, um kreativ arbeiten zu können."

- **Sich distanzieren:** Bei einem unfairen Angriff sollte man versuchen, ganz bei sich zu bleiben und nicht emotional zu reagieren. Man braucht sich nicht zu verteidigen, sondern nur sachlich zu bleiben. Es gibt Situationen, in denen Schlagfertigkeit nicht angebracht ist, vor allem wenn es um massive Beleidigungen und Androhung von Gewalt geht. Hier ist es meist sinnvoll, den Kontakt einfach abzubrechen. Auch im privaten Bereich kann es unter Umständen sinnvoll sein, aufgrund eines Angriffs die Beziehung grundsätzlich infrage zu stellen und in ein intensiveres Gespräch einzutauchen. Im Berufsleben oder bei öffentlichen Auftritten ist dies nicht immer möglich, sodass wir schnell und angemessen auf einen verbalen Angriff reagieren müssen, sonst besteht die Gefahr, dass wir im Gespräch Energie verlieren, ärgerlich werden und wir nach dem Gespräch unzufrieden mit unserer Reaktion und dem Ergebnis sind. Um dies zu vermeiden, kann uns verbale Schlagfertigkeit helfen. Natürlich setzt dies voraus, dass wir während des Gesprächs wach und aufmerksam sind, um dann schnell reagieren zu können. Persönliche Angriffe nehmen in der Regel in dem Maße ab, in dem unsere Selbstsicherheit zunimmt. Unsere Ausstrahlung hält in vielen Fällen den anderen von Angriffen ab.

Die hier nach Krawiec (2008) zitierten Basisstrategien im Umgang mit persönlichen Angriffen kommen ursprünglich aus asiatischen Kampfkünsten und orientieren sich an den vier Grundelementen: „Feuer", „Luft", „Erde" und „Wasser":

- **Strategie des Feuers:** Jeder kennt diese Strategie. Wir beantworten einen Angriff mit einem Gegenangriff. Da hier Wärme entsteht, wird diese Strategie mit Feuer bezeichnet. Nicht immer ist diese auch erfolgreich, da es hier zu einem Schlagabtausch kommen kann, der für beide Gesprächspartner sehr kraftraubend ist. Jedoch kann es bei manchem verbalen Angriff durchaus angemessen sein, mit einem Gegenangriff zu kontern. Dies ist in den Fällen angebracht, wo unser Gegenüber nur unsere verbale Kompetenz oder unsere Grenzen testen will und sich dann nach dem Gegenangriff mit unserer Reaktion zufrieden gibt.

- **Strategie der Erde:** Diese Strategie bedeutet, den Angreifer sofort zu stoppen und zu Boden zu befördern. In Gesprächssituationen meint dies, dem Gegenüber klare Grenzen aufzuzeigen und zu signalisieren: „Nicht mit mir!". Bei der Strategie der Erde stoppen wir den Angriff durch Aussagen wie: „Ich möchte Sie bitten, in einem anderen Ton mit mir zu sprechen.", „Auf dieser Ebene möchte ich mit Ihnen nicht weitersprechen.", „Gerne bin ich bereit, mit Ihnen darüber zu reden, aber lassen Sie uns das bitte ruhig und sachlich tun." Oder „Entweder wir kommen jetzt wieder auf eine sachliche Ebene oder ich beende das Gespräch." Wir setzen dem Gegenüber eine klare und deutliche Grenze und werden das Gespräch nicht weiter fortsetzen, wenn unser Gesprächspartner sein Gesprächsverhalten nicht verändert.
- **Strategie der Luft:** Hiermit ist gemeint, dass der Angriff des Gegners ins Leere geht, weil man einen Seitenschritt macht. In einer Gesprächssituation gibt es verschiedene Möglichkeiten, den Angriff ins Leere laufen zu lassen. Voraussetzung ist, dass die Äußerung des anderen uns innerlich nicht wirklich trifft. Mögliche Äußerungen sind hier: „Vielen Dank für Ihr Feedback.", „Ja, das stimmt." Oder „Interessante Sichtweise." Danach sollte das Gespräch ganz normal weitergeführt werden. Möglich ist auch, dass man sich gar nicht zu dem Angriff äußert, ihn also ignoriert. Dies ist jedoch nur möglich, wenn man nicht schon emotional getroffen ist.
- **Strategie des Wassers:** Man nutzt die Kraft des Angriffs zu einem Gegenangriff, d. h., die Energie des ankommenden Gegners wird für einen Wurf genutzt. Wenn man mit einen Stock ins Wasser schlägt, kann man selbst dabei nass werden. Wenn sich ein Gegner auf einer gewissen Ebene bewegt, können wir auf dieser Ebene zurückschlagen. Wenn man als Mann mit „Junger Mann" angeredet wird, kann man mit „Junge Frau" kontern. Der Angreifer wird dadurch manchmal verunsichert und wechselt dann das Thema. Die Strategie des Wassers ist auch deshalb attraktiv, weil man in einem Gespräch durch einen gut gekonterten Angriff, beim Publikum und bei sich selbst Punkte machen kann.

Diese beschriebenen Strategien sind hauptsächlich für öffentliche Situationen im Berufsleben gedacht. Gerade im Privatleben – aber auch in vielen Situationen im Krankenhaus – ist es nicht selten sinnvoller, die sogenannte „Metakommunikation" zu betreiben, das heißt, darüber zu sprechen, wie man miteinander spricht, und auch auszudrücken, wie es einem dabei geht.

16.7 Umgang mit Killerphrasen

Killerphrasen, oder auch Totschlagargumente, sind pauschale und abwertende Angriffe in einer Diskussion. Sie sind nicht an der Sache orientiert, sondern werden im Gegenteil vorzugsweise dann hervorgezogen, wenn Sachargumente fehlen: Hervorkehren sozialer Dominanz bei sachlicher Unterlegenheit.

Killerphrasen sind also Scheinargumente, die dazu dienen, Vorstellungen und Ideen des anderen als ungeeignet darzustellen, ohne es direkt auszusprechen. Sie sind eine Form konfrontativen Argumentierens, das die Person des anderen herabsetzt, ihn verunsichert, bloßstellen und mundtot machen soll. Meist versucht sich der Sprecher einer bzw. seiner Verantwortung über ein Tun zu entziehen. Die häufigsten Killerphrasen sind:

- „Das ist nicht mein Fehler."
- „Das haben wir schon immer so gemacht."
- „Das geht nie."
- „Gute Idee, aber … "
- „Ich bin dafür nicht zuständig."
- „Das haben wir schon mal versucht und es hat nicht funktioniert."

Auf Killerphrasen muss reagiert werden, denn:

- Sie kommen sonst stärker und immer wieder.
- Soziales Dominanzgehabe muss auf die sachliche Schiene zurückgeführt werden. Evtl. gezielt zunächst soziale Probleme anschneiden?
- Nicht in die Defensive drängen lassen.

Der Begriff „Killer Phrases" wurde vermutlich um 1958 von Charles H. Clark erstmal verwendet, indem er bei Brainstormings oder Konferenzen eine in der Mitte des Raums angebrachte Glocke läuten ließ, falls jemand mittels solcher Totschlagargumente den Ideenfluss bremsen wollte (Clark 1958).

Als **Abwehrmöglichkeiten solcher Killerphrasen** wird Folgendes empfohlen:

- **Antworten – Auf Sachebene zurückführen.**
  Vorteil: Killerphrase wird umgeleitet und in die Dienste des Verteidigers gestellt. Beachten: Nicht aus dem Konzept bringen lassen, sondern evtl. nur scheinbar antworten.
- **Rückfrage – Bitte um sachliche Präzisierung**.
  Oft ist eine solche nicht möglich oder sachlich leicht widerlegbar. – Gefahr: Das Gegenüber bekommt zu viel Redezeit oder gar die Gelegenheit, seinen Angriff auszubauen.
- **Metakommunikation – Killerphrase als solche thematisieren.**
  Störung anmelden, die Gruppe über die Unangemessenheit des Angriffs urteilen lassen.
- **Fehdehandschuh aufnehmen – Nicht konstruktiv, nicht zielorientiert.**
  Nur sehr selten wirklich nötig und erfolgreich.

Antwort und Rückfrage haben den Vorteil, dass das Gegenüber nicht verletzt wird, wenn sie/er die Frage nicht als Killerphrase gemeint hatte, sondern sich einfach einer üblichen Phrase bedienen wollte. Sozial nicht immer gleich das Schlimmste annehmen! Wenn man in Sitzungen oder innerhalb eines Teams Killerphrasen unterbinden möchte, kann man in Analogie zu Clark (1958) als Spielregel eine Kasse der negativen Ein-

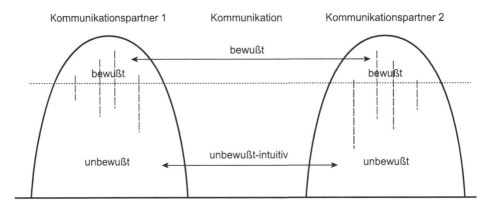

das kollektive Unbewußte

Abb. 16.4 Psychoanalytisches Kommunikationsmodell von C. G Jung. (Nach Jung 1928)

stellungen einführen: Für jede negative Bemerkung muss ein Euro in die Kaffee- oder Weihnachtskasse eingezahlt werden.

Ein bloß scheinbares oder sophistisches Argument des Gegners, welches wir durchschauen, können wir zwar auflösen durch Auseinandersetzung seiner Verfänglichkeit und Scheinbarkeit; besser ist es jedoch, ihm mit einem ebenso scheinbaren und sophistischen Gegenargument zu begegnen und so den Gegner abzufertigen. Denn es kommt ja nicht auf die Wahrheit, sondern den Sieg an. Gibt er z. B. ein „argumentum ad hominem", so ist es hinreichend, es durch ein Gegenargument „ad hominem (ex concessis)" zu entkräften: Und überhaupt ist es kürzer, statt einer langen Auseinandersetzung der wahren Beschaffenheit der Sache, ein „argumentum ad hominem" zu geben, wenn es sich darbietet.

Die Wirksamkeit von Killerphrasen liegt nicht so sehr auf der offensichtlichen Kommunikationsebene, sondern eher auf tieferen Ebenen wie dem unbewusst-intuitiven Bereich. Das lässt sich recht gut mit dem psychoanalytischen Kommunikationsmodell von C. G. Jung (1928) veranschaulichen (siehe Abb. 16.4).

16.8 Teufelskreis von Schulz von Thun

Ein weiteres der insgesamt sechs von Schulz von Thun (1981, 1989, 1998) entwickelten Modelle, stellt das Teufelskreismodell dar. Der österreichische-amerikanische Kommunikationswissenschaftler Paul Watzlawick hatte schon erkannt, dass Sender und Empfänger den Ablauf ihrer Kommunikation unterschiedlich gliedern und ihr Verhalten meist als Reaktion auf den anderen verstehen. Er nannte dies die Interpunktion von Ereignisfolgen.

In der eigenen Sicht fasst natürlich jede Partei ihre eigenen Handlungen als durch die Haltung der anderen Seite bedingt und provoziert auf; von außen her und im Gesamtzusammenhang gesehen, erweist sich aber jede Aktion der einen Partei als Auslöser einer Reaktion der anderen, und diese Reaktion wird dann die Ursache dafür, was die erste Seite „lediglich" als ihre Reaktion betrachtet. (. . .) es lässt sich nachweisen, dass Widersprüche in der Weise, wie Beziehungspartner ihre Interaktionen „interpunktieren", zu ernsten zwischenmenschlichen Konflikten führen können. (zitiert nach Watzlawick 2011)

Praxisbeispiel

In Ihrer Klinik sind ein Assistenzarzt und eine Pflegekraft aneinandergeraten. Die Pflegekraft hat den Assistenten zuerst der sexuellen Belästigung bezichtigt, der Arzt hat dann die Pflegekraft wegen Stalkings angezeigt. Der Direktor des Krankenhauses hat den Fall nun an Sie als Leiter der Klinik wieder abgegeben, um eine Lösung zu finden.

Wie gehen Sie vor? Sie haben hier einerseits alle Anzeichen dafür, dass sich ein Teufelskreis entwickeln könnte. Andererseits können Sie sich nicht einfach auf eine Seite stellen, sonst haben Sie die andere Seite während Monaten oder Jahren gegen sich.

Wir empfehlen in solchen Situationen, einmal beide Streithähne gemeinsam kommen zu lassen und die Anschuldigungen vor der anderen Partei zu wiederholen. Dann sollten Sie sich ein Bild machen: Sind hier wirklich strafrechtlich relevante Vergehen passiert? Dann müssen Sie selbstverständlich die Staatsanwaltschaft einschalten. Sind Sie aber der Ansicht, hier wird aus einer Mücke ein Elefant gemacht, dann sollten Sie auf eine Lösung hinarbeiten. Sinnvollerweise skizzieren Sie in einem ersten Gespräch bereits einen möglichen Weg, den sie dann in Folgegespräche im Detail ausarbeiten. Wichtig ist, dass beide Seiten das Gesicht wahren können, sonst sind Sie rasch ungewollt wieder auf der Schiene des Teufelskreises.

Bei Schulz von Thun stellt sich das als Kreislauf von Innerungen und Äußerungen dar, den er zum Modell des Teufelskreises ausgearbeitet hat. Eine Aktion der einen Partei wird aufgenommen und verarbeitet und erzeugt eine Reaktion, die wieder aufgenommen und verarbeitet wird, und so weiter. Dabei lässt sich am Ende gar nicht mehr sagen, wer zuerst agiert oder reagiert hat. Die Parteien erleben sich selbst nur als Reagierende und sehen nicht, dass sie mit ihrer „Reaktion" wiederum eine Reaktion provozieren.

Das Wissen um die Dynamik und Funktion von Teufelskreisen sowie um die Ausstiegsmöglichkeiten ermöglicht es, solche „Viren" zu erkennen und dann zu bekämpfen. (zitiert nach Schulz von Thun 1998)

Jede Führungskraft kennt sicherlich den Teufelskreis als Modell (siehe Abb. 16.5) und hat zumindest Respekt vor dieser positiv-rückkoppelnden Abwärtsspirale. Wichtig ist es für eine Führungskraft aber, wie oben dargelegt, einen nahenden Teufelskreis schon frühzeitig zu erkennen und entsprechend die Weichen zu stellen, dass es eben nicht so weit kommt. In Organisationen führen Teufelskreise zu Problemen, die nicht selten nicht (mehr) gelöst werden können. Dies führt im Endeffekt fast ausnahmslos zu Versetzungen oder zumindest zu wochenlangen Konflikten und Kündigungen, was nicht weit von Schulz von Thuns (1998) Urbeispiel des streitenden Ehepaares entfernt ist.

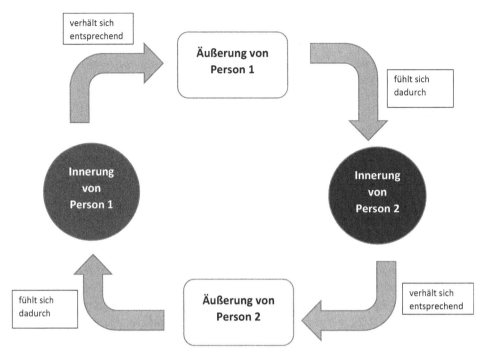

Abb. 16.5 Der Teufelskreis. (Nach Schulz von Thun 1998)

16.9 Gravierende Kommunikationsprobleme – Analyse und Aufarbeitung

Es gibt leider auch schwerwiegende Kommunikationsprobleme im Krankenhaus. Zwischen Patienten und Behandelnden/Pflegenden, aber auch innerhalb der Pflege- und Ärzte-Teams. Die Bearbeitung dieser Probleme kann ziemlich rasch über die hier vorgestellten Analyse-Instrumente hinausgehen. Hier müssen Sie als Führungskraft erkennen, wenn eine solche Situation eingetreten ist, und dürfen sich nicht scheuen, Hilfe von außen zu holen: Dies kann von außerhalb des Unternehmens, sollte zumindest aber von außerhalb des betroffenen Kernteams sein. Entlassungen helfen in solchen Situationen nur wenig, da die („kranke") Struktur im Team erhalten bleibt und sich auch durch einen neuen Mitarbeiter nicht ändern muss, sondern sich noch verschlimmern kann.

Dabei kann ein Coaching eine Selbstreflexion darüber veranlassen, wie es zum Status quo kommen konnte. Hier kann insbesondere die oben dargestellte Transaktionsanalyse (siehe unter *Transaktionsanalyse*, Kap. 5) helfen, das Ganze zu verstehen und aufzuarbeiten.

Praxisbeispiel

Das Affen-Experiment: Eine fünfköpfige Affensippe befindet sich in einem Käfig. Dieser ist groß, die Affen haben ausreichend Auslauf. In der Mitte des Raumes erhebt sich ein künstlicher Hügel, über dessen Kuppel schöne, reife, für die Affen gut sichtbare Bananen hängen. Was sie nicht sehen können, sind die versteckten Wassersprinkler: Wenn sich einer der Affen den Bananen nähert, übertritt er eine unsichtbare Lichtschranke. Die Unterbrechung löst jedes Mal eine eiskalte Dusche aus, die alle Affen durchnässt, was diese nicht mögen. Die Affen lernen schnell, dass das Erklimmen des Hügels keine gute Idee ist. Der Hügel wird zum Tabu.

Im zweiten Akt wird die Lichtschranke abgestellt – für die Affen besteht keine Gefahr mehr, abgeduscht zu werden.

Im dritten Akt wird nun ein Affe durch einen anderen von „außen" ersetzt. Dieser sieht die Bananen und macht Anstalten, auf den Hügel zu klettern. Doch ehe er sich versieht, wird er von den anderen Affen unter lautem Gezeter gepackt und am Erklimmen gehindert. Auch dieser lernt das Credo: „Auf den Hügel darf ich nicht."

Nach und nach werden nun alle Affen ausgetauscht, bis sich zuletzt nur noch Affen im Käfig befinden, von denen keiner die nasskalte Erfahrung gemacht hat. Trotzdem wagt kein Affe, den Hügel zu erklettern.

Es handelt sich um ein 1966 durchgeführtes Experiment des Primatenforschers Gordon R. Stephenson mit Rhesusaffen. Nun können Affen ja nun mal nicht reden. Doch wenn sie es könnten, hätten sie die Frage, warum sie jeden verprügeln, der versuchen würde, an die Bananen zu gelangen, sicherlich wie folgt beantwortet „Keine Ahnung! Das macht man hier einfach so!" Das obige Experiment muss fast schon inflationsartig für verschiedenste Phänomene als Beispiel dienen. Letztlich geht es aber dabei um Emergenz, die nicht mehr ganz so einfach zu managen ist und beispielhaft dafür steht, dass Regeln immer wieder infrage gestellt werden müssen.

16.10   Und nochmals ein Wort zu den Beziehungen …

Wir haben hier relativ eingehend die Kommunikationsprobleme und ihre Analyse besprochen. Manch einer hat sich vielleicht gefragt: Mach ich denn überhaupt etwas richtig? Aber bei mir läuft es doch so einigermaßen.

Eine statische Kommunikation ist das Letzte, was wir wollen. Da mag dann zwar auf der Sachebene alles hochprofessionell sein, aber es kommt dennoch keine gute Kommunikation zustande. Ihr fehlt jegliche Energie, sie ist steril.

Zur Kommunikation gehört, wie oben dargelegt, immer auch eine Beziehungsebene. Dies betrifft sowohl den Mitarbeiter, den ich jeden Tag sehe, als auch den Patienten, den ich vielleicht nur alle paar Wochen einmal sehe. Hier gilt es eben, durch die Kommunikation eine Beziehung aufzubauen, die dann auch mal eine womöglich nicht so geglückte Kommunikation erträgt. Wenn Sie beispielsweise nach einem unerwartet erfolgreichen

Projektabschluss zu Ihrer besten Mitarbeiterin ohne jede Absichten sagen: „Du, lass uns das heute Abend bei einem Bier feiern" und diese dies in den falschen Hals bekommt und etwas düpiert antwortet: „Mein Mann wartet heute Abend zu Hause, wir wollten noch ins Kino gehen", dann ist kein Geschirr zerschlagen. Wenn Sie beide aber schon vorher ein angespanntes Verhältnis hatten, kann eine solche spontane Kommunikation vielleicht schon dazu führen, dass sich Ihre Mitarbeiterin bei Ihrem Chef über Sie beklagt.

Oder anders herum ausgedrückt: Wenn Sie in die Kommunikationsanalyse gehen müssen; sei dies nun durch Sie selbst oder sogar eine externe Fachperson, so stimmt schon einiges nicht (mehr). Andererseits sollten Sie nur bei größeren Problemen als Führungsperson direkt eingreifen, ansonsten sollten Sie mit gutem Beispiel die sich entwickelnde Emergenz beeinflussen.

Fazit

Kommunikationsprobleme sind allgegenwärtig, vor allem in der Führung. Dem muss entgegengewirkt werden, vor allem weil viele dieser Probleme nicht von ungefähr, sondern aufgrund von Fehlern in den oftmals (zu) komplexen Kommunikationsstrukturen innerhalb eines Unternehmens entstehen. Wichtig ist dabei, dass keine Teufelskreise entstehen, denn dann sind Sie wirklich von einem Problem für längere Zeit absorbiert. Eine gute Kommunikation innerhalb des Unternehmens erhöht letztlich auch die Leistungsfähigkeit der Mitarbeiter. Wir möchten aber festhalten, dass wir hier nur einige Stolpersteine und Instrumente zu deren Beseitigung aufgezählt haben, die einen Großteil der alltäglichen Kommunikationsprobleme im Krankenhaus abdecken. Zögern Sie nicht, dann von außen Hilfe zu holen, sobald die Analyse zu komplex wird. Verhindern Sie jedoch auf jeden Fall eine beziehungslose und damit sterile Kommunikation.

Literatur

Clark, C. H. (1958). *Brainstorming. The dynamic new way to create successful ideas*. Northern Hollywood: Wilshire Book Company.

Eppler, M. J., & Mengis, J. (2009). Die Kluft zwischen Entscheidern und Experten: Wie Manager und Spezialisten besser kommunizieren und zusammen arbeiten können. *Harvard Business Manager*.

Grice, H. P. (1993). Logik und Konversation. In G. Meggle (Hrsg.), *Handlung, Kommunikation, Bedeutung* (S. 243–265). Frankfurt a. M.

Jung, C. G. (1928). *Die Beziehung zwischen dem Ich und dem Unbewußten*

Krawiec I (2008) http://www.train-the-trainer-seminar.de/monatstipps/umgang_mit_angriffen. html. Zugegriffen: 22.08.2015.

Satir, V. (1988). Kommunikation. Selbstwert. Kongruenz. Konzepte und Perspektiven familientherapeutischer Praxis, Junfermann Verlag, PaderbornSchaller, B. & Baller, G. (2015) Frühjahrsmüdigkeit oder Demotivation? *KU Gesundheitsmanagement*, *5*, 31–34.

Schulz von Thun, F. (1981). *Miteinander reden 1. Störungen und Klärungen. Allgemeine Psychologie der Kommunikation.* Reinbek: Rowohlt.

Schulz von Thun, F. (1989). *Miteinander reden 2. Stile, Werte und Persönlichkeitsentwicklung. Differentielle Psychologie der Kommunikation.* Reinbek: Rowohlt.

Schulz von Thun, F. (1998). *Miteinander reden 3. Das 'Innere Team' und situationsgerechte Kommunikation.* Reinbek: Rowohlt.

Watzlawick, P. (2011). *Man kann nicht nicht kommunizieren.* Bern: Huber.

Weiterführende Literatur

Baller, G., & Schaller, B. (2009). Über die Kraft der Spiegelneuronen. Warum es so wichtig ist, eine gute Führungskraft zu sein. *Deutsches Ärzteblatt, 49,* A2483.

Baller, G., & Schaller, B. (2013). *Praxishandbuch für Ärzte im Krankenhaus.* Stuttgart: Georg Thieme Verlag.

Baller, G., & Schaller, B. (2013). Führung wird anspruchsvoller. *Nahdran, 2,* 34–36.

Baller, G., Huber, T., & Schaller, B. (2010). Was vielen gefallen soll, muss von vielen gestaltet werden. Changemanagement-Projekte scheitern aus vielen Gründen. Gelingen tun sie aus den gleichen. *das krankenhaus, 8,* 743–747.

Cole, K. (1996). *Kommunikation klipp und klar. Besser verstehen und verstanden werden.* Weinheim: Beltz.

eCornell (2014). *The seven essential strategies of highly effective communicators.* Ithaka, NY: University of Cornell Press.

Schaller, B., & Baller, G. (2007). In varietate concordia oder Abrechnungsmentalität unter Kollegen. *Schweizerische Ärztezeitung, 88,* 1641–1643.

Schaller, B., & Baller, G. (2007). Moderne ärztlich-kollegiale Kommunikation im Gesundheitswesen. *Schweizerische Ärztezeitung, 88,* 1715–1716.

Schaller, B., & Baller, G. (2007). Organisationsentwicklung im Gesundheitswesen. Der Stellenwert der Kommunikation. *Schweizerische Ärztezeitung, 88,* 2091–2092.

Schaller, B., & Baller, G. (2008). Der Zusammenhang zwischen guter Kommunikation und Qualität. *das krankenhaus, 02,* 140–142.

Schaller, B., & Baller, G. (2009). Führen heißt auch informieren – Kommunikation im modernen Change Management. *Nahdran, 3,* 30–33.

Stephenson, G. R. (1967). *Cultural acquisition of a specific learned response among rhesus monkeys*

Von Vacano, K. (2000). *Gesprächs- und Verhandlungsführung.* Hochschulkurs: Management-Fortbildung für Führungskräfte an Hochschulen. Bonn: Gustav-Stresemann-Institut.

Wiedemann, U. (o. J.). Kommunikation in der wirklichen Welt.

Teil VII

Fallbeispiele und Erläuterungen mit Verweis auf die Theorien

Im Folgenden wollen wir Ihnen eine Auswahl von Fallbeispielen aus unserem Alltag im Krankenhaus präsentieren, wo die Kommunikation nicht ideal verlaufen ist. Wir haben bewusst nur wenige Kommentare zu diesen einzelnen Beispielen gegeben, um Sie dazu anzuregen und sogar zu ermutigen, über eine alternative gelungenere Kommunikation nachzudenken. Denn wir sind der Ansicht, dass die verschiedenen Kommunikationsmodelle dazu dienen, die Kommunikation in all ihren Facetten besser zu verstehen, aber dass man Kommunikation eben nur in der Praxis lernen kann. Zu didaktischen Zwecken sind die Dialoge etwas überspitzt. Alle erlebten und hier beschriebenen Fallbeispiele sind selbstverständlich Ausnahmen und widerspiegeln nicht die Normalität in den entsprechenden Krankenhäusern. Das zumindest haben mir die darauf angesprochenen Personen versichert. Überlegen Sie sich bei jedem Beispiel, wie die Kommunikation jeweils ideal oder besser hätte laufen können. Es gibt dabei mit Sicherheit nicht nur eine Lösung, da die Kommunikation ja auch immer authentisch sein soll und jeder Mensch auf seine eigene persönliche Art und Weise reagiert. Mit etwas Erfahrung werden Sie aber sehen, dass es in vielen Kommunikationen einen bestimmten Zeitpunkt gibt, zu dem man entweder hätte gegensteuern oder abbrechen müssen. Gerade über Hierarchiestufen hinweg haben sich vielerorts diverse Moden der unguten und wenig zielführenden Kommunikation in Krankenhäusern eingeschlichen. Machen Sie sich frei davon!

Im Folgenden versuchen wir aus dem Alltag einige für uns typische Beispiele auszuwählen, die Sie zum Nachdenken über die eigene Kommunikation anregen sollen und darüber, wie diese vielleicht wahrgenommen wird. Blättern Sie im ersten Teil, denn dort findet sich auch die Auflösung.

Kommunikations-Battles

Herr Müller: „Wie war denn Ihr Urlaub? Und wo waren Sie denn?"

Herr Meier: „Ich war in der Schweiz auf einem Gletscher in 3500 Metern Höhe zum Skilaufen. Das war sehr schön und . . ." Der Gesprächspartner Herr Müller unterbricht an dieser Stelle und sagt: „Ich war in meinem letzten Skiurlaub in Colorado, in Breckenridge sogar auf 3914 Metern Höhe." Er fährt auch gleich fort: „Das ist höher als jede Gondel in den Alpen! Das ist das beliebteste und größte Wintersportgebiet Amerikas mit 100 Liftanlagen und 600 Pistenkilometern. Da sollten Sie mal hingehen! Das würde Ihnen bestimmt auch gefallen. Die Internetadresse ist www.snow.com, wenn Sie mögen, kann ich Ihnen gerne auch die Adresse von unserem Hotel geben."

„Äh, Danke", antwortet Herr Meier irritiert und möchte weitererzählen. „Aber mittlerweile ist es ja so teuer geworden in der Schweiz, ein kleiner Cappuccino kostet inzwischen 6 Franken auf den Hütten und . . ."

„Ach", schaltet sich Herr Müller wieder ein, „dann brauchen Sie erst gar nicht nach Colorado zu gehen. Dort kostet ein lächerlicher Kaffee nämlich 8 Dollar und wenn Sie mit der Familie essen gehen wollen, sind locker mal 100 Dollar weg."

Gegen solche Kommunikations-Wettbewerber haben Sie keine Chance. Er wird immer noch eins draufsetzen, egal, was Sie erzählen. Er wird sich auch immer in den Mittelpunkt rücken wollen. Schneller, höher, weiter. Nehmens Sie es olympisch: Dabei sein ist alles. Und: Möge der Bessere gewinnen!

Sie können sich höchsten einen Spaß daraus machen und pokern, wie weit er mitgeht.

© Springer-Verlag Berlin Heidelberg 2017
G. Baller und B. Schaller, *Kommunikation im Krankenhaus*,
DOI 10.1007/978-3-642-55326-4_17

Machtspiele

Prof. Schweizer: „Frau Müller, kommen Sie sofort her! Was haben Sie nur wieder für einen Mist bei Herrn Gravens verordnet."

Frau Müller: „Aber Herr Professor, Sie haben mir doch genau am Telefon gesagt, wie Sie es gerne haben möchten."

Prof. Schweizer: „Also bitte, Frau Müller, jetzt werden Sie mir aber nicht noch frech. Herr Gravens hat mich richtigerweise soeben darauf angesprochen, dass die Verordnung von NSAR bei Marcumar nicht unbedingt indiziert ist."

Frau Müller: „Aber ich habe Sie extra noch auf diesen Sachverhalt hingewiesen."

Prof. Schweizer: „Also bitte. Jetzt unterstellen Sie mir noch mangelnde Sachkenntnis. Ich denke, wir müssen dies einmal mit dem Personalchef besprechen."

Solche Diskussionen kennt jeder aus seinem Erfahrungsschatz im Krankenhaus. In dieser Organisation herrschen sicherlich Probleme im normativen Management vor. Andererseits kann man solche Konflikte mit geschickter Kommunikation umschiffen, andererseits wäre auch eine Gewaltfreie Kommunikation sinnvoll.

Kommunikation am Telefon

Ein Arzt sitzt auf der Station alleine am Tresen vor einer Patientenakte und trägt gerade etwas ein. Währenddessen tritt ein Angehöriger an den Tresen, der eine Information möchte, und dann klingelt auch noch das Telefon. Das ist eine ganz alltägliche Situation und dabei kann man leicht ins Schlingern geraten. Klinikinterne Regelungen oder Empfehlungen können hier weiterhelfen. Denn in dieser Standardsituation entsteht für den Arzt am Tresen erst einmal Stress. Wen soll er vertrösten, wen annehmen? Was würden Sie in dieser Situation tun? Viele tendieren dazu, den Menschen vor dem Tresen zu ignorieren oder sich kurz zu entschuldigen, um das Gespräch anzunehmen, denn das Telefonläuten nervt. Oder würden Sie Ihren Eintrag in die Patientenakte vervollständigen, denn sonst vergessen Sie, was Sie schreiben wollten? Das Telefon läutet weiter und so langsam wird auch der Angehörige ungeduldig, weil es ihn wiederum nervt, dass Sie das Telefon ebenso wie ihn ignorieren. Was denkt sich in diesem Fall der Angehörige, was der Anrufer? Das ist eine klassische Zwickmühle.

Empfehlenswert ist: Stift weglegen, Anrufer wegdrücken, Angehörigen ansprechen. Also in dieser Reihenfolge:

1. *Vorrang hat der Mensch, der vor Ihnen steht.*
2. *Anrufer zunächst abweisen und dann zurückrufen.*
3. *Akte vervollständigen.*

Jetzt denken Sie bestimmt, dass doch dann schon wieder der nächste Angehörige oder Patient vor Ihnen steht. Richtig.

Dennoch, wenn Sie den Anruf entgegengenommen haben, sind einige Höflichkeitsregeln zu beachten:

- *Vermeiden Sie während des Hauptgesprächs Nebentätigkeiten, denn der Gesprächspartner merkt, ob Sie sich noch anderweitig beschäftigen.*
- *Hören Sie aktiv zu und wiederholen und bestätigen Sie wichtige genannte Details wie Namen, Nummern oder Daten.*
- *Wenn Ihr Gesprächspartner mit einem Kollegen sprechen möchte, dann kümmern Sie sich darum, wie er diesen auf dem schnellsten Weg erreichen kann, oder organisieren einen Rückruf.*
- *Bei der Verabschiedung nennen Sie Ihren Gesprächspartner beim Namen und bedanken sich für das Gespräch. Auf Wunsch bestätigen Sie nochmals die wichtigsten Gesprächsnotizen.*

So hinterlässt man ein gutes Gefühl beim Gesprächspartner. Und für Sie ist die strukturierte Arbeit bald Routine und Sie vergessen nichts mehr.

Wichtig ist auf jeden Fall, dass das Telefon niemals Vorrang vor einem persönlichen Gespräch haben sollte. Wenn das Handy klingelt, während man sich in einem persönlichen Gespräch befindet, wird es meist als unhöflich empfunden, den Anruf anzunehmen. Im Zeitalter des Mobiltelefons muss besonders auf persönliche Kommunikation geachtet werden, da diese durch den allgemeinen Gebrauch und die Kommunikation über Smartphones und Tablets immer mehr an Bedeutung verliert.

Wenn Sie dennoch Erreichbarkeit garantieren wollen, dann empfiehlt sich in solchen Fällen, noch vor der Nutzung der Mailbox, ein Telefonsekretariat. In Ihrem Namen beantworten professionelle Sekretärinnen die Anrufe und vereinbaren Termine – auf Wunsch 24 Stunden täglich und mehrsprachig. Ihre persönlichen Gespräche werden so nicht von einem nervenden Handyklingeln gestört und Ihre Anrufer können Ihr Anliegen einer sympathischen Sekretärin mitteilen, anstatt auf einen unpersönlichen Anrufbeantworter zu sprechen.

Konferenz

Sie sollen auf einer Geschäftsleitungskonferenz ein neues Projekt vorstellen. Sie überlegen sich mit Ihrem Team, wie dies am besten geschehen soll. Schließlich entscheiden Sie sich gegen die „klassische" PowerPoint-Präsentation und arbeiten mit direkt erstellten Flipcharts. Ihre Präsentation wird ein riesiger Erfolg.

Präsentationen sind wichtig. Vielfach werden PowerPoint-Präsentationen immer ausgefeilter, aber häufig nichtssagend. Erfrischende Alternativen, mit denen der Präsentierende zeigt, dass er den Inhalt wirklich verstanden hat, erfahren heutzutage, wo viele Manager, auch im Krankenhaus, diese (leidigen) PowerPoint-Präsentationen bald nicht mehr sehen können, wieder ein Revival. Nach der Devise „back to the roots".

17.1   Wie würden Sie reagieren?

Gesprächspause?

Sie haben sich gerade eine Tasse Kaffee geholt, um die letzten Vorbereitungen ihres Vortrags kurz zu unterbrechen und gleichzeitig Ihre Gedanken zu sortieren. Kurz bevor Sie Ihr Zimmer erreichen, begegnen Sie Ihrem Arbeitskollegen Maurice, mit dem Sie an zahlreichen gemeinsamen Projekten arbeiten. Sie schätzen ihn sehr, doch eine Sache an ihm kann anstrengend sein. Wenn er einmal anfängt zu reden, hört er nicht mehr auf. Und genauso ist es jetzt! Ihre Zeit geht dahin und Ihre gerade sortierten Gedanken kommen direkt wieder durcheinander.

Wie reagieren Sie?

Kommunikationsquadrat

Sie kommen wegen eines Verkehrsstaus etwas später zur Arbeit. Dies ist das erste Mal im ganzen Jahr, normalerweise kommen Sie immer sehr pünktlich. Ihr Kollege schaut Sie an und sagt: „Mahlzeit".

Was entgegnen Sie?

Emotionen

Sie mussten die Teams der Assistenten turnusgemäß wieder neu einteilen. Sie geben sich dabei immer große Mühe und überlegen sich jeweils, bei welchen leitenden Ärzten der jeweilige Assistent, die jeweilige Assistentin für die nächsten Monate am meisten in seiner/ihrer Entwicklung profitieren kann. Ihre Lieblingsassistentin, Frau Dr. Knoll, die sie später gerne als Oberärztin und vielleicht Leitende Ärztin in Ihrer Klinik sehen möchten, haben Sie bei Kollege Prof. Richterich eingeteilt. Frau Dr. Knoll ist darüber jedoch sehr verärgert, da sie gerne weiterhin in Ihrem Team gewesen wäre. Sie behauptet, dass Sie undankbar seien. Was sie doch schon alles für Sie getan hätte.

Was entgegnen Sie?

Wertschätzung einfordern

Sie sind als Operationsschwester immer für die größten Operationen mit Oberarzt Meier eingeteilt. Er ist ein großartiger Operateur, schnauzt Sie aber während der Operation immer nur an und geht nach Ende der Operation wortlos und ohne ein Anzeichen von Dank aus dem Saal. Nach oft über 8- bis 10-stündigen Operationen, bei denen Sie jeweils beträchtliche Überstunden machen, da Sie sich nicht ablösen lassen, wäre Ihnen ein wenig Wertschätzung schon sehr wichtig. Sie beschließen, dies anzusprechen.

Was und vor allem wie sagen Sie dies dem Oberarzt?

Inkognito?

Sie sind der bekannte Chefarzt der Inneren Medizin in einem Krankenhaus der Maximalversorgung. Ihr zweijähriges Kind hat über 40 °C Fieber und Sie beschließen, mit diesem zur Kindernotfallstation Ihres Krankenhauses zu gehen. Die Kinderklinik ist aber vom Hauptgebäude ausgelagert und Sie kennen dort fast niemanden. Sie versuchen den dortigen Ihnen bekannten Chefarzt privat zu erreichen. Der ist aber gerade in den Ferien. Auf der Notfallstation kommen eine junge Assistenzärztin und eine nicht viel mehr erfahrene stellvertretende Oberärztin, um Ihr Kind anschauen; beide erkennen Sie nicht.

Was machen Sie? Geben Sie sich zu erkennen und verlangen Sie, dass der Stellvertreter des Chefarztes ins Haus kommt? Oder bleiben Sie ruhig?

Gelangweilt?

Eine Patientin kommt aufgrund starker Ohrgeräusche und Schwindel in die Ambulanz der HNO-Abteilung. Der zuständige Arzt gibt der Patientin zu verstehen, dass ihr Schwindel nicht so dramatisch sei, da sie noch ohne Unterstützung laufen könne. Zu ihrem Tinnitus sagt der behandelnde Arzt, dass dies nichts Schlimmes sei. Wenn das Ohrgeräusch dauerhaft bleibe, sei das eben Pech. Einen Hörtest wolle er nicht durchführen, da dies angeblich nichts bringe und er auch keine Zeit dazu habe. Die Patientin wurde dann mit dem Hinweis verabschiedet, sich doch an ihren niedergelassenen HNO-Arzt zu wenden.

Was ist hier passiert? Was hätte der Arzt anders formulieren können und müssen?

Bewertung?

„Das sieht aber gar nicht gut aus!", sagt ein Dermatologe zu einem Patienten mit Ekzemen an Armen und Beinen. „Warum sind Sie denn nicht schon früher damit gekommen?!?"

Wie formulieren Sie eine wertfreie Kommunikation? Welche Bedeutung haben diese beiden Sätze jeweils auf den vier Ebenen im Nachrichtenquadrat? Wie hört sie der Patient?

Durchsage

Ein Patient wurde vor zwei Tagen am Handgelenk operiert und stellt sich aufgrund starker Schmerzen wieder beim Operateur vor:

„Ich habe starke Schmerzen im Handgelenk!"

Chirurg: „Haben Sie die verordneten Schmerztabletten eingenommen?"

Patient: „Nein."

Chirurg: „Sind Sie zu mir gekommen, um zu heulen oder was?!?"

Was ist zuvor in der Kommunikation schiefgelaufen, dass es zu diesem Gespräch kommt?

17.2 … und zum Schluss noch – Die größten Fehler bei Gesprächen

Die größten Fehler bei Gesprächen
Ein gutes Gespräch dauert genauso lange wie ein schlechtes. Wohlgemerkt, man kann auch alles falsch machen und trotzdem ein tolles und lustiges Gespräch im Kreise seiner Familie oder Freunde führen. Aber im Krankenhaus, wo die Kommunikation meist ein Ziel hat, ist es einfach hilfreicher, wenn man sich an einige Regeln hält, vergleichbar mit der Aufforderung, der Dame zuerst die Hand zur Begrüßung zu reichen. Kommunikation sollte unmissverständlich gestaltet sein. Sonst wird die Botschaft, die man vermitteln will, nicht deutlich und entsprechend ist das Ergebnis. Nachfolgend möchten wir letzte Tipps formulieren – nämlich wie man es nicht machen soll –, um Ihnen das Rüstzeug für ein gelingendes Gespräch mitzugeben.

- Dauernd unterbrechen
- Behauptungen ohne Beweise in den Raum werfen
- Ohne Punkt und Komma reden
- Keinen Blickkontakt aufnehmen
- Ständiges „Äh", „Ähm" etc. benutzen
- Monoton reden
- Negative Aussagen verwenden („Das ist ja nicht schlecht."/„Gar nicht mal so übel.")
- Kritik negieren – „Ich will ja nicht meckern, aber … "
- Pauschalisierungen („Immer machst du … ")
- Gegensätzliche Informationen geben („Schönes Haus, aber ist es euch hier nicht zu dunkel?!?")
- Gleichgültigkeit demonstrieren und sich dann doch aufregen („Eigentlich ist es mir ja egal, aber könnten Sie bitte die Musik leiser stellen?")

Die größten Fehler bei Gesprächen mit Patienten
Das richtige Gespräch zwischen Arzt und Patient kann nahezu alles bewegen. Doch leider ist die Zeit, die für jeden Patienten zur Verfügung steht, begrenzt. Da kann es schnell passieren, dass in der Hektik ein für den Patienten nicht gerade zuträglicher Kommunikationsstil gepflegt wird. Denn obwohl der Arzt seinen Patienten nicht wirklich beunruhigen möchte, bewirkt er genau dieses beispielsweise mit der Ankündigung, dass etwas weh tun oder es bei der Vergabe einer Spritze einen kleinen Pieks geben könnte. Das macht Angst, sodass der Patient seine Aufmerksamkeit gerade auf den erwarteten Schmerz richtet. Ziel einer gesundheitsfördernden und Vertrauen erweckenden Arzt-Patienten-Kommunikation sollte es aber sein, dem Patienten so gut es irgendwie geht seine Angst zu nehmen. Wissenschaftliche Studien haben nachgewiesen, dass eine gute Kommunikation zwischen Arzt und Patient den Heilungsprozess fördert.

Folgende Verhaltensweisen sollten Sie in Gesprächen mit Patienten möglichst vermeiden:

- Sprechen statt zuhören
- Negative Sprache und Wörter verwenden
- Ausschweifende Erklärungen zu den Krankheitsbildern geben
- Termindruck spüren lassen
- Keine Empathie zeigen
- Überheblich sein
- Patentrezepte geben
- Das Gespräch ohne guten Einstieg beginnen
- Keine nachvollziehbare Struktur im weiteren Vorgehen erkennen lassen
- Keine klare Zielsetzung der Therapie/Medikamente erklären
- Das Gespräch ohne richtigen Abschluss beenden
- Ängste nicht erkennen und nicht darauf eingehen
- Nebentätigkeiten während der Behandlung durchführen
- Unverständliche oder missverständliche Sprache verwenden
- Verallgemeinerungen verwenden
- Reglementieren statt motivieren
- Blickkontakt ausweichen
- Unhöflich sein
- Vorwürfe machen, moralisieren, urteilen
- Befehlen, drohen, warnen

Letztlich müssen Sie Ihren eigenen Kommunikationsstil finden, der einerseits Ihnen entspricht und andererseits in Ihre Organisation passt. Auch heute gilt noch: „Mündlich vor schriftlich". Diese alte Regel hat nichts an Aktualität verloren.

Versuchen Sie, für sich selber und für Ihre Mitarbeiter ein Umfeld zu schaffen, indem man die eigene Kommunikation kontinuierlich verbessern will. Kommunikation ist schließlich, neben den Aufgaben und den Werkzeugen, ein zentraler Bestandteil des Managements im Krankenhaus.

Im Krankenhaus ist die anspruchsvollste Kommunikation nicht die mit den Patienten. Häufig ist die Kommunikation über die Professionen hinweg besonders schwierig.

Vor etwas möchten wir jedoch warnen, was gerade in den letzten Jahren in vielen Amtsstellen um sich greift: eine zwar korrekte, aber sterile und einheitliche Kommunikation. Das ist langweilig.

Last but not least: Achten Sie in der Praxis auf Ihre non-verbale Kommunikation. Am Ende des Tages sind Sie nur eine gute Führungskraft, wenn Sie Followers haben. Sie können dies sicherlich durch die Hierarchie bis zu einem gewissen Grad erzwingen, aber wenn Sie an sich und ihrer verbalen/non-verbalen Kommunikation arbeiten, schaffen Sie langdauernde und tragfähige berufliche Beziehungen.

Vergessen Sie nicht: Gute Kommunikation im Krankenhaus ist Übung und tägliche Reflexion darüber, was man noch verbessern könnte. Also beginnen Sie möglichst bald. Am besten gleich!

Schlusswort

18

Wir hoffen, Ihnen mit diesem Buch einen Wegbegleiter mitgegeben zu haben. Sie mögen auch gerne immer einmal wieder hineinschauen, nachschlagen oder sich Anregungen für besondere Gesprächssituationen holen. Es ist uns ein Anliegen, zu zeigen, dass Kommunikation im Krankenhaus, sowohl auf ärztlich/pflegerischer Ebene als auch auf Managementebene absolut zentral ist. Die Kultur, aber auch die Implementierung der Strategie bis auf die Ebene der Mitarbeiter ebenso wie die Effizienz sind nur einige wesentliche Beispiele, die maßgeblich durch die Kommunikation beeinflusst werden. Genauso wichtig ist aber auch die Wertschätzung gegenüber den Mitarbeitern und die Empathie gegenüber den Patienten, welche via Kommunikation zu einer Emergenz führen. Es sind also verschiedene Zahnrädchen, die ineinandergreifen müssen.

Die vorgestellten Kommunikationsmodelle sollen dazu dienen, dass Sie klarere Denker und bessere Macher werden, weil Ihnen die unterschiedlichen Situationen in der Kommunikation transparent geworden sind. Uns ist es wichtig, auch moderne Konzepte der Neuroökonomie einfließen zu lassen. Gleichzeitig zeigt dieses Buch, dass die „beste" und „nachhaltigste" Kommunikation immer eine Herausforderung bleiben wird. Wir alle können und müssen uns tagtäglich weiter verbessern. Also beginnen wir doch schon heute damit!

Kommunikation ist immer auch Beziehung zwischen Sender und Empfänger. Wenn es Ihnen nicht gelingt, diese Beziehung aufzubauen, dann ist Ihre Kommunikation ungenügend und die Bemühungen auf der Sachebene wären beinah vergeblich.

In diesem Sinne: Machen Sie es bereits morgen schon besser!

© Springer-Verlag Berlin Heidelberg 2017
G. Baller und B. Schaller, *Kommunikation im Krankenhaus*,
DOI 10.1007/978-3-642-55326-4_18

Printed in the United States
By Bookmasters